깃허브로
완성하는
데브옵스 가속화

깃허브로
완성하는
데브옵스 가속화

깃허브를 이용한
효율적인 개발과 운영

최재웅·류한진·백준선·채민관·김대곤 옮김   마이클 카우프만 지음

i!i
에이콘

 에이콘출판의 기틀을 마련하신 故 정완재 선생님 (1935-2004)

저 없이 많은 주말과 밤을 보내야 했던 가족,
피드백을 주고 제 아이디어에 도전하며 배울 수 있는 기회를 준 엑스피리트Xpirit와
데브옵스DevOps 커뮤니티의 동료들에게 감사 인사를 전합니다.

— 마이클 카우프만Michael Kaufmann

| 추천의 글 |

2011년, 기업가 마크 앤드리슨^{Marc Andreessen}은 〈월스트리트 저널^{Wall Street Journal}〉에서 "소프트웨어가 세상을 먹어 치우고 있다"는 유명한 주장을 했다. 소프트웨어의 급부상으로 우리가 알고 있는 모든 산업과 모든 분야가 디지털 방식으로 변모할 것이라고 예측한 것이다. 10년이 지난 지금 이 글을 쓰면서 "마크가 옳았다"는 말 외에는 할 말이 없다. 소프트웨어는 우리의 삶을 변화시켰고, 모든 기업과 조직도 변화시켰다. 넷플릭스를 통해 엔터테인먼트가, 에어비앤비를 통해 여행과 숙박이, 아마존을 통해 지구상에서 구매할 수 있는 거의 모든 것이 어떻게 근본적으로 변화했는지 살펴보라. 마트와 슈퍼에서는 이제 디지털 경험을 제공하고, 주차 미터기는 스마트폰 앱으로 대체되고 있으며, 가장 오래되고 전통적인 은행도 클라우드로 이전했고, 자동차는 휴대폰보다 더 자주 업데이트를 받는다.

모든 기업이 소프트웨어 기업이 돼 가고 있다. 수백만 줄의 코드가 이미 글로벌 경제의 근간을 이루고 있으며 소프트웨어 개발자는 새로운 디지털 세상의 설계자다. 이제 규모나 산업에 관계없이 어떤 조직도 소프트웨어와 개발자 없이는 경쟁하고 성공할 수 없다.

그리고 이러한 추세는 둔화될 기미가 보이지 않는다. 세계경제포럼^{World Economic Forum}에 따르면 향후 10년간 경제에서 창출되는 새로운 가치의 약 70%가 디지털로 구현되는 플랫폼 비즈니스 모델에 기반할 것으로 예상된다. 이 기회를 활용하려면 모든 조직은 오픈소스^{open source}의 힘을 활용해야 한다. 오픈소스 없이는 경쟁력을 유지할 수 없으며 기업들은 내부 문화를 쇄신하고 강화하며 소프트웨어 제공 성능을 지속적으로 개선하기 위해 데브옵스^{DevOps} 관행을 도입해야 한다. 당연히 깃허브^{GitHub}의 CEO로서 나는 모든 조직이 이를 달성할 수 있는 최적의 장소가 깃허브라고 믿는다.

2011년 마크가 글을 썼을 때만 해도 깃허브는 아직 초창기였고, 깃 리포지터리^{Git repository} 호스팅에 집중하고 있었다. 오늘날 깃허브는 개발자 라이프사이클의 모든 단계에서 개발자를 지원하는 기능을 갖춘 완전한 데브옵스 플랫폼으로 발전했다. 8,300만 명 이상의 개발자가 플랫폼을 사용하며 전 세계 개발자를 위한 홈을 제공하고 있다. 깃허브는 오픈소스, 클라우드 네이티브, 모바일, 엔터프라이즈 등 모든 프로젝트를 생성하고, 현대화해 목적지에 배포할 수 있는 곳이며 서로 연결된 개발자 커뮤니티가 미래의 세상을 구축하는 곳이기도 하다.

마이클^{Michael}처럼 경험이 풍부한 사람이 이 책을 집필하게 돼 매우 기쁘다. 소프트웨어 개발자, 컴퓨터 공학도, 솔루션 아키텍트, 사이트 신뢰성 엔지니어 등을 위한 책이다. 이 책은 여러분과 여러분의 조직이 데브옵스와 깃허브의 힘을 활용할 수 있는 명확하고 간결하며 실용적인 방법을 제공한다. 앞으로 다가올 소프트웨어 개발의 황금기를 준비하는 데 도움이 될 것이다.

이 책을 쓰느라 오랜 시간 고생한 것도 자랑스럽지만, 그 이상으로 이 책이 다른 사람들에게 가져올 의미 있는 변화와 진전을 생각하면 더욱 자랑스럽다.

— **토마스**^{Thomas}/ @ashtom
깃허브 CEO

마이클과 나는 데브옵스에 대해 발표하던 콘퍼런스에서 처음 만났다. 이후 데브옵스에 대한 공통된 열정을 통해 유대감을 형성했고, 강연을 통해 자주 만났다. 만날 때마다 함께 셀카를 찍는 것이 습관이 됐고 우리의 우정과 데브옵스에 대한 그의 열정이 있었기에 책을 집필해 자신의 지식을 세상에 공유한다는 소식을 듣고 매우 기뻤다.

시간이 지남에 따라 우리가 사용하는 도구는 바뀔 수 있겠지만, 책에서 공유하는 정보는 데브옵스 전환을 시작하는 조직에 보편적으로 적용된다.

코로나19로 인해 전 세계가 원격 근무로 전환되는 상황에서 비동기 작업에 대해 다뤄준 마이클에게 정말 감사했다. 비동기 작업은 빠르게 우리의 새로운 표준이 됐으며, 원격 및 분산된 팀에서 민첩성과 생산성을 유지하기 위해 팀은 이러한 역량을 개발해야 한다.

판도를 바꿀 수 있는 피처 플래그feature flag의 사용에 대해 읽을 수 있어서 좋았다. 피처 플래그는 배포와 릴리스를 분리하고 보다 고급 배포 전략을 가능하게 한다. 또한 롤백의 필요성을 줄이고 잘못된 코드에서 복구하는 데 걸리는 시간을 크게 단축할 수 있다. 하지만 모든 것이 그렇듯이 비용도 발생한다. 마이클은 피처 플래그 사용으로 인한 비용과 이를 완화하는 방법을 잘 설명한다. 이를 통해 독자는 피처 플래그가 자신에게 적합한지 여부에 대해 데이터에 입각한 결정을 내릴 수 있다.

내가 만나는 많은 팀은 속도를 높이면 비용을 절감할 수 있다고 생각하지만, 마이클은 프로세스에 품질과 보안을 도입하는 것이 중요하다고 설명한다. 또한 이를 달성하는 방법에 대한 실용적인 지침도 제공한다. 데브옵스를 올바르게 구현하면 안전하고 고품질의 코드를 더 빠르게 제공할 수 있다.

데브옵스의 진정한 힘을 활용하려면 애플리케이션을 리팩토링해야 하는 경우가 많다. 마이클은 소프트웨어 아키텍처가 프로세스와 팀에 미치는 영향을 다룬다. 또한 각 옵션의 장단점도 다뤄 팀이 어떤 것이 최선인지 결정하는 데 도움을 준다.

이 책은 독자들에게 데브옵스 전환을 지원하는 데 없어서는 안 될 도구가 될 것이라고 확신한다.

— 도노반 브라운Donovan Brown

파트너 프로그램 관리자, 애저 인큐베이션Azure Incubations, 애저 오피스Azure Office 최고기술경영자CTO

| 옮긴이 소개 |

최재웅 (xhoto.choi@gmail.com)

삼성전자와 SK텔레콤을 거쳐 아마존 웹 서비스^{AWS}에서 데브옵스 컨설턴트^{DevOps Consultant}로 근무 중이다. 클라우드로 전환하는 AWS 고객의 비즈니스 목표를 달성하기 위해 데브옵스 여정의 모든 단계에서 고객이 탄력적이고 효율적인 아키텍처와 파이프라인을 구축하도록 돕는다. 데브옵스, MLOps, 개발자 도구, MSA에 관심이 많다.

류한진 (ryu.hanjin.rh@gmail.com)

AWS 데브옵스 컨설턴트로서 AWS 고객들이 데브옵스로 비즈니스를 가속화하는 여정을 돕고 있다. 또한 지식과 경험의 공유를 위해 개발자 커뮤니티에서 적극적으로 활동하고 있으며 현재는 플랫폼 엔지니어링^{platform engineering}을 한국에 적용하기 위한 노력을 하고 있다.

백준선 (joonsun.baek@gmail.com)

네이버에서 데이터 엔지니어^{data engineer} 및 머신러닝 엔지니어^{machine learning engineer}로서 검색 및 보안 분야의 프로젝트를 이끌었다. 현재는 AWS 데이터 아키텍트^{data architect}로서 데이터 활용에 직면한 고객들의 문제들을 함께 해결하며, 클라우드 여정을 함께하고 있다.

채민관(pizon.chae@gmail.com)

넥슨에서 오랫동안 게임 개발을 했다. AWS Professional Services 팀에서 엔터프라이즈 기업들의 현대화 프로젝트를 진행했으며, 현재는 AWS 솔루션 아키텍트 게임 팀에서 게임사 고객들의 클라우드 전이를 돕고 있다.

김대곤(ko.daegonkim@gmail.com)

현재 AWS Professional Services 팀에서 클라우드 아키텍트cloud architect로 근무 중이며 고객들의 클라우드 여정 및 데브옵스 가속화를 돕는 업무를 담당하고 있다.

최근 깃허브와 데브옵스가 빠르게 통합돼 개발 환경의 핵심이 되고 있다. 이러한 중요성에도 불구하고, 이 책처럼 깃허브를 중심으로 다양한 주제를 아우르며 효율적인 개발과 협업 전략, 그리고 보안에 대한 심층적인 내용을 다룬 책은 드물다. 많은 분이 이 책을 통해 소프트웨어 개발 여정에서의 도전에 대응하고 뛰어난 결과를 이루기를 기대한다.

최재웅

깃허브는 팀들에게 데브옵스와 같은 현대적인 개발 방법을 채택할 수 있는 유연하고 투명하며 통합된 플랫폼을 제공한다. 버전 관리, 협업, 자동화 기능들이 배포 파이프라인을 가속화시키고, 팀 간 협업을 용이하게 하며, 개발 수명 주기 전반에 걸친 가시성을 제공할 수 있다. 많은 곳에서 깃허브를 활용해 데브옵스를 실천하기 위해 노력을 하고 있다. 이 책이 그들의 길잡이가 됐으면 한다.

류한진

데브옵스는 개발의 즐거움을 높여주는 중요한 요소다. 질 좋은 코드 관리, 지속적인 빌드 및 배포, 안정적인 롤백을 기반한 팀 간 협업 환경은 개발의 즐거움을 몇 배는 올려줄 것이다. 깃허브를 기반 데브옵스를 잘 설명하며, 보다 실용적인 관점에서의 구축 방법을 제안하는 책이다.이 책을 통해 많은 분이 보다 더 즐거운 환경에서 개발하는 경험을 하기 바란다.

백준선

데브옵스 실천을 위한 깃허브의 활용법을 심도 있게 다루는 책이다. 데브옵스의 효용성은 공감하지만 어떻게 조직에 적용할지 고민하는 분들께 좋은 길잡이가 될 것이다. 훌륭한 동료들과 함께 번역하며 책의 내용을 두고 논의하는 일은 매우 유익한 경험이었다. 이 책을 읽는 독자들도 많은 영감을 받길 바란다.

채민관

코로나19 이후, 기업들은 점점 더 변동성이 커지는 시장에 직면했다. 이러한 변화에 빠르게 적응하고 신제품 출시 속도를 높이는 것이 성공의 핵심 요소가 됐다. 이러한 상황에서 가장 효과적인 전략은 기업 내 데브옵스 도입 및 확산을 지속하는 것인데, 이 책은 개발자에게 익숙한 깃허브라는 플랫폼을 통해 이 프로세스를 체계적으로 설명한다. 이 책을 통해 데브옵스를 어디서부터 시작해야 할지, 어떻게 조직 전체에 효과적으로 확산할지 몰라 갈림길에 서 있는 분들께 도움이 됐으면 좋겠다. 마지막으로 바쁜 프로젝트 중에도 같이 번역에 참여한 동료분들 및 책의 원작자, 에이콘출판사에 감사의 인사를 전한다.

김대곤

| 지은이 소개 |

마이클 카우프만^{Michael Kaufmann}

개발자와 엔지니어가 직장에서 행복하고 생산적으로 일할 수 있다고 믿는다. 개발자뿐만 아니라 데브옵스, 깃허브, 애저 및 최신 기술들을 좋아한다.

제비아^{Xebia} 그룹의 컨설팅 회사인 엑스피리트 저머니^{Xpirit Germany}의 창업자이자 CEO이며 20년 이상 IT 분야에서 일해 오고 있다. 클라우드 및 데브옵스 전환과 새로운 업무 방식 구현을 통해 고객이 성공할 수 있도록 지원하고 있다.

2015년부터 마이크로소프트 지역 책임자^{Microsoft Regional Director}에 선정됐으며, 데브옵스 부문과 깃허브에 마이크로소프트 최우수 전문가^{Microsoft MVP}에도 선정됐다.

책과 교육을 통해 지식을 공유하고 있으며, 국제 콘퍼런스에서 정기적으로 연사로 활동하고 있다.

> "저를 지지하고 응원해준 사람들, 특히 아내 글래디스^{Gladys}와 부모님께 감사의 인사를 전하고 싶습니다."

리뷰어 소개

미키 구셋 Mickey Gousset

깃허브의 데브옵스 아키텍트이며 데브옵스에 대한 열정을 갖고 개발자가 목표를 달성하도록 돕고 있다. 전 세계의 다양한 사용자 그룹, 코드 캠프, 콘퍼런스에서 데브옵스 및 클라우드 주제에 대해 강연하고 있으며, 애플리케이션 수명 주기 관리ALM, Application Lifecycle Management 및 데브옵스에 관한 여러 권의 책을 집필했다.

스테파노 데밀리아니 Stefano Demiliani

마이크로소프트 MVP, 마이크로소프트 공인 강사MCT, Microsoft Certified Trainer, 마이크로소프트 공인 데브옵스 엔지니어, 애저 아키텍트이며, 오랜 기간 마이크로소프트 기술에 대한 전문가로 활동해 왔다. EID NAVLAB의 CTO로 근무하고 있으며, 주요 활동은 애저 및 Dynamics 365 ERP를 사용한 솔루션 설계다. 팩트Packt의 여러 IT 서적 저자이기도 하며, 애저 및 Dynamics 365에 관한 국제 콘퍼런스에서 연사로 활동하고 있다. 트위터Twitter, 링크드인LinkedIn 또는 개인 웹사이트를 통해 연락 가능하다.

우나이 후테 벨로키^{Unai Huete Beloki}

지난 5년 동안 데브옵스 전문가로 일해 왔다. 2017년부터 마이크로소프트에서 고객 엔지니어^{Customer Enginner}로 일하면서 유럽 및 중동/아프리카 지역에서 주로 깃허브, 애저 데브옵스, 애저와 관련된 지원과 교육을 담당했다. 2020년 7월에는 마이크로소프트의 애저 기술 트레이너로 자리를 옮겨 전 세계 고객에게 애저 및 데브옵스 교육을 제공하고 있으며, AZ-400: Designing and Implementing Microsoft DevOps Solutions 시험의 글로벌 리더 중 한 명이다. 나바라 대학교^{University of Navarra}에서 전자 및 통신 공학 학사 학위와 통신 공학 석사 학위를 받았다.

| 차례 |

추천의 글 006

옮긴이 소개 009

옮긴이의 말 011

지은이 소개 013

리뷰어 소개 014

들어가며 034

1부 — 린 관리와 협업

1장 　 메트릭이 핵심 　　　　　　　　　　　　　　　　 045

가속화가 필요한 이유 046

엔지니어링 속도 049

　공수로 개발 속도 측정하기 049

　독이 되는 추정치 050

　막연한 계획을 예측하는 방법 052

　개발자의 개발 속도와 엔지니어링 속도 055

높은 성과를 내는 조직 055

　개발자의 개발 속도 지수 055

　데브옵스 연구 평가 보고서 056

메트릭 측정의 중요성 057

　전달 소요 시간 058

배포 주기 059

평균 복구 시간 060

변경 실패율 060

4개의 핵심 대시보드 061

하지 말아야 할 것 062

개발자의 생산성을 위한 SPACE 프레임워크 062

만족도와 웰빙 063

성과 063

활동성 064

소통과 협업 064

효율성과 플로 064

SPACE 프레임워크 사용법 064

목표와 핵심 결과 066

OKR이란? 066

OKR의 동작 원리 068

OKR과 데브옵스 069

정리 071

사례 연구 072

더 읽을거리 및 참고 자료 074

2장   업무의 계획, 추적, 시각화   077

모든 일은 업무다 078

계획되지 않은 작업과 채작업 079

업무 시각화 081

당기기 확립 081

우선순위 지정 082

단순하게 유지 083

WIP 제한 084

WIP 제한 설정 084

배치 크기 줄이기 085

핸드오프 줄이기 085

깃허브 이슈, 레이블, 마일스톤 ⋯⋯⋯⋯⋯⋯⋯⋯⋯⋯⋯⋯⋯⋯⋯ 085

　　새 이슈 만들기 ⋯⋯⋯⋯⋯⋯⋯⋯⋯⋯⋯⋯⋯⋯⋯⋯⋯⋯⋯⋯ 086

　　이슈에 대한 공동 작업 ⋯⋯⋯⋯⋯⋯⋯⋯⋯⋯⋯⋯⋯⋯⋯⋯ 088

　　이슈 백로그 ⋯⋯⋯⋯⋯⋯⋯⋯⋯⋯⋯⋯⋯⋯⋯⋯⋯⋯⋯⋯⋯ 090

　　마일스톤 ⋯⋯⋯⋯⋯⋯⋯⋯⋯⋯⋯⋯⋯⋯⋯⋯⋯⋯⋯⋯⋯⋯⋯ 090

　　이슈 고정 ⋯⋯⋯⋯⋯⋯⋯⋯⋯⋯⋯⋯⋯⋯⋯⋯⋯⋯⋯⋯⋯⋯ 091

　　이슈 템플릿 ⋯⋯⋯⋯⋯⋯⋯⋯⋯⋯⋯⋯⋯⋯⋯⋯⋯⋯⋯⋯⋯ 092

깃허브 프로젝트 ⋯⋯⋯⋯⋯⋯⋯⋯⋯⋯⋯⋯⋯⋯⋯⋯⋯⋯⋯⋯ 096

　　시작하기 ⋯⋯⋯⋯⋯⋯⋯⋯⋯⋯⋯⋯⋯⋯⋯⋯⋯⋯⋯⋯⋯⋯⋯ 097

　　프로젝트에 작업 항목 추가 ⋯⋯⋯⋯⋯⋯⋯⋯⋯⋯⋯⋯⋯ 098

　　작업에 메타데이터 추가 ⋯⋯⋯⋯⋯⋯⋯⋯⋯⋯⋯⋯⋯⋯⋯ 099

　　테이블 뷰 작업 ⋯⋯⋯⋯⋯⋯⋯⋯⋯⋯⋯⋯⋯⋯⋯⋯⋯⋯⋯ 099

　　보드 뷰 작업 ⋯⋯⋯⋯⋯⋯⋯⋯⋯⋯⋯⋯⋯⋯⋯⋯⋯⋯⋯⋯ 100

　　뷰로 작업하기 ⋯⋯⋯⋯⋯⋯⋯⋯⋯⋯⋯⋯⋯⋯⋯⋯⋯⋯⋯ 102

　　워크플로 ⋯⋯⋯⋯⋯⋯⋯⋯⋯⋯⋯⋯⋯⋯⋯⋯⋯⋯⋯⋯⋯⋯ 103

　　인사이트 ⋯⋯⋯⋯⋯⋯⋯⋯⋯⋯⋯⋯⋯⋯⋯⋯⋯⋯⋯⋯⋯⋯ 103

　　액세스 관리 ⋯⋯⋯⋯⋯⋯⋯⋯⋯⋯⋯⋯⋯⋯⋯⋯⋯⋯⋯⋯ 104

서드파티 통합 ⋯⋯⋯⋯⋯⋯⋯⋯⋯⋯⋯⋯⋯⋯⋯⋯⋯⋯⋯⋯⋯ 105

　　Jira ⋯⋯⋯⋯⋯⋯⋯⋯⋯⋯⋯⋯⋯⋯⋯⋯⋯⋯⋯⋯⋯⋯⋯⋯⋯ 106

　　애저 보드 ⋯⋯⋯⋯⋯⋯⋯⋯⋯⋯⋯⋯⋯⋯⋯⋯⋯⋯⋯⋯⋯⋯ 109

사례 연구 ⋯⋯⋯⋯⋯⋯⋯⋯⋯⋯⋯⋯⋯⋯⋯⋯⋯⋯⋯⋯⋯⋯⋯ 112

정리 ⋯⋯⋯⋯⋯⋯⋯⋯⋯⋯⋯⋯⋯⋯⋯⋯⋯⋯⋯⋯⋯⋯⋯⋯⋯ 113

더 읽을거리 및 참고 자료 ⋯⋯⋯⋯⋯⋯⋯⋯⋯⋯⋯⋯⋯⋯⋯ 114

3장　팀워크와 협업　　115

소프트웨어 개발은 팀 스포츠다 ⋯⋯⋯⋯⋯⋯⋯⋯⋯⋯⋯⋯ 116

협업의 핵심 – 풀 리퀘스트 ⋯⋯⋯⋯⋯⋯⋯⋯⋯⋯⋯⋯⋯⋯ 118

실습 – 풀 리퀘스트 생성 ⋯⋯⋯⋯⋯⋯⋯⋯⋯⋯⋯⋯⋯⋯⋯ 121

변경 제안 ⋯⋯⋯⋯⋯⋯⋯⋯⋯⋯⋯⋯⋯⋯⋯⋯⋯⋯⋯⋯⋯⋯ 126

　　드래프트 풀 리퀘스트 ⋯⋯⋯⋯⋯⋯⋯⋯⋯⋯⋯⋯⋯⋯⋯ 126

　　코드 소유자 ⋯⋯⋯⋯⋯⋯⋯⋯⋯⋯⋯⋯⋯⋯⋯⋯⋯⋯⋯⋯ 128

필수 리뷰 129

풀 리퀘스트 리뷰 요청 130

자동 병합 132

풀 리퀘스트 리뷰 132

풀 리퀘스트에서 제안된 변경 사항 리뷰 132

파일을 조회된 상태로 표시 133

실습 – 제안하기 133

풀 리퀘스트에 피드백 통합 136

리뷰 제출 137

풀 리퀘스트 완료 137

코드 리뷰를 위한 모범 사례 139

깃 가르치기 139

풀 리퀘스트를 이슈에 연결 140

드래프트 풀 리퀘스트 사용 140

최소 2명의 승인자 확보 140

피어 리뷰 수행 140

리뷰 단계 자동화 141

변경 사항 배포 및 테스트 141

리뷰 가이드 / 행동 강령 141

정리 142

더 읽을거리 및 참고 자료 142

4장   장소에 제약받지 않는 비동기식 협업   145

동기식, 비동기식 업무 환경의 비교 146

소통의 역사 146

업무와 소통 148

대면 업무와 원격 업무 150

분산된 팀 151

팀 간 협업 152

비동기식 업무로 전환 153

팀즈와 슬랙의 활용 154

깃허브 디스커션 156

    깃허브 디스커션 시작 157

    디스커션 카테고리 158

    디스커션 시작 158

페이지와 위키 160

    깃허브 페이지 160

    위키 167

    깃허브 위키 167

    사용자 정의 위키 169

깃허브 모바일을 통한 장소에 구애받지 않는 업무 환경 170

사례 연구 173

정리 174

더 읽을거리 및 참고 문헌 175

5장   오픈소스와 이너 소스 전략으로 개발 역량 강화   177

자유-오픈소스 소프트웨어의 역사 179

    공개 도메인 소프트웨어 179

    자유 소프트웨어 179

    오픈소스 소프트웨어 180

    오픈소스 소프트웨어의 부상 181

오픈소스와 개방형 개발의 차이점 182

기업이 오픈소스를 도입할 때의 이점 183

    OSS로 더 빠르게 공급하기 183

    커뮤니티 참여를 통해 더 나은 제품 만들기 184

    노후화 위험이 낮은 도구 사용하기 184

    인재 유치 184

    새로운 기술 및 표준에 영향을 미침 184

    오픈소스 프로젝트에서 학습해 프로세스 개선 185

오픈소스 전략 구현 185

오픈소스와 이너 소스 186

내부 개발의 중요성 187

깃허브 스폰서 188

    스폰서 등급 190

    후원 목표 191

정리 192

더 읽을거리 및 참고 자료 192

2부 ― 데브옵스 실천

6장   깃허브 액션으로 자동화   197

깃허브 액션 개요 198

워크플로, 파이프라인, 액션 199

    YAML 기본 200

    주석 200

    스칼라 타입 200

    Collection 타입 201

워크플로 문법 202

    워크플로 트리거 202

    워크플로 잡 206

    워크플로 스텝 207

    콘텍스트와 표현식 문법 209

    워크플로 명령 211

시크릿 사용 212

    시크릿 저장 213

    시크릿 접근 214

    GITHUB_TOKEN 시크릿 215

워크플로 실습 216

액션 실습 220

깃허브 마켓플레이스 224

정리 226

더 읽을거리 및 참고 자료 227

7장   워크플로 실행

7장   워크플로 실행   229

호스팅 러너 230

　격리 및 권한 230

　하드웨어 230

　소프트웨어 231

　네트워크 232

　가격 233

자체 호스팅 러너 234

　러너 소프트웨어 235

　러너와 깃허브 간의 통신 235

　프록시 서버 뒤편에서 자체 호스팅 러너 사용 236

　깃허브에 자체 호스팅 러너 추가하기 237

　자체 호스팅 러너 제거하기 240

러너 그룹으로 액세스 관리하기 241

레이블 사용하기 243

자체 호스팅 러너 확장하기 244

　임시 러너 244

　깃허브 웹훅으로 스케일 업 및 스케일 다운하기 244

　기존 솔루션 245

모니터링 및 문제 해결 245

　러너의 상태 확인 245

　애플리케이션 로그 파일 검토 246

　작업 로그 파일 검토 246

　서비스 상태 확인 246

　　리눅스 246

　　macOS 247

　　윈도우 247

　러너 업데이트 프로세스 모니터링 247

사례 연구 248

정리 248

더 읽을거리 및 참고 자료 249

8장   깃허브 패키지를 사용한 종속성 관리   251

깃허브 패키지 252

　　요금 책정 253

　　권한과 가시성 254

액션과 npm 패키지 사용 256

패키지와 도커 사용 260

아파치 메이븐, 그래들, NuGet, RubyGem 패키지 263

　　아파치 메이븐을 사용한 자바 263

　　그래들 264

　　RubyGems 265

　　NuGet 266

정리 267

더 읽을거리 및 참고 자료 268

9장   플랫폼별 배포   269

단계별 배포 270

배포 자동화 273

애저 앱 서비스에 배포하는 방법 274

　　애저 리소스 배포 274

　　깃허브 액션을 사용해 애플리케이션 배포하기 275

AWS ECS에 배포하는 방법 277

　　AWS 리소스 배포 278

　　깃허브 액션으로 컨테이너 배포하기 278

GKE에 배포하는 방법 280

　　구글 리소스 배포 281

　　깃허브 액션으로 컨테이너 배포하기 283

코드형 인프라 284

　　도구 284

　　모범 사례 285

　　전략 286

　　워크플로 템플릿 287

　　재사용 가능한 워크플로 289

성공 측정 291

사례 연구 293

정리 295

더 읽을거리 및 참고 자료 295

10장　피처 플래그와 피처의 수명 주기　297

피처 플래그란 무엇인가 298

피처의 수명 주기 299

피처 플래그의 이점 301

피처 플래그 시작하기 303

피처 플래그와 기술 부채 304

프레임워크 및 제품 306

피처 플래그를 사용한 실험 308

정리 310

더 읽을거리 및 참고 자료 311

11장　트렁크 기반 개발　313

트렁크 기반 개발 314

복잡한 브랜치를 피해야 하는 이유 315

다른 깃 워크플로들 316

　　깃플로 316

　　깃허브 플로 317

　　릴리스 플로 319

　　　　깃랩 플로 319

마이플로로 고도화 320

　　　　메인 브랜치 321

　　　　전용 토픽 브랜치 322

　　　　출시 326

　　　　핫픽스 326

　　　　자동화 328

사례 연구 329

정리 330

더 읽을거리 및 참고 자료 331

3부 — 견고한 출시 전략

12장　품질 향상을 위한 테스트의 시프트-레프트　　335

시프트-레프트 테스트 및 테스트 자동화 336

　　　　테스트 주도 개발 339

　　　　테스트 포트폴리오 관리 341

　　　　　　단위 테스트(레벨 0) 342

　　　　　　통합 테스트(레벨 1) 342

　　　　　　데이터를 사용한 기능 테스트(레벨 2) 343

　　　　　　운영 테스트(레벨 3) 343

불안정한 테스트 제거 344

코드 커버리지 345

시프트-라이트 운영 환경에서의 테스트 346

　　　　상태 데이터 및 모니터링 347

　　　　피러 플래그 및 카나리 릴리스 348

　　　　비즈니스 연속성 및 재해 복구 348

　　　　탐색적 테스트 및 사용성 테스트 348

결함 주입 및 카오스 엔지니어링 349

테스트와 규정 준수 350

깃허브에서의 테스트 관리 352

사례 연구 354

정리 356

더 읽을거리 356

13장   시프트-레프트 보안과 데브섹옵스   359

시프트-레프트 보안 360

침해 가정, 제로 트러스트, 보안 우선 사고방식 361

공격 시뮬레이션 364

레드 팀-블루 팀 훈련 365

　팀 구성 365

　게임 규칙 367

　　기간 367

　　규칙과 행동 강령 367

　　제공 항목 368

　어디서부터 시작해야 할까? 368

공격 시나리오 369

깃허브 코드스페이스 371

정리 378

더 읽을거리 및 참고 자료 378

14장   코드 보안   381

종속성 관리 및 Dependabot 382

　종속성 탐색 384

　Dependabot 387

　깃허브 액션으로 Dependabot 업데이트 자동화 392

　Dependabot을 사용해 깃허브 액션을 최신 상태로 유지 ... 394

시크릿 스캔 395

코드 스캔 400

    깃허브 에서 코드 스캔 400

    코드 스캔 실행 401

    시작하기 402

    코드 스캔 알림 405

        심각도 406

        이슈 알림 추적 406

        데이터 흐름 분석 407

        CodeQL 쿼리 408

        타임라인 409

    풀 리퀘스트 통합 410

    코드 스캔 구성 413

CodeQL 쿼리 작성 415

정리 420

더 읽을거리 420

15장   안전한 배포   423

컨테이너와 인프라 보안 스캐닝 424

    컨테이너 스캔 424

    인프라 정책 426

인프라 변경 프로세스 자동화 428

소스 코드 및 인프라 무결성 429

    SBOM 429

    커밋 서명 433

    코드 서명 436

동적 애플리케이션 보안 테스트 437

릴리스 파이프라인 보안 강화 441

    러너 보안 강화 441

    액션 보안 유지하기 442

    환경을 보호하라 443

    가능한 경우 토큰을 사용하라 444

보안 텔레메트리 수집 448

사례 연구 449

정리 450

더 읽을거리 및 참고 문헌 451

4부 — 소프트웨어 아키텍처

16장 느슨하게 결합된 아키텍처와 마이크로서비스 455

느슨하게 결합된 시스템 456

마이크로서비스 456

진화적 설계 458

이벤트 중심 아키텍처 459

정리 461

더 읽을거리 461

17장 팀 고도화 463

콘웨이의 법칙 464

투-피자 팀 465

역 콘웨이 전략 468

전달 주기 471

모노 레포, 멀티 레포 전략 472

대형 모노 레포 작업 473

주제 및 스타 목록을 사용해 레포 구성 474

코드를 구조화하기 위해 깃 서브모듈 사용 476

적절한 전략은 무엇인가? 478

사례 연구 478

정리 479

더 읽을거리 480

5부 — 린 제품 관리

18장   린 제품 개발과 린 스타트업   485

린 제품 개발 486

고객 피드백 통합하기 487

MVP 489

엔터프라이즈 포트폴리오 관리 490

제품 관리 기술 향상 496

　　고객에 대한 이해 497

　　비즈니스 이해 497

　　제품 이해 498

비즈니스 모델 캔버스 498

정리 500

더 읽을거리 및 참고자료 500

19장   실험과 A/B 테스트   503

과학적 방법으로 실험 수행 504

　　관찰 – 데이터 수집 및 분석 507

　　가설 수립(가설 공식화) 508

　　실험 구축 510

　　결과 검증 511

GrowthBook 및 Flagger를 사용한 효과적인

A/B 테스트 512

　　GrowthBook 512

    Flagger 514

실험과 OKR 516

정리 517

더 읽을거리 517

6부 — 엔터프라이즈를 위한 깃허브

20장 깃허브 플랫폼 구성   521

호스팅 옵션 및 가격 522

    호스팅 옵션 522

        깃허브 엔터프라이즈 클라우드 522

        깃허브 엔터프라이즈 서버 523

        깃허브 엔터프라이즈 AE 523

    깃허브 커넥트 524

    가격 525

실습 – GitHub.com에서 계정 생성하기 527

기업 보안 530

    SAML 인증 531

    SCIM 536

    자동 팀 동기화 537

    기업 관리 사용자 538

    GHES를 사용한 인증 540

    감사 API 540

깃허브 스킬즈 542

정리 543

더 읽을거리 및 참고 문헌 543

21장   깃허브로 이전   545

올바른 마이그레이션 전략 선택하기 546

낮은 충실도의 마이그레이션으로 규정 준수 달성하기 547

원활한 전환을 위한 요구 사항 동기화 548

코드 마이그레이션 548

애저 데브옵스 또는 깃허브에서 마이그레이션하기 551

파이프라인 마이그레이션 554

정리 558

더 읽을거리 558

22장   깃허브를 통한 협업 고도화   561

깃허브 범위 및 네임스페이스 562

   깃허브 엔터프라이즈 562

   깃허브 조직 563

깃허브 팀 구성 564

역할 기반 액세스 567

사용자 정의 역할 568

외부 공동 작업자 569

정리 570

더 읽을거리 571

23장   엔터프라이즈 혁신   573

많은 혁신이 실패하는 이유 573

   회사나 업계가 특별하다고 가정 574

   긴박감 부재 574

   명확한 비전 부재 575

   혁신을 막는 장애물 575

   도움을 거절하는 것 576

왜?부터 시작하기 577

    목적에 기반한 미션 577

    엔지니어링 문화 구축 578

데이터 기반 혁신 580

    제약 이론 580

    병목 제거 582

    데브옵스는 지속적인 개선의 여정 583

    밸류 스트림에 맞춘 팀을 위한 최적화 583

정리 585

더 읽을거리 및 참고 자료 586

찾아보기 589

| 들어가며 |

2020년대에 접어든 지금, 10년이 넘는 연구 결과에 따르면 개발자 성과가 높은 기업은 속도와 처리량에서 경쟁사를 능가할 뿐만 아니라 품질, 혁신, 보안, 직원 만족도, 가장 중요한 고객 만족도에서도 더 높은 점수를 받는다.

하지만 일부 유니콘unicorn 기업을 제외한 대다수의 기존 기업은 혁신에 어려움을 겪고 있다. 기존 제품의 경직된 구조와 느린 프로세스, 모놀리식monolithic 애플리케이션 아키텍처, 긴 릴리스 주기는 기업이 변화하기 어렵게 만든다.

하지만 이는 새로운 현상이 아닐 뿐더러 혁신적 변화는 항상 어렵고 성공하더라도 성공하기까지 수년이 걸린다. 실패할 확률도 매우 높다. 혁신은 매우 다양한 수준에서 이뤄져야 하며, 이러한 변화가 일치하지 않으면 혁신은 실패할 수밖에 없기 때문이다. 이 책은 높은 개발자 성과를 위한 연구뿐만 아니라 소프트웨어 전달을 가속화하는 방법에 대한 실용적인 예제를 제공함으로써 여러분의 혁신에 도움이 될 것이다.

이 책은 데브옵스에 대한 실용적인 가이드다. 이미 데브옵스 여정에 있는 팀이 데브옵스 여정을 더욱 발전시킬 수 있도록, 일반적인 문제에 대한 간단한 솔루션을 제공해 소프트웨어 전달 성능을 가속화하게끔 도와준다. 이를 통해 팀은 성공을 측정하는 데 적합한 지표를 찾고 다른 성공 사례에서 배울 수 있으며, 단순히 다른 팀이 수행한 작업을 모방하지 않아도 된다. 또한 깃허브를 데브옵스 플랫폼으로 사용하며 협업, 린 관리, 안전하고 빠른 소프트웨어 전달을 위해 깃허브의 강력한 기능을 활용하는 방법을 제시한다.

이 책을 다 읽고 나면 독자들은 소프트웨어 전달 성능에 영향을 미치는 요소와 전달 역량을 측정하는 방법을 이해할 수 있다. 따라서 팀 간 협업을 위한 투명성과 간단한 솔루션을 통해 현재 위치가 어디인지, 앞으로 어떻게 나아가야 하는지 깨닫게 될 것이다. 일반적인 문제에 대한 간단한 솔루션을 갖춘 독자들은 깃허브 프로젝트를 통해 작업을 가시화하고, 깃허브 인사이트로 올바른 지표를 측정하며, 깃허브 액션 및 고급 보안advanced security을 통해 견고하고 검증된 엔지니어링 사례를 사용하고, 이벤트 기반의 느슨하게 결합된 소프트웨어 아키텍처로 전환하는 등 깃허브의 힘을 활용해 가속화하는 방법을 이해할 수 있을 것이다.

이 책의 대상 독자

개발자, 솔루션 아키텍트, 데브옵스 엔지니어, 사이트 신뢰성 엔지니어SRE, Site Reliability Engineer는 물론 소프트웨어 전달 성능을 향상시키고자 하는 엔지니어링 또는 제품 관리자를 위한 책이다. 데브옵스를 처음 접하거나 이미 경험이 있지만 최대 성능을 달성하는 데 어려움을 겪고 있는 조직 및 이미 깃허브 엔터프라이즈GitHub Enterprise를 사용해본 경험이 있거나 애저 데브옵스Azure DevOps, 팀 파운데이션 서버Team Foundation Server, 깃랩GitLab, 비트버킷Bitbucket, 퍼펫Puppet, 셰프Chef 또는 젠킨스Jenkins와 같은 플랫폼 사용 경험이 있는 독자에게 적합하다.

이 책에서 다루는 내용

1장, 매트릭이 핵심 린lean 관리의 이론과 성과 및 문화적 변화를 측정하는 방법을 설명한다. 인재를 유치하고 뛰어난 고객 만족을 달성하는 데 개발자 생산성이 왜 중요한지 살펴본다.

2장, 업무의 계획, 추적, 시각화 린 원칙을 적용해 소프트웨어 전달 성과를 가속화하는 작업 인사이트에 대해 설명한다. 깃허브 이슈, 레이블, 마일스톤milestone, 프로젝트를 사용해 팀과 제품 전반에서 업무를 계획, 추적, 시각화하는 방법을 배우게 된다.

3장, 팀워크와 협업 소프트웨어 협업 개발의 중요성과 팀과 분야 간 협업에 깃허브를 어떻게 사용할 수 있는지 설명한다.

4장, 장소에 제약받지 않는 비동기식 협업 비동기 작업 방식의 이점과 이를 활용해 책임 공유, 분산된 팀, 품질 향상, 팀 간 협업을 개선하는 방법을 설명한다. 깃허브 모바일, 마이크로소프트 팀즈Microsoft Teams, 슬랙Slack, 깃허브 페이지, 위키Wiki, 토론을 사용해 장소와 기기에 구애받지 않고 협업하는 방법을 알아본다.

5장, 오픈소스와 이너 소스 전략으로 개발 역량 강화 무료 및 오픈소스 소프트웨어의 역사와 최근 몇 년 동안 클라우드 컴퓨팅의 맥락에서 그 중요성이 커지고 있는 것에 대해 설명한다. 오픈소스를 활용해 소프트웨어 배포 속도를 높이는 방법을 알려 준다. 또한 이너 소스inner source에 오픈소스 사례를 적용해 조직을 혁신하는 방법과 오픈소스와 이너 소스가 인소싱 및 아웃소싱 전략에 미칠 수 있는 영향에 대해 살펴본다.

6장, 깃허브 액션으로 자동화 품질과 속도를 위한 자동화의 중요성에 대해 설명한다. 지속적 전달뿐 아니라 모든 종류의 자동화에 깃허브 액션을 사용하는 방법을 소개한다.

7장, 워크플로 실행 다양한 호스팅 옵션을 사용해 하이브리드 클라우드 시나리오hybrid-cloud scenario 또는 하드웨어 인 더 루프 테스트hardware-in-the-loop test를 처리하는 방법을 설명한다. 또한 자체 호스팅 러너를 설정하고 관리하는 방법을 알아본다.

8장, 깃허브 패키지를 사용한 종속성 관리 깃허브 패키지와 시맨틱semantic 버전 관리를 깃허브 액션과 함께 사용해 팀과 제품 간의 종속성을 관리하는 방법을 설명한다.

9장, 플랫폼별 배포 마이크로소프트 애저Microsoft Azure, AWS ECS, 구글 쿠버네티스 Google Kubernetes 엔진에 대한 간단한 실습 예제를 통해 여러 클라우드와 플랫폼에 쉽게 배포하는 방법을 보여 준다. 또한 깃허브 액션GitHub Actions을 사용해 단계별 배포를 수행하는 방법과 IaCInfrastructure as Code를 사용해 리소스 프로비저닝을 자동화하는 방법을 알아본다.

10장, 피처 플래그와 피처의 수명 주기 피처 플래그Feature Flag 또는 피처 토글Feature Toggle 이 어떻게 복잡성을 줄이고 피처 및 소프트웨어의 수명 주기lifecycle를 관리하는 데 도움이 되는지 설명한다.

11장, 트렁크 기반 개발 트렁크 기반 개발의 이점을 설명하고 소프트웨어 배포를 가속화하는 데 가장 적합한 깃 워크플로Git workflow를 소개한다.

12장, 품질 향상을 위한 테스트의 시프트-레프트 개발 속도에 대한 품질 보증 및 테스트의 역할을 자세히 살펴보고 테스트 자동화를 통해 테스트의 시프트-레프트를 보여준다. 또한 프로덕션에서의 테스트 및 카오스 엔지니어링chaos engineering에 대해 다룬다.

13장, 시프트-레프트 보안과 데브섹옵스 소프트웨어 개발에서 보안의 역할과 프로세스에 보안을 도입하고 데브섹옵스DevSecOps, 제로 트러스트zero-trust를 실행하는 방법, 보안을 전환하는 방법을 폭넓게 살펴본다. 일반적인 공격 시나리오를 살펴보고 공격 시뮬레이션과 레드 팀/블루 팀 연습을 사용해 보안을 연습하고 인식을 높이는 방법을 살펴본다. 또한 클라우드의 안전한 개발 환경으로서 깃허브 코드스페이스GitHub Codespace에 대해 소개한다.

14장, 코드 보안 깃허브 어드밴스드 시큐리티GitHub Advanced Security를 사용해 CodeQL 및 기타 도구로 정적 코드 분석을 수행한다. 또한 버그, 보안, 컴플라이언스 문제를 제거하고, Dependabot으로 소프트웨어 공급망을 성공적으로 관리하고, 시크릿 스캐닝Secret Scanning을 사용해 코드 베이스의 시크릿을 제거하는 방법을 설명한다.

15장, 안전한 배포 환경에 안전하게 배포하는 방법과 전체 릴리스 파이프라인을 안전하고 규정을 준수하는 방식으로 자동화해 규제 요구 사항도 충족하는 방법을 보여준다. 또한 소프트웨어 구성 명세서SBoM, Software Bills of Material, 코드 및 커밋 서명, 동적 애플리케이션 보안 테스트, 릴리스 파이프라인의 보안 강화에 대해 다룬다.

16장, 느슨하게 결합된 아키텍처와 마이크로서비스 느슨하게 결합된 시스템의 중요성과 이를 달성하기 위해 소프트웨어 설계를 발전시킬 수 있는 방법을 설명한다. 마이크로서비스, 진화적 설계, 이벤트 기반 아키텍처를 다룬다.

17장, 팀 고도화 조직의 커뮤니케이션 구조와 시스템 아키텍처의 상관관계(콘웨이의 법칙Conway's law)와 이를 사용해 아키텍처, 조직 구조, 소프트웨어 배포 성능을 개선하는 방법에 대해 설명한다. 또한 투-피자 팀two-pizza team, 역 콘웨이 전략, 코드에 대한 모노/멀티 레포mono/multi repo 전략에 대해 다룬다.

18장, 린 제품 개발과 린 스타트업 제품 및 기능 수준에서 린 제품 관리의 중요성에 대해 설명한다. 고객 피드백을 제품 관리에 통합하고, 최소 기능 제품MVP, Minimal Viable Product

을 만드는 방법과 엔터프라이즈 포트폴리오를 관리하는 방법을 알아본다.

19장, 실험과 A/B 테스트   A/B 테스트와 같은 증거 기반 데브옵스 관행을 통해 가설을 검증하는 실험을 수행해 제품을 발전시키고 지속적으로 개선할 수 있는 방법을 설명한다. 또한 OKR을 활용해 팀이 올바른 실험을 수행하고 올바른 제품을 구축할 수 있도록 지원하는 방법도 살펴본다.

20장, 깃허브 플랫폼 구성   깃허브가 어떻게 팀을 위한 종합적인 개방형 플랫폼 역할을 할 수 있는지 설명한다. 또한 다양한 호스팅 옵션, 가격, 기존 도구 체인에 통합하는 방법에 대해 알아본다.

21장, 깃허브로 이전   다른 플랫폼에서 깃허브로 마이그레이션migration하는 전략과 다른 시스템과의 통합 지점에 대해 설명한다. 또한 올바른 마이그레이션 전략을 찾는 방법과 깃허브 엔터프라이즈 임포터GitHub Enterprise Importer 및 발레Valet를 사용해 마이그레이션 작업을 수행하는 방법을 소개한다.

22장, 깃허브를 통한 협업 고도화   협업을 촉진하고 관리를 용이하게 하기 위해 리포지터리repository 및 팀을 조직 및 엔터프라이즈 단위로 구조화하는 모범 사례에 대해 설명한다. 또한 역할 기반 액세스, 사용자 지정 역할, 외부 공동 작업자에 대해 다룬다.

23장, 엔터프라이즈 혁신   모든 것을 한데 모아 놨다. 성공적인 혁신을 추진하고 개발 속도를 높이는 데 사용할 수 있는 많은 도구를 제공한다. 하지만 모든 요소를 종합적으로 고려해야만 혁신에 성공할 수 있다. 많은 혁신이 실패하는 이유와 혁신을 성공으로 이끌기 위해 무엇을 해야 하는지에 대해 설명한다.

⫶⫶ 이 책을 활용하는 방법

책에서 다루는 소프트웨어	시스템 요구 사항
GitHub	모든 운영체제 및 깃허브 계정
Git	모든 운영체제 및 최신 깃 버전 혹은 버전 2.23 이상
GitHub CLI & Mobile	선택적으로 GitHub CLI 및 GitHub Mobile 설치 가능

실습에 따라 AWS, 애저, 또는 구글에 배포하려면 해당 클라우드 환경에 대한 계정이 필요하다.

이 책의 디지털 버전을 사용하는 경우 코드를 직접 입력하거나 책의 깃허브 리포지터리에서 코드에 접근하는 것이 좋다(링크는 다음 절에서 확인할 수 있음). 이렇게 하면 코드 복사 및 붙여넣기와 관련된 잠재적인 오류를 방지하는 데 도움이 된다.

예제 코드 다운로드

이 책의 예제 및 실습은 깃허브(http://github.com/wulfland/AccelerateDevOps)(https://github.com/Packt Publishing/Accelerate-DevOps-with-GitHub)에서 확인할 수 있다. 코드 또는 실습에 대한 업데이트가 있으면 깃허브 리포지터리에 업데이트된다. 동일한 코드를 에이콘출판사 홈페이지(http://www.acornpub.co.kr/book/devops-github)에서도 다운로드할 수 있다.

또한 다음 링크(https://github.com/PacktPublishing/)에서 제공되는 풍부한 책과 동영상 카탈로그의 다른 코드 번들도 있다.

컬러 이미지 다운로드

이 책에 사용된 스크린샷 및 다이어그램의 컬러 이미지가 포함된 PDF 파일은 다음 링크(https://static.packt-cdn.com/downloads/9781801813358_ColorImages.pdf)에서 확인할 수 있다.

사용된 규칙

이 책에서는 다음과 같은 편집 규약을 사용한다.

문단 내 코드: 문단 내에 있는 코드 조각, 데이터베이스 테이블 이름, 폴더 이름, 파일 이름, 파일 확장자, 사용자 입력, 트위터 핸들에 포함된 코드 단어를 나타낸다. 예를 들어 다음과 같다.

".github/ISSUE_TEMPLATE에 config.yml 파일을 추가해 이슈 템플릿을 선택하도록 대화 상자를 사용자 지정할 수 있다."

코드 블록은 다음과 같이 설정된다.

```
name: 💡 Custom Issue Form
description: A custom form with different fields body:
  - type: input
    id: contact
    attributes:
      label: Contact Details
```

코드 블록의 특정 부분을 강조하고자 하는 경우 관련 밑줄 혹은 굵은 글씨로 표시된다.

```
blank_issues_enabled: true
contact_links:
  - name: 👥 Discussions
    url: https://github.com/wulfland/AccelerateDevOps/discussions/new
    about: Please use discussions for issues that are not a bug, enhancement or feature request
```

모든 명령줄 입력 또는 출력은 다음과 같이 작성된다.

```
$ gh secret set secret-name
```

고딕체: 화면에 표시되는 새로운 용어, 중요한 단어 또는 단어를 나타낸다. 예를 들어 메뉴나 대화 상자의 단어는 굵게 표시되며 다음과 같이 사용된다.

"다음 리포지터리를 열고 리포지터리의 오른쪽 상단 모서리에 있는 **Fork**를 클릭해 포크를 만든다."

> **NOTE**
>
> 경고와 중요한 노트는 이와 같이 나타낸다.

문의

독자 피드백은 언제나 환영이다.

일반적인 의견: 이 책의 제목을 메일 제목에 넣어 customercare@packtpub.com으로 이메일을 보내면 된다. 이 책의 내용에 대한 질문이 있다면 questions@packtpub.com으로 이메일을 보내면 된다.

한국어판에 관한 질문은 이 책의 옮긴이의 이메일이나 에이콘출판사 편집 팀(editor@acornpub.co.kr)으로 문의할 수 있다.

오탈자: 정확한 내용을 전달하고자 모든 노력을 기울였지만 실수가 있을 수 있다. 책에서 발견한 오류를 알려 준다면 감사하겠다. 다음 링크(www.packtpub.com/submit-errata)에 방문해서 이 책을 선택한 후 **Errata Submission Form** 링크를 클릭하고 자세한 내용을 넣어 주길 바란다.

한국어판의 정오표는 에이콘출판사의 도서정보 페이지(http://acornpub.co.kr/book/devops-github)에서 찾아볼 수 있다.

저작권 침해: 인터넷에서 어떤 형태로든 팩트 책의 불법 복제본을 발견한다면 주소나 웹사이트 이름을 알려 주면 감사하겠다. 불법 복제본의 링크를 copyright@packtpub.com으로 보내 주길 바란다.

1부

린 관리와 협업

1부에서는 개발 프로세스의 방해 요소를 줄이고, 팀이 빠르게^{lean} 움직일 수 있는 협업 방식으로 전환하는 방법을 배운다. 깃허브를 효과적으로 사용해 어디서나 협업하고, 인사이트^{insight}를 얻고, 올바를 지표를 활용해 엔지니어링 생산성을 최적화하는 방법들이 그것이다.

1부는 다음과 같은 장으로 구성돼 있다.

- 1장, 메트릭이 핵심

- 2장, 업무의 계획, 추적, 시각화

- 3장, 팀워크와 협업

- 4장, 장소에 제약받지 않는 비동기식 협업

- 5장, 오픈소스와 이너 소스 전략으로 개발 역량 강화

01

메트릭이 핵심

데브옵스를 실천할 때 가장 어려운 부분은 경영진의 발상을 전환하는 것이다. 경영진은 이런 질문을 하는 데 익숙하다.

- 비용이 얼마나 드는가?

- 그로 인해 얼마나 많은 수익을 얻을 수 있는가?

경영진의 관점에서 이는 합리적인 질문이다. 하지만 데브옵스 세계에서 이러한 질문은 독이 될 수 있고, 잘못된 시점에 잘못된 방식으로 답할 경우 엄청난 양의 사전 계획으로 이어질 수 있다. 1장에서는 경영진과의 논의를 일반적인 엔지니어링 속도와 개발자 생산성에 대한 노력으로 전환할 수 있는 메트릭^{metric}을 제시한다.

엔지니어링 속도와 개발자 생산성을 측정하는 방법과 데브옵스 가속화를 측정 가능하게 만드는 방법에 대해서도 설명한다.

1장에서는 다음과 같은 주제를 다룬다.

- 가속화가 필요한 이유

- 엔지니어링 속도

- 높은 퍼포먼스의 조직

- 핵심 메트릭 측정

- 개발자의 생산성을 위한 SPACE 프레임워크

- 주요 목표와 결과

⠿ 가속화가 필요한 이유

기업의 예상 수명은 급격히 감소하고 있다. 예일대학교 경영대학의 리처드 포스터 Richard Foster에 따르면 100년 전 **S&P**Standard & Poor's 500 목록에 있는 기업의 평균 수명은 67년이었지만 오늘날에는 15년으로 줄었다. 2주마다 1개의 S&P 상장 기업이 시장에서 사라지고 있으며, 2027년까지 상위 500개 기업 중 75%가 새로운 기업으로 대체될 것으로 예상된다. 산타페 연구소Santa Fe Institute의 다른 연구(기업의 사망률The Mortality of Companies)는 모든 산업에서 **미국** 기업의 평균 수명은 약 10년이라는 결론을 내렸다.

오늘날 기업이 경쟁력을 유지하려면 고객의 문제를 해결하는 것만으로는 충분치 않다. 고객을 만족시키는 제품과 서비스를 제공해야 한다. 또한 시장과 소통하고 변화하는 수요에 신속하게 대응할 수 있어야 한다. 시장에 **신제품을 출시하는 속도**는 기민한 비즈니스에 가장 중요한 요소가 됐다.

소프트웨어는 이러한 현대 산업의 제품과 서비스의 핵심인데, 이는 디지털 경험이 물리적 경험과 동등하게 혹은 더 중요해졌기 때문이다. 소프트웨어는 생산부터 판매, 판매 후 서비스 등 제품 수명 주기의 모든 부분에 영향을 미친다. 예를 들어 다음과 같은 것들이다.

- **생산 분야**
  - 공급망 관리
  - 비용 최적화/예측 유지 보수/로봇 공학
  - 제품 개인화
- **세일즈, 고객 서비스**
  - 온라인 쇼핑몰
  - 고객 지원 업무
  - 소셜 미디어
  - 디지털 어시스턴트
- **디지털 제품**
  - 컴패니언 앱^{companion app}
  - 통합^{integration}
  - 모바일 경험
  - 새로운 비즈니스 모델(사용량 기반 지불, 임대 등)

이러한 예시들은 고객들이 기업과 상호작용하는 대부분의 방식이 디지털이라는 것을 보여 준다. 오늘날 차를 구매하는 것은 단순히 차를 구매하는 것이 아니다. 고객들은 SNS와 언론을 통해 이미 브랜드에 익숙해지고, 웹사이트나 매장에서 영업 사원과 함께 옵션을 변경할 수 있을 뿐만 아니라, 태블릿 화면을 살펴보면서 구매를 진행한다. 차의 가격은 조립 라인의 로봇과 **인공지능**^{AI, Artificial Intelligence}의 최적화에 영향을 받고, 차를 처음 사용할 때도 휴대폰을 연결하는 것으로 시작한다. 운전 중에는 음악을 듣거나 전화를 걸거나 음성으로 문자에 답장을 할 수 있다. 운전 보조 기능은 위험한 상황에서 자동으로 브레이크를 밟아 주고 차선을 유지해 줘 안전을 유지한다. 또한 멀지 않은 미래에 대부분의 차가 자율 주행을 할 것이다. 차나 앱에 문제가 발생하면, 특히 젊은 세대의 경우 앱이나 이메일을 통해 서비스 센터에 연락할 가능성이 높다. 차는 거의 디지털 제품이라고 할 수 있다. 차 안에서 작동하는 수백만 줄의 코드가 있고, 차의 앱, 웹사이트, 조립 라인을 구동하는 수백만 줄의 코드도 존재한다(그림 1.1 참고).

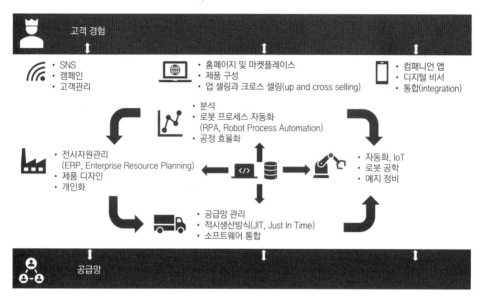

그림 1.1 고객 경험의 중심에 있는 소프트웨어 및 데이터

좋은 점은 소프트웨어가 하드웨어보다 훨씬 빠르게 변경할 수 있다는 것이다. 시장 출시 기간을 단축하고 비즈니스 민첩성을 높이려면 소프트웨어가 핵심 동력이다. 소프트웨어는 하드웨어 구성 요소보다 훨씬 더 유연하며 몇 달, 몇 년이 아닌 며칠이나 몇 주만에 변경할 수 있다. 그리고 고객과 훨씬 더 긴밀하게 연결할 수 있다. 앱을 사용하는 고객은 오프라인 매장에 있는 고객보다 설문 조사에 응답할 가능성이 더 높다. 또한 하드웨어는 제품이 어떻게 사용되고 있는지에 대한 원격 측정을 제공하지 않는다.

10년 이상 비즈니스를 지속하는 기업이 되려면 소프트웨어의 힘을 활용해 시장 대응을 가속화하고 훌륭한 디지털 경험으로 고객을 만족시켜야 한다.

⠿ 엔지니어링 속도

개발자의 개발 속도developer velocity는 어떻게 측정할 수 있을까? 가장 일반적인 방법은 얼마나 많은 공수effort를 투입했느냐는 것이다. 코드 줄 수나 코드 테스트 커버리지와 같은 메트릭을 사용하는 회사도 있었다. 하지만 이것들은 좋은 선택이 아니며, 현재까지 이를 사용하는 회사는 없을 것이다. 한 줄의 코드나 100 줄의 코드가 같은 문제를 해결할 수 있다면, 당연히 유지 보수 비용 때문에 한 줄의 코드가 선호된다. 코드 테스트 커버리지도 마찬가지다. 커버리지 자체는 테스트의 질과는 무관하며, 나쁜 테스트는 추가 유지 보수 비용을 초래한다.

NOTE

> 최대한 개발 방법론에 중립적인 용어를 사용하려고 노력하는 중이다. 어떤 팀들은 애자일(Agile), 스크럼(Scrum), 스케일드 애자일 프레임워크(SAFe, Scaled Agile Framework), 칸반(Kanban), 워터폴(Waterfall) 등에서 사용하는 여러 데브옵스 관행을 혼동한다. 하지만 각각의 시스템에는 고유의 용어가 있기 때문에 가능한 중립적으로 유지하려는 것이다. 예를 들어 유저 스토리(user story), 프로덕트 백로그(product backlog)라는 용어보다는 요구 사항(requirement)이라는 용어를 사용하는 것이다. 하지만 대부분의 예는 스크럼(Scrum)을 기반으로 한다.

개발자의 개발 속도를 측정하는 것은, 일반적으로 요구 사항을 예측하는 것부터 시작한다. 요구 사항을 유저 스토리와 같은 작은 항목으로 분류하면 PO^{Product Owner}가 비즈니스 가치를 할당한다. 그런 다음 개발 팀은 스토리마다 필요한 공수를 할당한다. 유저 스토리 포인트, 시간, 일 또는 다른 숫자를 사용하든 상관없다. 기본적으로 요구 사항을 완수하는 데 필요한 공수를 나타내는 것이다.

공수로 개발 속도 측정하기

예측한 공수estimated effort와 비즈니스 가치로 측정한 개발 속도를 경영진에게 그대로 보고할 경우 부작용이 발생할 수 있다. 일종의 관찰자 효과observer effect 때문인데, 사람들은 자신과 관계된 일을 직접 수치화하는 경우 더 큰 숫자를 할당하는 경향이 있다. 공수와 비즈니스 가치의 경우, 개발자는 스토리에 더 큰 수치를 할당하고 PO는 비즈니스 가치에 더 큰 수치를 할당하는 식이다.

따라서 이는 개발 속도를 측정하는 데 최적은 아니다. 하지만 개발팀과 PO간의 정상적인 대화에서 추정이 이뤄진다면 큰 문제가 되지 않는다. 그러나 정상적인 개발 프로세스 외부에서 추정하는 경우 추정치는 독이 될 수 있으며 매우 부정적인 부작용을 초래할 수 있다.

독이 되는 추정치

일반적으로 새로운 기능과 계획을 위한 '비용이 얼마나 들까요?'라는 질문에 대한 답은 개발 프로세스 외부에서 구현을 결정하기 전에 추정된다. 하지만 복잡한 기능과 계획을 어떻게 추정할 수 있을까?

소프트웨어 개발에서 우리가 하는 모든 일은 새롭다. 이미 개발된 것이 있다면 새로 작성하는 대신 기존의 소프트웨어를 다시 사용할 수 있다. 하지만 새로운 아키텍처나 새로운 프레임워크를 사용하면 여전히 새로운 것이 된다. 이전에 한 번도 해본 적이 없는 작업은 정확하게 추정할 수 없다. 복잡성이 클수록 불확실성의 원뿔은 더 커진다(그림 1.2 참고).

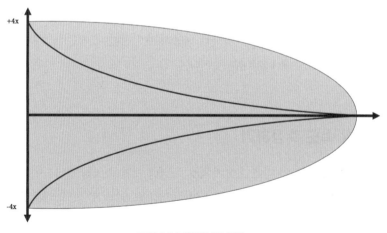

그림 1.2 불확실성의 원뿔

불확실성 원뿔은 프로젝트 관리에서 사용된다. 프로젝트 시작 시 비용 추정에는 어느 정도의 불확실성이 있으며, 롤링 플래닝rolling planning을 통해 감소하다가 프로젝트가 끝날 때 0이 된다는 전제를 갖고 있다. X축은 일반적으로 소요되는 시간이지만 복잡성 및 추상화와 관련이 있다. 요구 사항이 추상적이고 복잡할수록 추정의 불확실성이 커진다.

복잡한 기능이나 새로운 계획에 소요되는 비용을 잘 추정하려면 더 작은 부분으로 세분화하는데, 이런 작업 중에는 간략화된 솔루션 아키텍처가 추가되기도 한다. 이 작업은 정상적인 개발 프로세스가 아닌 외부에서 이뤄지기 때문에 다음과 같은 부작용이 발생할 수 있다.

- 일반적으로 팀 전체가 참석하지 않는다. 이로 인해 다양성이 줄어들고 소통이 줄어들어 문제 해결에 있어 창의성이 떨어진다.

- 문제를 찾는 데 중점을 둔다. 물론 미리 발견할 수 있는 문제가 많을수록 예측이 더 정확할 가능성이 높다. 하지만 개발 실적을 측정하기 위해 이런 추정치를 사용할 경우 사람들은 문제를 더 많이 발견해 요구 사항에 더 높은 추정치를 추가할 수 있다는 것을 배우게 될 것이다.

- 확실하지 않은 경우 추정 작업을 맡은 엔지니어는 더 복잡한 해결 방법을 택한다. 예를 들어 기존 프레임워크로 문제를 해결할 수 있을지 확신이 서지 않는다면 안전을 위해 직접 개발하는 방향을 고려하는 것이다.

경영진이 기능 구현 여부를 결정할 때만 이 수치를 사용한다면 큰 문제가 되지 않을 것이다. 하지만 일반적으로 추정치와 솔루션 아키텍처를 포함한 요구 사항은 버려지지 않고 나중에 실제로 기능 구현을 실행할 때도 사용된다. 이런 경우 문제 해결에만 최적화된 덜 창의적인 솔루션이 눈에 띄게 되고, 틀에 박힌 사고를 하게 만든다.

예측하지 않기

예측은 나쁘지 않다. 적절한 시점에 이뤄지면 가치가 있다. 개발팀과 PO가 다음 스토리를 논의할 때 추정치는 대화를 이끌어가는 데 도움이 되기도 한다. 예를 들어 팀이 유저 스토리를 예상하기 위해 플래닝 포커(planning poker)를 했는데 예상치가 서로 다르다면 이는 구현 방법에 대한 사람들의 생각이 다르다는 것을 의미한다. 이렇게 하면 공통의 이해가 있는 일부 스토리는 건너뛸 수 있으므로 가치 있는 토론으로 이어질 수 있고 생산성이 향상될 수 있다. 이는 비즈니스 가치 측면에서도 마찬가지다. PO가 매우 높거나 낮은 수치를 할당하는 이유를 팀이 이해하지 못한다면 중요한 논의로 이어질 수 있다. 팀에서 이미 성공적인 결과를 달성하는 방법을 알고 있거나 맡은 역할마다 인식의 차이가 있을 수도 있는 것이다.

그러나 많은 팀은 예측하지 않는 것을 더 편안하게 느낀다. 이를 해시태그 #noestimates(예측하지 않기)로 표현하기도 한다. 특히 고도로 실험적인 환경에서는 추정이 시간 낭비라고 생각하는 경우가 많다. 원격 및 분산된 팀도 종종 추정하지 않는 것을 선호한다. 대면 회의을 가지면서 이슈 및 풀 리퀘스트(PR, Pull Request)에 대한 논의를 진행하는 경우가 많다. 이는 토론을 문서화할 때도 도움이 되며, 팀이 보다 비동기적인 방식으로 작업할 수 있도록 도와줘 서로 다른 시간대를 연결하는 데 도움이 될 수 있다.

개발 속도를 추정하지 않으려면 그 여부는 팀에서 결정할 수 있어야 한다. 이 또한 시간이 지남에 따라 변경될 수 있다. 어떤 팀은 이를 통해 이득을 얻는 반면 어떤 팀은 그렇지 않다. 팀에 적합한 방법과 적합하지 않은 방법을 팀 스스로 결정하도록 하자.

막연한 계획을 예측하는 방법

그렇다면 PO가 복잡한 기능이나 새 계획이 구현할 가치가 있는 것인지 예측할 수 있는 방법은 무엇일까? 팀원 전체를 모으고 이런 질문을 해보자. '며칠, 몇 주 혹은 몇 개월 안에 해당 건을 처리할 수 있나요?' 또 다른 질문은 이미 완료가 된 것을 기준으로 비교하는 것이다. '해당 건이 이전에 처리한 건보다 작거나 같거나 더 복잡한가요?'

가장 하지 말아야 할 것은 요구 사항을 세분화하거나 미리 아키텍처를 설계하는 것이다. 중요한 것은 모든 엔지니어의 직감이다. 그런 다음 모두에게 해당 건에 최저 및 최대 비용(공수) 수치를 할당하도록 한다.

이를 가장 쉽게 보고하는 법은 다음과 같다.

먼저 현재 팀에서,

만약 <이니셔티브 이름>에 대한 우선순위를 정한다면,
팀은 <최솟값>과 <최댓값> 사이에 확실히 처리할 것이다.

가장 낮은 최솟값과 가장 높은 최댓값을 선택하는 것이 가장 안전한 방법일 수 있지만 비관적인 추정치와 낙관적인 추정치가 차이가 많이 날 경우 추정치는 왜곡될 수 있다. 그런 경우 다음처럼 평균값이 더 나을 수 있다.

먼저 현재 팀에서,
만약 <이니셔티브 이름>에 대한 우선순위를 정한다면,
팀은 <평균 최솟값>과 <평균 최댓값> 사이에 해당 기능을 확실히 처리할 것이다.

그러나 평균(산술 평균, Excel에서 =AVERAGE()를 사용하는 것)을 선택하는 것은 단일 추정치의 분포에 따라 편차가 더 크거나 작다는 것을 의미한다. 편차가 클수록 해당 기간에 해당 기능을 확실히 제공할 수 없다. 추정치가 어떻게 분포돼 있는지 파악하려면 표준 편차(Excel에서 =STDEV.P())를 계산할 수 있다. 최솟값과 최댓값의 편차뿐만 아니라 각 멤버의 추정치도 확인할 수 있다. 편차가 작을수록 평균에 가깝다. 표준 편차는 절댓값이므로 다른 추정치와 비교할 수 없다. 상대적인 수치를 얻기 위해서는 **변동 계수**(CV, Coefficient of Variation)를 사용할 수 있다. 일반적으로 백분율로 나타내며(Excel에서 =STDEV.P() / AVERAGE()) 표준 편차를 평균으로 나눈 값이다. 값이 높을수록 평균으로부터 더 많은 값이 분포한다. 값이 낮을수록 각 팀원은 자신의 추정치에 더 확신이 있거나 팀 전체가 최솟값과 최댓값에 대해 더 확신이 있다. 표 1.1을 참고한다.

표 1.1 예측(견적)을 계산하는 예

팀원	최솟값	최댓값	산술 평균	표준 편차	변동 계수(CV)
팀원 1	1	4	2.5	1.5	60.0%
팀원 2	4	8	6.0	2.0	33.3%
팀원 3	3	6	4.5	1.5	33.3%
팀원 4	2	4	3.0	1.0	33.3%
팀원 5	1	4	2.5	1.5	60.0%
팀원 6	5	12	8.5	3.5	41.2%

팀원	최솟값	최댓값	산술 평균	표준 편차	변동 계수(CV)
평균	2.7	6.3	4.5	1.8	43.5%
변동 계수(CV)	55.90%	46.2%			65.7%

값의 편차에 대해 불확실성을 나타내기 위해 추정치에 신뢰 수준을 추가할 수 있다. 다음에 나온 것처럼 이는 문자(예를 들면 낮음, 중간 또는 높은) 또는 백분율일 수 있다.

> 먼저 현재 팀에서,
> 만약 <이니셔티브 이름>에 대한 우선순위를 정한다면,
> 팀은 <신뢰 수준>의 신뢰 수준으로 <산술 평균값> 안에 해당 기능을 확실히 처리할 것이다.

팀이 아는 것을 포함하기 때문에 여기서는 정해진 공식을 사용하지 않는다. 예제(표 1.1)의 데이터를 보면 평균의 최솟값(2.7)과 최댓값(6.3)이 그리 차이가 나지 않는 것을 볼 수 있다. 팀원 개개인을 보면 비관적이고 낙관적인 구성원이 더 많다는 것을 알 수 있다. 과거의 추정치를 통해 이를 확인할 수 있다면 최솟값과 최댓값의 변동 계수CV가 상당히 높은 경우에도 평균이 현실적이라는 매우 높은 신뢰도를 얻을 수 있다. 추정은 다음과 같다.

> 먼저 현재 팀에서,
> 만약 fancy-new-thing에 대한 우선순위를 정한다면,
> 팀은 85%의 신뢰 수준으로 4.5개월 안에 해당 기능을 확실히 처리할 것이다.

이런 방식의 예측이 아주 어려운 것은 아니다. 예를 들어 요구 사항의 상세한 내역과 작업task 수준에 대한 추정에 의존하는 3점 추정 기법three-point estimation(https://en.wikipedia.org/wiki/Three-point_estimation)이나 PERT 분포(https://en.wikipedia.org/wiki/PERT_distribution) 또는 몬테 카를로Monte Carlo 시뮬레이션(https://en.wikipedia.org/wiki/Monte_Carlo_method)처럼 복잡한 예측 및 추정 시스템과는 관련이 없다. 즉 사전 계획을 세우고 요구 사항을 세분화하지 않고 엔지니어링 팀의 직감에 의존하는 것이 더 좋다. 해당 기술은 팀 전체에서 수집하는 데이터 포인트에 대한 인사이트insight를 제공하기 위한 것이다. 하지만 이 수치는 여전히 추측에 불과하다.

개발자의 개발 속도와 엔지니어링 속도

결국 공수는 개발자의 개발 속도를 측정하는 데 좋은 메트릭이 될 수 없다. 특히 추정치를 기반으로 하는 경우에는 더욱 그렇다. 여러 부서로 구성된 팀에서 엔지니어링 속도는 개발자의 개발 속도에만 의존하는 것이 아니기 때문이다. 그렇다면 어떻게 엔지니어링 속도를 끌어올릴 수 있을까?

⫶ 높은 성과를 내는 조직

엔지니어링 속도가 높은 조직은 경쟁 업체를 능가하고 시장을 교란한다. 그러나 높은 성과를 내는 조직과 기업이란 정확히 무엇인가?

개발자의 개발 속도 지수

2020년 4월, 맥킨지McKinsey는 개발자의 **개발 속도 지수**DVI, Developer Velocity Index에 대한 연구(Srivastava S., Trehan K., Wagle D., Wang J. 2020) 결과를 발표했다. 12개 업계 440개 대기업을 대상으로 13개 역량과 46개의 동인을 고려해 실시한 연구였다. 동인은 엔지니어링 역량뿐만 아니라 업무 관행 및 회사 문화와 같은 조직적 지원도 포함하고 있다. 해당 연구는 DVI 상위 4분의 1에 속하는 기업들이 전체 사업 성과뿐만 아니라 시장에서 다른 기업들보다 4배에서 5배나 더 우수하다는 것을 보여 준다. 상위 4분의 1에 속하는 기업들은 다음과 같은 영역에서 40~60% 더 높은 점수를 받았다.

- 혁신
- 고객 만족
- 브랜드 인식
- 인재 관리

해당 연구는 12개의 산업군에 걸쳐 440개 대기업의 100명 이상의 시니어 엔지니어링 리더들을 대상으로 인터뷰를 실시했다. 인터뷰는 3개 범주의 13개 역량과 46개 동인을 포함하고 있으며 다음과 같이 요약돼 있다.

- **기술**: 아키텍처, 인프라, 클라우드 도입, 테스팅, 도구
- **업무 방식**: 엔지니어링 관점, 보안 및 컴플라이언스, 오픈소스 도입 및 애자일 팀 실행
- **조직 성장** : 팀 성향, 프로덕트 관리, 조직 민첩성, 문화, 인재 관리

따라서 DVI는 순수한 개발자 작업 속도를 훨씬 뛰어넘는다. 엔지니어링 속도와 이에 영향을 미치는 모든 요소를 분석해서 매출, 주주들의 수익, 영업 이익과 같은 사업 성과와 고객 만족, 브랜드 인식, 혁신과 같은 비재무 성과 지표를 관련짓는다.

데브옵스 연구 평가 보고서

데브옵스 연구 평가^{DORA, DevOps Research and Assessment}의 보고서인 **'State of DevOps'** (https://dora.dev/#reports)도 이와 일맥상통한다. 하지만 비즈니스 결과뿐 아니라 한 단계 더 나아간 성과 메트릭을 보여 준다. 이 보고서에서 엘리트 성과자들과 저성과자들의 차이점을 다음과 같이 명시한다(Forgren N., Smith D., Humble J. & Frazelle J. 2019).

- **빠른 가치 전달**: 엘리트 성과자들은 커밋에서 배포까지의 **소요 시간**^{lead time}이 106배 정도 빠르다.
- **고도화된 안정성과 품질**: 엘리트 성과자들은 2,604배 빠른 사고 복구 시간 및 7배 낮은 **변경 실패율**을 갖고 있다.
- **빠른 처리 속도**: 엘리트 성과자들은 208배 정도 자주 코드를 배포한다.

높은 성과를 내는 기업은 처리량과 안정성이 뛰어날 뿐만 아니라 더 혁신적이며 높은 고객 만족도와 비즈니스 성과를 갖고 있는 것이다(그림 1.3 참고).

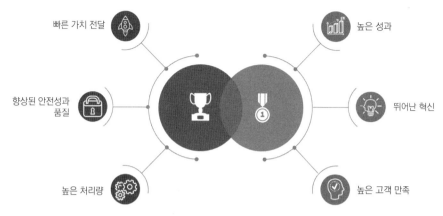

그림 1.3 높은 성과를 내는 조직

이렇듯 성과가 높은 기업과 낮은 기업을 구분하는 역량에 집중해야 한다. 이를 가시화해 코드 줄이나 추정 기반의 개발 속도보다 더 중요한 메트릭을 경영진에게 제공할 수 있어야 한다.

⁝⁝ 메트릭 측정의 중요성

"성공적인 변화의 핵심은 역량에 초점을 맞춰 올바른 것을 측정하고 이해하는 것이다."

– Forsgren N., Humble J. & Kim G. (2018) p.38

조직을 혁신하는 여정에서 현재 어느 단계에 있는지 측정하려면 다음과 같이 DORA에서 사용되는 네 가지 메트릭(성능에 관한 두 가지, 안정성에 관한 두 가지)에 초점을 맞추는 것이 가장 좋다.

- **전달 성능 메트릭**delivery performance metrics

  ○ 전달 소요 시간delivery lead time

  ○ 배포 주기deployment frequency

- 안정성 메트릭

    - 평균 복구 시간^{mean time to restore}

    - 변경 실패율^{change fail rate}

전달 소요 시간

전달 소요 시간^{DLT, Delivery Lead Time}은 엔지니어가 기능에 대한 작업을 시작할 때부터 최종 고객이 이용 가능할 수 있게 될 때까지의 걸린 시간을 말한다. 또는 코드가 커밋된 시점부터 운영 환경까지 도달하는 시간을 뜻하기도 한다. 그러나 보통 팀이 요구 사항 변경 작업 또는 비슷한 작업을 시작할 때부터 시간을 측정한다.

시스템상에서 이 메트릭을 자동화하는 것은 쉽지 않다. 7장에서 어떻게 깃허브 액션 GitHub Action 및 프로젝트를 사용해 메트릭을 자동화하는지 배운다. 시스템에서 메트릭을 얻지 못한 경우 다음 옵션을 통해 설문을 진행할 수 있다.

- 1시간 이내

- 하루 이내

- 일주일 이내

- 1개월 이내

- 6개월 이내

- 6개월 이상

어느 등급에 있는지에 따라 설문 횟수를 적당히 조절한다. 물론 시스템에서 생성되는 값이 선호되지만 한 달 이상에 위치한다면 중요하지 않다. 몇 시간이나 며칠이 되면 더욱 흥미로워진다.

배포 주기

배포 주기DF, Deployment Frequency는 속도에 중점을 둔다. 변경 사항을 배포하는 데 얼마나 걸리는지 확인한다. 처리량 역시 중요하다. 얼마나 자주 변경 사항이 운영 환경에 배포되는지 여부는 배치 크기와도 관련이 있다. 린 공정에서는 배치 크기를 줄이는 것이 바람직하다. DF가 높을수록 배치 크기가 작다는 것을 나타낸다.

언뜻 보기에 시스템에서 DF를 측정하는 것이 쉬워 보인다. 하지만 실제로는 얼마나 많은 배포가 프로덕션까지 이뤄지고 있을까? 7장에서 깃허브 액션을 사용해 어떻게 이 메트릭을 캡처할 수 있는지 설명한다.

메트릭을 아직 측정할 수 없다면 다음 옵션을 통해 설문을 진행할 수 있다.

- 온 디맨드(하루 동안 여러 번)

- 1시간과 하루 사이

- 하루와 일주일 사이

- 일주일과 1개월 사이

- 1개월과 6개월 사이

- 6개월 이상

평균 복구 시간

안정성에 대한 좋은 척도는 평균 복구 시간^{MTTR, Mean Time To Restore}이다. 운영 장애 시 프로덕트 혹은 서비스를 복구하는 데 얼마나 시간이 걸리는지 측정한다. 가동 시간은 일반적으로 서비스를 사용할 수 없는 시간을 의미한다. 가동 시간을 측정하기 위해 예를 들면 애플리케이션 인사이트(https://docs.microsoft.com/en-us/azure/azure-monitor/app/monitor-web-app-availability)와 같은 스모크 테스트를 사용할 수 있다. 애플리케이션이 클라이언트상에 설치가 됐거나 접근이 불가한 경우에는 보다 복잡해진다. 종종 헬프데스크 시스템의 특정 티켓 유형에 대한 시간을 되돌려 측정한다.

해당 메트릭을 전혀 측정할 수 없는 경우 다음 옵션을 통해 설문을 진행할 수 있다.

- 1시간 이내

- 하루 이내

- 일주일 이내

- 1개월 이내

- 6개월 이내

- 6개월 이상

그러나 이는 최후의 수단일 뿐 MTTR은 시스템에서 쉽게 확인할 수 있는 메트릭이어야 한다.

변경 실패율

전달 소요 시간^{DLT}이 성능을 측정하는 메트릭인 것처럼 안정성을 측정하는 메트릭으로는 평균 복구 시간^{MTTR}이 있다. 처리량을 중심으로 하는 배포 주기^{DF}와 대응되는 메트릭으로는 변경 실패율^{CFR, Change Fail Rate}이 있다. "배포 중 얼마나 자주 실패를 일으키는가?" 하는 질문에 CFR은 백분율로 표시된다. 이 메트릭에서 어떤 배포가 포함되는지 결정할 때는 DF와 동일한 정의를 사용해야 한다.

4개의 핵심 대시보드

DORA 연구에 기반한 4개의 메트릭은 조직이 데브옵스 여정의 어디쯤에 있는지 측정하는 좋은 방법이다. 이는 경영진과의 대화를 생산적으로 전환하기 위한 좋은 출발점이다. 아직 이런 메트릭을 대시보드dashboard에서 모니터링하고 있는 멋진 조직이 아니어도 괜찮다. 중요한 것은 여정에 있는 것이고, 지속적으로 개선하는 것이다.

설문 조사를 기반으로 시작하는 것은 매우 간단하다. 하지만 자동으로 생성된 시스템 데이터를 사용하려면 '4개의 핵심 요소The Four Keys' 프로젝트를 사용해 데이터를 대시보드에 멋지게 표현할 수 있다(그림 1.4 참고).

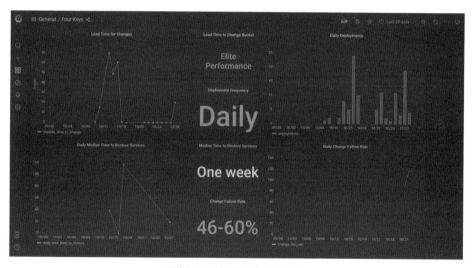

그림 1.4 4개의 핵심 요소 대시보드

해당 프로젝트는 구글 클라우드에 기반한 오픈소스(https://github.com/GoogleCloudPlatform/fourkeys)이지만 툴에서 데이터를 가져오는 것은 웹훅Webhook에 달려 있다. 7장에서 어떻게 웹훅을 이용해 데이터를 대시보드에 보내는지 배운다.

하지 말아야 할 것

중요한 것은 해당 메트릭으로 팀을 비교하는 데 사용하지 않는 것이다. 이를 합산해 조직의 전체적인 상태를 확인할 수 있지만 각 팀을 비교하는 데 사용하면 안 된다! 모든 팀은 각각 다른 상황이며 메트릭이 올바른 방향으로 발전하는 것이 중요하다.

또한 메트릭이 목표가 돼서도 안 된다. 단지 더 나은 메트릭을 얻는 것은 바람직하지 않다. 항상 메트릭으로 이어지는 역량과 이 책에서 논의하는 역량에 초점을 맞춰야 한다. 이러한 역량에 집중한다면 메트릭이 따라올 것이다.

⁙ 개발자의 생산성을 위한 SPACE 프레임워크

DORA 메트릭은 가장 좋은 출발점이다. 구현하기 쉽고 비교할 수 있는 데이터가 많다. 메트릭에 더해 한 발 더 나아가고 싶다면 **개발자 생산성을 위한 SPACE 프레임워크**(Forsgren N., Storey M.A., Maddila C., Zimmermann T., Houck B. & Butler J. 2021)를 사용할 수 있다.

개발자 생산성은 높은 엔지니어링 속도와 높은 개발자의 개발 속도 지수^{DVI}를 성취하기 위한 핵심 요소다. 개발자 생산성은 개발자의 전반적인 웰빙 및 만족도와 높은 상관관계가 있으므로 인재 쟁탈전에서 훌륭한 엔지니어들을 끌어들이기 위한 가장 중요한 요소들 중 하나다.

하지만 개발자의 생산성은 단순히 활동량과는 다르다. 일반적으로 활동량이 많을 때는 마감일을 맞추느라 정신이 없거나 잦은 작업 전환과 창의성 저하로 생산성이 떨어지는 때다. 그렇기 때문에 개발자 생산성을 측정하는 메트릭을 단독으로 사용해서는 안 되며, 개발자에게 불이익을 주거나 보상을 주는 데 사용해서는 안 된다.

또한 개발자의 생산성은 개인의 성과에만 국한되지 않는다. 팀 스포츠에서와 마찬가지로 개인의 성과도 중요하지만 팀 전체가 승리할 때만 진정한 승리라고 할 수 있다. 개인 성과와 팀 성과를 균형 있게 측정하는 것이 중요하다.

SPACE는 개발자 생산성에 대한 메트릭을 다음과 같은 범주로 분류하는 다방면의 프레임워크다.

- 만족도와 웰빙^{Satisfaction and well-being}
- 성과^{Performance}
- 활동성^{Activity}
- 소통과 협업^{Communication and collaboration}
- 효율성과 플로^{Efficiency and flow}

모든 항목은 개인, 팀, 시스템 전체에 적용된다.

만족도와 웰빙

만족도와 행복은 얼마나 행복하고 만족스러운지에 대한 것이다. 신체적, 정신적 건강도 여기에 속한다. 예시 메트릭은 다음과 같다.

- 개발자 만족도
- **팀 추천 지수**^{NPS, Net Promoter Score(다른 사람들에게 현재 팀을 추천할 가능성)}
- 잔류 기간
- 엔지니어링 시스템에 대한 만족도

성과

성과는 시스템 또는 프로세스의 결과다. 개별 개발자의 성과는 가늠하기 어렵다. 하지만 팀 또는 시스템 수준의 경우 전체 소요 시간^{LT}, 배포 소요 시간^{DLT} 혹은 평균 복구 시간^{MTTR}과 같은 값을 측정해 사용할 수 있다. 다른 예로는 고객 만족도 혹은 제품에 대한 추천 지수^{NPS(누군가에게 제품을 추천할 가능성이 얼마나 높은지)}가 있다.

활동성

활동은 생산성에 대해 가치 있는 인사이트를 제공할 수 있지만, 정확히 측정하기는 어렵다. 개별 활동을 측정하는 좋은 방법은 집중 시간, 즉 개발자가 회의와 커뮤니케이션에 소비하지 않는 시간이 얼마나 되는지 측정하는 것이다. 메트릭의 다른 예로는 완료된 작업 항목, 이슈, 풀 리퀘스트^{PR}, 커밋 또는 버그의 수를 들 수 있다.

소통과 협업

소통과 협업은 개발자 생산성의 핵심 요소다. 이를 측정하긴 어렵지만 PR과 이슈들을 보면 어떻게 의사소통이 진행되고 있는지 잘 알 수 있다. 해당 항목의 메트릭은 PR 참여, 회의 품질, 지식 공유에 초점을 맞춰야 한다. 또한 다른 팀과 함께 진행하는 코드 리뷰는 팀 간의 경계를 확인하기 위한 좋은 척도다.

효율성과 플로

효율성 및 플로는 얼마나 많은 핸드오프$^{hand-off}$ 및 지연이 전체 LT를 증가시키는지 측정한다. 좋은 메트릭은 핸드오프, 차단된 작업 항목, 중단된 작업의 숫자다. 작업 항목의 경우 총 시간, 부가 가치 시간, 대기 시간을 측정할 수 있다.

SPACE 프레임워크 사용법

> "조직에서 무엇이 중요한지 간접적으로 보는 한 가지 방법은 어떤 것이 측정되는지 보는 것이다. 왜냐하면 종종 이를 통해 무엇이 가치 있는지 전달하고 사람들이 행동하고 반응하는 방식에 영향을 미치기 때문이다."
>
> – Forsgren N., Storey M.A., Maddila C., Zimmermann T., Houck B. & Butler J. (2021) p.18

모든 항목은 개인, 팀, 그룹, 시스템 수준에서 유효하다(그림 1.5 참고).

	만족 및 웰빙	성과	활동	소통 및 협업	효율성과 플로

개인	• 개발자 만족도
	• 잔류
		• 코드 리뷰
		  속도
			• 집중 시간
			• # 커밋
			• # 이슈/PBIs
			• 코드 줄
				• 코드 리뷰 점수
				  (품질)
				• PR 머지 시간
					• 지식 공유
					• X-팀 리뷰

팀	• 개발자 만족도
	• 잔류
		• 전달 속도
		• 딜리버리
		  리드 타임
			• 사이클 타임
			• 완료 속도
			• # 이슈/PBIs
				• 코드 리뷰 참여
				• PR 머지 시간
				• 미팅 품질
					• 코드 리뷰
					  Stale 시간
					• 핸드오프

시스템	• 엔지니어링
	  시스템
	  만족도
		• 속도
		• 리드 타임
		• 고객 만족도
		• MTTR
			• 배포 주기	• 지식 공유
				• X-팀 리뷰
					• 리드 타임
					• 속도

그림 1.5 SPACE 메트릭 예시

항목 뿐만 아니라 범위을 살펴보는 것도 중요하다. 일부 메트릭은 여러 항목에서 유효하다.

측정할 메트릭을 신중하게 선택하는 것도 매우 중요하다. 메트릭은 행동을 형성하며 특정 메트릭은 처음에 고려하지 않은 부작용을 초래할 수 있다. 목표는 몇 가지 메트릭만 사용하되 최대한 긍정적인 영향을 미치는 것이다.

세 가지 항목에서 최소 세 가지 메트릭을 선택해야 한다. 개인, 팀, 시스템 범위에 대한 메트릭을 혼합해 사용할 수 있다. 개별 메트릭은 예측하기 어려운 부작용이 가장 많을 수 있으므로 주의해야 한다.

개발자의 개인 정보 보호를 위해 데이터는 익명화돼야 하며, 팀 또는 그룹 수준에서 집계된 결과만 보고해야 한다.

⫶ 목표와 핵심 결과

구글, 마이크로 소프트, 트위터Twitter, 우버Uber 등 데브옵스를 실천하는 많은 기업이 목표와 핵심 결과OKR, Objectives and Key Result 프레임워크를 사용하고 있다.

OKR은 기업이 목표와 결과를 정의하고 추적할 수 있도록 유연하게 설계됐다.

OKR 방식은 OKR의 아버지인 앤드류 그로브Andrew Grove가 인텔Intel에 해당 방식을 도입한 1970년대로 거슬러 올라간다. 이 방법은 iMBOIntel Management by Objectives로 불렸는데, 앤드류 그로브는 자신의 책, 『하이 아웃풋 매니지먼트』(청림출판, 2018)에서 설명했다.

1999년 존 도어John Doerr는 구글에 OKR을 소개했다. 그는 앤드류 그로브Andrew Grove가 인텔에서 iMBO를 도입했을 때 인텔에서 일했었다. OKR은 빠르게 구글 문화의 중심이 됐다. 존 도어는 OKR을 유명하게 만든 그의 책 『OKR 전설적인 벤처투자자가 구글에 전해준 성공 방식』(세종서적, 2019)을 출판했다. OKR에 대해서 더 알고 싶다면 이 책을 강력 추천한다.

OKR이란?

OKR은 조직이 팀과 개인의 자율성을 최대한 보장하면서 전략적 목표와 높은 일치도alignment를 달성할 수 있도록 지원하는 프레임워크다. 목표는 방향을 제시하고 사람들에게 영감과 동기를 부여해야 한다. 각 목표는 명확하게 측정 가능한 정량적 메트릭, 즉 핵심 결과와 연관돼 있다. 핵심 결과는 표 1.2에 나와 있는 것처럼 활동이 아닌 결과에 초점이 맞춰져 있다.

표 1.2 OKR의 성향

목표	핵심 결과
정성적	정량적
WHAT과 WHY에 대해 설명	HOW에 대해 설명
길을 제시하고 사람들에게 영감을 주며 동기를 부여	영향을 미칠 수 있는 목표의 성공을 위한 원동력, 목표를 달성할 수 있는지 결정

목표	핵심 결과
간단 명료	명확하고 측정 가능함
좋은 목표 예 • 중요함 • 구체적 • 행동지향적 • 영감을 주는	좋은 핵심 결과 예 • 구체적이고 시간이 정해져 있음 • 공격적이면서 현실적인 • 측정 가능하고 검증 가능한

OKR은 회사의 성과 관리 시스템이나 직원들을 위한 보너스와 결코 연관돼서는 안된다! 목표는 OKR 100% 성공률을 달성하는 것이 아니다. 이는 OKR이 그리 공격적이지 않다는 것을 의미한다.

OKR은 다음과 같은 형태로 쓴다.

[목표(objective)]를 할 것이다.
[핵심 결과들의 집합]이 측정됨

OKR은 활동이 아닌 결과^{outcome}에 초점을 맞추는 것이 중요하다. 2008년 구글 최고경영자^{CEO, Chief Executive Officer} 순다르 피차이^{Sundar Pichai}가 크롬^{Chrome} 브라우저를 출시하면서 세운 목표가 좋은 예시다.

OKR은 다음과 같다.

가장 좋은 브라우저를 만들 것이다.
2008년 말까지 2,000만 명의 사용자가 측정됨

새로운 브라우저에 대한 목표^{objective}는 대담했고, 구글은 2008년에 이를 달성하는 데 실패해 1,000만 명 미만의 사용자를 얻었다. 2009년, 핵심 결과^{key result}는 5,000만 명 이상으로 증가했고, 구글은 약 3,700만 명의 사용자를 얻어 또 실패했다. 하지만 포기하는 대신, 2010년에 핵심 결과를 1억 명의 사용자로 증가시켰고, 결국 1억 1,100만 명의 사용자 얻어 목표를 초과 달성했다!

OKR의 동작 원리

OKR이 동작하기 위해서 회사는 '왜'에 대해 정의된(왜 이 회사에서 일해야 하는지) 좋은 비전과 미션이 필요하다. 그런 다음에 비전은 **중기 목표**MOALS, Midterm gOALS로 세분화한다. MOALS 자체도 OKR이다. 보통 3개월에서 4개월 사이에 OKR 사이클 동안 OKR로 세분화된다. OKR계획 및 조정 단계에서 OKR은 조직 내에서 세분화돼서 모든 개인과 팀이 더 큰 목표에 기여하는 고유의 OKR을 갖게 된다. 그런 다음 OKR은 매주 모니터링된다. OKR 사이클이 끝나면 OKR을 검토하고 성과를(희망 사항) 축하한다. 사이클을 통해 학습한 후 MOALS가 업데이트되고 새로운 사이클이 시작된다(그림 1.6 참고).

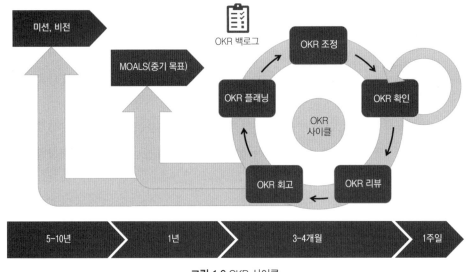

그림 1.6 OKR 사이클

이론적으로 OKR은 간단하지만 이를 실행하는 것은 쉽지 않다. 좋은 OKR을 작성하는 것은 특히 어렵고 많은 연습이 필요하다. 또한 조직 문화와 기존의 메트릭 및 주요 성과 지표KPI에 강하게 의존한다.

OKR과 데브옵스

OKR을 올바르게 구현하면 OKR은 팀을 구축하는 방법뿐만 아니라 구축하는 방식을 스스로 결정할 수 있는 자율성을 유지함으로써 팀 간의 강력한 연계성을 확보할 수 있다[그림 1.7 참고]. 이는 19장에서도 중요하게 다룰 것이다. 팀은 자체적으로 실험을 정의하고 결과를 측정할 수 있다. 이를 기반으로 프로젝트에 남길 코드와 그렇지 않을 코드를 결정한다.

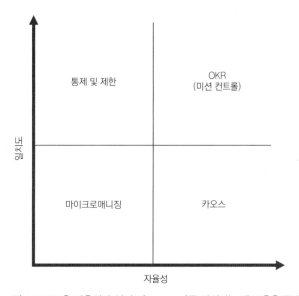

그림 1.7 OKR은 자율성과 일치도(alignment)를 달성하는 데 도움을 준다.

다음 예시를 살펴본다.

회사의 비전은 온라인 시각화 프로젝트 관리 도구의 마켓 리더가 되는 것이다. 현재 제품의 시장 점유율은 12%다. 회사의 MOAL은 다음과 같다.

> 최고의 시각화 프로젝트 관리 도구를 만들 것이다.
> 2025년 말까지 75%의 시장 점유율이 측정됨

두 팀에서 제품을 개발하며 한 팀은 제품의 핵심에 집중하고 프로젝트 관리를 위한 비주얼을 제작한다. 다른 팀은 기존 고객에 집중하고 고객이 좋아하는 제품을 만드는 데 집중한다. 두 팀 모두 다음 OKR에 동의한다.

> 고객이 좋아하는 시각화 프로젝트 관리 도구를 만들 것이다.
> NPS가 9이상 측정됨

현재 NPS는 7.9이므로 팀은 고객을 만족시키기 위해 무엇을 할 수 있는지 스스로 파악해야 한다. 몇몇 고객과의 인터뷰 후, 모든 프로젝트 관리 도구가 오래된 프로젝트 관리 기법을 기반으로 하며, 보다 애자일한 프로젝트 환경에서는 너무 복잡하다는 가설을 세운다. 팀은 가설을 확인하기 위해 프로젝트를 시각화하는 방법에 대해 완전히 새로운 개념을 사용해 일부 고객과 함께 실험을 수행하기로 결정했다.

두 번째 팀은 공통 서비스 팀이다. 해당 팀은 사용자 관리, 기업 통합, 빌링^{billing}에 초점을 맞춘다. 현재 사용자를 만족시키는 것뿐만 아니라 MOAL을 달성하기 위해서는 더 많은 신규 사용자가 필요하다. 따라서 해당 OKR 사이클의 초점은 다음과 같이 제품에 신규 고객을 유치하는 데 있다.

> 신규 고객이 사용하기 쉬운 프로젝트 관리 도구를 만들 것이다.
> 20% 상승된 월간 신규 등록 고객이 측정됨

현재 신규 등록 고객이 저조했기 때문에 다시 성장을 시작하겠다는 취지다. 팀은 수치를 살펴본 결과, 많은 신규 고객이 주소와 은행 정보를 입력해야 하는 세부 정보 페이지에서 등록 절차를 중단한다는 사실을 발견했다. 등록 절차가 더 쉬워지면 더 많은 고객이 제품을 사용해보고 플랫폼에 계속 머물 것이라는 가설을 세웠다. 실험을 통해 등록 절차를 인증에 필요한 최소한으로 줄이기로 결정한다. 신규 사용자에게 30일 무료 평가판을 제공하고 그 기간이 지나면 결제 세부 정보를 요청한다.

18장, 19장에서 가설 중심 개발과 실험이 어떻게 작동하는지 설명한다. 이는 OKR과는 별개이지만 조화를 잘 이룬다.

OKR의 실제 사례가 더 궁금하다면 깃랩에서 OKR을 공개적으로 공유하고 있다(https://about.gitlab.com/company/okrs/). 또한 전체 프로세스와 OKR을 에픽^{epic} 및 이슈^{issue}에 연결하는 방법도 공유돼 있다.

OKR은 데브옵스의 전제 조건이 아니다. 그러나 애자일 관행과 마찬가지로 자연스럽게 어울린다. 애자일한 방법으로 일하지 않고 데브옵스를 시작하더라도 일하는 방식은 애자일한 방법으로 변할 것이다. 그리고 스크럼^{Scrum}과 같은 프레임워크의 이점을 활용해 처음부터 다시 하지 않고 애자일한 방법으로 일할 수 있다. 대규모 조직에서 데브옵스를 확장하고 글로벌 목표에 부합하도록 유지해 팀에 큰 자율성을 제공하고자 할 때 OKR도 마찬가지다.

∷ 정리

1장에서는 소프트웨어가 어떻게 세상을 장악하고 있는지 설명하고, 소프트웨어가 기업의 수명에 미치는 영향과 기업이 사업을 계속하기 위해 소프트웨어 전달을 가속화해야 할 필요성에 대해서 소개했다. 이를 통해 엔지니어링 속도를 가시화해 경영진과의 대화를 변화시킬 수 있다.

회사에 중요한 메트릭을 측정하고 역량에 집중한다. DORA의 네 가지 메트릭에서 시작해 SPACE 프레임워크의 다른 영역을 추가한다. 그러나 메트릭은 행동에 영향을 미치므로 어떤 메트릭을 선택할지는 주의해야 한다.

올바른 메트릭을 선택하면 데브옵스 전환 및 가속화를 측정 가능하고 투명하게 만들 수 있다.

1장의 대부분은 효율성, 즉 일을 올바르게 수행하는 데 중점을 뒀으며 오직 OKR만이 효과성, 즉 올바른 일을 하는 것에 대해서 다뤘다. OKR은 린 제품 개발과도 관련이 있으며 18장에서 자세히 다룬다.

2장에서는 일을 계획하고 추적하고 시각화하는 방법에 대해서 배운다.

⠿ 사례 연구

테일윈드 기어즈 Tailwind Gears는 다른 제품에 통합 가능한 다양한 부품을 생산하는 제조 회사다. 총 600명 이상의 개발자와 함께 5개의 제품 중심의 부서로 구성돼 있다. 각 부서는 고유한 개발 프로세스가 있다. 일부는 스크럼을 사용하고, 일부는 SAFe를 사용하며, 다른 일부는 고전적인 워터폴waterfall 방법론(검증 모델 또는 V-Model)을 사용한다. 5개 부서 중 2개 부서는 중요한 시스템에 사용되는 소프트웨어가 포함된 구성 요소를 구축해 규제가 매우 엄격하다(ISOInternational Organization for Standardization 26262 및 일반 모범 사례GxP, Generic Good Practice). 소프트웨어가 구축되는 프로그래밍 언어는 하드웨어 및 칩에 올라가는 임베디드 C와 C++ 코드부터 모바일 앱(자바Java, 스위프트Swift), 웹 애플리케이션(자바스크립트JavaScript) 닷넷.NET)까지 다양하다.

개발 프로세스와 마찬가지로 툴 환경도 매우 다르다. 일부 팀은 JIRA, 컨플루언스Confluence, 비트버킷Bitbucket을 사용하고 일부 팀은 깃허브 및 젠킨스를 사용하지만 일부 오래된 TFSTeam Foundation Server를 온프레미스에 설치하는 팀도 있다. 일부 팀은 CI/CDContinuous Integration/Continuous Deployment 체계가 있는 반면 여전히 수동으로 빌드, 패키지, 배포를 수행하는 팀도 있다. 일부 팀은 데브옵스 형태로 자신들의 프로덕트를 운영하지만 여전히 별도의 운영팀에 운영을 넘기는 팀도 있다.

테일윈드 기어즈는 다음과 같은 문제를 마주했다.

- 개발 진행 상황에 대한 경영진의 **가시성이 부족하다**. 모든 팀이 다르게 일하기 때문에 속도를 측정하는 일반적인 방법은 없다.

- 부서는 **느린 릴리스 사이클**(수개월에서 수년 사이) 및 **장애 발생률이 높다**고 보고한다.

- 각 부서마다 툴체인을 지원하는 팀이 따로 있기 때문에 **중복되는 부분이 많다**. 템플릿이나 파이프라인 같은 것은 공유되지 않는다.

- 비즈니스 가치가 가장 높은 제품에 개발자와 팀을 할당하는 것이 어렵다. 툴체인 및 개발 방식이 너무 다르고 **온보딩 시간도** 너무 오래 걸린다.

- 개발자는 일에 대해 **만족스럽지 못하고 생산적이지 못하다고** 느낀다. 일부는 이미 회사를 나갔으며 시장에서 새로운 인재를 뽑는 것도 힘들다.

위와 같은 문제를 해결하기 위해 회사는 하나의 엔지니어링 플랫폼을 구현하기로 한다. 또한 개발 프로세스를 통합하기 위한 것이다. 새로운 계획의 목표는 다음과 같다.

- 모든 부서의 소프트웨어 전달을 **가속화**한다.

- 소프트웨어의 **품질을 높이고** 실패율을 줄인다.

- 하나의 엔지니어링 시스템을 담당하는 하나의 플랫폼팀을 만들고 시너지를 높여 **비용과 시간을 아낀다**.

- 개발자와 팀을 더 높은 가치에 프로덕트에 할당해 구축 중인 소프트웨어의 **가치를 높인다**.

- 기존 인력 유지 및 새로운 개발자를 쉽게 채용하기 위해 **개발자의 만족도를 높인다**.

이러한 변화를 가시화하기 위해 회사는 다음과 같은 DORA의 4개의 주요 메트릭을 측정하기로 결정했다.

- 전달 소요 시간^{DLT}

- 배포 주기^{DF}

- 평균 복구 시간^{MTTR}

- 변경 실패율^{CFR}

아직 통합 플랫폼이 없기 때문에 설문 조사를 이용해 메트릭을 수집할 예정이다. 계획은 한 팀씩 차례로 새로운 통합 플랫폼으로 이전해 시스템 메트릭을 사용하는 것이다.

개발자의 만족도는 이러한 변화에 있어서 중요한 부분이다. 그래서 다음과 같이 두 가지 메트릭을 추가했다.

- 개발자 만족도

- 엔지니어링 시스템 만족도

해당 메트릭은 SPACE 프레임워크의 영역에서 최소 3개 항목의 조합이다. 소통과 협업에 대한 메트릭은 아직 없다. 이는 변화가 진행됨에 따라 시스템에 추가될 예정이다.

⁘ 더 읽을거리 및 참고 자료

1장의 자세한 사항은 다음 자료를 참고한다.

- *Srivastava S., Trehan K., Wagle D. & Wang J.* (April 2020). *Developer Velocity: How software excellence fuels business performance*: https://www.mckinsey.com/industries/technology-media-and-telecommunications/our-insights/developer-velocity-how-software-excellence-fuels-business-performance

- *Forsgren N., Smith D., Humble J. & Frazelle J.* (2019). DORA State of DevOps Report: https://www.devops-research.com/research.html#reports

- *Brown A., Stahnke M. & Kersten N.* (2020). *2020 State of DevOps Report*: https://puppet.com/resources/report/2020-state-of-devops-report/

- *Forsgren N., Humble, J. & Kim, G. (2018). Accelerate: The Science of Lean Software and DevOps: Building and Scaling High Performing Technology Organizations* (1st ed.) [E-book]. IT Revolution Press.

- To read more on the four key projects, see *Are you an Elite DevOps performer? Find out with the Four Keys Project* (Dina Graves Portman, 2020): https://cloud.google.com/blog/products/devops-sre/using-the-four-keys-to-measure-your-devops-performance

- *Forsgren N., Storey M.A., Maddila C., Zimmermann T., Houck B. & Butler J.* (2021). *The SPACE of Developer Productivity*: https://queue.acm.org/detail.

cfm?id=3454124

- 앤드루 S. 그루브^{Grove, A. S.} 『하이 아웃풋 매니지먼트』(청림출판, 2018)
- 존 도어^{Doerr, J.} 『OKR 전설적인 벤처투자자가 구글에 전해준 성공 방식』(세종서적, 2019)

02

업무의 계획, 추적, 시각화

1장에서는 엔지니어링 속도와 성과를 측정해 가속도를 가시화하고 경영진과의 대화를 바꾸는 방법을 배웠다.

2장에서는 팀 내부의 작업을 정리하고 **린 원칙**Lean principle을 적용하는 데 집중할 것이다. 깃허브 이슈와 프로젝트가 어떻게 업무 흐름을 단순화할 수 있는지 배운다.

2장에서는 다음과 같은 주제를 다룬다.

- 모든 일은 업무다.

- 계획되지 않은 작업과 재작업

- 업무 시각화

- 진행 중인 작업WIP, Working In Progress 제한하기

- 깃허브 이슈, 레이블, 마일스톤

- 깃허브 프로젝트

⫶⫶ 모든 일은 업무다

업무는 목적이나 결과를 달성하기 위해 수행되는 활동이다. 여기에는 작업 중인 제품이나 프로젝트뿐만 아니라 회사를 위해 수행해야 하는 모든 활동이 포함된다. 함께 일한 일부 팀들 중 프로젝트/프로덕트 팀 밖의 작업에 업무 시간의 최대 50%를 사용하는 사람들이 있다. 그런 사람 중 몇몇은 팀 리더로 조직의 팀원으로서의 회의와 책임이 있다. 일부는 노사 협의회에 참여하거나 개인적인 경력 개발 교육을 받는다. 또는 과거에 작업했던 프로젝트의 버그와 운영 중인 사이트의 이슈를 고친다.

이러한 작업의 대부분은 팀 구성원에게서 빼앗을 수 없다. 팀 구성원이 좋아할 수도 있고 그렇지 않을 수도 있지만 그들의 개인적인 개발도 그들에게 중요하다.

이러한 종류의 업무가 갖는 문제는 각 개인이나 팀 외부에서 작업의 우선순위를 지정하고 조정하는 것이다. 개발자에게 작업했던 이전 시스템의 버그에 관한 작업이 현재 프로젝트의 버그보다 우선돼야 하는지 여부는 누가 결정하는가? 일반적으로 각자 스스로 작업을 계획하고 우선순위를 정한다. 이는 종종 더 많은 사전 계획으로 이어진다. 팀 구성원이 스프린트를 시작할 때 각자의 가용 시간을 보고하면 팀은 이러한 이벤트를 중심으로 현재 작업을 계획하기 시작한다. 이렇게 하면 전체 팀의 주도적인 계획 수립(pull 방식)을 막고 의존성이 있는 업무를 우선적으로 계획해 강제적으로 팀 구성원에게 할당한다(push 방식).

이 문제를 해결하려면 모든 업무를 팀에 공유하고 백로그에 추가해야 한다. 노사 협의회 일정이 있는가? 백로그에 추가한다. 교육이 있는가? 백로그에 추가한다.

따라서 첫 번째 단계는 팀에서 어떤 종류의 업무를 수행하는지 파악하고 모든 것을 **하나의 백로그**에 모으는 것이다.

두 번째 단계는 **단순화**하는 것이다. 누구나 더 복잡하게 만들 수 있지만 간단하게 만드는 것은 아무나 할 수 없다. 이 때문에 대부분의 회사에서 절차와 형식이 시간이 갈수록 더욱 복잡해진다. 운영 사이트 장애를 처리하기 위해 300개의 필드가 있는 복잡한 양식을 본 적이 있다. 이것을 백로그로 옮기면 안 된다. 외부의 절차와 관계없이 팀은 명확한 트리거로 작업을 시작하고 처리해 완료한다. 하나의 프로세스 또는 티켓은 백로그에서 여러 개의 작은 업무 항목으로 이어질 수 있다. 모든 업무 항목은 **할 일**To Do, **진행 중**Doing, **완료**Done로 단순화해야 한다.

NOTE

> 18장에서는 가치 흐름, 제약 조건 이론, 업무 흐름을 최적화하는 방법에 대해 자세히 알아본다. 2장에서는 팀 수준과 팀 경계를 넘어서 이후에 최적화를 시작하는 방법에 대해 집중적으로 살펴본다.

⠿ 계획되지 않은 작업과 재작업

모든 개발자는 빈번한 콘텍스트 전환context switching으로 인해 생산성이 저하된다는 것을 알고 있다. 코딩하는 동안 방해를 받을 경우 다시 코드로 돌아가 방해가 일어났던 때와 같은 생산성을 유지하려면 어느 정도 시간이 걸린다. 따라서 여러 프로젝트 또는 작업에서 작업하는 것도 생산성을 떨어뜨린다. 제럴드 M. 와인버그Gerald M. Weinberg는 저서 『Quality Software Management: Systems Thinking(품질 소프트웨어 관리: 시스템적 사고)』에서 2개의 프로젝트만 동시에 작업할 경우 성능이 약 20% 떨어진다는 연구 결과를 제시한다(Weinberg G.M. 1991). 프로젝트를 하나 추가할 때마다 성능은 20% 더 떨어진다(그림 2.1 참고).

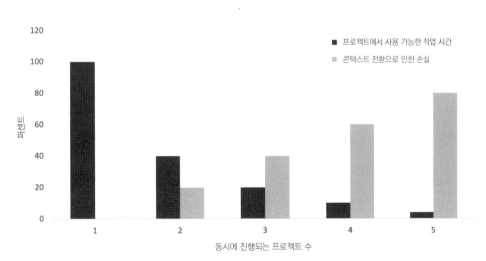

그림 2.1 콘텍스트 전환 시 생산성 손실

2017년에 발표된 또 다른 연구에 따르면 2~3개의 프로젝트를 진행하는 개발자는 콘텍스트 전환에 평균 17%의 노력을 소비한다고 한다(Tregubov A., Rodchenko N., Boehm B., Lane J.A. 2017). 실제 비율은 제품마다, 팀마다 많이 다를 수 있다고 생각된다. 소규모 작업 단위로 작업하는 개발자는 대규모 작업 단위로 작업하는 다른 개발자보다 콘텍스트를 더 쉽게 전환할 수 있다. 문제가 복잡할수록 중단한 작업을 다시 시작하려면 더 많은 노력이 필요하다. **테스트 주도 개발**TDD과 같은 관행을 사용하면 콘텍스트 전환 후 작업을 더 쉽게 이어받을 수 있다.

그러나 실제 비율과 관계없이 콘텍스트 전환은 생산성을 떨어뜨리며 개발자가 한 작업에 더 많은 시간을 집중할수록 효율성이 높아진다. 즉 팀의 **진행 중인 작업**WIP, 특히 계획되지 않은 작업과 재작업을 줄여야 한다.

나중에 최적화할 수 있도록 처음부터 작업 항목에 올바르게 레이블을 지정해야 한다. 계획되지 않은 작업은 프로젝트 내부 또는 외부에서 발생할 수 있다. 버그, 기술 부채 또는 잘못 이해한 요구 사항이 있을 경우 재작업이 발생할 수 있다. 처음부터 올바른 레이블을 적용해야 나중에 작업을 분석할 수 있다. 복잡한 거버넌스 체계가 아니라 나중에 작업을 최적화하는 데 도움이 되는 몇 가지 레이블을 선택하기만 하면 된다. 표 2.1은 업무 항목을 분류하는 방법의 예시다.

표 2.1 작업 항목에 대한 예제 분류

일의 종류	계획	출처	우선순위
요구 사항	계획됨	비즈니스	하
버그	계획되지 않음	IT	중
문서화	복구	사용자	상
인프라			크리티컬
아키텍처			
테스트			

팀원들이 쉽게 이해할 수 있는 간단한 문구로 분류법을 선택한다.

⁝⁝⁝ 업무 시각화

중요한 업무에 집중하고 멀티태스킹과 업무 전환을 줄이려면 일반적으로 **칸반 보드** Kanban board의 형태로 업무를 시각화해야 한다. **칸반**은 **린 제조**에 기반을 두고 있지만 이제는 **린 소프트웨어 개발**의 중요한 부분으로 간주된다. 칸반은 시스템을 통한 작업 흐름의 효율성을 개선하는 데 도움이 될 수 있다.

시각화는 다음을 수행하는 데 도움이 된다.

- 병목 현상, 대기 시간, 핸드오프를 식별한다.

- 작업의 우선순위를 정하고 가장 중요한 작업을 먼저 수행한다.

- 작업을 작은 배치 크기로 나눈다.

- 작업을 완료한다.

당기기 확립

완벽한 계획은 없다. 프로젝트를 계획해 본 적이 있다면 프로젝트 계획은 많은 버퍼 시간이 있어야만 가능하다는 것을 알고 있겠지만, 항상 계획을 조정해야 한다. 따라서 앞으로 2주 또는 3주 동안만 작업을 계획하더라도 계획을 잡으면 대기 시간과 콘텍스트 전환으로 이어진다. 해결책은 계획을 중단하고 당겨서 작업하는 시스템을 구축하는 것이다. 팀원들은 대기열에서 우선순위가 가장 높은 작업을 당겨서 작업한다. 이상적으로는 작업이 완료돼 완료로 이동하는 것이 좋다(그림 2.2 참고).

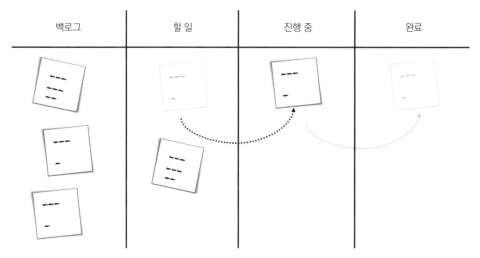

| 백로그 | 할 일 | 진행 중 | 완료 |

그림 2.2 백로그에서 작업을 잡아당겨 상태 변경 표시하기

혼자서 작업을 완료할 수 없는 경우 작업이 너무 커서 작은 작업으로 나눠야 한다는 신호일 수 있다. 작업을 완료하기 위해 여러 작업을 동시에 진행해야 하는 경우 작업의 크기가 너무 작을 수 있다. 시각적 표현을 통해 병목 현상과 대기 시간을 파악하는 데 유용하게 사용할 수 있으므로 시간이 지남에 따라 조정될 것이다.

우선순위 지정

비주얼 보드로 작업할 때의 장점은 작업의 우선순위를 쉽게 정할 수 있다는 점이다. 우선순위가 가장 높은 작업 항목을 맨 위로 옮기기만 하면 된다. 보드에 여러 종류의 작업이 있는 경우 시각적인 구분이 더 필요할 수 있다. **스윔레인**swimlane을 사용하면 된다. 스윔레인은 칸반 보드에서 작업을 수평으로 그룹화하는 것이다(그림 2.3 참고).

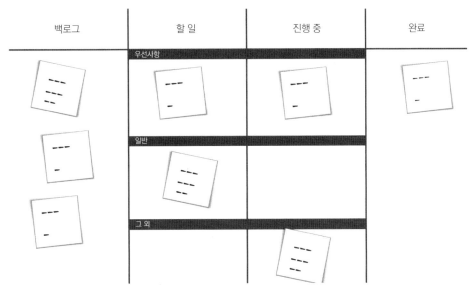

그림 2.3 스윔레인을 사용해 보드에서 작업 정리하기

팀이 실시간 사이트 이슈에 대해 작업해야 하는 경우 모든 팀원에게 현재 이슈가 일반 작업보다 우선순위가 있음을 알리는 우선순위 스윔레인이 필요할 수 있다. 또는 팀원이 팀 외부의 책임이 있는 경우 이를 일반 업무와 분리하고 싶을 수도 있다.

또한 많은 칸반 보드에서는 카드에 레이블이나 태그를 적용해 각 카드마다 다른 색상을 설정할 수 있다. 이렇게 하면 보드에서 다양한 종류의 작업을 시각적으로 구분하는 데 도움이 될 수 있다. 특히 스윔레인과 함께 사용하면 다양한 색상의 카드를 통해 팀의 진행 상황과 주의가 필요한 가장 중요한 작업을 한눈에 파악할 수 있다.

단순하게 유지

3개의 열(할 일, 진행 중, 완료)로 작게 시작하고 필요한 경우 열과 스윔레인을 추가해 팀에 맞게 흐름을 최적화한다. 하지만 단순하게 유지하도록 주의하자. 모든 맞춤형 설정을 하기 전에 스스로에게 물어보자. 이것이 필요한가? 이것이 가치를 갖다줄까? 더 간단한 방법 은 없을까?

칸반 보드로 전환하면서 열 10개, 스윔레인 8개(대부분 항상 접혀 있음), 카드에 많은 필드와 정보가 있는 괴물로 보드를 키우는 팀을 본 적이 있다.

칸반은 단순화에 초점을 맞추고 있으므로 가능한 한 단순하게 유지해야 한다!

⠿ WIP 제한

칸반의 목표 중 하나는 WIP를 제한하는 것이다. WIP가 적을수록 콘텍스트 전환이 줄어들고 집중력이 높아진다. 이렇게 하면 일을 완수하는 데 도움이 된다! 새로운 시작을 멈추고 마무리를 시작한다!

스크럼 팀을 코칭할 때에도 스프린트 초반에 계획했던 모든 유저 스토리에 대한 작업을 시작하는 팀을 본 적이 있다. 개발자가 일이 막힐 때마다 다른 스토리를 작업하기 시작했다. 스프린트가 끝날 무렵에는 모든 스토리가 진행됐지만 완성된 스토리는 하나도 없었다.

칸반에서는 적은 수의 아이템을 일정한 속도로 작업한다.

WIP 제한 설정

대부분의 칸반 보드는 WIP 제한을 지원한다. WIP 제한은 한 열에 동시에 넣을 수 있는 최대 항목 수를 나타내는 지표다. 할 일의 WIP 한도가 5개이고 작업 중인 항목이 3개 있다고 가정해보자. 아직 한도에 도달하지 않았으므로 열에 3/5가 표시되며 일반적으로 녹색으로 표시된다. 항목 3개를 더 작업하기 시작하면 한도에 도달했으므로 빨간색으로 6/5가 표시된다.

작은 아이템부터 시작해서 꼭 필요한 경우에만 늘려라. 시작하기 좋은 기본값은 5개다.

배치 크기 줄이기

WIP를 제한하면 작업 항목의 크기가 적절한지 알 수 있다. WIP 제한을 지키기 어렵다면 작업 항목이 여전히 너무 큰 것일 수 있다. 제한을 늘리기 전에 작은 작업으로 나눠서 시도해보자.

핸드오프 줄이기

핸드오프도 마찬가지다. 작업 아이템에 많은 팀원의 참여나 팀 외부의 참여가 필요한 경우 대기 시간이 길어지고 **업무 흐름 효율성**이 떨어진다. 업무 흐름 효율성은 작업 아이템에 대해 작업한 시간을 대기 시간을 포함해 해당 작업을 완료하는 데 필요한 총 시간으로 나눈 값이다.

$$f = \frac{\text{업무 시간}}{\text{대기 시간}}$$

일반적으로 정확한 작업 및 대기 시간을 측정할 수 없기 때문에 흐름 효율성은 소프트웨어 엔지니어링에서 매우 이론적인 지표다. 하지만 핸드오프와 차단된 항목이 많은 경우 이 지표를 통해 작업 흐름이 시스템에서 어떻게 흘러가는지 파악하는 데 도움이 될 수 있다. 항복을 작업 중으로 옮기면 작업 타이머를 시작하고, 다시 옮기면 대기 시간 타이머를 시작할 수 있다.

⁞ 깃허브 이슈, 레이블, 마일스톤

깃허브 이슈^{GitHub issue}를 통해 작업, 개선 사항, 버그를 추적할 수 있다. 이슈는 협업에 최적화돼 있으며, 그 이력을 보여 주는 타임라인이 있다. 이슈는 커밋, 풀 리퀘스트 및 기타 이슈에 연결할 수 있다. 이슈는 개발자들이 깃허브에서 좋아하는 경험 중 일부이기 때문에 엔지니어링 팀의 작업을 관리하기에 좋은 해결책이다.

새 이슈 만들기

리포지터리의 **Issues › New Issue**에서 새 이슈를 만들 수 있다. 이슈에는 제목과 마크다운^{Markdown}을 지원하는 본문이 있다(그림 2.4 참고).

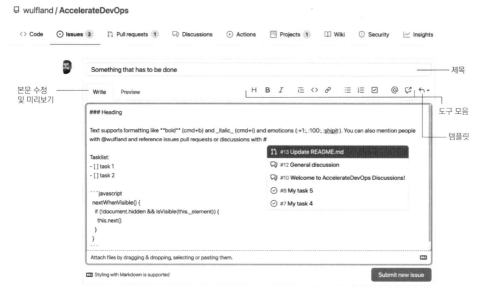

그림 2.4 새 이슈 만들기

도구 모음은 텍스트 서식을 지정하는 데 도움이 된다. 제목, 볼드체 및 이탤릭체 텍스트, 목록, 링크, 이미지와 같은 일반적인 형식 외에도 강조할 만한 몇 가지 기능이 있다.

- **이모티콘**^{emoticon}: 마크다운에서 모든 종류의 이모티콘을 추가할 수 있다. 내가 가장 좋아하는 이모티콘은 :+1: (👍) :100:(💯), 그리고 대표적인 이모티콘인 :shipit: 다람쥐다. 전체 목록은 다음 링크(https://gist.github.com/rxaviers/7360908#file-gistfile1-md)에서 확인할 수 있다.

- **언급**^{mention}: 개별 구성원의 깃허브 핸들로 언급하거나 팀 전체를 언급할 수 있다. @를 누르고 입력을 시작하면 된다. 목록에서 사람이나 팀을 선택한다. 해당 팀원에게 알림이 전송되고 언급된 사람 또는 팀의 프로필에 대한 링크가 표시된다.

- **참고**^{reference}: # 키를 누르고 목록에서 항목을 선택해 다른 이슈, 풀 리퀘스트 또는 토론을 참고한다.

- **작업 목록**^{task list}: 작업 목록은 나중에 이슈의 진행 상황을 표시하는 데 사용되는 하위 작업의 목록이다. 목록에 있는 작업은 이슈로 변환할 수 있으므로 중첩된 작업 항목 계층 구조를 만드는 데 사용할 수 있다. 완료되지 않은 작업은 - [ ]가 앞에 붙는다. 완료된 작업은 가운데에 x를 추가한다(- [x]).

- **소스 코드**^{source code}: 마크다운에 구문 강조 표시가 있는 소스 코드를 추가할 수 있다. 코드 블록을 열고 닫으려면 ```를 사용하면 된다. 구문 강조는 언어학자(https://github.com/github/linguist)에 의해 수행되며 대부분의 언어가 지원된다.

마크다운

마크다운(Markdown)은 매우 인기 있는 경량 마크업 언어다. JSON이나 HTML과 달리 한 줄 단위로 텍스트 형식을 지정하고 열기 및 닫기 태그나 괄호가 없다. 그렇기 때문에 깃(Git)으로 버전을 관리하고 풀 리퀘스트로 변경 사항을 공동 작업하는 데 매우 유용하다. 기계가 읽을 수 있는 파일의 사실상의 표준이 YAML인 이유도 마찬가지다. 마크다운은 사람이 읽을 수 있는 파일과 동일하다. 데브옵스 팀에서는 다이어그램, 아키텍처, 디자인 및 개념 문서, 구성 파일, 인프라 등 모든 것이 코드다. 즉 YAML, 마크다운 또는 이 두 가지를 혼합해 사용한다.

아직 마크다운을 배우지 않았다면 지금 바로 시작하라. 많은 팀에서 사람이 읽을 수 있는 콘텐츠에 대한 협업을 위해 풀 리퀘스트와 함께 마크다운을 광범위하게 사용한다. 대부분의 작업 관리 솔루션도 마크다운을 지원하기 때문에 기본적으로 어디에서나 쓰인다.

마크다운은 문법이 매우 간단하고 배우기 쉽다. 몇 번만 사용해보면 마크다운을 사용하는 데 부담이 없다.

언제든지 미리 보기로 전환해 마크다운의 출력을 확인할 수 있다(그림 2.5 참고).

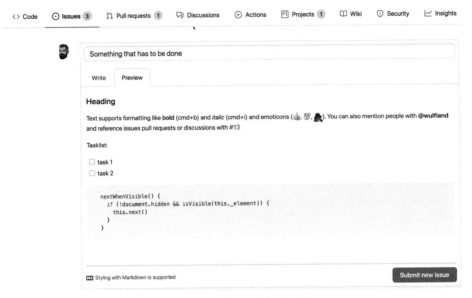

그림 2.5 새 이슈의 마크다운 미리 보기

깃허브의 마크다운에 대해서는 다음 링크(https://docs.github.com/en/get-started/writing-on-github/

getting-started-with-writing-and-formatting-on-github/basic-writing-and-formatting-syntax)에서 잘 소개하고

있다.

TIP

비슷한 텍스트 구문을 자주 사용하는 경우 답글을 저장할 수도 있다. Ctrl + .(윈도우/리눅스) 또는
Cmd + .(맥)를 누르고 목록에서 답글을 선택하거나 저장된 답글을 새로 작성한다. 자세한 내용은 다
음 링크(https://docs.github.com/en/github/writing-on-github/working-with-saved-
replies)를 참고한다.

이슈에 대한 공동 작업

이슈가 생성되면 언제든지 댓글을 추가할 수 있다. 최대 10명까지 이슈에 참여자를 지
정하고 레이블을 지정해 이슈를 분류할 수 있다. 모든 변경 사항은 이슈 이력에 이벤트
로 표시된다(그림 2.6 참고).

그림 2.6 이슈 수정

이슈에 작업 목록이 포함된 경우 이 목록은 이슈의 진행 상황을 표시하는 데 사용된다. 모든 작업을 이슈 자체로 변환한 다음 현재 이슈에 연결할 수 있다. **Open convert to issue** 버튼을 클릭하면(그림 2.6에 마우스 오버가 표시됨) 작업이 새 이슈로 변환돼 링크로 표시된다. 링크를 클릭하고 이슈를 열면 해당 이슈가 다른 이슈에서 추적되는 것을 볼 수 있다(그림 2.7 참고).

그림 2.7 이슈 계층 구조 만들기

이렇게 하면 유연한 작업 계층 구조를 만들고 작업을 더 작은 작업으로 나눌 수 있다.

이슈 백로그

이슈 개요는 드래그 앤 드롭으로 쉽게 정렬할 수 없기 때문에 실제 백로그는 아니다. 하지만 필터링 및 정렬을 위한 고도화된 문법이 있다. 적용하는 모든 필터는 검색 필드에 텍스트로 추가된다(그림 2.8 참고).

그림 2.8 이슈 목록 필터링 및 정렬하기

개요에서 작업의 진행 상황과 레이블을 볼 수 있다. 이슈에 연결된 풀 리퀘스트도 볼 수 있다.

마일스톤

마일스톤은 이슈를 그룹화하는 방법이다. 이슈는 정확히 하나의 마일스톤에만 배정할 수 있다. 마일스톤은 총 이슈 수 대비 종료된 이슈의 수로 진행 상황을 측정한다. 마일스톤에는 제목, 마감일(선택 사항), 설명(선택 사항)이 있다(그림 2.9 참고).

그림 2.9 마일스톤으로 이슈 계획하기

마일스톤은 특정 목표 날짜가 있는 릴리스 버전에 이슈를 그룹화하는 좋은 방법이다. 또한 릴리스 버전에 속하지 않는 이슈를 함께 그룹화하는 데에도 사용할 수 있다.

이슈 고정

리포지터리에 최대 3개의 이슈를 고정할 수 있다. 이러한 이슈는 이슈 개요의 상단에 표시된다(그림 2.10 참고).

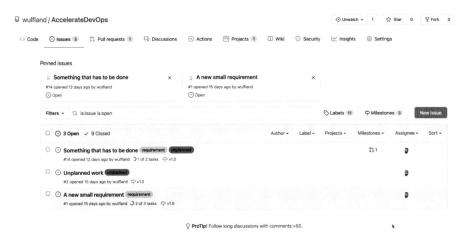

그림 2.10 고정된 이슈

고정된 이슈는 다른 기여자나 새로운 팀원에게 중요한 내용을 전달할 수 있는 좋은 방법이다.

이슈 템플릿

미리 정의된 내용을 사용하는 이슈에 대해 다양한 템플릿을 구성할 수 있다. 사용자가 새 이슈를 만들면 목록에서 템플릿을 선택할 수 있다(그림 2.11 참고).

그림 2.11 이슈 템플릿

리포지터리의 Settings › Options › Issues › Set up templates에서 이슈 템플릿을 활성화할 수 있다. 버그, 기능에 대한 기본 템플릿 또는 사용자 지정 템플릿을 선택할 수 있다. 템플릿은 리포지터리에 .github/ISSUE_TEMPLATE 아래에 저장되는 파일이다. **Propose changes**를 클릭하고 파일을 리포지터리에 커밋한다. 템플릿 파일이 리포지터리에 저장되면 리포지터리에서 바로 편집하거나 삭제할 수 있다. 또는 새 템플릿 파일을 추가할 수도 있다. 설정에서 이 작업(새 템플릿 파일 추가)을 할 필요는 없다.

템플릿은 마크다운(.md) 또는 YAML 파일(.yml)일 수 있다. 마크다운에는 이름과 설명을 지정하는 헤더가 포함돼 있다. 또한 제목, 레이블, 수신자에 대한 기본값을 설정할 수도 있다. 다음은 마크다운 템플릿의 예다.

```
---
name: 🐛 Bug report
about: Create a report to help us improve
title: '[Bug]:'
labels: [bug, unplanned]
assignees:
  - wulfland
---

**Describe the bug**
A clear and concise description of what the bug is.

**To Reproduce**
...
```

Issues › New Issue를 클릭한 후 템플릿을 선택하고 Get Started를 클릭할 수 있다. 새 이슈가 템플릿 값으로 채워진다. 결과는 그림 2.12와 같다.

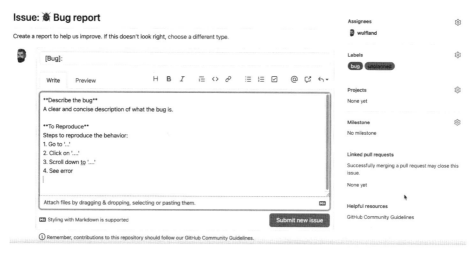

그림 2.12 마크다운 이슈 템플릿

YAML 템플릿을 사용하면 텍스트 상자, 드롭다운, 확인란을 사용해 완전한 양식을 정의할 수 있다. 필요에 따라 컨트롤과 마크 필드를 구성할 수 있다. 샘플 양식은 다음과 같이 정의할 수 있다.

```
name: ♀ Custom Issue Form
description: A custom form with different fields
body:
  - type: input
    id: contact
    attributes:
      label: Contact Details
      description: How can we get in touch with you if we need
more info?
      placeholder: ex. email@example.com
    validations:
      required: false
  - type: textarea
    id: what-happened
    attributes:
      label: What happened?
      description: Also tell us, what did you expect to happen?
      placeholder: Tell us what you see!
      value: "Tell us what you think"
    validations:
      required: true
  - type: dropdown
    id: version
    attributes:
      label: Version
      description: What version of our software are you
running?
      options:
        - 1.0.2 (Default)
        - 1.0.3 (Edge)
    validations:
      required: true
  - type: dropdown
    id: browsers
    attributes:
      label: What browsers are you seeing the problem on?
      multiple: true
      options:
        - Firefox
        - Chrome
        - Safari
        - Microsoft Edge
```

```
  - type: checkboxes
    id: terms
    attributes:
      label: Code of Conduct
      description: By submitting this issue, you agree to
follow our [Code of Conduct](https://example.com)
      options:
        - label: I agree to follow this project's Code of
Conduct
          required: true
```

결과는 그림 2.13과 같다.

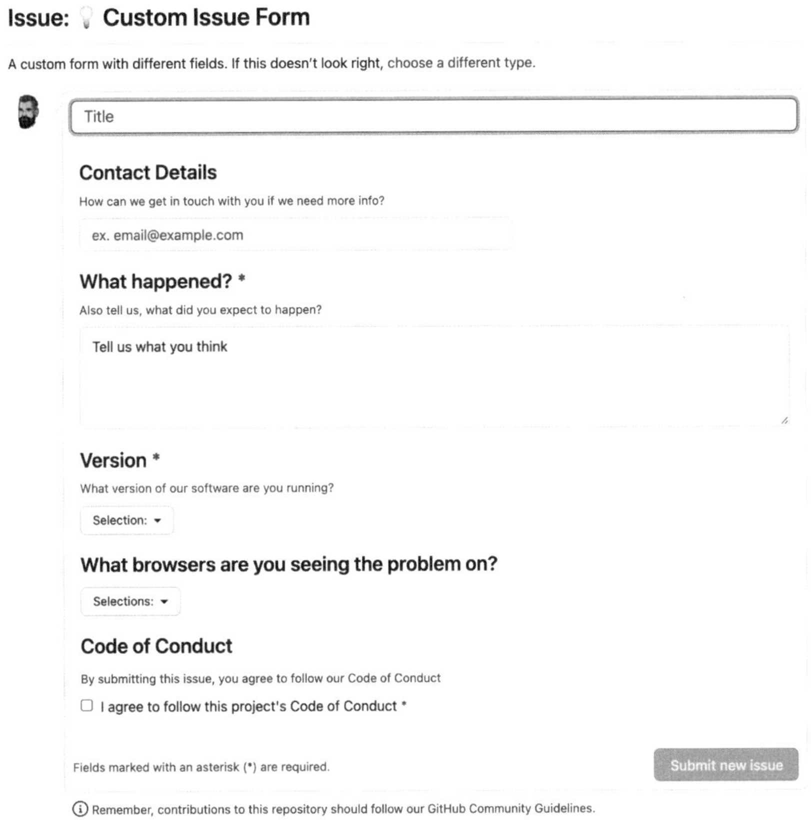

그림 2.13 YAML 이슈 템플릿

YAML 이슈 템플릿에 대한 자세한 정보는 다음 링크(https://docs.github.com/en/communities/using-templates-to-encourage-useful-issues-and-pull-requests/syntax-for-issue-forms)에서 확인할 수 있다.

.github/ISSUE_TEMPLATE에 config.yml 파일을 추가해 이슈 템플릿을 선택하도록 대화 상자를 사용자 지정할 수 있다. 빈 이슈를 지원할지 여부를 설정하고 추가 줄을 추가할 수 있다.

```
blank_issues_enabled: true
contact_links:
  - name: 👥 Discussions
    url: https://github.com/wulfland/AccelerateDevOps/discussions/new
    about: Please use discussions for issues that are not a
bug, enhancement or feature reques
```

결과는 그림 2.11과 같다. 추가 링크가 **Open** 버튼으로 표시된다.

NOTE

> 이 책을 작성할 당시 YAML 이슈 템플릿은 아직 베타 버전이므로 변경될 수 있다.

⁂ 깃허브 프로젝트

깃허브 이슈는 협업하기에 좋은 방법이지만 리포지터리 범위가 넓고 드래그 앤 드롭 백로그와 시각적 칸반 보드가 없기 때문에 작업을 시각화하고 추적하기에 완벽한 장소는 아니다.

여러 리포지터리에서 작업을 관리할 수 있는 깃허브의 중앙 허브는 **깃허브 프로젝트**다. 이 허브는 깃허브 이슈를 기반으로 구축됐으며 최대 50개 리포지터리의 이슈를 지원한다.

깃허브 프로젝트는 유연한 협업 플랫폼이다. 백로그와 보드를 맞춤 설정하고 다른 팀 또는 커뮤니티와 공유할 수 있다.

NOTE

> **새로운 깃허브 이슈 또는 깃허브 프로젝트(베타)[1]**
>
> 이 글을 쓰는 시점에서 깃 프로젝트는 완전히 개편되고 있다. 새로운 기능은 현재 깃허브 프로젝트(베타) 또는 새 깃허브 이슈라고 불리며, 준비되면 깃허브 프로젝트로 대체할 것이다. 최종 이름이 어떻게 될지는 아직 100% 확실하지 않다. 새로운 환경은 미래 이야기이므로 이 책에서는 현재에 대해서만 집중적으로 설명한다.
>
> 현재로서는 새 환경이 Jira나 애저 보드(Azure Boards)만큼 성숙하지 않다. 하지만 훌륭한 팀이 작업 중이며, 준비가 완료되면 시장에서 최고의 솔루션 중 하나가 될 것이라고 확신한다!
>
> 매달 새로운 기능이 너무 많이 출시돼 모든 스크린샷이 금방 구식이 될 수 있다는 점에 유의한다. 변경 로그(https://github.blog/changelog/)를 주시해 한 달에 여러 번 출시되는 최신 기능을 모두 확인한다.

시작하기

깃허브 프로젝트에는 여러 리포지터리의 이슈와 풀 리퀘스트가 포함될 수 있다. 따라서 조직 수준 또는 개인 리포지터리의 프로필에서 만들어야 한다.

새 프로젝트를 만들려면 조직의 메인 페이지 또는 깃허브 프로필에서 **Projets**로 이동해 **New Project**를 클릭한다(그림 2.14 참고).

---

1 깃허브 프로젝트는 2022년 8월 GA됐다. – 옮긴이

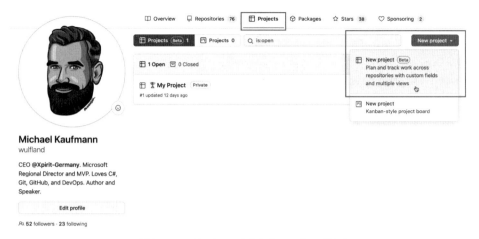

그림 2.14 프로필 또는 조직에서 새 프로젝트 만들기

프로젝트에 작업 항목 추가

프로젝트의 기본 뷰는 테이블 뷰다. 이 보기는 데이터 입력에 최적화돼 있다. **Ctrl + space** 키를 누르거나 테이블의 마지막 행을 클릭한다. 새 작업 항목의 이름을 직접 입력한 후 나중에 해당 항목을 이슈로 전환할 수 있다. 또는 #을 입력하고 리포지터리를 선택할 수 있다. 그런 다음 사용 가능한 이슈와 풀 리퀘스트를 선택할 수 있다(그림 2.15 참고).

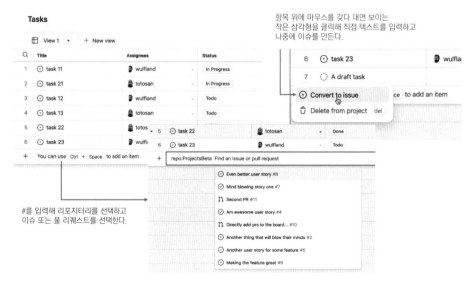

그림 2.15 백로그에 이슈, 풀 리퀘스트 또는 초안 작업 항목 추가하기

작업에 메타데이터 추가

프로젝트에 다양한 메타데이터 필드를 쉽게 추가할 수 있다. 현재 다음과 같은 유형을 지원한다.

- **날짜 필드**: 값은 유효한 날짜여야 한다.

- **숫자 필드**: 값은 숫자여야 한다.

- **단일 선택**: 값은 값 목록에서 선택해야 한다.

- **텍스트 필드**: 값은 텍스트일 수 있다.

- **반복**: 날짜 범위 집합에서 값을 선택해야 한다. 과거의 날짜 범위는 자동으로 완료된 것으로 표시된다. 현재 날짜를 포함한 날짜 범위는 현재로 표시된다.

새 필드를 추가하려면 **Cmd + K**(맥) 또는 **Ctrl + K**(윈도우/리눅스)를 눌러 명령 모음을 열고 `Create new field`를 입력한다. 오른쪽 상단의 더하기 기호를 클릭하고 **+ New Field**를 선택할 수도 있다. 필드 이름을 입력하고 필드 유형을 선택한다.

테이블 뷰 작업

프로젝트의 기본 뷰는 매우 유연한 **테이블 뷰**로, 드래그 앤 드롭으로 행을 정렬해 데이터를 입력하고 우선순위를 지정하는 데 사용할 수 있다. 열 헤더의 메뉴를 열거나 명령 모음(Cmd+K 또는 Ctrl+K)을 열고 명령 중 하나를 선택해 행의 데이터를 정렬, 필터링, 그룹화할 수 있다. 테이블 뷰를 그룹화하는 경우 항목을 그룹에 직접 추가하거나 항목을 다른 그룹으로 드래그해 항목의 값을 변경할 수 있다(그림 2.16 참고).

그림 2.16 테이블 뷰는 그룹화, 필터링, 정렬을 지원한다.

보드 뷰 작업

작업을 구성 가능한 칸반 보드로 표시하는 **보드 뷰**^board view 로 뷰를 전환할 수 있다. 보드는 모든 필드의 각 값에 대해 하나의 열을 표시할 수 있다. 뷰의 **열 필드**^column field 속성을 사용해 이를 설정할 수 있다. 항목을 다른 열로 드래그해 상태를 변경할 수 있다. 아직 보드를 그룹화하거나 스웜레인을 만들 수는 없지만, 보드를 필터링해 다양한 종류의 작업 항목에 대해 개별 보드를 만들 수는 있다(그림 2.17 참고).

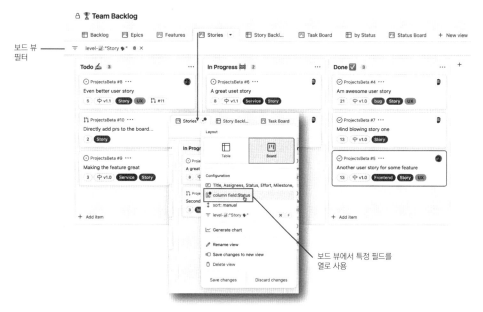

보드 뷰
필터

그림 2.17 보드 뷰

열 필드로 선택한 필드에 대해 보드 오른쪽에 있는 더하기 기호를 클릭해 새 열을 추가할 수 있다. 이렇게 하면 작업을 매우 유연하게 시각화할 수 있다(그림 2.18 참고).

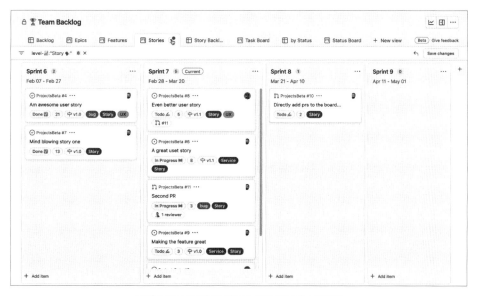

그림 2.18 보드의 열 필드로 아무 필드나 선택하기

보드 뷰는 작업을 시각화하고, 흐름을 최적화하고, WIP를 제한하는 데 최적화돼 있다.

뷰로 작업하기

뷰에서 데이터를 정렬, 필터링 또는 그룹화하거나 테이블 뷰와 보드 뷰 간에 전환할 때
마다 탭 머리글에 파란색 아이콘을 표시해 뷰에 저장되지 않은 변경 내용이 있음을 나
타낸다. 메뉴에서 변경 내용을 확인하고 저장하거나 삭제할 수 있다. 새 뷰로 저장할 수
도 있다(그림 2.19 참고).

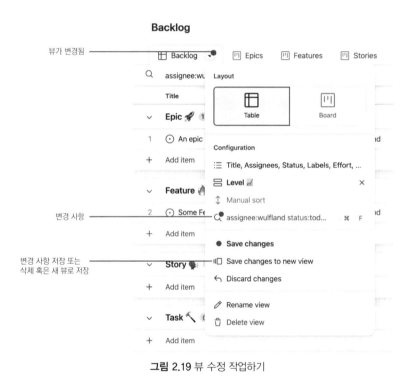

그림 2.19 뷰 수정 작업하기

새 맞춤형 보기를 만들고, 이름을 바꾸고, 끌어서 놓기를 사용해 보기를 정렬하는 것은
간단하다.

워크플로

워크플로^{Workflow}를 사용해 이슈 또는 풀 리퀘스트가 다른 상태로 전환될 때 어떤 일이 발생하는지 정의할 수 있다. 현재는 기본 워크플로만 활성화 또는 비활성화할 수 있지만 앞으로는 직접 워크플로를 작성할 수 있게 된다(그림 2.20 참고).

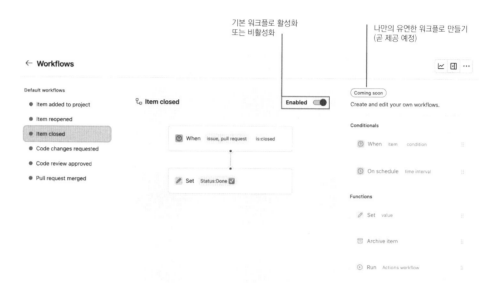

그림 2.20 워크플로는 항목이 변경될 때 발생하는 상황을 정의한다.

인사이트

실시간 데이터를 보고하는 매우 유연한 차트를 사용해 진행 상황에 대한 **인사이트**^{insight}를 얻을 수 있다. 오른쪽 상단 모서리에 있는 메뉴를 통해 인사이트에 액세스하거나 뷰에서 차트를 만들 수 있다. 차트에 미리 정의된 시간 프레임을 사용하거나 사용자 지정 범위를 선택할 수 있다. 반복 필드의 경우 @current 또는 @next, 양수인 필드의 경우 @me와 같은 매크로를 사용해 차트를 필터링할 수 있다. 차트에서 상태를 클릭해 비활성화할 수 있으며 마우스를 날짜 위로 가져가면 세부 정보를 볼 수 있다(그림 2.21 참고).

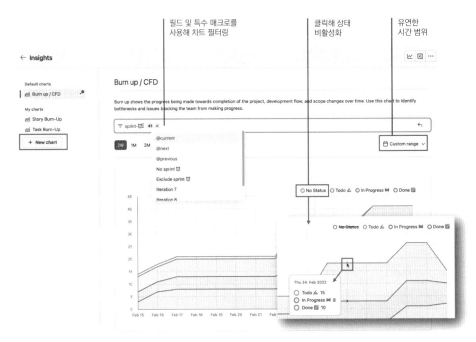

그림 2.21 실시간 데이터에 대한 유연한 차트를 사용해 인사이트 얻기

이 글을 쓰는 시점에서 인사이트는 한 가지 유형의 차트(번업 차트)만 지원하며, 항목 및 상태별로만 지원된다. 하지만 곧 변경될 예정이며, 모든 종류의 열로 변경할 수 있는 다양하고 유연한 차트를 만들 수 있게 될 것이다.

액세스 관리

프로젝트는 여러 리포지터리에서 공유할 수 있으므로 설정에서 가시성 및 액세스 권한을 구성할 수 있다. 프로젝트의 가시성을 공개 또는 비공개로 설정할 수 있다. 이를 통해 공개적으로 공유할 수 있는 로드맵을 만들 수 있다. 조직에서는 조직 구성원의 기본 권한을 **액세스 권한 없음, 읽기, 쓰기** 또는 **관리자 권한**으로 설정할 수 있다. 개인 프로젝트에서는 이 기능이 불가능하다. 하지만 명시적인 공동 작업자를 초대하고 이들에게 **읽기, 쓰기** 또는 **관리자 권한**을 부여할 수 있다.

검색 가능성을 높이기 위해 리포지터리에 프로젝트를 추가할 수 있다(그림 2.22 참고).

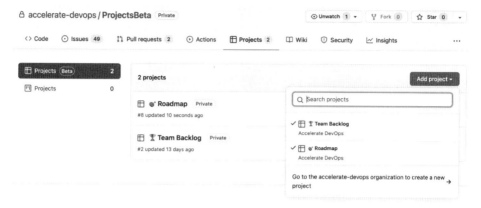

그림 2.22 리포지터리에 프로젝트 추가하기

깃허브 프로젝트는 작업을 관리하고 필요에 따라 조정할 수 있는 매우 유연한 솔루션 이다. 깃허브 프로젝트에 대해 자세히 알아보려면 다음 링크(https://docs.github.com/en/issues/ planning-and-tracking-with-projects/learning-about-projects/about-projects)를 참고한다.

프로젝트는 아직 베타 버전이다. 하지만 지금까지 나온 기능들은 매우 인상적이며, 조 만간 커뮤니티와 구성을 쉽게 공유할 수 있는 가장 유연한 솔루션이 될 것이다. 변경 로 그(https://github.blog/changelog/label/issues/)에서 업데이트를 확인한다.

⠿ 서드파티 통합

Jira 또는 **애저 보드**와 같은 성숙한 솔루션에 이미 익숙하다면 이 솔루션을 계속 사용할 수도 있다. 깃허브는 거의 모든 사용 가능한 제품에 대한 훌륭한 통합 기능을 제공한다. 여기에서는 Jira 및 애저 보드와 통합하는 방법을 소개하지만, 깃허브 마켓플레이스에 는 더 많은 솔루션이 있다.

Jira

깃허브와 Jira는 모두 두 애플리케이션을 연결할 수 있는 애플리케이션이 마켓플레이스에 있다. 새 Jira 프로젝트를 만드는 경우 프로세스에서 직접 깃허브를 추가할 수 있다 (그림 2.23 참고). 나중에 Jira의 **Apps › Find new Apps**에서 추가할 수도 있다.

그림 2.23 Jira 프로젝트에 Jira용 깃허브 추가

설치는 간단하며 다음 링크(https://github.com/marketplace/jira-software-github)에 설명돼 있다.

조직에 많은 리포지터리가 있는 경우 동기화하는 데 시간이 걸릴 수 있다!

Jira의 **앱 › 앱 관리 › GitHub › 시작하기**에서 설정 및 동기화 상태를 확인할 수 있다(그림 2.24 참조).

그림 2.24 Jira의 깃허브 구성 및 동기화 상태

동기화가 활성화되면 Jira 이슈의 ID를 언급해 이슈, 풀 리퀘스트, 커밋을 Jira 이슈에 연결한다. ID는 항상 프로젝트 키와 항목을 나타내는 정수(예: GI-666)로 구성된다.

깃허브 이슈에서 Jira 이슈 [GI-1] 및 [GI-2]를 지정하면 텍스트가 해당 Jira 이슈에 자동으로 링크된다(그림 2.25 참고).

그림 2.25 깃허브 이슈를 Jira 이슈에 연결하기

커밋 메시지에서 Jira 이슈를 언급하면 해당 이슈는 **개발**^{Development} 중인 Jira 이슈에 자동으로 연결된다(그림 2.26 참고). 또한 커밋을 자세히 살펴보고 커밋에 포함된 변경 사항 수가 있는 파일을 볼 수도 있다.

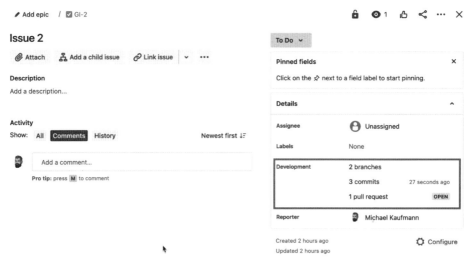

그림 2.26 Jira에서 깃허브 아티팩트 연결하기

스마트 커밋smart commit을 사용해 커밋 메시지 내에서 Jira 이슈에 대한 작업을 수행할 수도 있다. 스마트 커밋의 구문은 다음과 같다.

```
<ignored text> <ISSUE_KEY> <ignored text> #<COMMAND> <optional
COMMAND_ARGUMENTS>
```

현재 지원되는 명령은 세 가지다.

- **댓글**comment: Jira 이슈에 댓글을 추가한다.

- **시간**time: 작업한 Jira 이슈에 시간을 추가한다.

- **전환**transition: Jira 이슈의 상태를 변경한다.

다음은 스마트 커밋의 작동 방식에 대한 몇 가지 예다.

- 다음 커밋 메시지는 GI-34 이슈에 댓글 수정 들여쓰기 이슈를 추가한다.

```
GI-34 #comment corrected indent issue
```

- 이 커밋 메시지는 GI.34에 시간을 추가한다.

  ```
  GI-34 #time 1w 2d 4h 30m Total work logged
  ```

- 이 커밋 메시지는 GI-66에 코멘트를 추가하고 이슈를 닫는다.

  ```
  GI-66 #close #comment Fixed this today
  ```

스마트 커밋에 대한 자세한 내용은 다음 링크(https://support.atlassian.com/jira-software-cloud/docs/process-issues-with-smart-commits)를 참고한다.

> **주의!**
> 스마트 커밋은 커밋 메시지에 사용된 이메일 주소에 Jira에서 충분한 권한이 있는 경우에만 작동한다.

Jira와 깃허브는 긴밀하게 통합돼 있다. 팀에서 이미 Jira에 익숙하다면 Jira를 계속 사용하면서 깃허브로의 통합을 사용하는 것이 가장 좋다.

애저 보드

애저 보드도 깃허브와 매우 긴밀하게 통합된다. 설정이 매우 쉽다. 깃허브 마켓플레이스(https://github.com/marketplace/azure-boards)에서 애저 보드 애플리케이션을 설치하고 지침을 따르기만 하면 된다.

작업 항목의 **개발** 섹션에 있는 애저 보드 이슈(또는 다른 작업 항목 유형)에서 직접 깃허브 커밋 및 깃허브 풀 리퀘스트를 연결할 수 있다. 또는 다음 구문을 사용해 작업 항목을 참고할 수 있다(AB#(예: AB#26)).

깃허브 링크는 카드에 깃허브 아이콘과 함께 표시된다(그림 2.27 참고).

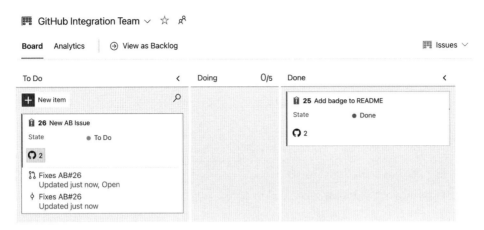

그림 2.27 애저 보드에서 깃허브 아티팩트 연결하기

AB 참고 앞에 fix, fixes 또는 fixed 키워드 중 하나를 추가하면 애저 보드 이슈가 자동으로 완료 상태로 전환된다. 다음 예제를 참고한다.

- 다음 커밋 메시지는 이슈 666에 연결되며 커밋이 병합되면 이슈가 완료로 전환된다.

```
Fixes AB#666
Update documentation and fixed AB#666
```

- 다음 커밋 메시지는 이슈 42와 666을 연결하지만 666만 완료로 전환한다.

```
Implemented AB#42 and fixed AB#666
```

- 키워드는 하나의 레퍼런스로만 작동한다. 다음 커밋 메시지는 세 이슈를 모두 연결하지만 666만 완료로 이동한다.

```
Fixes AB#666 AB#42 AB#123
```

- 키워드가 참고 바로 앞에 있지 않으면 문제가 전환되지 않는다!

```
Fixed multiple bugs: AB#666 AB#42 AB#123
```

깃허브의 README 파일에 애저 보드 이슈 수를 표시하는 배지를 추가할 수 있다. **상태 배지**Status badge 섹션의 애저 보드 설정(보드 오른쪽 위에 있는 작은 톱니바퀴 아이콘)에서 배지 URL을 가져올 수 있다. 진행 중인 아이콘의 수 또는 모든 항목의 수만 표시할 수 있다(그림 2.28 참고)

그림 2.28 GitHub README 파일에 배지 추가하기

애저 보드 통합은 설정이 간단하고 매우 자연스럽게 느껴진다. 팀이 이미 애저 보드에 익숙한 경우 애저 보드를 계속 사용하면서 깃허브와 긴밀한 통합을 사용하는 것도 좋은 옵션이다.

⠿ 사례 연구

데브옵스 전환을 시작하기 위해 **테일윈드 기어즈**는 새로운 데브옵스 플랫폼으로 깃허브로 이전할 두 팀을 선정했다.

이 전략적 결정은 모든 것을 깃허브로 이전하고 **깃허브 프로젝트**와 **깃허브 이슈**를 사용해 작업을 관리하기로 한 것이다. 이를 통해 규제된 환경에서 작업하는 일부 팀에게 필요한 엔드 투 엔드end-to-end 추적도 가능하다. 또한 새 플랫폼으로 이전하는 동안 개발 프로세스를 조정해야 한다.

파일럿 팀 중 한 팀은 이미 1년 넘게 **스크럼**을 사용해왔다. 이들은 **Jira**를 사용해 백로그를 관리하고 3주 단위로 스프린트 작업을 수행한다. 스프린트를 자세히 살펴보면 모든 스프린트에서 종료할 수 없는 이슈가 많다는 것을 알 수 있다. 또한 대부분의 이슈는 스프린트 시작부터 동시에 진행된다. 이 질문에 대해 팀원들은 스프린트 초반에 모든 작업을 계획한다고 답했다. 그러나 일부 작업은 회사 **ERP** 시스템에 대한 종속성으로 인해 막히기도 한다. 막히면 개발자는 다른 작업을 시작한다. 또한 일부 개발자는 여전히 이전 프로젝트에 대한 업무를 맡고 있다. 이들은 헬프 데스크의 티케팅ticketing 시스템에서 티켓을 받고 높은 수준의 지원을 제공해야 한다. 이러한 티켓은 계획하기 어렵고 이러한 개발자의 작업에 의존하는 팀의 다른 개발자에게 대기 시간을 초래한다.

새 플랫폼에서 시작하려면 모든 공개 요구 사항을 Jira에서 가져와서 요구 사항, 계획, 비즈니스로 분류한다. 티켓이 들어오면 수동으로 새 이슈를 추가하고 bug, unplanned, IT로 레이블을 지정하기로 한다. 이러한 이슈는 일반적으로 우선순위가 높은 운영 측면 이슈이므로 별도의 **스윔레인**을 만들어 추적한다. 통합을 자동화하기 위해 첫 번째 팀 이슈를 생성하고 infrastructure, planned, team으로 레이블을 지정해 백로그에서 높은 순위로 이동시킨다.

계획 및 대기 시간을 줄이고 풀 기반 작업 흐름을 확립하기 위해 전체 스프린트를 계획하지 않고 백로그의 상위 세 가지 요구 사항에 집중하기로 한다. 팀은 이 세 가지 항목에 대한 작업을 세분화하고 진행 중인 작업에 대해 **WIP 한도**를 5로 설정한다.

두 번째 팀은 여전히 고전적인 폭포수 방식으로 작업하고 있으며, 요구 사항은 IBM Rational DOORS에 있으며 스펙 문서를 기반으로 작업하는 데 익숙하다. 보다 민첩한 방식으로 전환하기 위해 팀에 새로운 팀원을 영입했다.

- **스크럼 마스터** 역할을 하는 **애자일 코치**

- **프로덕트 오너** 역할을 하는 **요구 사항 엔지니어**

- 개발 시작 전에 소프트웨어 구조를 업데이트할 책임이 있는 아키텍처 팀의 **아키텍트**

- 애플리케이션을 출시하기 전에 테스트를 담당하는 **품질 엔지니어**

작업을 시작하기 위해 DOORS에서 요구 사항을 내보내고 깃허브 프로젝트로 가져온다. 백로그를 원래 요구 사항으로 추적할 수 있도록 DOORS ID를 유지한다.

첫 번째 요구 사항에 대한 작업을 세분화할 때 스프린트에 비해 작업이 너무 많다는 것을 알게 된다. 제품 소유자는 요구 사항을 여러 개의 작은 항목으로 분할해 **배치 크기**batch size를 줄인다. 가장 중요한 두 항목에 대한 분석 결과, 각 항목은 약 1주일 안에 완료할 수 있는 것으로 나타났다. 아키텍트와 QA 엔지니어는 여전히 약간의 대기 시간이 필요하지만, 팀은 이 두 사람이 도와줄 수 있는 작업이 있다고 확신한다. 팀 입장에서는 여전히 이 대기 시간이 작업을 다른 팀에 넘기는 것보다 빠르다.

⠿ 정리

콘텍스트 전환과 계획되지 않은 작업은 생산성을 떨어뜨린다. 2장에서는 린 업무 방식으로 전환해 생산성을 높이는 방법을 배웠다. 칸반 보드에 푸시 대신 풀을 확립하고, WIP를 제한하고 작업을 완료하는 데 집중하며, 배치 크기와 핸드오프를 줄임으로써 이를 달성할 수 있다.

이를 달성하기 위해 깃허브 이슈 및 깃허브 프로젝트를 사용하는 방법과 기존 작업 관리 시스템을 유지하려는 경우 Jira 및 애저 보드를 통합하는 방법을 배웠다.

3장에서는 팀워크 및 협업에 대해 자세히 살펴보겠다.

⠿ 더 읽을거리 및 참고 자료

2장의 자세한 사항은 다음 자료를 참고한다.

- Tregubov A., Rodchenko N., Boehm B., & Lane J.A. (2017). *Impact of Task Switching and Work Interruptions on Software Development Processes*: https://www.researchgate.net/publication/317989659_Impact_of_task_switching_and_work_interruptions_on_software_development_processes

- Weinberg G.M. (1991), *Quality Software Management: Systems Thinking* (1st ed.). Dorset House

- GitHub issues: https://guides.github.com/features/issues/ 및 https://docs.github.com/en/issues/tracking-your-work-with-issues/about-issues

- Markdown: https://guides.github.com/features/mastering-markdown/

- Issue templates: https://docs.github.com/en/communities/using-templates-to-encourage-useful-issues-and-pull-requests/about-issue-and-pull-request-templates

- GitHub projects: https://docs.github.com/en/issues/planning-and-tracking-with-projects/learning-about-projects/about-projects

- GitHub Jira integration: https://github.com/atlassian/github-for-jira

- GitHub Azure Boards integration: https://docs.microsoft.com/en-us/azure/devops/boards/github

03

팀워크와 협업

사람들이 좋아하는 제품을 만드려면 단순히 구성원의 집합이 아닌 높은 성과를 내는 팀이 필요하다.

3장에서는 풀 리퀘스트를 사용해 높은 수준으로 협업하는 팀을 구성하기 위해 풀 리퀘스트가 무엇이고 팀을 위한 좋은 코드 리뷰 워크플로를 얻는 데 도움이 되는 기능은 무엇인지 배운다.

3장에서는 다음과 같은 주제를 다룬다.

- 소프트웨어 개발은 팀 스포츠다.
- 협업의 핵심: 풀 리퀘스트
- 실습: 풀 리퀘스트 생성
- 변경 제안
- 풀 리퀘스트 리뷰

- 실습: 제안하기

- 코드 리뷰 모범 사례

⁑ 소프트웨어 개발은 팀 스포츠다

디자이너이자 엔지니어인 피터 스킬맨[Peter Skillman]은 실험을 만들었다. 마시멜로 챌린지에서 서로 경쟁하기 위해 4명의 팀을 구성했다. 룰은 간단했는데 다음 재료를 사용해 마시멜로를 지지할 수 있는 가장 높은 구조물을 만든다.

- 익히지 않은 스파게티 20조각

- 투명 테이프 1야드[약 0.91미터]

- 끈 1야드

- 마시멜로 1개

이 실험은 문제 자체에 대한 것이 아니라 팀이 어떻게 협력해 문제를 해결할 것인지에 대한 것이었다. 이 실험에서 스탠퍼드대학교와 도쿄대학교의 경영학과 학생 팀들은 유치원생들과 경쟁했다. 누가 이겼을까?

경영학과 학생들은 자료를 검토하고, 최선의 전략을 논의하고, 가장 유망한 아이디어를 신중하게 골랐다. 전문적이고 이성적이고 지적인 방식으로 행동했지만, 유치원생들이 항상 이겼다. 유치원생들은 최상의 전략을 결정하지 않았다. 그들은 바로 실험을 시작했고, 서로 가까이 서서 "여기, 아니, 여기!"라고 외쳤다.

유치원생들이 더 똑똑하거나 숙련됐기 때문에 이긴 것이 아니라, 한 팀으로서 더 잘 협력했기 때문에 이겼다[Coyle D. 2018].

그리고 스포츠에서도 같은 현상을 관찰할 수 있다. 한 팀에 최고의 선수를 넣을 수는 있지만 좋은 팀을 구성하지 못하면 완벽하게 함께 일하는 덜 숙련된 개인이 있는 팀에게 패할 것이다.

소프트웨어 엔지니어링 분야에서는 개별 전문가가 함께 일하는 것이 아니라, 마시멜로 실험에 등장하는 유치원 아이들처럼 팀원들이 함께 실험하는 응집력이 높은 팀을 원한다. 이를 위해 우리는 **T자형** 전문가의 진화형으로 **E자형** 전문가를 찾고 있다. **I자형** 전문가는 한 분야에서는 깊은 경험을 갖고 있지만, 다른 분야에서는 기술이나 경험이 부족하다. T자형 전문가는 한 분야에 대한 깊은 경험과 함께 다른 분야에 대한 폭넓은 지식을 갖고 있지만, E자형 전문가는 **경험**experience, **전문성**expertise, **탐구**exploration, **실행**execution 능력을 모두 갖추고 있다. E자형 전문가들은 여러 분야에 대한 깊은 경험과 검증된 실행 능력을 갖추고 있으며, 항상 혁신을 추구하며 새로운 기술을 배우고자 한다. 이들은 서로 다른 전문 분야를 하나의 높은 협업 팀으로 결합할 수 있는 가장 좋은 방법이다(Kim G., Humble J., Debois P., Willis J.).

풀 리퀘스트를 살펴보면 팀이 어떻게 협력하는지 매우 빠르게 알 수 있다. 코드 리뷰는 누가 하고, 어떤 주제로 하는가? 사람들이 토론하고 있는 이슈는 무엇인가? 분위기는 어떤가? 성과가 좋은 팀의 풀 리퀘스트를 본 적이 있다면 잘 되지 않는 것들을 쉽게 발견할 수 있다는 것을 알 수 있다. 다음은 쉽게 찾을 수 있는 풀 리퀘스트 안티 패턴이다.

- 풀 리퀘스트가 너무 크고 변경 사항이 많다(배치 크기).

- 풀 리퀘스트는 기능이 이미 완료됐거나 스프린트 마지막 날에만 생성된다(마지막 승인).

- 풀 리퀘스트는 별도의 코멘트 없이 승인된다. 이것은 일반적으로 사람들이 다른 팀원들을 귀찮게 하지 않기 위해 승인하기 때문이다(자동 승인).

- 코멘트에 질문이 거의 없다. 일반적으로 논의가 형식 및 스타일과 **같은 관련 없는 세부 사항**에 관한 것이지 아키텍처 설계 문제에 관한 것이 아니라는 것을 의미한다.

나중에 코드 리뷰를 위한 모범 사례와 안티 패턴을 피하는 방법을 보여 주겠다. 먼저 풀 리퀘스트가 무엇인지 자세히 살펴본다.

⫶ 협업의 핵심 – 풀 리퀘스트

풀 리퀘스트는 단순한 코드 리뷰가 아니다. 다음 작업을 수행할 수 있다.

- 코드 협업

- 지식 공유

- 코드의 공유 소유권 생성

- 팀간 협업

풀 리퀘스트는 정확히 무엇인가? **풀 리퀘스트**(머지 리퀘스트merge request라고도 함)는 다른 브랜치의 변경 내용을 **깃**Git 리포지터리의 대상 브랜치로 통합하는 프로세스다. 변경 사항은 리포지터리 내의 브랜치 또는 리포지터리의 복사본인 **포크**fork에서 가져올 수 있다. 풀 리퀘스트는 **PR**로 줄여서 부르는 경우가 많다. 쓰기 권한이 없는 사용자는 리포지터리를 포크하고 풀 리퀘스트를 만들 수 있다. 이를 통해 오픈소스 리포지터리 소유자는 모든 사람이 리포지터리에 대한 쓰기 액세스 권한을 부여하지 않고도 기여를 허용할 수 있다. 이것이 오픈소스 세계에서 풀 리퀘스트가 리포지터리에 변경 사항을 병합하기 위한 기본 방법인 이유다.

풀 리퀘스트는 이너 소스라는 오픈소스 스타일로 팀 간 협업에도 사용할 수 있다(5장 참고).

깃에 대해

깃(Git)은 RCS(Revision Control System)다. 중앙 RCS와 달리 모든 개발자는 전체 리포지터리를 컴퓨터에 저장하고 변경 사항을 다른 리포지터리와 동기화한다. 깃은 몇 가지 간단한 아키텍처 결정을 기반으로 한다. 모든 버전은 변경 내용뿐만 아니라 전체 파일로 저장된다. 변경 사항은 해시 알고리듬을 사용해 추적된다. 수정본과 파일 시스템은 부모 객체의 해시를 사용해 링크된 방향성 비순환 그래프(DAG, Directed Acyclic Graph)로 저장된다. 이렇게 하면 변경 사항을 분기하고 병합하는 것이 매우 쉽다. 그렇기 때문에 깃이 자신에 대해 다음과 같이 설명한다. `git` - 바보 같은 콘텐츠 추적기(그림 3.1의 Git man 페이지 참고).

깃은 리누스 토발즈(Linus Torvalds)가 리눅스 커널용 RCS로 2005년에 만들었다. 2005년까지 BitKeeper가 그 목적으로 사용됐지만 라이선스 변경으로 인해 BitKeeper는 오픈소스 비용 없이 더 이상 사용할 수 없었다. 깃은 오늘날 가장 인기 있는 RCS이며, 깃에 관한 많은 책이 있다(Chacon S.,

---

깃 버전 텍스트 파일을 줄 단위로 가져온다. 즉 풀 리퀘스트는 변경된 라인에 초점을 맞춘다. 이 경우 이전 라인과 새 라인의 차이를 확인할 수 있다. 병합하기 전에 풀 리퀘스트를 사용해 다음을 수행할 수 있다.

- 변경 사항을 리뷰하고 이에 대한 코멘트

- 변경 사항을 먼저 병합하지 않고 소스 리포지터리에 새 코드와 함께 빌드하고 테스트

변경 사항이 모든 검사를 통과하는 경우에만 풀 리퀘스트에 의해 자동으로 병합된다.

현대 소프트웨어 공학에서는 모든 것이 코드이기 때문에 소스 코드뿐만 아니라 다음과 같은 것들에 대해서도 협업할 수 있다.

- 아키텍처, 디자인, 개념 문서

- 소스 코드

- 테스트

- 코드로 작성된 인프라infrastructure as code

- 코드로 작성된 설정configuration as code

- 문서

모든 것은 텍스트 파일로 할 수 있다. 앞 장에서 이미 사람이 읽을 수 있는 파일의 표준으로 **마크다운**에 대해 이야기했다. 개념 문서 및 문서를 공동 작업하기에 완벽하다. 보관하거나 고객에게 보낼 수 있는 실제 문서가 필요한 경우 **PDF**Portable Document Format 문서로 표시할 수도 있다. 다이어그램, 예를 들어 머메이드Mermaid(https://mermaid-js.github.io/

mermaid/)로 마크다운을 확장할 수 있다. **마크다운**은 사람이 읽을 수 있는 파일이지만 **YAML**은 기계가 읽을 수 있는 파일이다. 따라서 소스 코드, 마크다운, YAML의 조합을 사용해 개발 수명 주기의 모든 아티팩트artifact 생성을 자동화하고 소스 코드에서 공동 작업하는 것처럼 변경 사항에 대해 공동 작업할 수 있다.

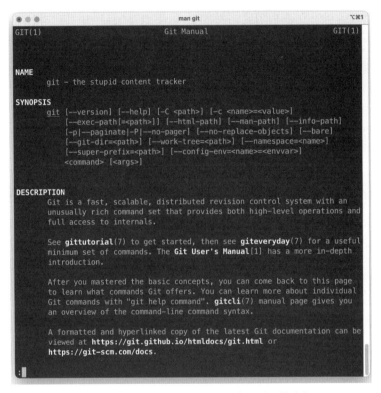

그림 3.1 Git의 매뉴얼 페이지 – 어리석은 콘텐츠 추적기

예를 들어

깃허브에서는 모든 것이 기본적으로 마크 다운으로 처리된다. 법률 팀과 **인사 팀조차도 계약에 대한 공동 작업을 위해 마크다운, 이슈, 풀 리퀘스트를 사용**한다. 한 가지 예가 채용 프로세스다. 직무 설명은 마크다운으로 저장되며 전체 채용 프로세스는 이슈를 사용해 추적된다. 다른 예로는 깃허브 사이트 정책(예: 서비스 약관 또는 커뮤니티 지침)이 있다. 모두 마크다운으로 작성됐으며, 오픈소스(https://github.com/github/site-policy)다. 깃허브 팀 협업에 대해 자세히 알고 싶다면 다음 링크(https://www.youtube.com/watch?v=HyvZO5vvOas&t=3189s)를 참고한다.

⁝⁚ 실습 - 풀 리퀘스트 생성

풀 리퀘스트 생성이 처음이라면 그것이 무엇에 관한 것인지 경험할 수 있는 풀 리퀘스트를 만드는 것이 가장 좋다. 이미 풀 리퀘스트에 익숙한 경우 이 부분을 건너뛰고 풀 리퀘스트 기능에 대해 계속 읽을 수 있다. 다음과 같이 진행한다.

1. 다음 리포지터리(https://github.com/wulfland/AccelerateDevOps)를 열고 리포지터리의 오른쪽 상단 모서리에 있는 **Fork**를 클릭해 포크를 만든다.

   포크에서 ch3_pull-request/Create-PullRequest.md로 이동한다. 파일에는 브라우저와 책 사이를 항상 전환할 필요가 없도록 지침이 포함돼 있다. 파일 내용 위에 있는 연필 모양의 **Edit** 아이콘을 눌러 파일을 편집한다.

2. 파일에 표시된 행을 삭제한다.

3. 임의의 텍스트 행을 몇 개 추가한다.

4. 허용된 길이를 초과하는 문자를 제거해 한 줄을 수정한다.

5. 변경 내용을 main 브랜치에 직접 커밋하지 않고 그림 3.2와 같이 새 **브랜치**에 커밋한다.

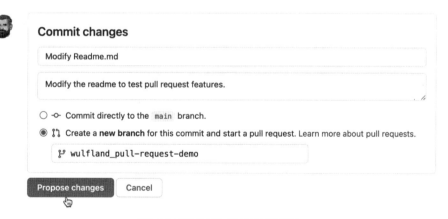

그림 3.2 변경 사항을 새 브랜치에 적용

6. 풀 리퀘스트를 만들 수 있는 페이지로 자동 리디렉션된다. 제목과 설명을 입력한다. 2장에서 배운 마크다운 지원 기능을 사용해 작성한다. 예를 들어 이모티콘(:+1:), 멘션(@), 참고(#), 작업 목록(- [ ]), 소스 코드 구문 강조 (``) 등이다. 또한 담당자, 레이블, 프로젝트, 마일스톤을 지정할 수 있다. 페이지 맨 위에는 대상 브랜치(베이스)가 main 브랜치이고 통합할 원본 브랜치가 방금 생성한 브랜치로 표시된다. **Create pull request** 버튼은 드롭다운으로 드래프트 풀 리퀘스트를 생성하도록 선택할 수도 있다. 지금은 이를 건너뛰고 **Create pull request** 버튼을 클릭해 풀 리퀘스트를 생성한다(그림 3.3 참고).

그림 3.3 파일에 대한 변경 사항에 대한 풀 리퀘스트 생성

7. 풀 리퀘스트에서 **Files changed**로 이동하고 파일에 대한 변경 사항을 기록한다. 삭제된 행은 빨간색, 추가된 행은 녹색, 수정된 행은 삭제된 행 다음에 추가된 행이다. 마우스로 선을 가리키면 왼쪽에 더하기 + 아이콘이 표시된다. 아이콘을 클릭하면 한 줄 설명을 추가할 수 있다. 아이콘을 잡고 당기면 여러 줄에 대한 설명을 추가할 수

있다. 코멘트 역시 이슈와 동일한 풍부한 마크업 기능을 지원한다. 코멘트를 추가하고 **Add Single Comment** 버튼을 클릭한다(그림 3.4 참고).

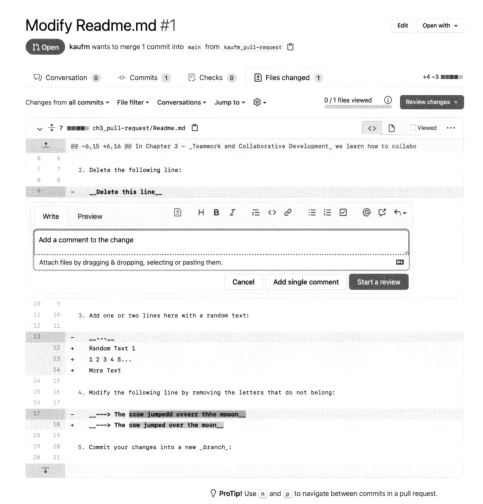

그림 3.4. 변경된 줄에 주석 추가

기존 코드 리뷰와 풀 리퀘스트의 중요한 차이점은 풀 리퀘스트를 업데이트할 수 있다는 것이다. 이를 통해 코멘트를 처리하고 문제가 종료될 때까지 계속 작업할 수 있다. 이를 확인하려면 파일을 편집하고 새 브랜치에 커밋해 풀 리퀘스트에 변경 사항이 반영되는지 확인한다.

8. 오른쪽 상단 모서리의 메뉴를 열고 **Edit file**을 선택해 풀 리퀘스트에서 파일을 직접 편집할 수 있다(그림 3.5 참고).

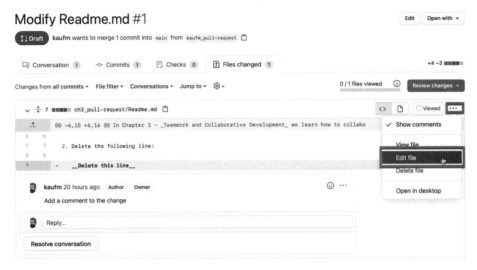

그림 3.5 풀 리퀘스트에서 파일 편집

9. 파일에 텍스트 줄을 새로 추가해 파일을 수정한다. 풀 리퀘스트를 작성하기 전에 작성한 브랜치에 변경 사항을 적용한다(그림 3.6 참고).

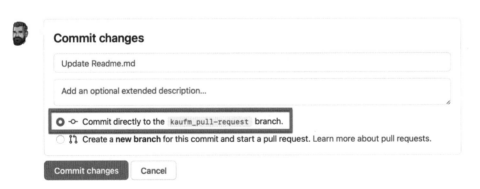

그림 3.6 브랜치에 변경 사항 적용하기

10. 풀 리퀘스트로 다시 이동하고 변경 내용이 자동으로 표시된다. **Files changed** 아래에서 파일의 모든 변경 사항을 볼 수 있고 **Commits** 아래에서 개별 커밋의 변경 사항을 볼 수 있다(그림 3.7 참고).

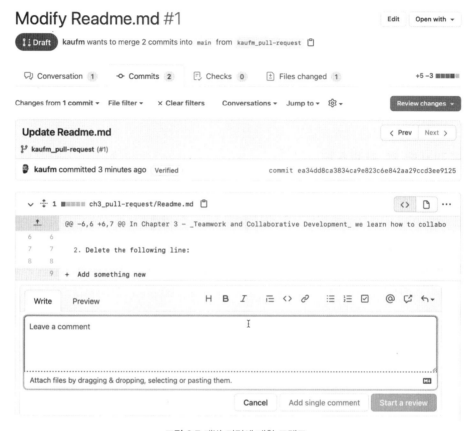

그림 3.7 개별 커밋에 대한 코멘트

11. 깃허브에서 풀 리퀘스트를 처음 사용하는 경우 중요한 사항은 다음과 같다.

- 풀 리퀘스트는 브랜치에서 기본 브랜치로의 **변경**에 대한 것이다. 브랜치를 업데이트하면 풀 리퀘스트가 자동으로 업데이트된다.

- 작업 목록, 언급, 참고, 소스 코드 등 깃허브 이슈에서 이미 제공하는 풍부한 기능을 사용해 모든 변경 사항을 **공동 작업**할 수 있다.

- **파일 단위** 또는 **커밋 단위**로 변경 내용을 확인할 수 있다. 이를 통해 중요한 변경 사항과 중요하지 않은 변경 사항(예: 리팩토링)을 구분할 수 있다.

⠿ 변경 제안

깃허브 풀 리퀘스트에는 협업 방식을 개선하는 데 도움이 되는 다양한 기능을 제공한다.

드래프트 풀 리퀘스트

풀 리퀘스트를 생성하는 가장 좋은 시기는 무언가 작업을 시작하는 순간이다. 빠를수록 좋으며, 이렇게 함으로써 팀원들은 항상 열려 있는 풀 리퀘스트를 확인하고 누가 어떤 작업을 하고 있는지 파악할 수 있다. 하지만 풀 리퀘스트를 너무 일찍 생성하면 리뷰어 reviewer가 피드백을 줄 시간이 부족할 수 있다. 이럴 때는 **드래프트 풀 리퀘스트**draft pull request를 생성하는 것이 좋다. 이렇게 하면 아직 작업이 진행 중임을 알리면서 코드에 대한 조기 피드백을 받을 수 있으며, 모두가 알 수 있도록 댓글에 사람들을 언급할 수 있다. 따라서 가능하면 작업을 시작한 후 즉시 풀 리퀘스트를 생성하는 것이 이상적이지만, 작업이 진행 중이며 아직 검토를 받지 않았다는 것을 명확히 하기 위해 드래프트 풀 리퀘스트를 활용하는 것도 좋은 방법이다.

풀 리퀘스트를 만들 때 드래프트 상태에서 직접 만들 수 있다(그림 3.8 참고).

그림 3.8 드래프트로 풀 리퀘스트 생성

드래프트 풀 리퀘스트는 **Draft**로 명확하게 표시되며 자체 아이콘이 있다(그림 3.9. 참고).
draft:true나 draft:false 를 검색 매개변수로 사용해 검색에서 풀 리퀘스트를 필터링
할 수도 있다.

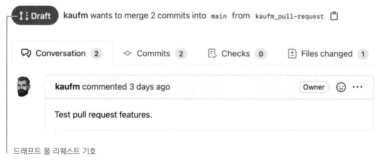

드래프트 풀 리퀘스트 기호

그림 3.9 드래프트 풀 리퀘스트는 자체 기호로 표시된다.

풀 리퀘스트가 이미 리뷰 상태인 경우에도 **Reviewers › Still in progress › Convert to draft** 아래에서 링크를 클릭해 언제든지 상태를 변경할 수 있다.

풀 리퀘스트를 리뷰할 준비가 됐으면 **Ready for review** 버튼을 클릭한다(그림 3.10 참고).

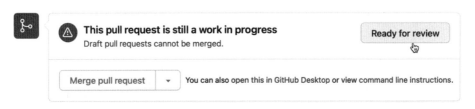

그림 3.10 풀 리퀘스트의 드래프트 상태 제거

드래프트 풀 리퀘스트는 풀 리퀘스트를 사용해 변경 사항에 대해 미리 협업할 수 있도록 팀에 투명성을 부여하는 좋은 기능이다.

코드 소유자

코드 소유자^{code owner}는 리포지터리의 특정 파일이 변경되면 리뷰어를 풀 리퀘스트에 자동으로 추가하는 좋은 방법이다. 이 기능을 사용해 팀 간 협업하거나 릴리스 파이프라인에서 승인을 요구하지 않고 초기 개발 단계에서 승인을 추가할 수 있다. 리포지터리에 코드로 정의된 인프라가 있다고 가정해보자. 코드 소유자를 사용해 공유 작업 팀의 사용자에게 리뷰를 요청하거나 애플리케이션의 룩 앤 필look and feel을 정의하는 파일이 있을 수 있다. 변경할 때마다 디자인 팀의 승인을 받아야 할 수도 있다. 코드 소유자는 승인뿐만 아니라 팀 간 실무 커뮤니티에 지식을 전파하는 데도 사용할 수 있다.

코드 소유자는 팀 또는 개인이 될 수 있다. 코드 소유자가 되려면 쓰기 권한이 필요하다. 풀 리퀘스트가 초안 상태를 벗어나는 경우 코드 소유자가 리뷰어로 추가된다.

코드 소유자를 정의하려면 리포지터리의 루트, docs/ 폴더 또는 .github/ 폴더에 CODE OWNER라는 이름의 파일을 만든다. 파일의 구문은 다음과 같이 간단하다.

- @username 또는 @org/team-name을 사용해 코드 소유자를 정의한다. 사용자의 이메일 주소를 사용할 수도 있다.

- 패턴을 사용해 파일을 일치시켜 코드 소유자를 할당한다. 순서가 중요하다. 마지막 일치 패턴이 우선한다.

- 주석에는 #을, 패턴을 사용하지 않고 문자 범위를 정의하려면 !를 사용한다.

다음은 CODEOWNER 파일의 예다.

```
# 전체 리포지터리의 기본값은 전역 소유자다.
*           @org/team1

# 디자인 팀은 모든 .css 파일의 소유자다.
*.css       @org/design-team

# 관리자는 리포지터리 루트에 있는 IaC 폴더의 모든 하위 폴더에 있는 모든 파일의 소유자다.
/IaC/       @admin

# User1은 문서 또는 문서 폴더에 있는 모든 파일의 소유자이지만
# 문서 하위 폴더에 있는 파일의 소유자는 아니다.
/[Dd]ocs/* @user1
```

자세한 내용은 다음 링크(https://docs.github.com/en/github/creating-cloning-and-archiving-repositories/creating-a-repository-on-github/about-code-owners), 코드 소유자 정보를 참고한다.

코드 소유자는 팀 간 정보를 공유하고, 변경 사항이 발생하면 릴리스 파이프라인의 변경 보드에서 조기 승인으로 승인을 전환한다.

필수 리뷰

풀 리퀘스트를 병합하기 전에 지정된 수의 승인을 요청할 수 있다. 이 설정은 여러 브랜치 중 하나에 적용할 수 있는 **브랜치 보호 규칙**branch protection rule에 설정된다. **Settings › Branches › Add rule** 메뉴 아래 보호 규칙에서 병합 전 필요한 리뷰 횟수를 설정하고,

코드를 변경할 때 승인은 취소할지 여부를 선택하고, 코드 소유자의 승인을 강제할 수 있다(그림 3.11 참고).

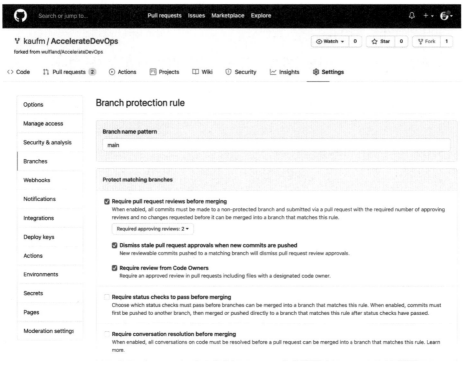

그림 3.11 특정 브랜치에 필요한 리뷰

브랜치 보호에 대한 자세한 내용은 다음 링크(https://docs.github.com/en/github/administering-a-repo sitory/defining-the-mergeability-of-pull-requests/about-protected-branches#about-branch-protection-rules)를 참고한다. 이 주제는 7장 트렁크 기반 개발에서 더 자세히 다룬다.

풀 리퀘스트 리뷰 요청

코드를 리뷰할 준비가 되면 필요한 수의 리뷰어를 수동으로 추가할 수 있다. 깃허브는 사용자가 변경한 코드의 작성자를 기반으로 **리뷰어를 제안**한다(그림 3.12 참고). **Request**를 클릭하거나 리뷰를 수행할 사용자를 수동으로 검색할 수 있다.

그림 3.12 제안된 리뷰어

또한 깃허브에서 자동으로 리뷰어를 팀에 할당할 수 있다. **Settings > Code review assignment** 아래에서 팀별로 구성한다. 자동으로 할당되는 리뷰어 수를 선택하고 다음 두 가지 알고리듬 중 하나를 선택할 수 있다.

- **라운드 로빈**round robin: 지금까지 가장 최근에 요청을 받은 사람을 기준으로 리뷰어 선택

- **로드 부하 분산**load balance: 미결된 리뷰를 고려해 각 구성원의 총 리뷰 요청 수를 기준으로 리뷰어 선택

리뷰에서 특정 구성원을 제외할 수 있으며, 리뷰어가 할당될 때 전체 팀에 통지하지 않도록 선택할 수 있다. 팀의 코드 리뷰 할당을 구성하는 방법은 그림 3.13을 참고한다.

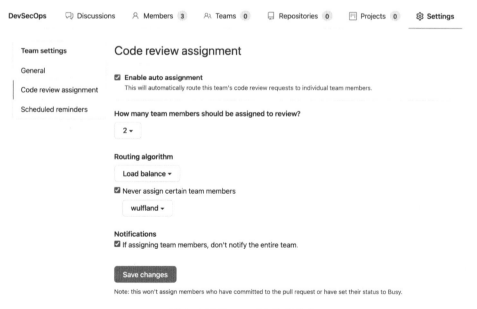

그림 3.13 팀의 코드 리뷰 할당 관리

자동 병합

풀 리퀘스트에서 가장 유용한 기능 중 하나는 **자동 병합**auto-merge이다. 이를 통해 작은 변경 작업을 수행할 때 속도를 높일 수 있으며, 특히 **지속적인 배포**CD, Continuous Deployment가 활성화된 경우에는 더욱 그렇다. 모든 정책이 충족될 경우 자동 병합은 변경 사항을 자동으로 병합한다. 변경 작업을 수행한 경우 자동 병합을 사용 가능으로 설정하고 다른 변경 작업을 수행할 수 있다. 풀 리퀘스트에 필요한 승인 수가 있고 모든 자동 검사가 통과되면 풀 리퀘스트가 자동으로 병합돼 프로덕션에 배포된다.

⁝⁝ 풀 리퀘스트 리뷰

리뷰를 위해 선택된 경우 많은 변경 사항에 대해 의견을 말하고 제안을 할 수 있으며 결국 다음 표기법 중 하나를 사용해 리뷰를 제출할 수 있다.

- **Commen**코멘트
- **Approve**승인
- **Request changes**변경 요청

이전 절에서는 풀 리퀘스트 작성자와 관련된 풀 리퀘스트 기능에 초점을 맞췄다. 이번 절에서는 리뷰어가 리뷰를 수행하고 작성자에게 적절한 피드백을 제공하는 데 도움이 되는 기능에 대해 설명한다.

풀 리퀘스트에서 제안된 변경 사항 리뷰

한 번에 한 파일씩 변경 내용을 보고 리뷰를 시작할 수 있다. 행 위로 마우스를 이동하면 왼쪽에 + 아이콘이 표시된다. 한 줄 코멘트를 추가하거나 여러 줄로 끌어서 여러 줄 코멘트를 작성할 수 있다. 의견이 있는 경우 **Start review**를 선택해 아직 의견을 제출하지 않고 리뷰 프로세스를 시작한다. 코멘트을 더 추가하면 버튼이 **Add review** comment로 변경된다. 리뷰에 원하는 만큼의 코멘트를 추가할 수 있다. 리뷰를 제출할 때까지만 코멘트가 표시되며 언제든지 리뷰를 취소할 수 있다.

파일을 조회된 상태로 표시

리뷰할 때 파일 상단에 진행률 표시줄이 표시된다. 하나의 파일을 모두 마쳤으면 **Viewed** 체크박스를 선택할 수 있다. 파일이 숨겨지고 진행 표시줄에 진행 상태가 표시된다(그림 3.14참고).

그림 3.14 파일을 조회된 상태로 표시

실습 – 제안하기

피드백을 제공하는 가장 좋은 방법은 풀 리퀘스트 작성자가 브랜치에 쉽게 통합할 수 있도록 제안하는 것이다. 이 기능은 매우 중요하기 때문에 사용해본 적이 없다면 사용해볼 필요가 있다.

다음과 같은 방법으로 진행한다.

1. 이전 실습에서 만든 리포지터리에서 포크를 연다. https://github.com/〈your user name〉/AccelerateDevOps

   포크에서 Chapter 3 › **Review Changes**(ch3_pull-request/Review-Changes.md)로 이동한다. 파일에는 브라우저와 책 사이를 항상 전환할 필요가 없도록 지침이 포함돼 있다.

   소스 코드 블록의 오른쪽 상단 모서리에 있는 **Copy** 아이콘을 클릭해 샘플 소스 코드를 복사한다.

2. src/app.js로 이동한다(마크다운에서 링크 사용). 이전 실습에서 만든 브랜치를 선택하고 오른쪽 상단 모서리에 있는 **Edit** 아이콘(연필)을 클릭해 파일을 편집한다(그림 3.15 참고).

그림 3.15 샘플 코드를 추가하기 위한 코드 파일 편집

3. 2행을 삭제하고 **Ctrl + V**를 눌러 코드를 삽입한다.

4. 풀 리퀘스트의 소스 브랜치로 직접 커밋한다.

5. 풀 리퀘스트로 다시 이동하고 **Files changed**에서 src/app.js를 찾는다. 6~9행에 중첩된 루프가 올바르게 들여쓰여 있지 않다는 점에 유의한다. 6~9행을 표시하고 다

중 행 주석을 작성한다. **Suggestion** 버튼을 클릭하면 코드가 제안 블록에 공백을 포함해 표시된다(그림 3.16 참고).

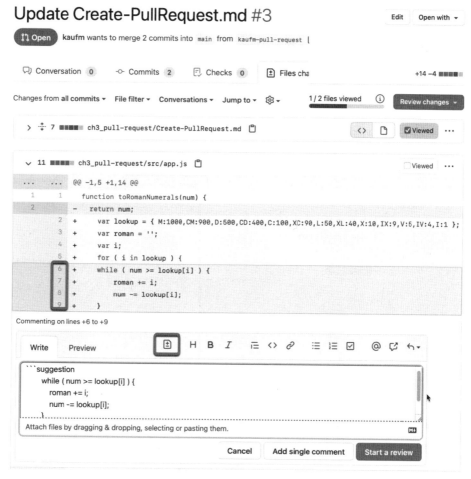

그림 3.16 여러 줄의 코멘트에 대한 제안 작성

6. suggestion 코드 블록에는 공백을 포함한 전체 코드가 포함돼 있다. 각 줄의 시작 부분에 4개의 공백을 추가해서 들여쓰기를 수정한다.

제안을 리뷰의 일부로 만들거나(Start a review) 제안을 작성자에게 직접 제출(Add single comment)할 수 있다. 이 실습에서는 제안을 하나의 코멘트로 추가한다.

풀 리퀘스트에 피드백 통합

리뷰어이자 작성자이므로 역할을 직접 전환할 수 있다. 작성자로서 풀 리퀘스트에 대한 모든 제안을 볼 수 있다.

제안을 브랜치에 직접 커밋하거나 여러 제안을 하나의 커밋에 배치한 다음 모든 변경 사항을 한 번에 커밋할 수 있다. 변경 사항을 배치에 추가하고 파일 상단에 배치를 적용한다(그림 3.17 참고).

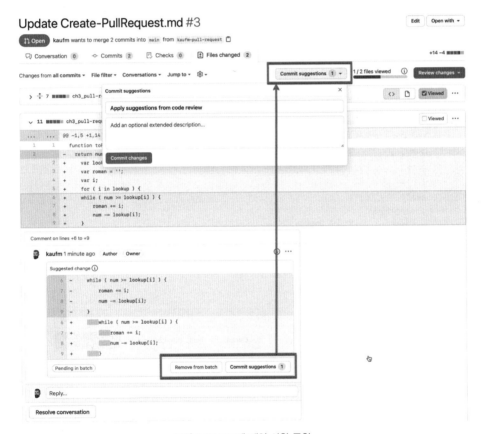

그림 3.17 코드에 제안 사항 통합

제안은 피드백을 제공하고 코드 변경을 제안하는 좋은 방법이다. 작성자가 코드에 통합하기에 편리하다.

리뷰 제출

리뷰를 마치고 의견과 제안을 모두 추가했으면 제출할 수 있다. 작성자는 결과에 대한 정보를 받고 사용자의 의견에 답변할 수 있다. 마지막 설명을 남기고 다음 세 가지 옵션 중 하나를 선택할 수 있다.

- **Approve**^{승인}: 변경 사항을 승인한다. 필요한 리뷰어 수에 반영되는 유일한 옵션이다!

- **Comment**^{코멘트}: 승인 또는 거부 없이 피드백을 제출한다.

- **Request changes**^{변경 요청}: 작성자의 승인을 위해 변경이 필요함을 나타낸다.

Submit review 버튼을 클릭해서 리뷰를 마친다(그림 3.18 참고).

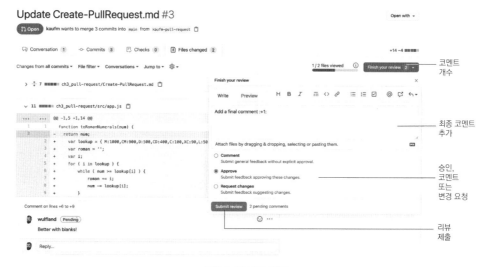

그림 3.18 리뷰 완료

풀 리퀘스트 완료

브랜치의 변경 사항을 취소하려면 병합하지 않고 풀 리퀘스트를 닫을 수 있다. 변경 사항을 기본 브랜치에 통합하려면 다음과 같이 요약된 세 가지 **병합** 옵션이 있다.

- **Create a merge commit**^{병합 커밋 생성}: 기본 옵션이다. 병합 커밋을 만들고 분기의 모든 커밋을 기록에 별도의 분기로 표시한다. 오래 운영되는 지점이 많은 경우 이로 인해 기록이 복잡해질 수 있다. 이 병합 옵션의 표현은 다음과 같다.

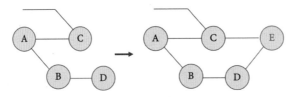

그림 3.19 합병 커밋을 수행하는 경우 깃 히스토리

- **Squash and merge**^{스쿼시 및 병합}: 분기의 모든 커밋이 단일 커밋으로 결합된다. 이렇게 하면 깨끗하고 선형 기록이 생성되며 병합 후 분기를 삭제할 경우 적합한 병합 방법이다. 브랜치에서 계속 작업하는 경우에는 권장되지 않는다. 이 병합 옵션의 표현은 다음과 같다.

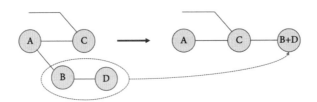

그림 3.20 스쿼시를 하고 병합하는 경우 깃 히스토리

- **Rebase and merge**^{리베이스 및 병합}: 브랜치의 모든 커밋을 기본 브랜치의 헤드에 적용한다. 이것은 또한 선형 기록을 만들지만 개별 커밋은 유지한다. 브랜치에서 계속 작업하는 경우에는 권장되지 않는다. 이 병합 옵션의 표현은 다음과 같다.

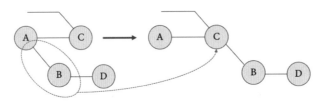

그림 3.21 리베이스를 하고 병합하면 깃 히스토리가 선형으로 보인다.

원하는 병합 방법을 선택하고 **Merge pull request** 버튼을 클릭한다(그림 3.22 참고).

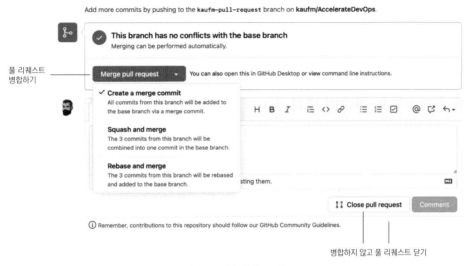

그림 3.22 풀 리퀘스트 완료

병합 메시지를 수정하고 **Confirm merge** 버튼을 클릭한다. 병합 후 원하는 경우 분기를 삭제할 수 있다.

코드 리뷰를 위한 모범 사례

풀 리퀘스트는 모든 종류의 코드에서 공동 작업할 수 있는 좋은 방법이다. 3장에서는 협업 워크플로의 가능성에 대해 간단히 설명하지만, 팀이 효과적으로 협업할 수 있도록 하려면 효과적인 코드 리뷰를 위한 몇 가지 모범 사례를 고려해야 한다.

깃 가르치기

이것은 분명해 보일지 모르지만 팀이 깃에서 잘 훈련돼 있는지 확인한다. 잘 만들어진 커밋은 **하나의 목적**만 제공하는 **좋은 커밋 메시지**로 여러 커밋에 무작위로 퍼져 있는 많은 변경 사항보다 리뷰하기가 훨씬 쉽다. 특히 리팩토링과 비즈니스 로직을 혼합하면 리뷰가 악몽이 된다. 팀 구성원이 커밋을 수정하는 방법, 다른 커밋에서 수행한 패치 변경 사항 및 좋은 커밋 메시지를 만드는 방법을 알고 있다면 결과로 풀 리퀘스트를 리뷰하는 것이 훨씬 쉬워진다.

풀 리퀘스트를 이슈에 연결

풀 리퀘스트를 작업을 시작한 해당 이슈에 연결한다. 이렇게 하면 풀 리퀘스트에 콘텍스트를 제공하는 데 도움이 된다. 타사 통합을 사용하는 경우 풀 리퀘스트를 Jira 티켓, 애저 보드 작업 항목 또는 깃허브에 연결된 다른 소스에 연결한다.

드래프트 풀 리퀘스트 사용

팀 구성원이 작업을 시작할 때 바로 **드래프트 풀 리퀘스트**draft pull request를 작성하도록 한다. 이렇게 하면 팀은 누가 무엇을 작업하고 있는지 알 수 있다. 이것은 또한 리뷰가 시작되기 전에 사람들에게 피드백을 요청하기 위해 언급이 있는 주석을 사용하도록 권장한다. 변경 사항에 대한 초기 피드백은 마지막에 더 빠른 리뷰를 받는 데 도움이 된다.

최소 2명의 승인자 확보

최소 2명의 **필수 승인자**가 필요하다. 팀 규모에 따라 많을수록 좋다. 그러나 하나만으로는 충분하지 않다. 여러 명의 리뷰어가 있으면 리뷰에 일종의 역동성을 제공한다. 1명에서 2명으로 변경하는 것만으로도 일부 팀의 리뷰 관행에 큰 변화가 생겼다!

피어 리뷰 수행

리뷰를 **피어 리뷰**peer review로 고려한다. 선임 아키텍트들이 다른 사람들의 코드를 리뷰하게 하지 않는다. 젊은 동료들도 배우기 위해 동료들에 대한 리뷰를 해야 한다. 전체 팀을 리뷰어로 추가하고 일정 비율의 승인(예: 50%)을 요구한 다음 사용자가 원하는 풀 리퀘스트를 선택하는 것이 좋다. 또는 **자동 리뷰 할당**을 사용해 팀에서 리뷰를 임의로 배분할 수 있다.

리뷰 단계 자동화

많은 리뷰 단계, 특히 **포매팅**formatting을 자동화할 수 있다. 좋은 린터를 사용해 코드 형식을 확인하거나(예: https://github.com/github/super-linter), 문서가 완료됐는지 확인하기 위해 몇 가지 테스트를 작성한다. 문제를 자동으로 찾기 위해 정적 및 동적 코드 분석을 사용한다. 반복적인 체크를 자동화할수록 리뷰는 더 중요한 것에 집중할 수 있다.

변경 사항 배포 및 테스트

병합하기 전에 변경 사항을 자동으로 빌드하고 테스트한다. 필요한 경우 테스트할 코드를 설치한다. 변화가 아무것도 깨지지 않을 것이라는 확신이 있는 사람일수록 그 과정을 신뢰하게 된다. 모든 승인 및 유효성 검사가 통과되면 **자동 병합**을 사용해서 변경 사항을 자동으로 병합 및 해제한다. 높은 자동화로 인해 사람들은 더 작은 배치 크기로 작업할 수 있게 돼서 리뷰가 훨씬 쉬워진다.

리뷰 가이드 / 행동 강령

어떤 엔지니어들은 어떤 일을 하는 것이 올바른 방법인지에 대해 강한 의견을 갖고 있으며, 논쟁은 빠르게 걷잡을 수 없게 될 수 있다. 최상의 솔루션을 얻기 위해 치열한 토론을 하려고 하지만 이를 포함해 팀의 모든 사용자가 동등하게 참여할 수 있도록 하려는 것이다. **리뷰 가이드**와 **행동 강령**을 마련하는 것은 게이트키퍼gatekeeper로서 도움이 된다. 사람들이 적절하게 행동하지 않으면 규칙을 가리킬 수 있다.

⠿ 정리

소프트웨어 개발은 팀 스포츠이므로 코드의 소유권을 공유해서 새로운 변경 사항에 대해 긴밀하게 협업하는 팀을 구성하는 것이 중요하다. 깃허브 풀 리퀘스트를 올바른 방식으로 사용해 이를 달성할 수 있다.

4장에서는 비동기 및 동기 작업과 비동기 워크플로가 언제 어디서나 협업하는 데 어떻게 도움이 되는지 설명한다. 그리고 장소에 제약받지 않는 비동기식 협업에 대해 설명한다.

⠿ 더 읽을거리 및 참고 자료

3장의 자세한 사항은 다음 자료를 참고한다.

- 대니얼 코일Coyle D. 『최고의 팀은 무엇이 다른가』(웅진지식하우스, 2018)

- *Kim G., Humble J., Debois P. and Willis J.* (2016). *The DevOps Handbook: How to Create World-Class Agility, Reliability, and Security in Technology Organizations* (1st ed.). IT Revolution Press.

- Scott Prugh (2014). *Continuous Delivery*. https://www.scaledagileframework.com/guidance-continuous-delivery/

- 스캇 샤콘Chacon S. 『프로 Git』(인사이트, 2016)

- Kaufmann M. (2021). Git für Dummies (1st ed., German). Wiley-VCH.

- Git: https://en.wikipedia.org/wiki/Git

- Pull requests: https://docs.github.com/en/github/collaborating-with-pull-requests/proposing-changes-to-your-work-with-pull-requests/about-pull-requests

- Code owners: https://docs.github.com/en/github/creating-cloning-and-archiving-repositories/creating-a-repository-on-github/about-code-owners

- Branch protection: https://docs.github.com/en/repositories/configuring-branches-and-merges-in-your-repository/managing-protected-branches/about-protected-branches

- Code review assignments: https://docs.github.com/en/organizations/organizing-members-into-teams/managing-code-review-assignment-for-your-team

- Auto-merge: https://docs.github.com/en/github/collaborating-with-pull-requests/incorporating-changes-from-a-pull-request/automatically-merging-a-pull-request

- Pull request reviews: https://docs.github.com/en/github/collaborating-with-pull-requests/reviewing-changes-in-pull-requests/about-pull-request-reviews

04

장소에 제약받지 않는 비동기식 협업

3장에서는 풀 리퀘스트를 활용한 협업 방법과 이를 활용해 코드 및 구축한 제품에 대한 공유 소유권을 만드는 방법에 대해 설명했다. 4장에서는 동기식 및 비동기식 업무의 장점을 활용한 원격 및 분산된 환경, 그리고 하이브리드 팀의 효율적인 협업 방법에 대해 알아본다.

4장에서는 다음과 같은 주제를 다룬다.

- 동기식, 비동기식 업무 환경

- 분산된 팀

- 팀 간 협업

- 비동기 워크플로로 전환

- 팀 및 슬랙 통합

- 깃허브 디스커션GitHub Discussion

- 페이지 및 위키

- 깃허브 모바일^{GitHub Mobile}을 통한 위치에 구애받지 않는 환경

- 사례 연구

⁝▶ 동기식, 비동기식 업무 환경의 비교

지식 산업 근로자의 모든 업무는 소통을 기반으로 한다. 코딩 내용을 전달하거나 아키텍처를 설명하며, 프로그램을 변경하는 방법에 대해 자신을 포함한 미래의 동료들에게 전달해야 하는 등 프로그래밍과 관련된 모든 것은 커뮤니케이션에 의존한다. 따라서 의사소통은 업무에 직접적인 영향을 미치게 된다.

소통의 역사

인간의 상호 작용과 소통 방식은 역사적으로 많은 변화를 겪어왔다. 인쇄기가 발명되기 전까지는 대부분 구두로 소통이 이뤄졌으며, 1450년 요하네스 구텐베르크^{Johannes Gutenberg}의 인쇄기 발명은 인쇄 혁명을 일으켜 종교와 교육 분야에 큰 영향을 미쳤다. 17세기에는 신문의 발명으로 발신자에서 수신자까지 걸리는 시간을 획기적으로 단축해 소통의 혁명을 다시 한번 일으켰다. 18세기에는 공공 우편 시스템이 매우 효율적으로 발전해 더 많은 소통이 편지를 통해 이뤄졌다. 이러한 우편 제도는 마치 신문처럼 사적인 소통을 빠르게 이뤄질 수 있도록 했다. 1861년 프랑크푸르트에서 필립 라이스^{Philip Reis}가 최초의 전화기를 발명하는 등 19세기 전신기의 발명과 함께 처음으로 먼 거리의 실시간 소통이 가능해졌다. 하지만 대부분의 사람은 통신의 불안정성 때문에 이를 과소평가하곤 했다. 15년 후인 1876년, 마침내 알렉산더 그레이엄 벨^{Alexander Graham Bell}이 실시간 음성 소통이 가능한 통신 기술에 대한 특허를 획득해 소통의 혁명을 일으켰다.

그때까지만 해도 소통 방식의 변화는 주로 수세기에 걸쳐 이뤄졌다. 사람들은 이에 적응할 시간이 있었고, 가장 좋은 소통 방식을 직관적으로 알 수 있었다. 하지만 지난 30년 동안 상황이 급변했다. 1990년대 후반 휴대전화는 주머니에 들어갈 만한 크기로 작아지며 가격도 저렴해졌고, 우리는 언제든지 누구와 대화할 수 있게 됐다. 이로 인해 사람

들은 서로 짧은 메시지를 주고 받기 시작했고, 동기식 통신보다 비동기식 통신을 선호하기 시작했다. 인터넷의 발전으로 인해 이메일은 편지를 빠르게 대체했지만 초기 인터넷은 모바일이 아니었기 때문에 이메일은 여전히 며칠은 걸릴 것으로 예상했다. 그러나 21세기 초반 인터넷이 모바일화되면서 스마트폰은 언제 어디서나 이메일에 접속할 수 있게 됐다. 동시에 페이스북Facebook, 트위터Twitter(현 X), 인스타그램Instagram, 스냅챗Snapchat 등 새로운 형태의 소통이 대중화됐다. 이런 서비스들은 텍스트, 음성, 비디오 등 다양한 소통을 허용하며, 대상 그룹(도달 범위 및 개인 정보 보호)과 메시지의 **지속 시간**TTL, Time To Live 또한 다양하게 만들었다.

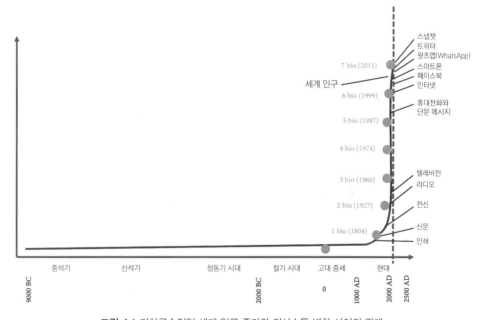

그림 4.1 기하급수적인 세계 인구 증가와 의사소통 변화 사이의 관계

지난 30년 동안 급속한 발전으로 인해 의사소통 방법은 매우 달라졌다. 메시지의 내용보다는 개인의 선호에 따라 문자 메시지, 영상 통화 혹은 그룹에서 이야기를 공유하는 등 소통 방법을 결정할 수 있다. 특정 종류의 메시지를 위해 어떤 형식이 올바른 소통인지에 대한 사회적 합의는 더 이상 존재하지 않는다.

업무와 소통

업무는 단순한 소통 그 이상이다. 지식 산업 분야의 업무에서 원하는 결과물은 대화를 통해 전달된다. 업무는 동기식 업무와 비동기식 업무로 분류할 수 있다. 동기식 업무는 2명 이상의 사람들이 실시간으로 상호 작용해 원하는 결과물을 달성하는 것을 말한다. 비동기식 업무는 2명 이상의 사람들이 메시지를 주고 받으며 원하는 결과물을 만들어 가는 것을 말한다.

전통적인 기업은 아직도 그림 4.2와 같이 비동기식 업무와 동기식 업무를 조합해 업무를 수행한다. 적어도 몇 년 전에는 이런 모습으로 대부분의 업무가 이메일이나 회의를 통해 이뤄지며, 회의는 일반적으로 같은 공간에서 진행했다.

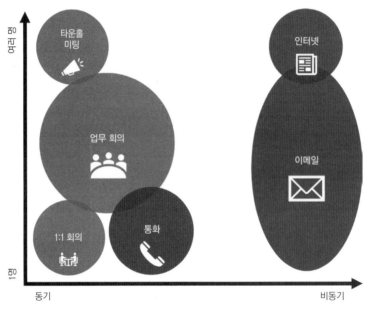

그림 4.2 전통적인 기업의 업무 및 커뮤니케이션

대부분의 비동기식 업무는 이메일과 원격으로 수행되는 반면 대부분의 동기식 업무는 대면 회의로 수행된다. 주로 어떤 방식으로 업무를 수행하는지는 회사 문화에 따라 결정된다. 이메일 문화가 강한 회사에서는 사람들이 몇 분 안에 이메일에 응답하는 것이 일반적이다. 이 경우 많은 사람이 회의 중에도 노트북을 열어 두며, 사람들은 보통 너무

많은 이메일에 대해 불평하곤 한다. 반면, 회의 문화가 강한 회사에서는 종종 회의 때문에 이메일의 응답이 늦어지는 경우가 있다. 이로 인해 이메일은 줄어들지만 회의는 많아진다.

지난 몇 년 동안 업무 문화는 크게 변했다. 특히 소규모 회사와 스타트업은 이메일보다 채팅과 같은 비동기 매체를 선호하고 있으며, 이를 업무용으로 사용하고 있다. 또한 많은 회사들이 원격 근무의 이점을 인식했고, 일부 회사들은 팬데믹에 의해 어쩔 수 없이 원격 근무를 도입하게 됐다.

2장에서 콘텍스트 전환에 따른 생산성 저하에 대해 다뤘다. 만약 비동기식 업무 수행을 통해 개발팀이 업무 항목을 결정한다면 생산성 저하의 원인인 콘텍스트 전환을 줄일 수 있다. 비교적 최근 개발자들에게 최적화된 동기식/비동기식 업무의 형태는 다음과 같다.

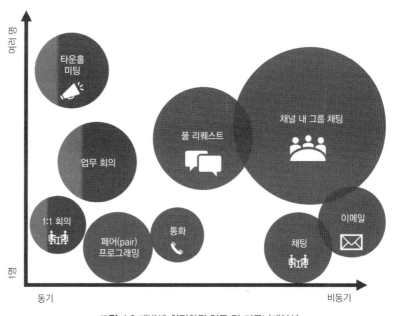

그림 4.3 개발에 최적화된 업무 및 커뮤니케이션

동기식 업무가 적을수록 업무에 더 집중하고 콘텍스트 전환을 줄일 수 있다. 의도에 맞게 어떤 업무를 동기식 혹은 비동기식으로 수행할지, 원격 혹은 대면으로 수행할지 결정해야 한다.

대면 업무와 원격 업무

동기식 업무는 대면 혹은 원격으로 수행할 수 있으며, 각각의 장단점이 있다.

누군가를 설득할 때는 **대면**^in-person 회의가 더 효과적이다. 영업 사원은 원격 회의나 전화보다 대면 회의를 더 선호하는데, 이는 친목 도모와 인간관계/팀을 형성하기에 효과적이기 때문이다. 중요한 피드백이나 민감한 문제도 원격보다는 대면해 논의하는 것이 더 좋다. 복잡한 토론이나 창의성이 필요한 문제도 물리적인 근접성을 통해 쉽게 해결할 수 있다.

원격 회의의 장점은 이동 시간이 짧아 생산성이 높아진다는 점이다. 사람들은 물리적 위치와 독립적으로 회의에 참여할 수 있으므로 여러 타임 존^time zone에 걸쳐 팀을 구성할 수 있다. 또한 원격 회의는 녹화를 할 수 있으므로 회의에 참가하지 못하더라도 시청할 수 있다.

원격^remote 회의는 대면 회의와 다르게 계획돼야 한다. 예를 들어 대면 회의에서는 8시간 워크숍(2x4)과 같은 긴 회의도 괜찮지만, 원격 회의에서는 그렇지 않다. 원격 회의는 더 짧고 집중적으로 진행해야 한다. 사람들은 컴퓨터 앞에 있으면 금방 산만해지는 경향이 있기 때문이다.

앞으로 **하이브리드 업무**^hybrid work 환경은 점점 많아질 것이다. 하이브리드 업무 환경을 통해 직원들은 집, 이동 중 또는 사무실 등 다양한 위치에서 자율적으로 업무를 수행할 수 있다. 66%의 기업이 하이브리드 근무를 위해 사무실 공간의 재설계를 고려하고 있으며, 73%의 직원이 보다 유연한 원격 근무 옵션을 원하고 있다(https://www.microsoft.com/en-us/worklab/work-trend-index/hybrid-work). 하이브리드 업무 환경에서 회의를 진행하는 것은 쉽지 않다. 원격 회의는 개인에게 최적화되고 대면 회의는 그룹에게 최적화돼 있기 때문에 이 두 가지를 모두 충족시키는 것은 회의실의 기술 장비뿐만 아니라 회의를 소집하는 사람에게도 어려운 일이 될 것이다.

⠿ 분산된 팀

전 세계에 팀이 분산돼 있어 대부분의 업무를 원격으로 수행하는 IT기업은 꽤 오래 전부터 존재해 왔다. 내가 아는 한 회사는 완전 원격으로 채용을 진행하며, 모든 직원에게 홈 오피스를 꾸리거나 공유 오피스를 위한 임대 예산을 제공한다. 이 회사는 전 세계적으로 사무실을 두고 분산된 팀을 운영하며, 1년에 단 한 번만 직접 모인다.

팬데믹과 함께 원격, 하이브리드 작업의 증가로 인해 점점 더 많은 기업이 다음과 같이 분산된 팀의 이점을 알기 시작했다.

- 특정 대도시 지역에만 채용을 제한하지 않으므로 더 많은 인재와 더 많은 전문가를 채용할 수 있다(인재 채용 전쟁).

- 다른 지역에서의 채용을 통해 비용을 절감시키기도 한다.

- 제품을 여러 시장에 공략하는 경우 다양한 배경의 팀원이 있다면 고객(다양성)을 이해하는 데 많은 도움이 된다.

- 여러 지원을 통해 외부 호출 시간을 줄여 엔지니어의 업무 수행에 더 많은 시간을 보장할 수 있다.

분산된 팀distributed team이 겪는 어려움 중 가장 큰 문제는 언어다. 이런 팀에게는 영어와 같은 공통된 기본 언어가 필요한데, 원어민이 아닌 사람들은 비교적 의사소통에 어려움을 겪을 수 있다. 또한 문화적 측면도 의사소통을 어렵게 만들기도 한다. 원격 채용 과정에서는 팀 구성과 팀에 맞는 문화적 적합성을 더욱 중요한 역할로 여겨야 한다.

원격 엔지니어를 추가해 팀을 늘리려면 타임 존을 적절하게 계획해야 한다. 회의 횟수에 따라 근무 시간이 최소 1~2시간은 겹쳐야 한다. 한 방향으로 최대 약 8시간을 이동하면 1시간이 겹친다. 만약 4시간 교대근무를 하고있는 경우 반대 방향으로 최대 4시간까지 추가할 수 있다(그림 4.4 참고).

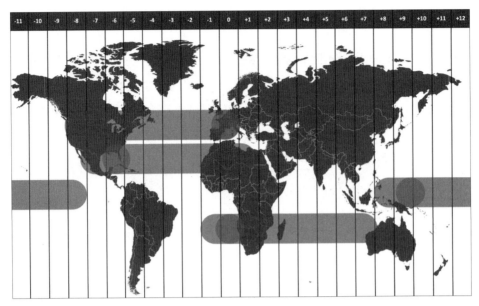

그림 4.4 미팅 시간을 위한 계획

서머타임과 시차를 고려해 겹치는 시간대의 계획을 세우는 것은 상당히 복잡한 작업이라는 것을 명심하라!

분산된 팀에는 장점이 있으며 앞으로 몇 년 동안 더 많이 늘어날 것이다. 훗날 다른 시간대의 다른 국가에서 전문가를 고용할 수 있도록 미리 시작해보는 것이 좋다. 이를 위해 해당 지역에서 영어나 다른 공용 언어를 사용해 모든 의사소통을 수행하고, 가능한 한 많은 비동기 업무를 수행하는 것이 중요하다.

:::: 팀 간 협업

소프트웨어 전달을 가속화하기 위해 팀에게 최대한 자율적으로 업무를 진행할 수 있도록 해야 한다. 다른 팀에 의존하지 않고 언제든지 최종 사용자에게 가치를 제공할 수 있는 능력은 속도에 가장 큰 영향을 미치지만, 팀 간의 조율이 필요한 설계, 보안, 아키텍처 등 공동의 영역도 중요하다. **팀 간 협업**이 원활하다는 것은 여러 팀 간에 건강한 연계가 있다는 의미다.

좋은 형태의 팀 협업은 경영진의 간섭없이 일반적으로 팀원과 팀장과의 의사소통으로 이뤄지고 적절한 사람들이 직접 문제를 해결하는 비동기식 업무 수행을 기반으로 한다. 불필요한 회의는 적을수록 좋다. 좋은 형태의 팀 간 협업을 위해서는 경영진의 개입 없이 팀장과 팀원 간의 의사소통에 의해 업무가 수행돼야 하며, 적절한 사람들이 직접 문제를 해결하는 비동기식 업무수행을 기반으로 하는 것이 좋다. 또한 일상 업무에서 회의를 최소화하는 것도 필요하다.

⫶ 비동기식 업무로 전환

보다 비동기적인 업무 방식으로 전환하고 원격 및 하이브리드 작업을 허용하기 위해 다음의 모범 사례를 쉽게 채택해볼 수 있다.

- **이메일보다 채팅 선호하기**: 이메일에 의존해 업무를 처리하는 것은 공유된 기록이 없다. 따라서 팀원이 아프거나 퇴사할 경우 그 기록이 차단되는 등 여러 단점이 있다. 모든 업무 관련 대화를 마이크로소프트 팀즈^{Microsoft Teams} 혹은 슬랙과 같은 채팅 플랫폼으로 옮기는 것이 좋다.

- ⁽ᵈᵉᵇᵘˢⁱ⁾ **미팅을 선택 사항으로 설정하기**: 업무 관련 모든 미팅을 선택적으로 참여하도록 설정하라. 가치가 없다고 판단되는 미팅에서는 나가야 한다. 자신의 미팅에 혼자 참석하고 싶어하는 사람은 없기 때문에 미팅에 더 집중하고 잘 준비할 것이다. 물론 팀 구성을 위한 회의나 타운홀 미팅은 선택 사항이 돼서는 안 된다.

- **모든 미팅 녹화하기**: 모든 미팅을 녹화하는 것은 미팅에 불참하더라도 내용을 알 수 있는 기회를 제공한다. 녹화된 미팅은 더 빠른 속도로 볼 수 있으므로 미팅을 더 짧은 시간에 요약할 수 있다.

- **목적을 분명히 하기**: 미팅의 목적과 비동기 업무(채팅, 이슈, 풀 리퀘스트, 위키)의 역할에 대한 목적을 명확히 해야 한다.

- **업무 계획을 지속적으로 확인 및 조정하기**: 정기적으로 업무 계획을 검토하고 현재 상황을 파악해야 한다. 미팅이 성공적으로 이뤄지고 있는지, 어떤 이슈 혹은 풀 리퀘스트

가 더 긴 시간이 필요한지, 혹시 미팅을 통해 더 빠르게 해결될 수 있는 일이 있는지 확인해야 한다. 너무 잦은 변경보다는 최소 2~3개월마다 확인하고 조정해야 한다.

- **멘션과 코드 소유자를 사용하기**: 멘션^{mention} 및 코드 소유자(3장 참고)의 기능은 적합한 사람들이 빠르게 모여 작업을 완료할 수 있도록 도와주며, 팀 간 협업에도 큰 도움이 된다.

- **모든 것을 코드로 취급하기**: 인프라, 구성, 소프트웨어 아키텍처, 설계 문서, 개념과 같은 모든 것을 코드로 취급하고 협업해야 한다.

⁝⁝ 팀즈와 슬랙의 활용

이메일보다 채팅을 선호하는 경우 **마이크로소프트 팀즈**(https://teams.github.com) 또는 **슬랙** (https://slack.github.com)의 통합 기능을 사용할 수 있다. 채팅 채널에서 직접 알림을 수신하고 이슈, 풀 리퀘스트, 배포 등을 수행할 수 있다. 다음과 같이 슬랙과 마이크로소프트 팀즈 의 기능은 매우 유사하다.

- **알림**: 저장소에서 이벤트를 구독하라. 브랜치 혹은 레이블 필터로 알림을 필터링할 수 있다.

- **깃허브 링크에 대한 세부 사항**: 깃허브 링크는 자동으로 펼쳐지고 링크 포인트로 항목 의 세부 사항을 표시한다.

- **신규 이슈 생성**: 대화에서 신규 이슈를 바로 생성할 수 있다.

- **상호작용**: 채널의 이슈, 풀리퀘스트 혹은 배포 승인을 통해 직접적으로 업무를 수행 할 수 있다.

- **일정 미리 알림**: 채널에서 코드 리뷰 일정에 대한 알림을 받을 수 있다.

설치는 간단하다. 마이크로소프트 팀즈 또는 슬랙에 깃허브 애플리케이션을 설치해야 하며, 깃허브의 오거니제이션 팀즈^{Organization Teams} 또는 슬랙 애플리케이션을 설치해야 한다.

설치되면 깃허브 봇^{bot}과 상호 작용하고 메시지를 보낼 수 있다. 팀즈에서는 @GitHub를 멘션하고, 슬랙에서는 /Github 통해 수행할 수 있다. 봇을 멘션하면 사용할 수 있는 명령 목록을 받을 수 있다(그림 4.5 참고).

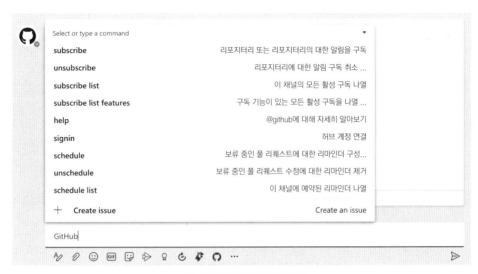

그림 4.5 깃허브 봇에 명령 전송

사용해야 하는 첫 번째 명령은 signin이다. 해당 명령은 깃허브 계정을 팀즈 혹은 슬랙 계정에 연결한다.

```
@GitHub signin
```

그다음, 알림을 구독하거나 미리 알림을 예약할 수 있다. 링크를 펼치거나 이슈와 상호 작용 하는 등의 기능은 별도의 구성 없이 작동한다. 그림 4.6은 대화를 통해 팀즈에 생성된 이슈를 보여 준다. 이슈에 직접 의견을 추가하거나 닫을 수 있다.

그림 4.6 마이크로소프트 팀즈를 통한 이슈 통합

미팅이나 이메일 대신 채팅을 통해 업무를 계획하고 관리하는 경우 채팅 통합은 보다 강력한 기능이다.

⠿ 깃허브 디스커션

2장에서는 깃허브 이슈 및 깃허브 프로젝트를 사용해 작업을 관리하는 방법에 대해 배웠다. 깃허브 디스커션^{GitHub Discussion}은 회원들이 질문을 하고, 업데이트를 공유하며, 개방형 대화를 할 수 있는 커뮤니티 포럼이다. 깃허브 디스커션은 긴 논의와 **질의 응답** Q&A, Question & Answer을 위한 다른 장소를 제공함으로써 이슈와 풀 리퀘스트의 부하를 줄일 수 있는 좋은 방법이다.

156

깃허브 디스커션 시작

깃허브 디스커션을 시작하려면 **Settings** > **Options** > **Features**에서 **Discussions**를 선택해 해당 기능을 활성화해야 한다. 이 옵션을 선택하면 리포지터리에 새 메뉴 항목인 **Discussions**가 표시된다.

깃허브 디스커션은 여러 카테고리로 구성된다. 이슈를 검색하고 필터링하는 것과 동일하게 디스커션을 검색하고 필터링할 수 있다. 디스커션 자체에 투표를 표시하고 댓글 수를 표시할 수 있으며 답변이 있는 것으로 간주되는 경우 레이블을 지정할 수 있다. 페이지 상단에 최대 4개의 디스커션을 고정해 중요한 공지 사항을 표시할 수 있다. 리더 보드^{leader board}에는 지난 30일 동안 가장 많은 질문에 답변한 가장 유용한 사용자가 표시된다. 그림 4.7은 디스커션에 대한 예시를 보여 준다.

그림 4.7 깃허브 디스커션 개요

디스커션 카테고리

카테고리 옆의 편집 연필을 눌러 카테고리를 관리할 수 있으며, 카테고리를 편집, 삭제하거나 새 카테고리를 추가 할 수 있다. 카테고리는 다음과 같이 구성된다.

- 아이콘

- 제목

- 설명(선택 사항)

세 가지 종류의 카테고리가 있으며 정리해보면 다음과 같다.

1. **질문/답변**

   질문하고, 답변을 제안하며, 가장 잘맞는 답변에 투표하기 위한 디스커션 카테고리. 이 카테고리는 주석을 응답으로 표시할 수 있는 유일한 유형이다.

2. **개방형 디스커션**

   질문에 대한 명확한 대답이 필요 없는 대화를 위한 카테고리. 팁과 트릭을 공유하거나 채팅하기에 좋다.

3. **공지 사항**

   커뮤니티에 업데이트 및 뉴스를 공유한다. 운영자와 관리자만이 새로운 디스커션을 게시할 수 있으며, 누구나 의견을 제시하고 답변할 수 있다.

디스커션 시작

Discussion › New discussion을 클릭한 뒤, 카테고리를 선택하고 제목과 설명을 입력함으로써 새 디스커션을 시작할 수 있다. 필요한 경우 레이블을 추가할 수도 있다. 설명은 마크다운을 완벽하게 지원하며, 여기에는 이슈, 풀 리퀘스트, 기타 디스커션에 대한 참고(#)는 물론 다른 사람 멘션(@), 구문 강조 표시가 있는 코드, 첨부 파일도 포함된다 (그림 4.8 참고).

그림 4.8 신규 디스커션 생성

설명 부분에 댓글 혹은 답변을 작성하거나, 생성된 댓글에 추가적인 댓글을 입력할 수 있다. 각각의 경우 모두 마크다운을 완벽하게 지원한다. 모든 댓글 혹은 설명에 이모티콘 형태의 반응을 추가할 수 있으며, 토론이나 댓글/답변에 찬성할 수 있다. 오른쪽 메뉴에서 디스커션을 이슈로 변환할 수 있다. 관리자 또는 운영자로서 대화를 잠그거나 다른 저장소로 이동하거나 디스커션을 화면 상단에 고정하거나 삭제할 수도 있다. 그림 4.9는 진행 중인 토론에 대한 개요를 제공한다.

그림 4.9 디스커션에 참여하기

디스커션은 동료 및 팀 간 경계를 넘어 비동기적으로 협업하기 좋은 기능이다. 더욱 자세한 내용은 다음 링크(https://docs.github.com/en/discussions)를 참고하라.

⁞⁝⁞ 페이지와 위키

콘텐츠를 공유하며 협업할 수 있는 많은 선택지가 있다. 이슈와 디스커션 외에도, **깃허브 페이지**와 **위키**wiki를 제공한다.

깃허브 페이지

깃허브 페이지는 깃허브 저장소에서 직접 파일을 제공하는 정적 웹사이트 호스팅 서비스다. 일반적인 **HTML**HyperText Markup Language, **CSS**Cascading Style Sheet 및 자바스크립트 JavaScript 파일을 호스팅하고 직접 사이트를 구축할 수 있다. 내장된 전처리기 **지킬**Jekyll (https://jekyllrb.com/참고)을 활용하면 마크다운으로 멋진 웹사이트를 구축할 수 있다.

깃허브 페이지 사이트는 기본적으로 `github.io` 도메인(https://wulfland.github.io/AccelerateDev Ops/)에서 호스팅되지만, 사용자의 커스텀 도메인에서도 호스팅이 가능하다.

깃허브 페이지는 공개 리포지터리를 위한 무료 서비스다. 내부 사용(비공개 리포지터리)의 경우 깃허브 엔터프라이즈가 필요하다.

> **NOTE**
>
> 깃허브 페이지는 무료 서비스이지만, 상업적인 웹사이트를 운영하기 위해 제공되는 것은 아니다. 온라인 숍이나 다른 상업적인 웹사이트를 운영하는 것은 금지돼 있다. 사용 가능한 할당량은 **1기가바이트**(GB)이며, 대역폭 제한은 월 100GB이다. 자세한 내용은 다음 링크(https://docs.github.com/en/pages/gettingstarted-with-github-pages-about-github-pages)를 참고하라.

깃허브 페이지에 대해 배우는 가장 좋은 방법은 실제 사용 예시를 보는 것이다. 사용법은 다음과 같다.

1. 이전 장들의 실습에서 다음 링크(https://github.com/wulfland/acceleratedevops) 리포지터리에서 포크를 이미 수행한 경우 해당 포크로 바로 이동할 수 있다. 만약 수행하지 않았다면 리포지터리의 오른쪽 상단 코너에서 **Fork** 버튼을 클릭해 포크를 생성하라. 다음 링크(https://github.com/<USER>/AccelerateDevOps) 아래에 생성된 포크를 확인할 수 있다.

2. 포크된 리포지터리에서 **Settings › Pages**로 이동한다. 웹사이트를 구동할 브랜치(본 예제는 메인 브랜치)를 선택하고 웹사이트의 루트로 /docs 폴더를 선택한다. 다른 폴더는 사용할 수 없으며, 저장소의 루트 또는 /docs만 선택할 수 있다. **Save**를 클릭해 웹사이트를 초기화한다(그림 4.10 참고).

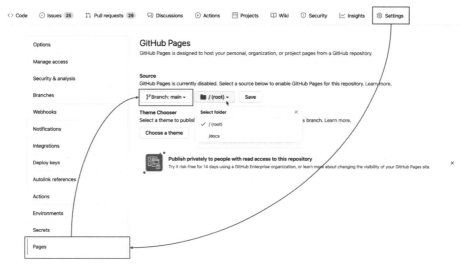

그림 4.10 저장소의 깃허브 페이지 활성화

3. 웹사이트의 생성이 끝날 때까지 몇 분이 걸릴 수 있다. 그림 4.11에 강조된 링크를 클릭하고 접근이 불가능하다면 페이지를 새로 고침한다.

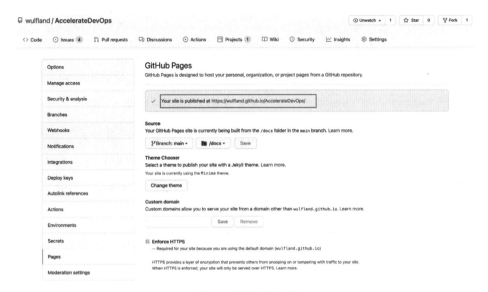

그림 4.11 웹페이지로 이동

4. 웹사이트를 전체적으로 확인해보고, 정적 페이지의 메뉴와 게시물의 일부를 표시하는 메뉴도 있음을 확인하라(그림 4.12 참고).

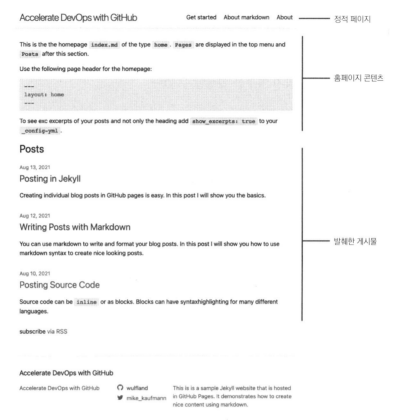

그림 4.12 지킬로 생성된 웹사이트

5. 코드로 돌아가서 /docs/_config.yaml 구성 파일을 확인하면 다음 코드 샘플에 표시된 대로 제목 및 설명과 같은 웹사이트의 글로벌 설정을 할 수 있다.

```
title: Accelerate DevOps with GitHub
description: >-
  This is a sample Jekyll website that is hosted in
  GitHub Pages.
  ...
```

사이트를 렌더링하는 데 사용할 수 있는 여러 가지가 테마가 있다. 각 테마에는 고유한 기능이 있으므로 문서를 확인해야 한다. 지킬의 기본 테마 값은 **미니마**minima다. 마크다운을 렌더링하려면 **크램다운**Kramdown 또는 **깃허브 플레이버드 마크다운**GFM, GitHub Flavored Markdown을 사용할 수 있으며, 지킬은 이 외에도 다양한 플러그인을 지원한다. 미니마 테마는 지킬 피드를 지원하며, show_extracts 옵션을 사용해 게시물의 발췌문을 홈페이지에 표시할지 여부를 설정할 수 있다.

```
theme: minima
Markdown: kramdown
plugins:
  - jekyll-feed
show_excerpts: true
```

많은 테마가 추가 설정을 지원한다. 예를 들어 사이트에 표시되는 소셜 미디어 계정을 다음과 같이 설정할 수 있다.

```
twitter_username: mike_kaufmann
github_username: wulfland
```

일반적으로 정적 페이지는 상단 탐색 표시 줄에 알파벳 순서로 표시된다. 해당 구성에 섹션을 추가해 페이지를 필터링하고 정렬할 수도 있다. 새 페이지를 추가하려면 다음과 같이 About.md 바로 앞에 my-page.md 항목을 추가한다.

```
header_pages:
- get-started.md
- about-Markdown.md
- my-page.md
- About.md
```

메인 브랜치에 직접 변경 내용을 커밋한다.

6. /docs 폴더에서 오른쪽 상단 모서리에 있는 **Add file › Create new file**을 선택한다.
`my-page.md`을 파일 이름으로 입력하고 파일에 다음 헤더를 추가한다.

```
---
layout: page
title:  "My Page"
permalink: /my-page/
---
```

원하는 경우 마크다운을 더 추가할 수 있다. 해당 내용을 메인 브랜치로 바로 커밋
한다.

7. 이제 /docs/_posts/ 폴더로 이동해 오른쪽 상단 모서리의 **Add file › Create new
file**을 다시 선택한다. 현재 연도를 나타내는 YYYY, 월을 나타내는 MM, 일을 나타내는
DD를 활용해 YYY-MM-DD-my-post.md의 파일명을 입력한다. 다음 헤더를 추가하고 날
짜를 현재 날짜로 수정한다.

```
---
layout: post
title:  "My Post"
permalink: /2021-08-14_writing-with-Markdown/
---
```

마크다운을 활용한 문장을 더 입력하고 메인 브랜치에 직접 커밋한다.

8. 백그라운드에서 수행 중인 프로세서를 어느 정도 기다려 준 후, 페이지를 새로 고침
한다. 시작 페이지에 페이지와 게시물이 표시돼야 하며, 해당 페이지로 이동할 수
있다(그림 4.13 참고).

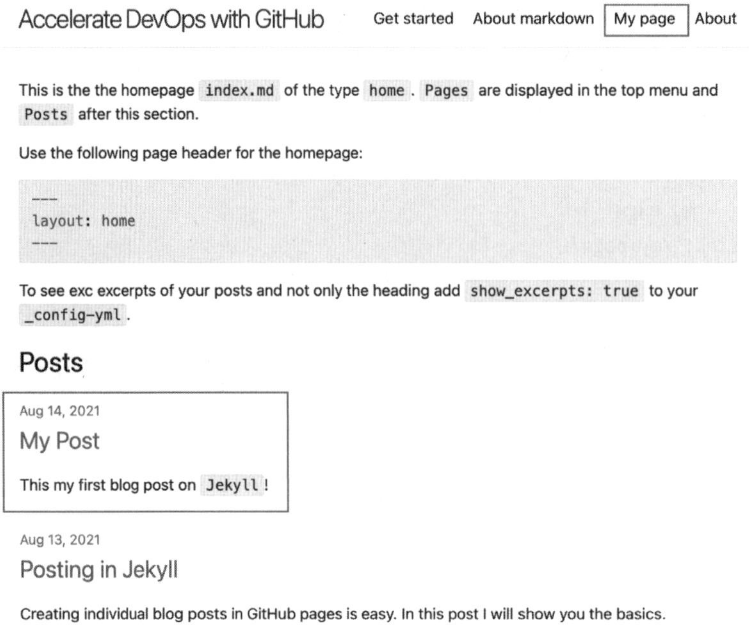

그림 4.13 지킬로 작성된 신규 포스트 확인

깃허브 페이지에 콘텐츠를 게시하는 것은 아주 쉽다. 지킬은 매우 강력한 도구이며, 테마를 포함해 거의 모든 것을 사용자가 직접 정의할 수 있다. 루비^{Ruby} 및 지킬을 설치할 때 사이트를 오프라인으로 실행해 테스트할 수도 있지만, 이 주제는 매우 복잡하며 이 책의 범위를 벗어난다. 자세한 내용은 다음 링크(https://docs.github.com/en/pages/setting-up-a-github-pages-site-with-jekyll/testing-your-github-pages-site-locally-with-jekyll)를 참고하기 바란다. 지킬을 사용한 깃허브 페이지는 콘텐츠를 멋진 방식으로 제공하고, 코드에서와 마찬가지로 풀 리퀘스트를 통해 콘텐츠에 대한 협업을 할 수 있는 좋은 방법이다. 깃허브 페이지는 기술 블로그 또는 사용자 문서로 사용할 수 있으며, 분산된 팀에서는 작은 게시물을 동영상 등과 함께 활용해 각 스프린트의 결과를 공유할 수 있다. 스프린트 리뷰 회의에 참석할 수 없어도 작업의 성공 여부를 알리는 데 도움이 된다.

위키

깃허브의 모든 리포지터리에는 위키가 포함돼 있지만, 코드와 함께 마크다운 기반 위키를 직접 만들 수도 있다.

깃허브 위키

모든 저장소에는 매우 간단한 **위키**가 있다. **마크다운, Asciidoc, Creole, Mediawiki, Org-Mode, Prod, RDOC, Textile** 또는 **PreatucturedText**와 같은 각기 다른 형식으로 페이지를 편집 할 수 있다. 깃허브의 모든 것이 마크다운이므로 이것이 최선의 선택이라고 생각하지만, 이미 다른 형식의 위키 콘텐츠가 있는 경우 콘텐츠를 옮기는 데 도움이 될 수 있다.

> **NOTE**
>
> **AsciiDoc** 또는 **MediaWiki**와 같은 다른 편집 형식은 **자동 생성 목차**(ToC)와 같은 고급 기능을 갖추고 있다. 당신의 팀이 특정 문법에 이미 익숙하다면 해당 마크다운과 다른 마크다운 언어를 동시에 배우는 것은 아마도 득보다 실이 많을 것이다.

위키는 매우 간단하다. 편집할 수 있는 홈페이지가 있으며 사용자 정의 사이드바 및 바닥글을 추가할 수 있다. 다른 페이지에 대한 링크는 이중 괄호 [[페이지 이름]]으로 지정된다. 별도의 링크 텍스트를 원할 경우 [[Link Text | Page Name]] 형식을 사용할 수 있다. 존재하지 않는 페이지에 대한 링크를 작성하면 빨간색으로 표시되며, 링크를 눌러 페이지를 생성할 수 있다.

위키는 리포지터리와 이름이 같고, 확장자가 .wiki(<name_of_repository>.wiki)인 깃 리포지터리다. 위키는 저장소를 클론해 로컬 브랜치에서도 작업할 수 있지만, 현재까지는 풀 리퀘스트를 활용해 변경 사항에 대해 함께 작업할 수 있는 방법은 제공되지 않는다. 이것이 깃허브 위키의 가장 큰 단점이다.

또한 위키는 중첩 페이지를 지원하지 않는다. 모든 페이지가 리포지터리 루트에 있다. 사이드바에 마크다운을 활용하면 계층이 있는 메뉴를 만들 수 있다.

```
[[Home]]
* [[Page 1]]
  * [[Page 1.1]]
  * [[Page 1.2]]
```

메뉴의 일부를 접으려면 깃허브 마크다운의 <details></details> 기능을 사용할 수
있다. 이 기능은 마크다운을 접을 수 있는 부분을 만들며, <summary></summary>를 활용
해 다음과 같이 제목을 정의할 수 있다.

```
* [[Page 2]]
  * <details>
    <summary>[[Page 2.1]] (Click to open)</summary>

    * [[Page 2.1.1]]
    * [[Page 2.1.2]]

    </details>
```

이 작업을 수행하려면 빈 줄이 필요하며, 그림 4.14와 같은 결과가 출력된다.

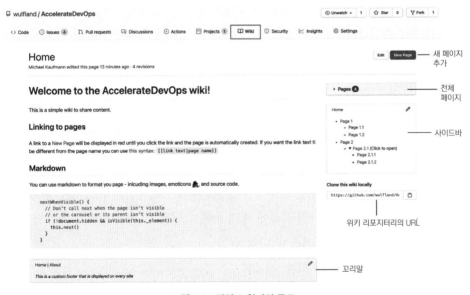

그림 4.14 깃허브 위키의 구조

깃허브 위키는 매우 간단한 위키 솔루션이며, 비교적 다른 위키 솔루션에 비해 기능이 부족하다. 특히 풀 리퀘스트를 사용할 수 없으므로 비동기 워크플로의 이점이 제한적이다. 하지만 깃허브 리포지터리에서 마크다운을 호스팅하고 사용자 정의 위키를 직접 구축할 수 있다.

사용자 정의 위키

깃허브 페이지의 복잡함을 원하지 않고, 위키에서 풀 요청을 처리하고 싶다면 마크다운 파일을 리포지터리에 넣으면 된다. 깃허브는 모든 마크다운 파일에 대한 ToC[Table of Content]를 자동으로 렌더링한다(그림 4.15 참고). 깃허브 저장소의 README 파일에서 아마 이 기능을 이미 확인했을 수도 있다.

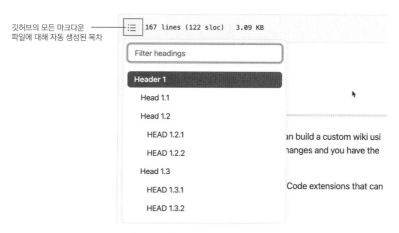

그림 4.15 마크다운 파일용 깃허브 ToC

사용자 지정 위키의 문제는 탐색이 힘들다는 점인데, 이는 마크다운을 활용한 중첩 목록과 연관 링크를 활용해 내비게이션 시스템을 비교적 쉽게 구축할 수 있다. 다음 코드 조각[code snippet]과 같이 details를 활용해 접도록 만들 수도 있다.

```
<details>
  <summary>Menu</summary>
```

```
    * [Home](#Header-1)
    * [Page1](Page1.md)
        * [Page 1.1](Page1-1.md)
        * [Page 1.2](Page1-2.md)
    * [Page2](Page2.md)


</details>
```

그러나 이 기능을 모든 페이지에 활용했다면 변경 시점에 모든 페이지에 복사–붙여넣기를 해야 한다. 이 부분은 자동화가 가능하지만, 페이지 이력을 지저분하게 만들 것이다. 모든 페이지에서는 홈 화면으로 돌아갈 수 있게 하고, 홈 화면의 메뉴를 사용해 원하는 곳으로 탐색하는 방법도 좋다. 마크다운을 통한 사용자 지정 내비게이션은 다음 링크(https://github.com/wulfland/AccelerateDevOps/blob/main/ch4_customWiki/Home.md)에서 확인할 수 있다.

간단한 마크다운 위키로부터 지킬을 활용한 사용자 정의 웹 페이지에 이르기까지, 깃허브에서 추가적인 콘텐츠를 호스팅하는 많은 옵션이 있다. 가장 적합한 방법을 찾는 것은 쉽지 않지만, 일단 시도해보고 난 후 어느 방법이 적절할지 판단하는 것도 좋은 방법이다.

⁝⁝ 깃허브 모바일을 통한 장소에 구애받지 않는 업무 환경

대부분의 경우 브라우저에서 깃허브 이슈, 풀 리퀘스트, 디스커션 등을 통해 협업을 하게 된다. 하지만 어디에서나 깃허브를 활용할 수 있도록 도와주는 다른 옵션도 있다. 깃허브 모바일GitHub Mobile은 안드로이드와 애플의 마켓플레이스를 통해 이용할 수 있는 모바일 애플리케이션이다(https://github.com/mobile). 애플리케이션을 사용하면 모든 리포지터리의 모든 이슈, 풀 리퀘스트 요청, 디스커션 등에 접근할 수 있다. 다크 모드와 일반 모드가 있으며, 즐겨찾는 리포지터리를 시작 화면에 고정할 수 있다(그림 4.16 참고).

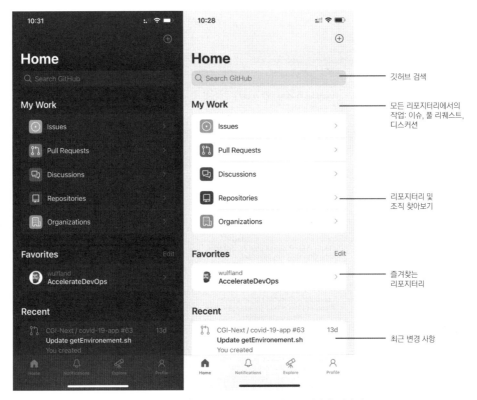

깃허브 검색

모든 리포지터리에서의
작업: 이슈, 풀 리퀘스트,
디스커션

리포지터리 및
조직 찾아보기

즐겨찾는
리포지터리

최근 변경 사항

그림 4.16 다크 모드와 일반 모드의 깃허브 모바일 홈페이지

개인적으로 깃허브 모바일 애플리케이션을 좋아한다. 일상적인 업무를 워크 스테이션 이나 노트북과 독립적으로 수행할 수 있고, 이슈나 디스커션 등을 통해 협업을 할 수 있다. 사용자를 멘션하거나 지정할 때 또는 리뷰 요청이 있을 때 알림을 받도록 구성할 수 있다. 알림은 받은 편지함에 표시되며, 스와이프^{swipe} 동작을 사용해 알림을 **완료, 읽 기** 또는 **읽지 않음**으로 표시하거나 알림 소스에서 수신을 취소할 수 있다. 기본 표시 옵 선은 완료 및 저장이다. 받은 편지함은 그림 4.17과 같다.

알림 구성

받은 편지함의 오른쪽 및
왼쪽 스와이프 옵션을 구성

그림 4.17 깃허브 모바일 알림

애플리케이션을 처음 사용했을 때 가장 인상 깊었던 것은 모바일 기기에서의 코드 리뷰 경험이다. 줄 바꿈을 켜고 코드를 쉽게 읽고, 변경 사항을 확인하고, 주석 등도 달 수 있다(그림 4.18 참고).

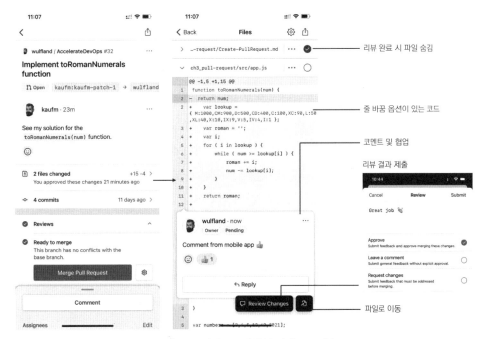

리뷰 완료 시 파일 숨김

줄 바꿈 옵션이 있는 코드

코멘트 및 협업

리뷰 결과 제출

파일로 이동

그림 4.18 깃허브 모바일 풀 리퀘스트 리뷰

깃허브 모바일은 사무실에 있지 않더라도 팀원들과 소통하기 위한 좋은 수단이다. 토론에 참여하고 코드 변경 및 문제에 대해 의견을 제시할 수 있다. 이동 중에도 작은 변경사항을 검토할 수 있다면 변경 사항의 승인까지의 시간이 짧아지므로 팀의 업무를 더작게 나눌 수 있다.

사례 연구

테일 윈드 기어즈의 두 파일럿 팀이 가장 먼저 하는 일은 그들의 코드를 깃허브 저장소로 옮기는 것이다. 한 팀은 이미 비트버킷^{Bitbucket} 서버에서 **깃**을 사용하고 있다. 해당 팀의 경우 저장소를 새 원격으로 푸시하는 것만큼 쉽게 마이그레이션할 수 있다. 다른 팀은 **TFS**^{Team Foundation Server}에서 코드 형상 관리를 하고 있으며, 깃허브로 코드를 푸시하기 전에 먼저 서버에서 깃으로 마이그레이션해야 한다.

두 팀 모두 깃의 능력을 잘 활용하고, 검토하기 좋은 커밋을 만들 수 있도록 2일간의 **깃 교육**에 참여하기로 결정한다. 팀의 모든 구성원 간 어떤 업무를 수행하는지 알 수 있도록 **풀 리퀘스트** 구성했으며, 이를 활용해 최소 2명의 **리뷰어 승인**을 필수로 설정한다.

아직 대부분의 많은 업무는 리포지터리 외부 SharePoint 서버의 워드^{Word}, 엑셀^{Excel}, 비지오^{Visio}를 활용해 이뤄진다. 일부 문서는 규정을 준수하는 제품을 출시하기 전, 경영진의 서명을 받기 위해 **PDF**^{Portable Document Format}로 변환된다. 문서가 너무 많아서 한 번에 마크다운으로 변환하는 작업은 쉽지 않다. 두 팀은 모두 코드 리포지터리에 사용자 정의 **위키**를 활용해 모든 문서를 코드와 함께 관리한다. 그리고 SharePoint에 관련 링크를 추가한다. 문서에 변경이 필요할 때마다 콘텐츠가 마크다운 파일로 이동되고 링크가 제거된다. 경영진은 PDF 문서에 서명하는 대신 해당 파일의 코드 소유자로 추가되고 풀 리퀘스트에서 직접 변경 사항을 승인한다. 이 과정에서 생성된 로그는 감사 관련 모든 규정 준수에 유효하다.

새 플랫폼으로 이전할 때 두 팀 사이에 많은 영역이 관련돼 있으며, 나중에 다른 팀 또한 해당 업무를 수행할 때 동일한 상황이 펼쳐질 것이다. 이를 위해 공유 플랫폼 리포지터리를 활용해볼 수 있다. 공유 리포지터리는 외부 엔지니어 및 관련 모든 엔지니어들과 협업할 수 있는 **깃허브 디스커션**이 포함돼 있다. 팁과 요령을 공유할 수 있는 기술 블로그가 **깃허브 페이지**를 사용해 설정돼 있고, 지킬로 생성된 웹 페이지는 공통 가이드라인과 대한 공동 코드 작업에도 사용된다.

⠿ 정리

4장에서는 동기식 업무수행과 비동기식 업무 수행의 장단점에 대해 알아봤다. 이를 통해 팀 간 협업을 개선하고 여러 지역과 시간대에 걸쳐 있는 원격 및 하이브리드 팀을 구성할 수 있는 효과적인 비동기 업무 환경을 만들 수 있다. 또한 깃허브 디스커션, 페이지, 위키를 활용해 비동기 업무 환경을 구축하는 방법도 알아봤다.

5장에서는 오픈소스 및 이너 소스 전략이 소프트웨어 제공 성과에 미치는 영향에 대해 설명하겠다.

⁂ 더 읽을거리 및 참고 문헌

4장의 자세한 사항은 다음 자료를 참고한다.

- History of communication: https://en.wikipedia.org/wiki/History_of_communication, https://www.g2.com/articles/history-of-communication, and https://www.elon.edu/u/imagining/time-capsule/150-years/

- History in general: https://www.dhm.de/lemo/kapitel (German)

- World population growth: https://ourworldindata.org/worldpopulation-growth

- Hybrid work: https://www.microsoft.com/en-us/worklab/worktrend-index/hybrid-work

- Work trend index: https://www.microsoft.com/en-us/worklab/worktrend-index

- GitHub Discussions: https://docs.github.com/en/discussions

- GitHub Pages: https://docs.github.com/en/pages

- GitHub Mobile: https://github.com/mobile

05

오픈소스와 이너 소스 전략으로
개발 역량 강화

20년 전으로 돌아가보자. 2001년 6월 1일에 당시 마이크로소프트 CEO였던 스티브 발머[Steve Ballmer]는 「시카고 선데이 타임즈」와의 인터뷰에서 이런 말을 남겼다.

> 지적재산권의 관점에서 리눅스는 암적인 존재다.
>
> (Greene T. C. 2001)

그의 우려는 **리눅스**뿐 아니라 **오픈소스** 라이선스 전반에 관한 것이었다. 하지만 20년이 지난 지금 마이크로소프트는 페이스북, 구글, 레드햇, 수세[SUSE]를 제치고 단일 기업으로서는 가장 큰 오픈소스 기여자가 됐다. 마이크로소프트는 파워셸[PowerShell], 비주얼 스튜디오 코드[Visual Studio Code], 닷넷[.NET] 같은 여러 가지 오픈소스 제품을 보유하고 있을뿐 아니라 윈도우 10[Windows 10]에 완전한 리눅스 커널도 포함시킴으로써 어떤 리눅스 배포판이라도 실행할 수 있게 했다. 현재 마이크로소프트의 부회장을 맡고있는 브래드 스미스[Brad Smith]는 다음과 같이 인정했다. "오픈소스가 폭발적으로 성장하기 시작할 때 마이크로소프트는 잘못된 편에 서 있었다"[Warrent T. 2020].

오픈소스 기여도가 높은 상위 10개 기업을 살펴보면 상용 소프트웨어를 만들고 있는 빅 테크 기업을 모두 찾아볼 수 있다.

표 5.1 오픈소스 기여자 목록, 2021년 8월 2일(https://opensourceindex.io/)[1]

	회사명	활동 기여자	커뮤니티 수
1	Microsoft	5,368	10,924
2	Google	4,907	9,635
3	Red Hat	3,211	4,738
4	IBM	2,125	5,062
5	Intel	1,901	3,982
6	Amazon	1,742	4,415
7	Facebook	1,350	4,017
8	GitHub	1,122	2,871
9	SAP	811	1,606
10	VMware	786	1,604

지난 20년 동안 무슨 일이 있었기에 주요 테크 기업들이 오픈소스를 받아들이게 된 것일까?

5장에서는 자유-오픈소스 소프트웨어의 역사와 지난 몇 년 동안 그것이 왜 이렇게 중요해졌는지 살펴본다. 또한 그것이 여러분의 개발 역량에 미칠 수 있는 영향과 여러분의 회사에서 팀 간 협업을 위해 사용할 수 있는 오픈소스의 원칙인 이너 소스 전략에 대해 알아보겠다.

5장에서는 다음과 같은 주제를 다룬다.

- 자유-오픈소스 소프트웨어의 역사

- 오픈소스와 공개 개발의 차이점

- 오픈소스 전략이 기업에 줄 수 있는 이점

- 오픈소스 전략 구현하기

- 오픈소스와 이너 소스 전략

---

1   2022년에는 구글이 1위로 올라섰다. - 옮긴이

- 내부 개발의 중요성

- 깃허브의 스폰서

⋮⋮ 자유-오픈소스 소프트웨어의 역사

오픈소스를 이해하려면 컴퓨터 과학의 태동기부터 살펴봐야 한다.

공개 도메인 소프트웨어

1950~1960년대에는 하드웨어에 비해 소프트웨어가 차지하는 비용이 낮았다. 대부분의 소프트웨어들은 대학이나 기업의 연구팀에서 개발됐고, 보통 소스 코드와 함께 배포하는 것이 일반적이었다. 이를 **공개 도메인 소프트웨어**public domain software라 한다. 이는 소프트웨어가 소유권, 저작권, 상표나 특허 없이 자유롭게 사용될 수 있음을 의미하는데 이러한 개방, 협력 원칙은 당시의 **해커 문화**hacker culture에 큰 영향을 끼쳤다.

그러다가 1960년대 후반에 운영체제와 컴파일러가 등장하면서 소프트웨어 비용이 증가하기 시작했다. 이는 자신들이 제작한 하드웨어에 소프트웨어를 끼워 팔던 하드웨어 공급업체들의 경쟁이 주도한 것이었다.

1970~1980년대에 이르러서는 소프트웨어의 라이선스 판매가 일반화됐고, 1983년 IBM은 구매한 소프트웨어와 함께 소스 코드를 배포하는 것을 중단하기에 이르렀다. 곧 다른 소프트웨어 공급업체들도 이 정책을 따르기 시작했다.

자유 소프트웨어

리차드 스톨만Richard Stallman은 이것이 윤리적으로 잘못된 일이라 믿었고, 1983년 **GNU 프로젝트**를 만들었다. 곧 이것은 자유 소프트웨어 운동으로 발전했다. **자유 소프트웨어 운동**은 소프트웨어가 다음을 따를 경우 자유 소프트웨어라고 불렀다.

- 어떤 목적으로든 프로그램을 실행할 수 있다.

- 어떤 식으로든 소프트웨어를 수정하고 연구할 수 있다.

- 프로그램을 복사하고 재배포할 수 있다.

- 소프트웨어를 개선하고 개선 사항을 릴리스한다.

1985년 리차드 스톨만은 자유 소프트웨어 재단FSF, Free Software Foundation을 설립했다. FSF는 이런 말로 유명하다.

> "언론의 자유처럼 자유로우나, 공짜 맥주 같은 공짜는 아니다."

여기서 자유free롭다는 말이 의미하는 바는 프로그램을 수정하고 배포하는 것은 자유롭지만, 무료free는 아니라는 것이다(자유와 무료의 차이). 무료 소프트웨어의 대부분은 이미 무료였는데 이것들이 비용없는 'free software'인 것이다.

자유 소프트웨어 운동은 **카피레프트**copyleft라는 개념을 만들었다. 이것은 사용자에게 소프트웨어를 사용하고 수정할 수 있는 권한을 부여하지만 소프트웨어를 무료로 유지하도록 한다. 이러한 라이선스는 GNU GPL, 아파치Apache , MPL 등이다.

오늘날 수백만 대의 장치에서 잘 작동하고 있는 많은 소프트웨어가 카피레프트 라이선스와 함께 배포되고 있다. 예를 들어 **리눅스 커널**(리누스 토발즈Linus Torvalds, 1992), BSD, MySQL, 아파치 등이다.

오픈소스 소프트웨어

에릭 레이몬드Eric Raymond는 1997년 5월에 독일에서 있었던 리눅스 회의에서 '성당과 시장The Cathedral and the Bazaar'[2]이라는 제목의 논문을 발표했다. 자유 소프트웨어 원칙과 해커 문화가 소프트웨어 개발에 어떤 이점을 가져올 수 있는지 설파하는 내용이었다.

---

2 『성당과 시장』(한빛미디어, 2013)이라는 제목으로 국내 번역서가 출간됐다. - 옮긴이

이 논문은 엄청난 관심을 받았고, 당시에 **넷스케이프 커뮤니케이터**^{Netscape Communicator}를 자유 소프트웨어로 출시하는 데 큰 힘을 실었다.

에릭 레이몬드와 많은 이가 이후에도 더 많은 상용 소프트웨어 공급업체가 자유 소프트웨어 원칙을 도입하기를 원했지만, 자유 소프트웨어라는 용어 자체가 상용 소프트웨어 회사에는 부정적인 의미로 다가왔다.

1998년 2월 3일, 팔로알토^{Palo Alto}에서 자유 소프트웨어 진영의 주요 인물들이 모여 자유 소프트웨어의 미래를 논의하는 회의를 가졌다. 이 회의에서 에릭 레이몬드, 마이클 티만^{Michael Tiemann}, 크리스틴 피터슨^{Christine Peterson} 등이 '오픈소스'라는 용어의 사용을 제안했다.

2월 말, 에릭 레이몬드와 브루스 페렌스^{Bruce Perens}가 **OSI**^{Open Source Initiative}를 설립했으며 에릭 레이몬드가 초대 회장이 됐다(OSI 2018).

계속해서 1998년에 출판사 대표인 팀 오라일리^{Tim O'Reilly}가 주최한 프리웨어 서밋^{Free ware Summit}(나중에 Open Source Summit으로 명명됨)에서 '오픈소스'라는 용어는 리누스 토발즈, 래리 월^{Larry Wall}(Perl 창시자), 브라이언 벨렌도르프^{Brian Behlendorf}(아파치), 에릭 올맨^{Eric Allman}(Sendmail), 귀도 반 로섬^{Guido van Rossum}(파이썬), 필 짐머만^{Phil Zimmerman}(PGP)과 같은 초기 지지자들에 의해 신속하게 채택됐다(O'Reilly 1998).

하지만 리처드 스톨만과 FSF는 '오픈소스'라는 새로운 용어를 거부했다(Richard S. 2021). 이것이 바로 **FOSS**^{Free Open Source Software} 운동이 분열돼 오늘날에도 여전히 다른 용어를 사용하는 이유다.

1990년대 후반과 2000년대 초반, 닷컴 버블에서 **오픈소스**와 **OSS**^{Open Source Software}라는 용어가 대중 매체에서 널리 채택됐고 결국 더 인기 있는 용어가 됐다.

오픈소스 소프트웨어의 부상

지난 20년 동안 오픈소스의 인기는 지속적으로 높아졌다. 리눅스와 아파치 같은 소프트웨어가 대부분의 인터넷을 작동시키고 있다. 처음에는 OSS를 상용화하는 것이 어려웠는데, 첫 번째 아이디어는 오픈소스 제품을 중심으로 엔터프라이즈급 지원 서비스를 제공하는 것이었다. 이것으로 성공한 회사는 레드햇Red Hat과 MySQL이 있다. 하지만 일반적인 유료 라이선스 업체들이 제공하는 서비스를 따라가기는 쉽지 않았다. 따라서 OSS 구축에 막대한 투자를 한 오픈소스 회사는 코어 제품을 무료로 제공하고 애드온 add-on 제품을 상용으로 판매하는 전략을 시작했다.

이후 소프트웨어 비즈니스 모델이 기존 라이선스에서 SaaSSoftware as a Service 구독으로 전환되면서 오픈소스 회사들의 OSS 상용화가 더욱 가속화됐다. 동시에 기존 소프트웨어 공급업체들이 소프트웨어를 오픈소스로 출시하면서 커뮤니티가 참여하는 동기를 부여했다.

마이크로소프트, 구글, IBM, 아마존과 같은 거대 소프트웨어 기업만이 대형 오픈소스 기업이 된 것은 아니다. 레드햇 및 뮬소프트MuleSoft와 같은 순수 오픈소스 회사도 큰 가치와 시장 인지도를 얻었다. 예를 들어 레드햇은 2018년 IBM에 320억 달러에 인수됐다. 뮬소프트는 같은 해 세일즈포스Salesforce에 65억 달러에 인수됐다.

따라서 오늘날의 오픈소스는 대안적인 무료 소프트웨어를 만드는 혁신적인 정신에서 나온 것이 아니다. 클라우드 공급자의 소프트웨어 및 플랫폼 서비스를 뒷받침하는 최고급 소프트웨어는 대부분 오픈소스 소프트웨어다(Volpi M. 2019).

⁘ 오픈소스와 개방형 개발의 차이점

OSS는 사용자에게 소프트웨어와 해당 소스 코드를 사용, 연구, 수정, 공유할 수 있는 권한을 부여하는 라이선스에 따라 배포되는 컴퓨터 프로그램을 의미한다.

그러나 카피레프트 라이선스에 따라 소스 코드를 공개하는 것은 첫 번째 단계에 불과하다. 기업이 오픈소스의 모든 이점을 누리고 싶다면 오픈소스 가치를 채택하고, **개방형 개발**open development로 이어져야 한다. 즉 소스 코드에 대한 액세스 권한만 부여하는 것이 아닌, 전체 개발 및 제품 관리를 투명하게 만드는 것이다. 여기에는 다음이 포함된다.

- 요구 사항

- 아키텍처와 연구 성과

- 회의

- 표준

예를 들어 닷넷 팀은 트위치^{Twitch}와 유튜브^{YouTube} 같은 채널을 통해 커뮤니티 스탠드업 community standup을 주최하고 있다(https://dotnet.microsoft.com/ko-kr/live/community-standup).

개방형 개발은 모든 사람이 안심하고 변경 사항을 제안할 수 있는 개방적이고 포용적인 환경을 만드는 것을 의미한다. 여기에는 강력한 윤리 강령과 모든 사람이 빠르고 쉽게 기여할 수 있는 높은 수준의 자동화를 갖춘 깨끗한 코드 기반이 포함된다.

기업이 오픈소스를 도입할 때의 이점

오픈소스를 사용하는 것이 더 나은 개발 성과로 이어지고 기업에게 이득을 줄 수 있는 지 살펴보자.

OSS로 더 빠르게 공급하기

소스에 따라 새로운 제품은 이미 70%에서 90%의 오픈소스 코드로 구성돼 있다. 즉 70%에서 90% 적은 코드를 직접 작성할 수 있으므로 시장 출시 시간을 크게 늘릴 수 있음을 말한다.

제품에서 오픈소스 코드를 재사용하는 것 외에도 많은 플랫폼 도구를 오픈소스로 사용할 수 있다. 재사용 가능한 깃허브 액션, 테스트 도구 또는 컨테이너 오케스트레이션 등 소프트웨어를 더 빠르게 제공하는 데 사용할 수 있는 가장 효율적이고 강력한 도구는 대부분의 경우 오픈소스 소프트웨어로 제공되고 있다.

커뮤니티 참여를 통해 더 나은 제품 만들기

제품의 일부를 공개적으로 개발하는 경우 커뮤니티의 지원을 받아 더 우수하고 안전한 소프트웨어를 구축할 수 있다. 또한 전 세계의 훌륭한 엔지니어로부터 수행 중인 작업에 대한 피드백을 미리 받을 수 있다.

특히 복잡한 보안 관련 소프트웨어의 경우 커뮤니티로부터 더 나은 솔루션을 얻을 수 있다.

> "오픈소스 개발자들은 더 어려운 문제일수록 더 매달린다."
>
> (Ahlawat P., Boyne J., Herz D., Schmieg F., Stephan M. 2021)

노후화 위험이 낮은 도구 사용하기

오픈소스를 사용하면 도구가 구식이 되는 위험을 줄일 수 있다. 필요한 도구를 직접 만든다면 유지 보수도 직접 해야 되는데, 이런 일이 우선시되면 안 된다. 또한 소규모 공급업체의 도구를 사용하거나 파트너가 도구를 구축하도록 하더라도 도구의 업데이트가 중단되는 위험을 피하기는 쉽지 않다. 대신 활발한 커뮤니티의 지원을 받는 오픈소스 도구를 사용하면 이러한 위험을 크게 줄일 수 있다.

인재 유치

엔지니어에게 오픈소스를 활용하고 근무 시간 동안 오픈소스 프로젝트에 기여할 수 있도록 하면 인재 채용에 상당한 도움을 받을 수 있다. 커뮤니티에 우수한 인재들이 오픈소스 프로젝트에 활발한 기업에 큰 관심을 보이기 때문이다.

새로운 기술 및 표준에 영향을 미침

많은 새로운 기술과 표준이 공개적으로 개발됐다. 이러한 이니셔티브에 기여함으로써 회사는 기술에 영향을 미치고 최첨단 개발의 일부가 된다.

오픈소스 프로젝트에서 학습해 프로세스 개선

오픈소스를 채택하면 회사에서 협업 개발에 대해 배우고 이러한 원칙을 적용해 회사 내부의 팀 간 협업(이너 소스라고 함)을 개선할 수도 있다.

⠿ 오픈소스 전략 구현

그러나 오픈소스 수용은 이점과 함께 해결해야 할 위험도 있다. 제품 및 도구 체인에서 오픈소스 소프트웨어를 사용할 때는 주의를 기울이고 라이선스를 준수해야 한다. 또한 소송을 제기할 수 있는 공급업체가 없기 때문에 오픈소스로 인해 피해가 발생할 경우 스스로 책임을 져야 한다. 또한 직간접적으로 너무 많은 오픈소스에 종속성을 갖고 있다가 그중 하나가 중단되는 경우 위험할 수 있다.

NOTE

> 14장에서 패키지에 포함된 11줄의 코드와 이름에 대한 충돌로 인해 심각한 피해가 발생하고 인터넷의 많은 부분이 중단된 사례를 살펴본다.

이런 위험을 피하기 위해 **오픈소스 전략**을 수립해야 한다. 이 전략은 개발자가 어떤 목적으로 어떤 유형의 오픈소스 소프트웨어를 사용할 수 있는지 정의한다. 목적에 따라 다른 규칙이 있을 수 있는데, 제품에 오픈소스를 포함하려면 관련 위험을 관리하기 위한 일종의 거버넌스governance가 필요하다.

이 오픈소스 전략에는 개발자가 근무 시간 동안 오픈소스에 기여할 수 있는지 여부와 그 조건 역시 정의해야 한다.

여기서는 전략의 세부 사항에 대해 더 깊이 파고들지 않을 것이다. 오픈소스 사용 계획과 제품 개발 및 출시 방법에 따라 크게 달라지기 때문이다. 다만, 규모가 작더라도 회사에 오픈소스 전략에 대한 문서가 있는지 확인해야 한다. 오픈소스의 성숙도와 경험이

커짐에 따라 전략을 고도화시켜야 한다.

한 가지 권장 사항은 개발자가 질문이 있거나 오픈소스 구성 요소가 규정을 준수하는지 확실하지 않은 경우 사용할 수 있는 전략을 개발하는 데 도움이 되는 중앙 센터 또는 커뮤니티를 구현하는 것이다(Ahlawat P., Boyne J., Herz D., Schmieg F., & Stephan M. 2021).

오픈소스와 이너 소스

오픈소스의 성공은 개방적이고 협력적인 문화에 있다. 적합한 사람들이 먼 거리에서 비동기식으로 자발적으로 협업하도록 하면 가능한 최선의 방법으로 문제를 해결하는 데 도움이 될 수 있다. 원칙은 다음과 같다.

- 열린 협업

- 열린 커뮤니케이션

- 코드 리뷰

이러한 원칙을 조직 내 소프트웨어 개발에 적용하는 것을 '**이너 소스**'라고 한다. 이 용어는 2000년부터 팀 오라일리가 사용했다. 이너 소스는 사일로silo를 무너뜨리고 팀과 제품 간에 강력한 협업을 촉진하는 좋은 방법이 될 수 있다.

그러나 **오픈소스** 및 **공개 개발**open develpoment과 같이 코드를 사용 가능하게 만드는 것만으로는 이너 소스 문화를 만드는 데 충분하지 않다. 다음과 같은 여러 요인이 이너 소스의 성공 여부에 영향을 미친다.

- **모듈식 제품 아키텍처**: 크고 모놀리식 아키텍처monolithic architecture가 있는 경우 사람들이 기여하지 못한다. 또한 코드의 품질, 문서, 코드를 얼마나 빨리 이해하고 기여할 수 있는지는 이너 소스가 채택되는 방식에 큰 영향을 미친다.

- **표준화된 도구 및 프로세스**: 모든 팀에 도구 체인과 워크플로가 있는 경우 다른 엔지니어도 기여하지 못하게 된다. 공통 엔지니어링 시스템과 분기 및 **CI/CD**에 대한 유사

한 접근 방식을 사용하면 다른 사람들이 문제에 집중하고 다른 도구와 워크플로를 먼저 배워야 하는 데 방해받지 않을 수 있다.

- **자율성과 자기 조직화**: 조직에서 요구 사항을 팀에 전달하고 엔지니어가 마감일을 지키느라 바쁘다면 다른 팀에 대한 기여는 일어나지 않을 것이다. 팀이 자율적으로 우선순위를 정하고 자체 조직된 방식으로 작업할 수 있는 경우에만 오픈소스와 이너 소스 모두에서 다른 커뮤니티에 자유롭게 참여할 수 있다.

이너 소스는 사일로를 무너뜨리고 엔지니어링 속도를 높이는 데 도움이 된다. 그러나 높은 수준의 데브옵스 성숙도와도 관련이 있다. 이너 소스는 향상된 데브옵스 기능 및 오픈소스 성숙도와 함께 진화하는 것이다. 따라서 업무 가속화의 원인이 아닌 결과로 봐야 한다.

> **NOTE**
>
> 기술적으로 이너 소스는 일반적으로 기업내에서 포크를 통해 수행된다. 이는 11장에서 다룰 분기 작업 흐름과 밀접한 관련이 있다.

⁑ 내부 개발의 중요성

많은 기업이 소프트웨어 개발을 핵심 사업으로 보지 않기 때문에 **아웃소싱**outsourcing 한다. 아웃소싱이란 한 회사가 다른 회사 또는 프리랜서를 고용하는 것을 의미한다. 특정 기능을 수행하기 위한 아웃소싱은 나쁜 생각이 아니다. 한 가지를 전문으로 하는 다른 회사가 핵심 제품에 인력과 투자를 투입할 수 있다. 전문 회사가 일반적으로 일을 더 저렴하고 더 잘 수행하고, 이러한 기술을 직접 구축하려면 많은 시간과 비용이 소요될 수 있다.

그러나 이제 소프트웨어는 기본적으로 모든 제품의 주요 차별화 요소가 되고 있다. 디지털 고객 경험뿐만 아니라 스마트 제조 또는 공급망 관리를 통해서도 경쟁 우위를 확보할 수 있다. 맞춤형 소프트웨어는 핵심 비즈니스의 일부가 되고 있다. 이로 인해 많은 기업이 이미 소프트웨어 개발을 위한 **내부 개발**insourcing 전략, 즉 소프트웨어 개발자 및 데브옵스 엔지니어를 사내에서 모집하고 있다.

문제는 소프트웨어 개발자와 데브옵스 엔지니어를 위한 시장이 경쟁이 치열하다는 것이다(이른바 인재 전쟁). 이것은 종종 파트너가 핵심 제품에 대해 작업하고 개발자가 도구를 유지 관리하는 분산된 환경으로 이어진다.

좋은 내부 개발 전략은 소프트웨어가 비즈니스의 핵심인지, 즉 경쟁 우위를 제공하는지 자문하는 것이다.

- **핵심 소프트웨어**^{core software}는 내부 개발자가 개발해야 한다. 숙련된 개발자를 충분히 고용할 수 없다면 신뢰할 수 있는 파트너 중 한 곳의 엔지니어와 함께 **공동 소싱**^{co-sourcing}해 직원을 보강할 수 있다. 그러나 목표는 항상 이러한 엔지니어를 나중에 내부 인력으로 교체하는 것이다.

- **보조 소프트웨어**^{supplementary software}는 아웃소싱하거나 기존 제품을 사용할 수도 있다. 그러한 제품이 없으면 파트너가 제작하도록 할 수 있다. 여기서 **오픈소스**가 유용하다. 기존 오픈소스 솔루션을 활용하거나 파트너가 공개 솔루션을 빌드하도록 할 수 있다. 이렇게 하면 솔루션이 구식이 되는 위험이 줄어들고, 다른 회사에서도 이 소프트웨어를 사용하는지 여부는 중요하지 않다. 오히려 소프트웨어를 많이 사용할수록 소프트웨어가 구식이 될 위험이 줄어든다. 또한 공개된 상태에서 소프트웨어를 개발하면 품질도 신뢰할 수 있다.

기업을 위해 특별한 오픈소스 소프트웨어를 개발하거나 기존 오픈소스 솔루션에 기능을 추가하기 위해 다른 회사나 개인에게 비용을 지불하는 것은 그리 흔한 일이 아니다. 그러나 점점 더 많은 회사가 내부 개발 전략을 갖고 있고 인재 확보를 위한 지속적인 전쟁을 벌이고 있기 때문에 이는 향후 몇 년 동안 크게 증가할 것이다.

⁘ 깃허브 스폰서

오픈소스 전략은 처음에는 **내부 개발 전략**과 충돌하는 것처럼 보인다. 그러나 문제는 더 복잡하다. 해결 방법을 직접 구현하는 것보다 오픈소스 프로젝트에 작은 기능을 기여하는 것이 핵심 소프트웨어에 더 유용할 수 있다. 그러나 많은 회사에서 돈으로 뭔가를 구매하거나 자금을 조달하는 과정이 너무 복잡하기 때문에 팀 차원에서 제작하는 쪽으로 결정하게 된다. 좋은 내부 개발 전략에는 항상 도구와 소프트웨어 공급망에 투자할 약간의 예산과 함께 가볍고 빠른 프로세스가 포함돼야 한다. 사내 개발자가 부족한 경우 소프트웨어를 구입하거나 오픈소스 기여자를 후원하는 것이 문제가 되지 않는다.

팀이 오픈소스 프로젝트에 투자할 수 있는 능력을 부여하는 좋은 방법은 **깃허브 스폰서** GitHub Sponsor라는 기능을 활용하는 것이다. 이를 통해 제품이 의존하는 프로젝트(소프트웨어 공급망)에 투자하고 해당 프로젝트를 계속 유지할 수 있다. 또한 관리자가 직접 구현하지 않고도 **새로운 기능 요청**을 자유롭게 작성할 수도 있다.

긍정적인 부작용은 스폰서가 오픈소스 커뮤니티에 **눈에 띄게** 되는 것이다. 이것은 좋은 마케팅이며 기업에 신뢰를 주고 관심을 끄는 데 도움이 될 수 있다.

깃허브 스폰서 프로그램에 참여하는 개별 개발자 또는 조직을 후원할 수 있다. 조직을 대신해 그들을 후원할 수도 있다. 이 후원은 일회성 또는 월별 지불일 수 있으며 개인 프로필 또는 조직의 프로필에서 볼 수 있다(그림 5.1 참고).

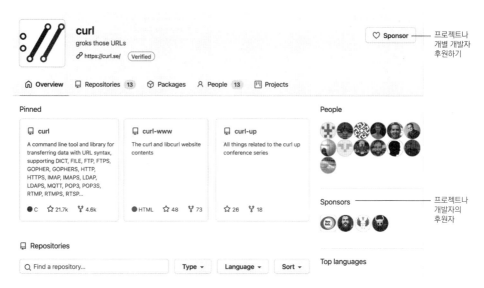

그림 5.1 깃허브 스폰서에서 활성화된 조직 프로필

깃허브 스폰서는 사용자 계정의 후원에 대해 수수료를 부과하지 않으므로 이러한 후원의 100%는 후원을 받는 개발자 또는 조직에 전달된다.

스폰서 등급

후원자는 후원을 위해 다른 티어^{tier}를 설정할 수 있다. 이는 일회성 후원과 반복되는 월별 지불에 대해 수행할 수 있다(그림 5.2 참고).

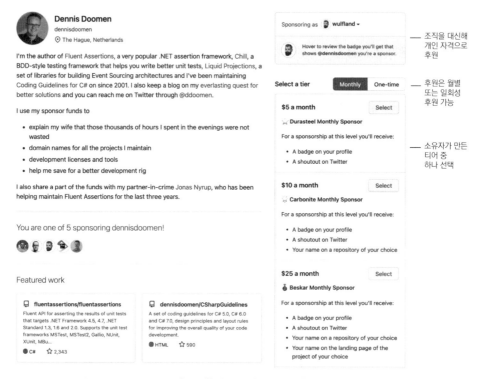

그림 5.2 월간 또는 일회성 티어 옵션

소유자는 매월 최대 10개의 티어를 설정할 수 있으며, 일회성 결제의 경우 최대 10개의 티어를 설정할 수 있다. 이를 통해 맞춤형 보상을 다른 티어에 연결할 수 있다. 예를 들어 보상은 다음과 같을 수 있다.

- **가시성**: 스폰서는 웹사이트 또는 소셜 미디어에서 언급할 수 있다. 다양한 수준의 후원을 구분하는 데 사용되는 배지(예: 실버, 골드 및 플래티넘 후원자)가 있을 수도 있다.

- **접근 권한**: 스폰서는 비공개 저장소 또는 초기 버전에 액세스할 수 있다.

- **우선순위**: 스폰서의 버그 또는 기능 요청을 우선적으로 처리할 수 있다.

- **지원**: 일부 스폰서는 솔루션에 대한 지원(어느 정도)도 제공한다.

후원 목표도 살펴보자.

후원 목표

스폰서 계정은 자금 조달 목표를 설정할 수 있다. 목표는 스폰서 수 또는 월별 **스폰서십**sponsorship을 기반으로 할 수 있으며 스폰서십 페이지에 표시된다(그림 5.3 참고).

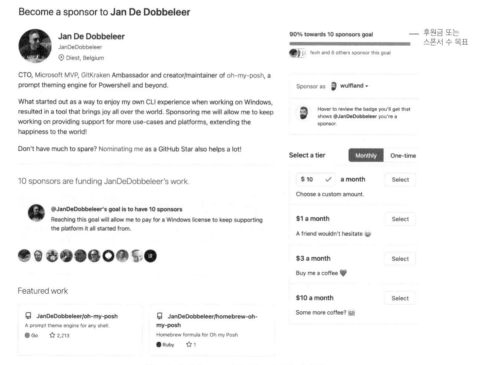

그림 5.3 매달 $12,000를 받는 파이썬의 후원 목표

후원 목표는 특정 이정표와 연결될 수 있다. 예를 들어 관리자는 본업을 그만두고 프로젝트에 풀타임full-time으로 일할 때 일정 금액을 설정할 수 있다. 조직은 또한 프로젝트 유지를 돕기 위해 새 개발자를 고용하는 데 필요한 금액을 설정할 수 있다.

⠿ 정리

5장에서는 **자유 및 오픈소스 소프트웨어**의 **역사**를 알아봤고, 이것의 **가치**와 **원칙**이 소프트웨어 제공 성능에 미칠 수 있는 영향에 대해서도 알아봤다. 훌륭한 **내부 개발 전략** 및 팀이 **오픈소스 프로젝트**를 후원하고 자금을 조달할 수 있는 능력과 결합된 훌륭한 오픈소스 전략은 시장 출시 시간을 크게 단축하고 엔지니어가 회사에 중요한 기능을 수행하도록 한다. **이너 소스**로 회사에 원칙을 적용하면 협업 문화를 구축하고 더 나은 팀 간 협업을 달성하는 데 도움이 될 수 있다.

6장에서는 깃허브 액션을 사용한 자동화에 대해 알아본다.

⠿ 더 읽을거리 및 참고 자료

5장의 자세한 사항은 다음 자료를 참고한다.

- Greene T. C. (2001). *Ballmer: Linux is a cancer*: https://www.theregister.com/2001/06/02/ballmer_linux_is_a_cancer/.

- Warren T. (2020). Microso*ft: we were wrong about open source*: https://www.theverge.com/2020/5/18/21262103/microsoft-open-source-linux-history-wrong-statement.

- Raymond, E. S. (1999). *The Cathedral and the Bazaar: Musings on Linux and Open Source by an Accidental Revolutionary*. O'Reilly Media.

- O'Reilly (1998). *FREEWARE LEADERS MEET IN FIRST-EVER SUMMIT*

O'Reilly Brings Together Creators of Perl, Apache, Linux, and Netscape's Mozilla (Press Release): https://www.oreilly.com/pub/pr/636.

- OSI(2018). *Open Source Initiative - History of the OSI*: https://opensource.org/history.

- Richard S. (2021). *Why Open Source Misses the Point of Free Software*: https://www.gnu.org/philosophy/open-source-misses-the-point.en.html.

- Volpi M. (2019). *How open-source software took over the world*: https://techcrunch.com/2019/01/12/how-open-source-software-took-over-the-world/.

- Ahlawat P., Boyne J., Herz D., Schmieg F., & Stephan M. (2021). *Why You Need an Open Source Software Strategy*: https://www.bcg.com/publications/2021/open-source-software-strategy-benefits.

- *Inner Source*: https://en.wikipedia.org/wiki/Inner_source.

- *GitHub Sponsors*: https://github.com/sponsors.

2부

데브옵스 실천

2부에서는 효율적인 데브옵스를 위해 가장 중요한 효율적 엔지니어링 방법에 대해 설명한다. 어떻게 깃허브 액션를 사용해 릴리스 파이프라인 및 다른 엔지니어링 업무를 자동화하는지 알아보고, 트렁크 기반 개발 및 피처 플래그$^{feature\ flag}$를 사용하는 방법, QA 및 보안을 시프트–레프트$^{shift-Left}$ 하는 방법을 배운다.

2부는 다음과 같은 장으로 구성돼 있다.

- 6장, 깃허브 액션으로 자동화

- 7장, 워크플로 실행

- 8장, 깃허브 패키지를 사용한 종속성 관리

- 9장, 플랫폼별 배포

- 10장, 피처 플래그와 피처의 수명 주기

- 11장, 트렁크 기반 개발

06

깃허브 액션으로 자동화

많은 애자일 도입 사례에서 엔지니어링 관행을 팀의 기존 관행이나 관리하는 방법론보다 덜 중요하게 여긴다. 하지만 **지속적 통합**CI, Continuous Integration, **지속적 전달**CD, Continuous Delivery, **코드형 인프라**IaC, Infrastructure as Code와 같은 엔지니어링 역량은 더 자주, 더 안정적으로, 더 낮은 위험도의 릴리스를 가능하게 한다(humble, J., & Farley, D. 2010). 이를 통해 배포의 부담을 줄여 초과 근무 및 번아웃burnout을 줄인다.

기본적으로 이러한 모든 관행은 자동화에 관한 것이다. 즉 컴퓨터가 반복적인 작업을 수행해 사람들이 중요한 문제와 창의적인 작업에 집중할 수 있도록 하는 것이다.

> "컴퓨터는 반복적인 작업을 수행하고, 사람은 문제를 해결한다."
>
> (Forsgren, N., Humble, J., & Kim, G. 2018)

자동화는 기업 문화와 사람들의 업무 방식에 큰 영향을 미치는데, 특히 오류가 발생하기 쉬운 수동 반복 작업을 피하기 위해 많은 습관이 만들어지기 때문이다. 6장에서는 **CI/CD** 외에도 다양한 용도로 사용할 수 있는 깃허브의 자동화 엔진인 깃허브 액션에 대해 소개한다.

6장에서는 다음과 같은 주제를 다룬다.

- 깃허브 액션 개요

- 워크플로, 파이프라인, 액션

- YAML 기초

- 워크플로 문법

- 암호 사용

- 워크플로 실습

- 액션 실습

- 깃허브 마켓플레이스

⁞⁞⁞ 깃허브 액션 개요

깃허브 액션은 깃허브에서 제공하는 자동화 엔진이다. 소스에 대한 커밋뿐만 아니라 깃허브상에서 일어나는 이벤트에 대해서 워크플로를 동작시킬 수 있다. 깃허브는 이슈의 상태가 변경되거나 마일스톤milestone이 추가되고 깃허브 프로젝트의 카드가 변경됐을 때 누군가 리포지터리에 스타Star를 추가하고 토론에 댓글이 달릴 때에도 워크플로를 동작시킬 수 있다. 거의 모든 것에 트리거가 있으며 워크플로는 그 자체로 재사용이 가능하다. 리포지터리에 코드를 추가함으로써 재사용 가능한 액션을 만들 수 있다. 다른 방법으로는 액션을 현재 10,000개 이상의 액션을 포함하는 **깃허브 마켓플레이스**(https://github.com/marketplace)를 통해 공유할 수 있다.

워크플로는 클라우드의 어느 플랫폼(리눅스, macOS, 윈도우, ARM 및 컨테이너)에서나 실행 가능하다. 심지어는 클라우드 혹은 데이터센터에 인입 포트를 개방할 필요없이 러너를 직접 구축할 수 있다.

워크플로, 파이프라인, 액션

깃허브에서 **워크플로**는 여러 **잡**[job]으로 이뤄져 있는 자동화된 프로세스다. YAML 파일 형태로 구성할 수 있으며 리포지터리의 .github/workflows 경로에 위치한다. 워크플로는 다른 환경 혹은 스테이지로 소프트웨어를 빌드하고 배포하는 데 사용하며, 다른 CI/CD 시스템에서는 **파이프라인**이라고 한다.

잡은 러너[runner]상에서 실행되는 워크플로의 일부다. 러너 환경은 runs-on 속성을 사용해 구성한다. 잡은 기본적으로 병렬로 동작한다. needs 키워드를 사용해 의존성을 갖고 순차적으로 실행할 수 있다. 잡을 특정 환경에서 실행할 수 있고 환경은 논리적인 리소스들의 묶음이다. 여러 워크플로에서 환경을 공유할 수 있고 규칙에 의해 보호할 수 있다.

잡은 **스텝**[step]이라 불리는 일련의 작업으로 구성된다. 스텝은 커맨드 및 스크립트 혹은 깃허브 액션을 실행한다. 액션은 워크플로의 재사용 가능한 일부분이다. 모든 스텝이 액션은 아니지만 모든 액션은 잡안에서 스텝으로 실행할 수 있다.

워크플로를 이해하는 데 가장 중요한 개념은 표 6.1과 같다.

표 6.1 깃허브 액션의 주요 용어

용어	설명
워크플로	자동화된 프로세스이며 종종 파이프라인이라고 함
잡	러너상에서 실행되는 일련의 작업으로 구성된 워크플로의 일부분

용어	설명
러너	워크플로의 잡을 실행하는 가상, 물리 혹은 컨테이너 환경으로 클라우드 혹은 직접 호스팅할 수 있으며, 또한 에이전트라고 함
스텝	잡의 일부로 실행되는 하나의 작업
액션	다른 잡과 워크플로에서 사용되는 재사용 가능한 스텝으로 도커 컨테이너, 자바스크립트 코드 혹은 다른 스텝으로 구성된 다중 액션이 될 수 있으며, 또한 깃허브 마켓플레이스를 통해 공유 가능함
환경	같은 보호 규칙 및 암호를 사용하는 리소스의 논리적 그룹이며 여러 워크플로에서 사용할 수 있음

YAML 기본

워크플로는 확장자가 .yml 또는 .yaml인 YAML^{YAML Ain't Markup Language} 파일로 작성된다. YAML은 사람이 직접 쓰고 읽을 수 있도록 최적화된 데이터 직렬화 언어다. JSON의 엄격한 상위 집합^{superset}이지만 괄호 대신 새 줄과 들여쓰기를 문법적으로 포함한다. 마크다운과 마찬가지로 라인 단위로 변경 사항이 저장돼 풀 리퀘스트에도 적합하다. 처음 사용시 도움이 될 몇 가지 YAML 기본 사항을 살펴보자.

주석

YAML의 주석은 #로 시작한다.

```
# YAML 주석
```

스칼라 타입

단일 값은 다음 문법처럼 정의된다.

```
Key: value
```

다양한 데이터 타입도 다음과 같이 지원한다.

```
integer: 42
float: 42.0
string: a text value
boolean: true
null value: null
datetime: 1999-12-31-T23:59:42.1Z
```

키-값 형식은 공백을 포함할 수 있으며 따옴표가 필요하지 않지만 키-값 모두 큰따옴표 및 작음따옴표를 사용할 수 있다.

```
'single quotes': 'have ''one quote'' as the escape pattern'
"double quotes": "have the \"backslash \" escape pattern"
```

스크립트 구문과 같이 여러 줄에 걸쳐 있는 문자열은 |(파이프) 기호 및 들여쓰기를 사용할 수 있다.

```
literal_block: |
    Text blocks use 4 spaces as indentation. The entire
    block is assigned to the key 'literal_block' and keeps
    line breaks and empty lines.

    The block continuous until the next element.
```

Collection 타입

map이라고 알려진 중첩된 배열은 워크플로내에서 종종 사용되며 2칸의 공백을 사용한다.

```
nested_type:
  key1: value1
  key2: value2
  another_nested_type:
```

```
    key1: value1
```

연속된 값들은 각 항목 앞에 대시,-를 사용한다.

```
sequence:
  - item 1
  - item 2
```

YAML은 JSON의 상위 집합이므로 JSON 문법 또한 사용 가능하며 map이나 연속된 값들은 한 줄에 쓸 수 있다.

```
map: {key: value}
sequence: [item1, item2, item3]
```

이 정도면 깃허브에서 워크플로 편집을 시작하기에 충분하다. YAML에 대해 자세히 알아보려면 다음 링크(https://yaml.org/)에서 사양을 살펴볼 수 있다. 이제 워크플로 문법을 살펴보자.

⸭ 워크플로 문법

워크플로 파일에서 가장 먼저 볼 수 있는 것은 리포지터리의 **액션** 아래에 표시되는 이름 이다.

```
name: My first workflow
```

그다음에는 트리거가 나온다.

워크플로 트리거

트리거는 on 키의 값이다.

```
on: push
```

트리거는 1개 이상의 값을 포함할 수 있다.

```
on: [push, pull_request]
```

여러 트리거에 구성 가능한 다른 값이 포함됐다.

```
on:
  push:
    branches:
      - main
      - release/**
  pull_request:
    types: [opend, assigned]
```

세 가지 타입의 트리거가 있다.

- 웹훅webhook 이벤트

- 예약된 이벤트

- 수동 이벤트

지금까지 살펴본 것이 **웹훅 이벤트**다. 웹훅 이벤트는 코드를 깃허브에 푸시하거나(push), 풀 리퀘스트를 만들거나 업데이트를 하는 경우(pull_request) 및 이슈를 만들거나 수정하는 경우(issues) 등 거의 모든 것에 대한 이벤트가 있다. 전체 목록을 보려면 다음 링크(https://docs.github.com/en/actions/reference/events-that-trigger-workflows)를 참조하면 된다.

예약된 이벤트는 크론 잡cron job과 동일한 문법을 사용한다. 문법은 분(0-59), 시(0-23), 일(1-31), 월(1 - 12 또는 JAN - DEC), 요일(0-6 또는 SUN - SAT)을 나타내는 5개의 필드로 구성된다. 표 6.2에 표기된 연산자를 사용할 수 있다.

표 6.2 예약된 이벤트의 연산자

연산자	설명
*	모든 값
,	배열 분리자
-	값의 범위
/	단계 값

다음은 예약된 이벤트의 예시다.

```
on:
  schedule:
    # 매일 15분마다 실행
    - cron: '*/15 * * * *'
    # 오전 9시부터 오후 5시까지 매 시간 실행
    - cron '0 9-17 * * *'
    # 금요일 자정마다 실행
    - cron: '0 0 * * FRI'
    # 분기마다 실행
    - cron: '0 0 1 */3 *'
```

수동 이벤트는 워크플로를 수동으로 트리거한다.

```
on: workflow_dispatch
```

사용자가 워크플로를 시작할 때 지정할 수 있는(또는 지정해야 하는) **입력**input을 구성할 수 있다. 다음 예제는 ${{ github.event.inputs.homedrive }} 정규 표현식을 사용해 워크플로에서 사용할 수 있는 homedrive라는 변수를 정의하는 예제다.

```
on:
  workflow_dispatch:
    inputs:
      homedrive:
        description: 'The home drive on the machine'
        required: true
        default: '/home'
```

깃허브 API를 사용해 워크플로를 트리거할 수도 있다. 이를 위해서는 repository_dispatch 트리거를 정의하고 사용하려는 이벤트의 이름을 하나 이상 지정한다.

```
on:
  repository_dispatch:
    types: [event1, event2]
```

HTTP POST 요청이 되면 워크플로가 트리거가 된다. 다음은 curl을 사용해 HTTP POST 요청을 보내는 예시다.

```
curl \
 -X POST \
 -H "Accept: application/vnd.github.v3+json" \
  https://api.github.com/repos/*<owner>*/*<repo>*/dispatches \
  -d '{"event_type":"*event1*"}'
```

다음은 자바스크립트를 이용한 예제다. 자바스크립트용 Octokit API 클라이언트에 대한 자세한 내용은 다음 링크(https://github.com/octokit/octokit.js)를 참조한다.

```
await octokit.request('POST /repos/{owner}/{repo}/dispatches',
{
    owner: '<owner>',
    repo: '<repo>',
    event_type: 'event1'
})
```

repository_dispatch 트리거를 사용하면 모든 시스템의 웹훅을 사용해 워크플로를 트리거할 수 있다. 이를 통해 워크플로를 자동화하고 다른 시스템을 통합하는 데 도움이 된다.

워크플로 잡

워크플로 자체는 jobs 섹션에서 구성된다. 작업은 리스트가 아니고 map이며 기본적으로 병렬로 실행된다. 작업을 차례대로 연결하려면 needs 키워드를 사용해 작업이 다른 작업에 종속되도록 할 수 있다.

```
jobs:
  job_1:
    name: My first job
  job_2:
    name: My second job
    needs: job_1
  job_3:
    name: My third job
    needs: [job_1, job_2]
```

모든 작업은 러너에서 실행된다. 러너는 자체 호스팅하거나 클라우드 버전을 선택할 수 있다. 클라우드 버전은 모든 플랫폼에서 사용할 수 있는 다양한 버전이 있다. 항상 최신 버전을 사용하고 싶은 경우라면 ubuntu-latest, windows-latest 또는 macos-latest를 사용하면 된다. 러너에 대한 자세한 내용은 7장에서 설명한다.

```
jobs:
  job_1:
    name: My first job
    runs-on: ubuntu-latest
```

다양한 구성으로 워크플로를 실행하려면 **매트릭스**^{matrix} **전략**을 사용할 수 있다. 워크플로는 미리 설정된 모든 매트릭스 값의 모든 조합을 사용한다. 매트릭스에 있는 값이 무엇이든 될 수 있고 ${{mAtrix.key}} 표현식을 사용해 참조할 수 있다.

```
strategy:
  matrix:
    os_version: [macos-latest, ubuntu-latest]
    node_version: [10, 12, 14]
```

```
jobs:
  job_1:
    name: My first job
    runs-on: ${{matrix.os_version}}
    steps:
      - uses: actions/step-node@v2
        with:
          node-version: ${{matrix.node_version}}
```

워크플로 스텝

작업은 여러 스텝을 포함하고 있으며 각각의 스텝은 커맨드를 실행할 수 있다.

```
steps:
  - name: Install Dependencies
    run: npm install
```

리터럴 블록literal block(|)을 사용하면 여러 줄의 스크립트를 실행할 수 있다. 워크플로가 기본 셸shell이 아닌 다른 셸에서 실행되게 하려면 working-directory와 같은 다른 값들을 함께 구성해 설정할 수 있다.

```
- name: Clean install dependencies and build
  run: |
    npm ci
    npm run build
  working-directory: ./temp
  shell: bash
```

워크플로 내에서 사용 가능한 셸은 표 6.3과 같다.

표 6.3 워크플로 내에서 사용 가능한 셸

매개변수	설명
bash	배시 셸(bash shell). 윈도우가 아닌 플랫폼의 기본 셸이며, sh로 대체 가능하다. 윈도우에서 지정하면 깃에 포함된 배시 셸이 사용됨

매개변수	설명
pwsh	파워셸 코어(PowerShell Core). 윈도우 플랫폼의 기본 셸
python	파이썬 셸(Python shell). 파이썬 스크립트를 실행할 수 있음
cmd	윈도우에서만 동작 가능한 윈도우 명령 프롬프트
powershell	윈도우에서만 동작 가능한 윈도우 파워셸

윈도우 외의 시스템에서 기본 셸은 bash이며 sh로 대체 가능하다. 윈도우 기본 셸은 Cmd다. [options] {0} 구문을 사용해 커스텀 셸을 구성할 수 있다.

```
run: print %ENV
shell: perl {0}
```

대부분의 경우 스텝을 재사용한다. 재사용 가능한 스텝을 **깃허브 액션**이라 한다. uses 키워드와 다음 구문을 사용해 액션을 참조할 수 있다.

```
{owner}/{repo}@{ref}
```

{owner}/{repo}은 깃허브 내의 액션 경로다. {ref} 참조는 버전으로 **해시** 값으로 참조되는 label, branch 또는 개별 commit이 될 수 있다. 가장 일반적인 용도는 주major 버전과 부minor버전으로 명시적인 버저닝versioning을 사용하는 것이다.

```
# 레이블을 사용해 버전 참조
- uses: actions/checkout@v2
- uses: actions/checkout@v2.2.0
# 현재 브랜치 헤드를 참조
- uses: actions/checkout@main
# 특정 커밋을 참조
- uses: actions/checkout@a81bbbf8298c0fa03ea29cdc473d45769f953675
```

액션이 워크플로와 같은 리포지터리라면 액션의 상대 경로를 사용할 수 있다.

```
uses: ./.github/actions/my-action
```

docker//{image}:{tag} 구문을 사용해 도커 허브 또는 깃허브 패키지^{GitHub Packages}와 같은 컨테이너 레지스트리에 저장돼 있는 액션을 사용할 수 있다.

```
uses: docker://alpine:3.8
```

콘텍스트와 표현식 문법

매트릭스 전략에서 표현식^{expression}의 일부를 살펴봤다. **표현식**은 다음과 같은 문법을 따른다.

```
${{ <expression> }}
```

표현식은 콘텍스트 정보에 접근하고 이를 연산자와 결합할 수 있다. matrix, github, env, runner와 같은 콘텍스트를 제공하는 다양한 객체를 사용할 수 있다. 예를 들어 github.sha를 사용하면 워크플로를 트리거한 커밋 SHA에 액세스할 수 있다. runner.os를 사용하면 러너의 운영체제를 얻을 수 있고, env를 사용하면 환경 변수에 접근할 수 있다. 전체 목록은 다음 링크(https://docs.github.com/ko/actions/reference/context-and-expression-syntax-for-github-actions#contexts)에서 확인할 수 있다.

콘텍스트 속성 접근에 사용하는 두 가지 방법이 있다. 인덱스와 속성 구문이 있으며 속성 구문이 더 일반적이다.

```
context['key']
context.key
```

키의 형태에 따라서 첫 번째 방식을 사용할 수 있다. 아마 키가 숫자로 시작하거나 특수문자가 포함된 경우 해당 경우에 해당한다.

표현식은 종종 if 객체 안에서 다양한 조건의 작업을 실행하는 데 사용한다.

```
jobs:
  deploy:
    if: ${{github.ref == 'refs/heads/main'}}
    runs-on: ubuntu-latest
    steps:
      - run: echo "Deploying branch $GITHUB_REF"
```

contains(search, item)과 같은 다양한 사전에 정의된 함수들을 사용할 수 있다.

```
contains('Hello world', 'world')
#true 값 반환
```

다른 예제로는 startsWith()과 endsWith()이 있다. 또한 현재 작업의 상태를 확인하는
데 사용하는 몇 가지 특수한 기능도 있다.

```
steps:
...
  - name: The job has succeeded
    if: ${{ success() }}
```

스텝은 다른 모든 단계가 성공적으로 완료된 경우에만 실행된다. 표 6.4는 현재 작업 상
태에 대응하는 데 사용할 수 있는 모든 함수다.

표 6.4 현재 작업 상태를 확인하는 특수한 함수

함수	설명
success()	이전 스텝이 실패 혹은 취소되지 않았을 때만 true를 반환
always()	이전 스텝이 취소됐더라도 true를 반환해 스텝이 항상 실행됨
cancelled()	워크플로가 취소됐을 때 true를 반환
failure()	이전 스텝이 실패했을 경우 true를 반환

함수를 제외하고도 연산자를 함수와 콘텍스트에서 사용할 수 있다. 표 6.5는 가장 중요
한 연산자들의 목록이다.

표 6.5 표현식 연산자

연산자	설명
( )	논리적 그룹
!	부정
< , <=	작음, 같거나 작음
> , >=	큼, 크거나 같음
'=='	같음
!=	같지 않음
&&	그리고
||	또는

콘텍스트 객체와 표현식 구문에 대해 자세히 알아보려면 다음 링크(https://docs.github.com/en/actions/learn-github-actions/contexts)를 참조하면 된다.

워크플로 명령

스텝 안에서 워크플로와 상호작용하기 위해 **워크플로 명령**workflow command을 사용할 수 있다. 워크플로 명령은 일반적으로 echo 명령을 이용하거나 ::set-output name={name}::{value}와 같은 문자열을 프로세스에 전달한다. 다음 예제는 하나의 스텝에서 출력 값을 설정하고 다른 스텝에서 접근하는 예제다. 스텝의 ID가 출력 변수에 어떻게 사용되는지 확인한다.

```
- name: Set time
  run: |
    time=$(date)
    echo '::set-output name=MY_TIME::$time'
  id: time-gen
- name: Output time
  run: echo "It is ${{ steps.time-gen.outputs.MY_TIME }}"
```

다른 예제로는 ::error가 있다. 애러 메시지를 로그에 기록할 수 있다. 선택적으로 파일 이름, 줄 번호, 열 번호 등을 설정할 수 있다.

```
::error file={name},line={line},col={col}::{message}
```

또한 경고 및 디버깅 메시지를 기록하거나 로그 행을 그룹화하고 환경 변수를 설정할 수 있다. 워크플로 명령에 대해 자세히 알아보려면 다음 링크(https://docs.github.com/en/actions/using-workflows/workflow-commands-for-github-actions)를 참조하면 된다.[1]

⁝⁝⁝ 시크릿 사용

워크플로 자동화에서 매우 중요한 부분은 시크릿secret을 다루는 것이다. 애플리케이션을 배포하든 API에 접근하든 항상 안전하게 처리해야 하는 자격 증명이나 키가 필요하다.

깃허브에서는 시크릿을 안전하게 리포지터리 레벨, 조직 레벨 혹은 환경에 대해 저장할 수 있다. 시크릿은 암호화돼 저장 및 전송되며 로그에 표시되지 않는다.

조직 레벨에서 시크릿의 경우 시크릿에 접근할 수 있는 리포지터리를 정의할 수 있다. 환경 수준에서 시크릿의 경우 지정된 리뷰어가 워크플로를 승인한 때에만 시크릿에 접근할 수 있다.

TIP

> 시크릿 이름은 대소문자를 구분하지 않으며, 일반 문자([a-z] 및 [A-Z]), 숫자([0-9]), 밑줄 문자(_)만 포함할 수 있다. GITHUB_ 또는 숫자로 시작할 수 없다.
>
> 모범 사례는 밑줄 문자(_)로 구분된 대문자로 시크릿 이름을 지정하는 것이다.

---

1 ::set-output deprecate된다(https://github.blog/changelog/2022-10-11-github-actions-deprecating-save-state-and-set-output-commands/). – 옮긴이

시크릿 저장

암호화된 시크릿을 저장하려면 리포지터리의 관리자 역할을 갖고 있어야 한다. 시크릿은 웹 또는 깃허브 CLI를 통해 만들 수 있다.

새로운 시크릿을 만들려면 **Setting › Secrets**으로 이동한다. 시크릿은 **액션**(기본값), **코드 스페이스**, **Dependabot** 카테고리로 구분된다. 새로운 시크릿을 만들기 위해서 **New repository secret** 버튼을 클릭하고 시크릿 이름과 값을 입력한다(그림 6.1 참조).

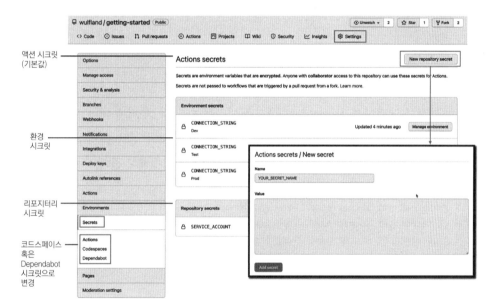

그림 6.1 리포지터리 시크릿 관리

조직 레벨의 시크릿은 거의 동일하게 만들 수 있다. **Settings › Secrets › New organization secret**으로 가서 시크릿을 만들고 다음 방법 중 하나로 접근 정책을 설정한다.

- **모든 리포지터리**

- **프라이빗 리포지터리**

- **선택된 리포지터리**

선택된 리포지터리를 통해 시크릿을 생성한다면 개별 리포지터리에 대해서 접근 권한을 부여할 수 있다.

깃허브 CLI를 선호한다면 gh secret set 명령어를 통해 시크릿을 생성할 수 있다.

```
$ gh secret set secret-name
```

시크릿을 입력하라는 메시지가 표시된다. 또한 파일에서 읽거나 명령을 파이프하거나 바디(-b 또는 --body)에 지정해 시크릿 값을 읽을 수 있다.

```
$ gh secret set secret-name < secret.txt
$ gh secret set secret-name --body secret
```

환경에 대한 시크릿이라면 --env(-e) 옵션을 지정할 수 있다. 조직에 대한 시크릿의 경우 표시 유형(-visibility 또는 -v)을 all, private, 혹은 selected로 설정할 수 있다. selected 의 경우 --repos(-r)를 사용해 하나 이상의 리포지터리를 지정해야 한다.

```
$ gh secret set secret-name --env environment-name
$ gh secret set secret-name --org org -v private
$ gh secret set secret-name --org org -v selected -r repo
```

시크릿 접근

secrets 콘텍스트를 통해서 워크플로의 시크릿에 접근할 수 있다. 워크플로 파일의 스텝에 **입력**(with:) 또는 **환경**(env:) 변수로 추가할 수 있다. 조직 및 리포지터리 단위의 시크릿은 워크플로 실행 대기 중일 때 조회되며 환경 시크릿은 환경을 참조하는 작업이 시작될 때 조회된다.

> **NOTE**
>
> 깃허브는 시크릿을 자동으로 로그에서 제거한다. 하지만 스텝 안에 시크릿을 사용하는 것에는 유의하기 바란다.

셸 및 환경에 따라 환경 변수에 접근하는 구문이 다르다. bash에서는 $SECRET-NAME, 파워셸에서는 $env:SECRET-NAME, cmd.exe에서는 %SECRET-NAME이다.

다음은 각각의 셸에서 입력 또는 환경 변수로 시크릿을 접근하는 방법의 예제다.

```
steps:
  - name: Set secret as input
    shell: bash
    with:
      MY_SECRET: ${{ secrets.secret-name }}
    run: |
      dosomething "$MY_SECRET"
  - name: Set secret as envionment variable
    shell: cmd
    env:
      MY_SECRET: ${{ secrets.secret-name }}
    run: |
      dosomething.exe "%MY_SECRET"
```

NOTE

> 위 예제는 시크릿을 액션에 전달하는 방법을 보여 주기 위한 예시다. 워크플로 스텝이 run: 스텝이라면 시크릿 콘텍스트인 ${{ secrets.secret-name }}에 직접 접근할 수 있다. 스크립트상에서 시크릿을 주입하는 것을 원치 않는다면 해당 방법은 권장하는 방법은 아니다. 하지만 관리자만 시크릿을 추가할 수 있기 때문에 워크플로의 가독성을 위해 해당 방법을 고려할 수 있다.

GITHUB_TOKEN 시크릿

GITHUB_TOKEN 시크릿이라는 특수한 시크릿이 있다. GITHUB_TOKEN 시크릿은 자동으로 생성되며 github.token 또는 secrets.GITHUB_TOKEN 콘텍스트를 통해 접근할 수 있다. 워크플로에서 입력이나 환경 변수로 지정하지 않아도 깃허브 액션을 통해 토큰에 액세스할 수 있다. 해당 토큰은 깃허브 리소스에 접근할 때 인증에 사용된다. 기본 권한은 permissive 또는 restricted로 설정할 수 있으며 워크플로에서 해당 권한이 조정 가능하다.

```
on: pull_request_target

permissions:
  contents: read
  pull_requests: write

jobs:
  triage:
    runs-on: ubuntu-latest
    steps:
      - uses: actions/labeler@v2
        with:
          repo-token: ${{ secrets.GITHUB_TOKEN }}
```

GITHUB_TOKEN 시크릿에 관한 더 자세한 정보는 다음 링크(https://docs.github.com/en/
actions/security-guides/automatic-token-authentication)를 참조하면 된다.

⫶ 워크플로 실습

위의 내용을 바탕으로 실습을 시작해볼 수 있다. 이어지는 장들에서는 러너, 환경, 보안
에 대해 자세히 살펴본다. 깃허브 액션이 처음이라면 지금 첫 번째 워크플로와 액션을
만들어 볼 수 있다.

> **TIP**
>
> 깃허브 내의 코드 검색에서 YAML(language.yml)로 프로그래밍 언어를 필터링하고 워크플로 경로
> (path:.github/workflows)를 설정하면 기존 깃허브 액션 워크플로를 템플릿으로 찾을 수 있다. 다
> 음 검색어는 German Corona-Warn-App에 대한 모든 워크플로를 반환한다.
>
> language:yml path .github/workflows @corona-warn-app

다음과 같은 방법으로 실습을 진행한다.

1. 다음 링크(https://github.com/wulfland/getting-started)로 이동한 후 우측 상단에 있는 **Fork** 버튼
   을 클릭해 리포지터리를 **포크**fork한다.

216

2. 포크된 리포지터리로 이동해 **Action**을 클릭하면 워크플로 템플릿이 표시된다. 해
   당 템플릿은 리포지터리의 코드(해당 리포지터리에서는 .NET)에 최적화됐다. **Set up this work
   flow**(워크플로 설정)를 선택한다.

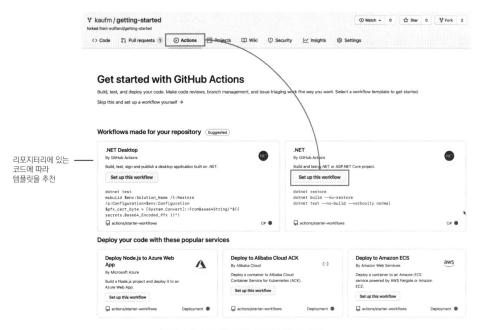

그림 6.2 .NET에 대한 깃허브 액션 설정

3. 깃허브에서 워크플로 파일을 자동으로 생성하고 편집기를 연다. 편집기는 구문 강조
   표시 및 자동 완성(Ctrl+Space 입력)을 지원한다. 마켓플레이스에서도 액션을 검색할 수
   있다. dotnet-version을 3.1로 설정하고 워크플로 파일을 커밋한다.

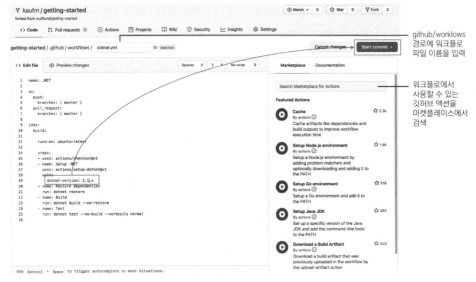

그림 6.3 워크플로 파일에 버전 설정 후 커밋

4. 워크플로는 자동으로 트리거되며 **Actions** 탭 아래에서 워크플로를 확인할 수 있다. **Actions**에 보면 워크플로의 작업을 확인할 수 있을 뿐 아니라 다른 부가적인 정보도 확인 가능하다.

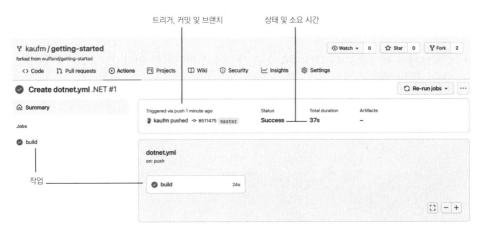

그림 6.4 워크플로 요약 페이지

5. 작업을 클릭해 보다 상세한 스텝을 확인할 수 있다.

그림 6.5 작업 및 스텝 상세 정보

다른 프로그래밍 언어를 선호하는 경우, 예를 들면 **자바와 메이븐**^{Maven}을 사용하는 다음 과 같은 리포지터리를 사용할 수 있다(https://github.com/MicrosoftDocs/pipelines-java).

워크플로 템플릿을 선택할 때 **Continuous integration workflows** 아래로 스크롤한 다음 **More continuous integration workflows**를 클릭한다.

Java with Maven을 선택하면 워크플로가 동작한다.

그림 6.6 예시 Java with Maven CI 템플릿

모든 언어를 위한 템플릿이 있으며 코드를 작성하기 위한 기본적인 워크플로를 쉽게 설정할 수 있다.

⫶⫶ 액션 실습

깃허브 액션의 강점은 재사용성이 있으며 액션을 만들고 사용하는 방법을 이해하는 것이 중요하다. 이번 실습에서는 도커 컨테이너^{Docker container} 안에서 실행되는 컨테이너 액션을 만들어 본다.

TIP

> 다음 링크(https://docs.github.com/en/actions/creating-actions/creating-a-docker-container-action)를 통해 해당 예제를 찾을 수 있으며 텍스트 파일의 내용을 복사해 붙여넣을 수 있다. 또한 다음 링크(https://github.com/actions/container-action)에서 리포지터리의 템플릿을 **Use the template**을 클릭해 사용할 수도 있다. 그러면 모든 파일이 포함된 리포지터리가 생성된다.

다음과 같은 방법으로 실습을 진행한다.

1. hello-world-docker-action이라는 새로운 리포지터리를 만들고 로컬 환경에 클론한다.

2. 터미널 창을 열어 리포지터리 경로로 이동한다.

```
cd hello-world-docker-action
```

3. 확장자 없이 Dockerfile을 생성한 후 다음 내용을 추가한다.

```
# 코드를 실행하는 컨테이너 이미지
FROM alpine:3.10

# 작업 저장소에서 컨테이너의 파일 시스템 경로 '/'로 코드 파일을 복사
COPY entrypoint.sh /entrypoint.sh

# 도커 컨테이너가 시작될 때 실행할 코드 파일 ('entrypoint.sh')
ENTRYPOINT ["/entrypoint.sh"]
```

Dockerfile은 컨테이너를 정의하는데 위 경우는 Alpine Linux 3.1 컨테이너 이미지를 기반으로 한 컨테이너다. 다음으로 entrypoint.sh 파일을 컨테이너에 복사하고 컨테이너가 실행되는 경우 entrypoint.sh를 실행한다.

4. action.yml 파일을 생성하고 다음 내용을 추가한다.

```
# action.yml
name: 'Hello world'
description: 'Greet someone and record the time'
inputs:
  who-to-greed: # 입력 값 id
  description: 'who to greet'
  required: true
  default: 'World'
outputs:
  time: # 출력 값 id
  description: 'The time we greeted you'
```

```
runs:
  using: 'docker'
  image: 'Dockerfile'
  args:
    - ${{ inputs.who-to-greet }}
```

action.yml 파일은 입력 및 출력 매개변수와 함께 액션을 정의한다.

5. entrypoint.sh 스크립트를 생성한다. 해당 스크립트는 컨테이너 안에서 실행되며 다른 바이너리를 호출한다. 파일에는 다음 내용을 추가한다.

```
#!/bin/sh -l

echo "Hello $1"
time=$(date)
echo "::set-output name=time::$time"
```

입력 매개변수는 스크립트에 인수로 전달되며 $1을 통해 접근된다. 스크립트는 set-ouput 워크플로 명령을 통해 현재 시간을 매개변수로 설정한다.

6. 반드시 entrypoint.sh 파일을 실행 가능한 상태로 만들어야 하며 윈도우 시스템이 아닐 경우에만 해당 명령어를 터미널에서 실행할 수 있다. 그런 다음, 작업 영역에 추가하고 변경 사항을 커밋한다.

```
$ chmod +x entrypoint.sh
$ git add .
$ git commit -m "My first action is ready"
```

윈도우에서는 동작하지 않는다. 하지만 인덱스에 추가할 때 파일을 실행 가능한 상태로 추가할 수 있다.

```
$ git add .
$ git update-index --chmod=+x .\entrypoint.sh
$ git commit -m "My girst action is ready"
```

7. 깃 태그를 이용해 액션에 대한 버저닝을 할 수 있다. v1 태그를 추가하고 모든 변경 사항을 원격 리포지터리로 푸시한다.

```
$ git tag -a -m "My first action release" v1
$ git push --follow-tags
```

8. 이제 액션은 사용할 준비가 됐고 **getting-started** 리포지터리의 워크플로(.github/workflows/dotnet.yaml)로 이동해 파일을 수정한다. 9번째 줄 밑으로 전부 지운 후, 다음 코드로 대체한다.

```
hello_world_job:
  runs-on: ubuntu-latest
  name: A job to say hello
  steps:
  - name: Hello world action step
    id: hello
    uses: your-username/hello-world-action@v1
    with:
      who-to-greet: 'your-name'
  - name: Get the output time
    run: echo "The time was ${{ steps.hello.outpus.time}}"
```

이제 워크플로에서 액션(uses)을 호출하고 사용자가 만든 리포지터리(your-username/hello-world-action)의 v1 태그를 가리킨다. 이름을 입력 매개변수로 받아 액션에 전달하며 현재 시간을 출력으로 받아 콘솔에 기록한다.

9. 파일을 저장하면 워크플로는 자동으로 시작된다. 로그에서 인사말과 시간을 확인하려면 세부 정보를 확인한다.

TIP

다른 유형의 액션을 실험하려면 기존 템플릿을 사용할 수 있다. **자바스크립트 액션**을 사용하는 경우 다음 링크(https://github.com/actions/javascript-action)를 참조할 수 있다. **타입스크립트(Typescript) 액션**을 사용하는 경우 다음 링크(https://github.com/actions/typescript-action)를 참조할 수 있다. **복합 액션**은 action.yml 파일만 있으면 되므로 훨씬 더 쉽게 사용 가능하다(https://docs.github.com/en/actions/creating-actions/creating-a-composite-action).

액션을 처리하는 방법은 동일하며 생성하는 방법만 다르다.

⁖ 깃허브 마켓플레이스

깃허브 마켓플레이스(https://github.com/marketplace)에서 워크플로에 사용할 **액션**을 검색할 수 있다. 마켓플레이스에 액션을 게시하는 것은 매우 쉽고 이미 10,000개에 가까운 액션을 사용할 수 있다. 카테고리별로 작업을 필터링하거나 검색 창을 사용해 표시되는 작업의 수를 제한할 수도 있다(그림 6.7 참조).

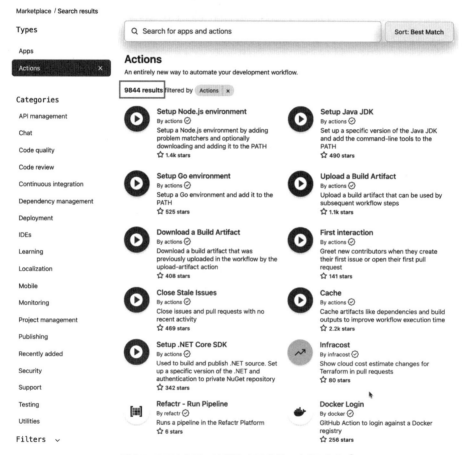

그림 6.7 10,000개 정도의 액션이 존재하는 마켓플레이스[2]

---

2 번역일 기준(2023년 6월) 마켓플레이스 내 액션 갯수는 약 19,000개다. – 옮긴이

액션은 리포지터리로부터 도움말과 추가적인 정보를 표시한다. 전체 버전 목록을 확인하고 현재 버전을 사용하는 방법을 확인할 수 있다.

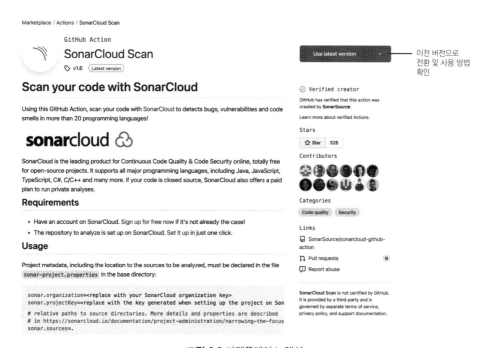

그림 6.8 마켓플레이스 액션

마켓플레이스에 액션을 올리는 것은 간단하다. 액션이 퍼블릭 리포지터리이며 액션 이름이 고유한지 그리고 액션에 정확한 도움말이 포함돼 있는지 확인한다. 아이콘과 색상을 선택해 action.yml에 추가한다.

```
branding:
  icon: 'award'
  color: 'green'
```

깃허브는 자동으로 action.yml 파일을 탐지하고 **Draft a release** 버튼을 제공한다. **Publish this Action to GitHub Marketplace**를 선택하면 서비스 약관에 동의해야 하며, 필요한 모든 아티팩트가 있는지 확인한다. 태그를 선택하거나 새로운 태그를 생성하고 릴리스에 대한 제목과 설명을 추가할 수 있다.

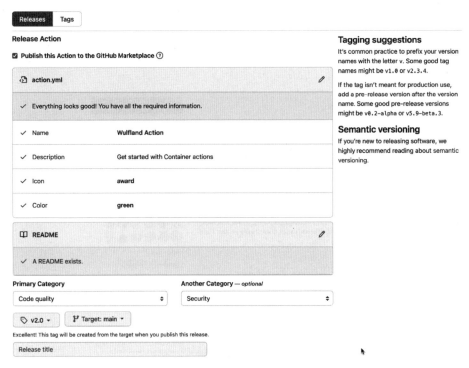

그림 6.9 마켓플레이스에 액션 게시

릴리스를 게시하고 임시 버전으로 저장한다.

마켓플레이스는 빠르게 성장하고 있으며 거의 모든 작업을 위한 액션이 있어 자동화가 간단하다.

정리

6장에서는 자동화의 중요성에 대해 설명하고 모든 종류의 자동화를 위한 유연하고 확장 가능한 깃허브 액션에 대해 소개했다.

7장에서는 다양한 호스팅 옵션과 워크플로 러너를 호스팅하는 방법을 알아본다.

⁞ 더 읽을거리 및 참고 자료

6장의 자세한 사항은 다음 자료를 참고한다.

- 제즈 험블Humble J., 데이비드 팔리Farley, D. 『Continuous Delivery』(에이콘출판, 2013)

- Forsgren, N., Humble, J., & Kim, G. (2018). *Accelerate: The Science of Lean Software and DevOps: Building and Scaling High Performing Technology Organizations* (1st ed.) [E-book]. IT Revolution Press.

- *YAML*: https://yaml.org/

- *GitHub Actions*: https://github.com/features/actions 그리고 https://docs.github.com/en/actions

- *GitHub Skills*: https://skills.github.com

- *Workflow Syntax*: https://docs.github.com/en/actions/reference/workflow-syntax-for-github-actions

- *GitHub Marketplace*: https://github.com/marketplace

07

워크플로 실행

7장에서는 **워크플로**workflow를 실행하기 위한 다양한 방법을 살펴본다. 호스팅 및 자체 호스팅 러너에 대해 살펴보고, 다양한 호스팅 옵션을 사용해 하이브리드 클라우드 시나리오와 하드웨어 인 더 루프 테스트hardware-in-the-loop test를 처리하는 방법을 설명한다. 또한 자체 호스팅 러너를 설정, 관리, 확장하는 방법과 모니터링 및 문제 해결에 대한 접근 방법도 본다.

7장에서는 다음과 같은 주제를 다룬다.

- 호스팅 러너hosted runner

- 자체 호스팅 러너self-hosted runner

- 러너 그룹runner group으로 액세스 관리하기

- 레이블 사용하기

- 자체 호스팅 러너 확장하기

- 모니터링 및 문제 해결

⁝⁝ 호스팅 러너

6장에서 이미 **호스팅 러너**를 사용했다. 호스트 러너는 워크플로를 실행하는 데 사용할 수 있는 깃허브 호스팅 가상 머신VM, Virtual Machine이다. 러너는 **리눅스, 윈도우, macOS** 운영체제에서 사용할 수 있다.

격리 및 권한

워크플로의 각 작업은 가상 머신의 새 인스턴스에서 실행되며 완전히 격리된다. 전체 관리자 액세스 권한(리눅스에서는 암호 없는 sudo)이 부여되고 윈도우 머신에서는 **사용자 계정 제어** UAC, User Account Control가 비활성화된다. 즉 워크플로에 필요한 모든 도구를 설치할 수 있다(단, 빌드 시간이라는 비용이 발생한다).

러너는 **사용자 인터페이스**UI, User Interface 요소에도 액세스할 수 있다. 따라서 다른 가상 머신을 통해 실행할 필요 없이 러너 내부에서 **Selenium**과 같은 **UI 테스트**를 실행할 수 있다.

하드웨어

깃허브는 **Microsoft Azure**의 **Standard_DS2_v2** 가상 머신에서 리눅스와 윈도우 러너를 호스팅한다. 리눅스와 윈도우 가상 머신의 하드웨어 사양은 다음과 같다.

- 2코어 CPU

- 7GB RAM

- 14GB의 SSD 디스크 공간

macOS 러너는 깃허브의 macOS 클라우드에서 호스팅되며 하드웨어 사양은 다음과 같다.

- 3코어 CPU

- 14GB RAM

- 14GB의 SSD 디스크 공간

소프트웨어

표 7.1에서 현재 사용 가능한 이미지 목록을 확인할 수 있다.

표 7.1 현재 호스팅된 러너에 사용 가능한 이미지[1]

가상 환경	YAML 워크플로 레이블	참고
Windows Server 2022	`windows-latest,` `windows-2022`	windows-latest 레이블은 현재 Windows Server 2022 러너 이미지를 사용한다.
Windows Server 2019	`windows-2019`	
Ubuntu 22.04	`ubuntu-latest,` `ubuntu-22.04`	ubuntu-latest 레이블은 현재 Ubuntu 22.04 러너 이미지를 사용한다.
Ubuntu 20.04	`ubuntu-20.04`	
Ubuntu 18.04	`ubuntu-18.04`	사용 중단됨. ubuntu-20.04 또는 ubuntu-22.04로 전환해야 한다.

macOS Monterey 12	`macos-latest,`
	`macos-12,`
	`macos-latest-xl,`
	`macos-12-xl`
		macos-latest, macos-latest-xl 워크플로 레이블은 현재 macOS 12 러너 이미지를 사용한다.

macOS Big Sur 11	`macos-11`	
macOS Catalina 10.15	`macos-10.15`	사용 중단됨. macOS-11 또는 macOS-12로 전환해야 한다.

현재 목록과 포함된 모든 소프트웨어는 다음 링크(https://github.com/actions/virtual-environments)에서 확인할 수 있다.

---

1 최신 내용은 다음 링크(https://docs.github.com/en/actions/using-jobs/choosing-the-runner-for-a-job#targeting-runners-in-a-group)를 참고하자. – 옮긴이

이 리포지터리는 새 도구를 기본 도구로 설치하도록 요청하려는 경우 이슈를 제기할 수 있는 리포지터리이기도 하다. 이 리포지터리에는 러너의 모든 주요 소프트웨어 업데이트에 대한 공지 사항도 포함돼 있으며, 깃허브 리포지터리의 감시 기능을 사용해 새 릴리스가 생성될 경우 알림을 받을 수 있다.

네트워크

호스팅 러너가 사용하는 IP 주소는 수시로 변경된다. 깃허브 API를 사용해 현재 목록을 확인할 수 있다.

```
curl \
  -H "Accept: application/vnd.github.v3+json" \
  https://api.github.com/meta
```

이에 대한 자세한 내용은 다음 링크(https://docs.github.com/en/rest/reference/meta#get-github-meta-information)에서 확인할 수 있다.

인터넷에서 내부 리소스에 액세스하지 못하도록 허용 목록이 필요한 경우 해당 정보를 사용할 수 있다. 하지만 누구나 호스팅 러너를 사용하고 코드를 실행할 수 있다는 점을 기억하자. 다른 IP 주소를 차단한다고 해서 리소스가 안전한 것은 아니다. 내부 시스템이 공용 인터넷에서 액세스해도 된다고 해서 신뢰할 수 있는 방식으로 보안이 설정되지 않은 IP 주소로 접근하는 것을 허용하지 마라! 즉 시스템에 패치를 적용하고 보안 인증을 적용해야 한다. 그렇지 않은 경우 자체 호스팅 러너를 사용해야 한다.

> **NOTE**
>
> 깃허브 조직 또는 엔터프라이즈 계정에 IP 주소 허용 목록을 사용하는 경우 깃허브에서 호스팅하는 러너를 사용할 수 없으며 대신 자체 호스팅하는 러너를 사용해야 한다.

가격

공용 리포지터리의 경우 호스팅 러너 사용은 무료다. 깃허브 에디션에 따라 할당된 저장 용량과 월별 무료 빌드 시간이 제공된다(표 7.2 참고).

표 7.2 다양한 깃허브 에디션에 포함된 저장 용량 및 빌드 시간

깃허브 에디션	저장 용량	시간(분)	최대 동시 작업 수
Github Free	500MB	2,000	20(macOS의 경우 5)
Github Pro	1GB	3,000	40(macOS의 경우 5)
Github Free for organizations	500MB	2,000	20(macOS의 경우 5)
Github Team	2GB	3,000	60(macOS의 경우 5)
Github Enterprise Cloud	50GB	50,000	180(macOS의 경우 50)

마이크로소프트 엔터프라이즈 Microsoft Enterprise 계약을 통해 **깃허브 엔터프라이즈**GitHub Enterprise를 구매한 경우, **애저 구독 ID**Azure Subscription ID를 깃허브 엔터프라이즈 계정에 연결할 수 있다. 이렇게 하면 깃허브 에디션에 포함된 것 외에 추가 **깃허브 액션**GitHub Actions 사용량에 대한 비용을 지불할 수 있다.

윈도우 및 macOS 런처에서 실행되는 작업은 리눅스보다 더 많은 빌드 시간을 소모한다. 윈도우는 2배수, macOS는 10배수로 시간을 소비한다. 즉 윈도우에서 1,000분을 사용하면 계정에 포함된 시간 중 2,000분이 소모되는 반면, macOS에서 1,000분을 사용하면 계정에 포함된 시간 중 10,000분이 소모된다.

그 이유는 빌드 시간이 더 비싸기 때문이다. 깃허브 에디션에 포함된 시간 외에 추가 시간을 지불할 수 있다. 다음은 각 운영체제에 대한 빌드 시간 비용이다.

- 리눅스: $0.008

- macOS: $0.08

- 윈도우: $0.016

추가 저장 용량에 대한 비용은 모든 러너에게 동일하며, GB당 0.25달러다.

월 단위 요금제를 사용하는 고객의 경우 계정의 기본 지출 한도는 $0다. 이렇게 하면 추가 빌드 시간이나 저장 용량을 사용할 수 없다. 청구서 결제를 사용하는 경우 계정에 기본적으로 무제한 지출 한도가 적용된다.

지출 한도를 $0보다 높게 설정하면 지출 한도에 도달할 때까지 계정에 포함된 금액을 초과하는 추가 시간 또는 저장 용량에 대해 요금이 청구된다.

⁝⁝⁞ 자체 호스팅 러너

하드웨어, 운영체제, 소프트웨어, 네트워크 액세스에 대해 깃허브 호스팅 러너가 허용하는 것보다 더 많은 제어 권한이 필요한 경우 러너를 직접 호스팅할 수 있다. **자체 호스팅 러너**self-hosted runner는 물리 머신, 가상 머신 또는 컨테이너에 설치할 수 있다. 온프레미스on-premise 또는 모든 퍼블릭 클라우드 환경에서 실행할 수 있다.

자체 호스팅 러너를 사용하면 다른 빌드 환경에서 쉽게 마이그레이션할 수 있다. 이미 자동화된 빌드가 있는 경우 머신에 러너를 설치하기만 하면 코드를 빌드할 수 있다. 하지만 빌드 머신이 여전히 수동으로 유지 관리되는 걸음마 수준의 머신이거나 심지어 개발자의 책상에서 실제로 멀리 떨어진 곳에 위치한 경우라면 이는 영구적인 해결책이 아니다. 동적으로 확장되는 환경을 구축하고 호스팅하려면 클라우드에서 호스팅하든 온프레미스에서 호스팅하든 전문 지식이 필요하고 비용이 많이 든다는 점을 명심하라. 따라서 호스팅 러너를 사용할 수 있다면 이 방법이 언제나 더 쉬운 옵션이다. 만약 자체 호스팅 솔루션이 필요하다면 탄력적으로 확장할 수 있는 솔루션인지 확인해야 한다.

자체 러너를 호스팅하면 온프레미스 환경에서 **깃허브 엔터프라이즈 클라우드**(GitHub Enterprise Cloud) 내에서 안전하게 빌드 및 배포할 수 있다. 이는 하이브리드 모드에서 깃허브를 실행할 수 있게 해준다. 즉 기본 자동화 및 클라우드 환경으로의 배포를 위해 클라우드에서 호스팅 러너를 사용하고, 온프레미스에서 호스팅되는 애플리케이션을 빌드하거나 배포하기 위해 자체 호스팅 러너를 사용할 수 있다. 이는 모든 빌드 및 배포를 위한 빌드 환경을 직접 실행하는 것보다 저렴하고 간단한 솔루션이 될 수 있다.

하드웨어에 의존해서 소프트웨어를 테스트하는 경우(예: 하드웨어 인 더 루프 테스트 사용 시) 자체 호스팅 러너를 사용하는 것 외에는 방법이 없다. 깃허브에서 호스팅하는 러너에 하드웨어를 연결할 수 있는 방법이 없기 때문이다.

러너 소프트웨어

러너는 오픈소스이며 다음 링크(https://github.com/actions/runner)에서 찾을 수 있다. 리눅스, macOS, 윈도우에서 x64 프로세서 아키텍처를 지원한다. 또한 ARM64 및 ARM32 아키텍처도 지원하나 리눅스에서만 지원된다. 이 러너는 **우분투, 레드햇 엔터프라이즈 리눅스 7 이상, 데비안 9 이상, 윈도우 7/8/10 및 윈도우 서버, macOS 10.13 이상** 등 많은 운영체제를 지원한다. 전체 목록은 다음 링크(https://docs.github.com/en/actions/hosting-your-own-runners/about-self-hosted-runners#supported-architectures-and-operating-systems-for-self-hosted-runners)에서 설명서를 참고하자.

러너가 자동으로 업데이트하므로 사용자가 직접 관리할 필요가 없다.

러너와 깃허브 간의 통신

러너 소프트웨어는 아웃바운드 연결을 사용해 포트 443을 통해 **HTTPS 롱 폴링**HTTPS long polling을 사용해 깃허브를 폴링한다. 50초 동안 연결을 열고 응답이 수신되지 않으면 연결이 종료된다.

머신에 다음 URL에 대한 적절한 네트워크 접근 권한이 있는지 확인해야 한다.

```
github.com
api.github.com
*.actions.githubusercontent.com
github-releases.githubusercontent.com
github-registry-files.githubusercontent.com
codeload.github.com
*.pkg.github.com
pkg-cache.githubusercontent.com
pkg-containers.githubusercontent.com
pkg-containers-az.githubusercontent.com
*.blob.core.windows.net
```

방화벽에서 인바운드 포트를 열 필요가 없다. 모든 통신은 클라이언트를 통해 실행된다. 깃허브 조직 또는 엔터프라이즈에 IP 주소 허용 목록을 사용하는 경우, 해당 허용 목록에 자체 호스팅 러너의 IP 주소 범위를 추가해야 한다.

프록시 서버 뒤편에서 자체 호스팅 러너 사용

프록시 서버 뒤편에서 자체 호스팅 러너를 실행해야 하는 경우에도 그렇게 할 수 있다. 하지만 이 경우 많은 문제가 발생할 수 있다는 점에 유의하자. 러너 자체는 정상적으로 통신할 수 있지만 패키지 관리, 컨테이너 레지스트리, 러너에 의해 실행되고 리소스에 액세스해야 하는 모든 것이 부담을 유발한다. 이를 피할 수 있다면 피하는 것이 좋다. 하지만 프록시 서버 뒤편에서 워크플로를 실행해야 하는 경우 다음 환경 변수를 사용해 러너를 구성할 수 있다.

- https_proxy: 여기에는 HTTPS(포트 443) 트래픽에 대한 프록시 URL이 포함된다. 기본 인증(예: https://user:password@proxy.local)을 포함할 수도 있다.

- http_proxy: HTTP(포트 80) 트래픽에 대한 프록시 URL을 포함한다. 기본 인증(예: http://user:password@proxy.local)을 포함할 수도 있다.

- no_proxy: 여기에는 프록시 서버를 우회해야 하는 쉼표로 구분된 호스트 목록이 포함된다.

환경 변수를 변경하면 변경 사항을 적용하기 위해 러너를 다시 시작해야 한다.

환경 변수를 사용하는 대신 .env 파일을 사용하는 방법도 있다. 러너의 애플리케이션 폴더에 이름이 .env인 파일을 저장한다. 그 후 구문은 환경 변수와 동일하다.

```
https_proxy=http://proxy.local:8081
no_proxy=example.com,myserver.local:443
```

다음으로 자체 호스팅 러너를 깃허브에 추가하는 방법을 살펴본다.

깃허브에 자체 호스팅 러너 추가하기

리포지터리, 조직, 엔터프라이즈 등 다양한 수준에서 깃허브에 러너를 추가할 수 있다. 리포지터리 수준에서 러너를 추가하면 해당 단일 리포지터리 전용으로 사용된다. 조직 수준의 러너는 조직 내 여러 리포지터리에 대한 작업을 처리할 수 있으며 엔터프라이즈 수준 러너는 기업의 여러 조직에 할당할 수 있다.

러너를 설치하고 깃허브 인스턴스에 등록하는 방법은 간단하다. **Settings > Actions > Runners**로 이동해 추가하려는 수준의 러너를 선택한다. 그런 다음 운영체제 및 프로세서 아키텍처를 선택한다(그림 7.1 참고).

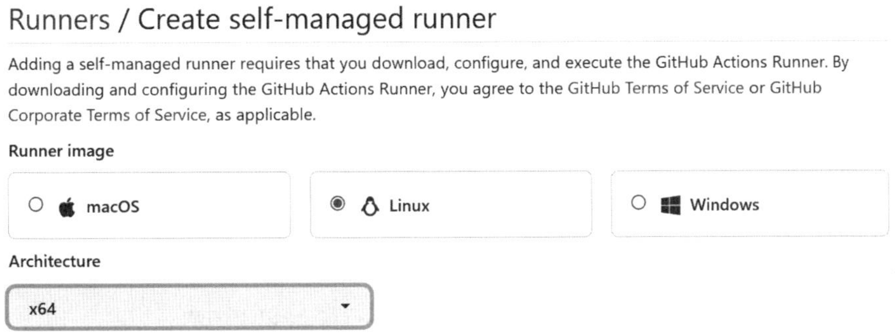

Runners / Create self-managed runner

Adding a self-managed runner requires that you download, configure, and execute the GitHub Actions Runner. By downloading and configuring the GitHub Actions Runner, you agree to the GitHub Terms of Service or GitHub Corporate Terms of Service, as applicable.

Runner image

○ 🍎 macOS	◉ 🐧 Linux	○ ⊞ Windows

Architecture

x64 ▼

그림 7.1 자체 호스팅 러너 설치하기[2]

---

2 그림 내 메뉴 타이틀과 최신 메뉴 타이틀이 다르다(self-managed runner → self-hosted runner). – 옮긴이

다음을 수행하면 스크립트가 생성된다.

1. 러너 다운로드 및 압축 해제한다

2. 해당 설정값으로 러너를 구성한다.

3. 러너를 시작한다.

스크립트의 첫 번째 부분은 항상 actions-runner라는 폴더를 만든 다음 작업 디렉터리를 해당 폴더로 변경한다.

```
$ mkdir actions-runner && cd actions-runner
```

최신 러너 패키지를 다운로드하는 방법은 리눅스와 macOS에서는 curl 명령으로, 윈도우에서는 Invoke-WebRequest로 실행한다.

```
# Linux and macOS:
$ curl -o actions-runner-<ver>.tar.gz -L https://github.com/
actions/runner/releases/download/<ver>/actions-runner-<ver>.
tar.gz
# Windows:
$ Invoke-WebRequest -Uri https://github.com/actions/runner/
releases/download/<ver>/actions-runner-<ver>.zip -OutFile
actions-runner-<ver>.zip
```

보안상의 이유로 패키지가 손상되지 않았는지 확인하기 위해 다운로드한 패키지의 해시를 검증한다.

```
# Linux and macOS:
$ echo "<hash> actions-runner-<ver>.tar.gz" | shasum -a 256 -c
# Windows:
$ if((Get-FileHash -Path actions-runner-<ver>.zip -Algorithm
SHA256).Hash.ToUpper() -ne '<hash>'.ToUpper()){ throw 'Computed
checksum did not match' }
```

그런 다음 ZIP/TAR 파일에서 러너를 압축 해제한다.

```
# Linux and macOS:
$ tar xzf ./actions-runner-<ver>.tar.gz
# Windows:
$ Add-Type -AssemblyName System.IO.Compression.FileSystem ;
[System.IO.Compression.ZipFile]::ExtractToDirectory("$PWD/
actions-runner-<ver>.zip", "$PWD")
```

config.sh / config.cmd 스크립트를 사용해 구성이 수행되고 URL과 토큰은 깃허브에
서 자동으로 생성된다.

```
# Linux and macOS:
$ ./config.sh --url https://github.com/org --token token
# Widows:
$ ./config.cmd --url https://github.com/org --token token
```

이 구성은 러너 그룹(기본값은 기본 그룹), 러너 이름(기본값은 머신 이름), 추가 레이블을 입력하도록 요
청한다. 기본 레이블은 자체 호스팅 상태, 운영체제, 프로세서 아키텍처(예: 각각 자체 호스팅, 리
눅스, X64)를 설명하기 위해 적용된다. 기본 작업 폴더는 _work이며 변경하지 않아야 한다.
윈도우에서는 액션 러너를 서비스로 실행하도록 선택할 수도 있다. 리눅스 및 macOS
에서는 구성 후 다른 스크립트를 사용해 서비스를 설치해야 한다.

```
$ sudo ./svc.sh install
$ sudo ./svc.sh start
```

러너를 서비스로 실행하지 않으려면 실행 스크립트를 사용해 대화형으로 실행할 수
있다.

```
$ ./run.sh
$ ./run.cmd
```

러너가 실행 중이면 **Settings › Actions › Runners**에서 상태 및 태그와 함께 나열된
것을 볼 수 있다(그림 7.2 참고).

Runners

Host your own runners and customize the environment used to run jobs in your GitHub Actions workflows. Learn more about self-hosted runners.

Runners					Status
🖳 linux-runner	self-hosted	linux	x64		● Idle
🖳 windows-runner	self-hosted	x64	windows		● Idle

그림 7.2 태그 및 상태와 함께 자체 호스팅 러너

이제 이러한 자체 호스팅 러너를 깃허브에서 제거하는 방법을 알아보자.

자체 호스팅 러너 제거하기

깃허브에서 러너를 재구성하거나 제거하려면 제거 옵션이 포함된 구성 스크립트를 사용해야 한다. 이름을 클릭해 러너의 세부 정보를 열면 **Remove** 버튼이 표시된다(그림 7.2 참고). 이 버튼을 클릭하면 스크립트와 토큰이 생성된다.

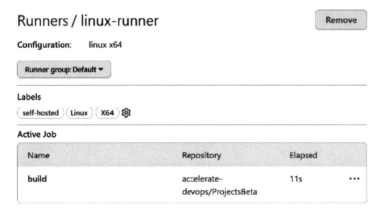

그림 7.3 러너 세부 정보

스크립트는 각 운영체제에 따라 다음과 같다.

```
# Linux and macOS
./config.sh remove --token <token>
```

```
# Windows
./config.cmd remove --token <token>
```

머신을 종료하기 전에 항상 러너를 제거하자. 이 작업을 잊어버린 경우에도 **Remove** 대화 상자에서 **Force remove this runner** 버튼을 사용할 수 있다. 하지만 이 방법은 최후의 수단으로만 사용해야 한다.

⁂ 러너 그룹으로 액세스 관리하기

조직 또는 엔터프라이즈 수준에서 러너를 등록하는 경우 **러너 그룹**^{runner group}을 사용해 자체 호스팅된 러너에 대한 액세스를 제어한다. 기업 관리자는 기업 내 어느 조직이 러너 그룹에 접근할 수 있는지 관리하는 액세스 정책을 구성할 수 있으며, 조직 관리자는 조직 내 어느 리포지터리가 러너 그룹에 접근할 수 있는지 관리하는 액세스 정책을 구성할 수 있다. 모든 엔터프라이즈와 모든 조직에는 삭제할 수 없는 Default라는 기본 러너 그룹이 있다.

> **NOTE**
>
> 러너는 한 번에 하나의 러너 그룹에만 속할 수 있다.

액세스 권한을 관리하려면 엔터프라이즈 수준에서 **Policies**를 열거나 조직 수준에서 **Settings**를 열고 메뉴에서 **Actions › Runner Groups**를 찾는다. 여기에서 새 러너 그룹을 만들거나 기존 그룹을 클릭해 액세스 설정을 조정할 수 있다. 레벨이 엔터프라이즈인지 조직인지에 따라 특정 조직 또는 리포지터리에 대한 액세스를 허용할 수 있다 (그림 7.3 참고).

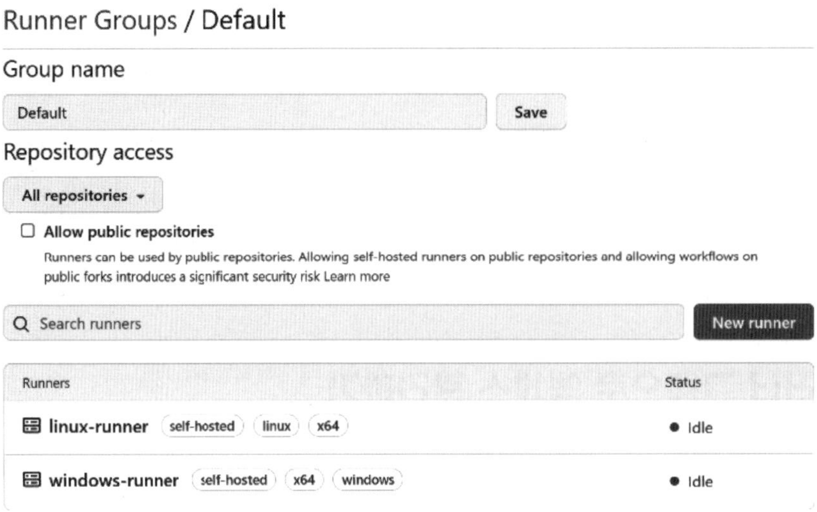

Runner Groups / Default

Group name

| Default | | Save |

Repository access

[All repositories ▾]

☐ **Allow public repositories**
Runners can be used by public repositories. Allowing self-hosted runners on public repositories and allowing workflows on public forks introduces a significant security risk Learn more

| Q Search runners | | New runner |

Runners	Status
⊞ **linux-runner** (self-hosted) (linux) (x64)	● Idle
⊞ **windows-runner** (self-hosted) (x64) (windows)	● Idle

그림 7.4 러너 그룹에 대한 옵션

Warning

공용 리포지터리에 대한 액세스는 기본적으로 비활성화돼 있다. 그대로 둬야 한다! 자체 호스팅 러너를 퍼블릭 리포지터리와 함께 사용해서는 안 된다! 포크는 러너에 악성 코드를 실행하게 만들 수 있으므로 위험하다. 공개 리포지터리에 자체 호스팅 러너가 필요한 경우 내부 리소스에 액세스할 수 없는 임시적이고 하드닝된 러너를 사용해야 한다. 이는 호스팅 러너에 설치하는 데 시간이 너무 오래 걸리는 특별한 오픈소스 프로젝트용 도구가 필요한 경우에 해당될 수 있다. 하지만 이런 경우는 드물기 때문에 피하는 것이 좋다.

새 러너를 등록할 때 러너 그룹의 이름을 묻는 메시지가 표시된다. 이 이름을 구성 스크립트에 매개변수로 전달할 수도 있다.

```
$ ./config.sh --runnergroup <group>
```

이제 러너 그룹으로 액세스를 관리하는 방법을 배웠으므로 이제 레이블을 사용하는 방법을 배워보겠다.

레이블 사용하기

깃허브 액션은 올바른 레이블을 검색해 워크플로를 러너와 일치시킨다. 레이블은 러너를 등록할 때 적용된다. 구성 스크립트에 매개변수로 전달할 수도 있다.

```
$ ./config.sh --labels self-hosted,x64,linux
```

나중에 **Labels** 옆의 톱니바퀴 아이콘을 눌러 레이블을 수정하고 러너의 세부 정보에서 새 레이블을 만들 수 있다(그림 7.4 참고).

그림 7.5 러너에 대한 새 레이블 만들기

워크플로에 특정 요구 사항이 있는 경우 사용자 지정 레이블을 만들 수 있다. 사용자 지정 레이블의 예로는 matLab과 같은 도구 또는 필요한 GPU 액세스에 대한 태그를 추가하는 것이 있다.

모든 자체 호스팅 러너에는 기본적으로 self-hosted 태그가 있다.

워크플로에서 러너를 사용하려면 태그 형태로 요구 사항을 지정한다.

```
runs-on: [self-hosted, linux, X64, matlab, gpu]
```

이렇게 하면 워크플로에서 필요한 요구 사항을 충족하는 해당 러너를 찾을 수 있다.

⠿ 자체 호스팅 러너 확장하기

기존 빌드 머신에 액션 러너를 설치하면 깃허브로 쉽게 마이그레이션할 수 있다. 하지만 이것은 장기적인 해결책이 아니다! 호스팅 러너를 사용할 수 없다면 탄력적으로 확장할 수 있는 빌드 환경을 직접 구축해야 한다.

임시 러너

빌드 머신이나 컨테이너를 위한 탄력적 확장 솔루션을 구축하는 경우 임시 러너^{ephemeral} runners를 사용해야 한다. 즉 아무것도 없는 이미지를 가상 머신이나 **도커** 이미지로 사용하고 임시 러너를 설치한다. 그리고 실행 후에는 모든 것을 지운다. 영구적인 러너를 사용하는 탄력적 확장 솔루션은 권장되지 않는다!

러너를 임시로 구성하려면 구성 스크립트에 다음 매개변수를 전달한다.

```
$ ./config.sh --ephemeral
```

깃허브 웹훅으로 스케일 업 및 스케일 다운하기

가상 환경을 스케일 업 및 스케일 다운하려면 **깃허브 웹훅**^{GitHub webhooks}을 사용할 수 있다. 새 워크플로가 큐에 대기 중인 경우 큐 작업 키와 함께 `workflow_job` 웹훅이 호출된다. 이 이벤트를 사용해 새 빌드 머신을 시작하고 머신 풀에 추가할 수 있다. 워크플로 실행이 완료된 경우 완료된 작업으로 `workflow_job` 웹훅이 호출된다. 이 이벤트를 사용해 머신을 정리하고 제거할 수 있다.

자세한 내용은 다음 링크(https://docs.github.com/en/developers/webhooks-and-events/webhooks/webhook-events-and-payloads#workflow_job)에서 설명서를 참고할 수 있다.

기존 솔루션

쿠버네티스Kubernetes, **AWS EC2** 또는 **오픈시프트**OpenShift에서 탄력적인 가상 빌드 환경을 구축하는 것은 이 책의 범위를 벗어난다. 깃허브는 이 자체에 대한 솔루션을 제공하지는 않지만, 활용하고자 한다면 많은 시간과 노력을 절약할 수 있는 많은 오픈소스 솔루션이 깃허브에 있다. 요하네스 니콜라이Johannes Nicolai(@jonico)가 다양한 솔루션을 정리한 자료를 만들었다. 리포지터리는 다음 링크(https://github.com/jonico/awesome-runners)에서 찾을 수 있다. 이 자료는 깃허브 페이지 형태로 더 읽기 쉽기 때문에 다음 링크(https://jonico. github.io/awesome-runners)를 방문하는 것이 좋다. 이 비교표는 대상 플랫폼, 깃허브 엔터프라이즈 지원 여부, 자동 확장 기능, 정리 요소, 기타 기준에 따라 솔루션을 비교한다.

> **TIP**
>
> 커스텀 이미지로 확장 가능한 빌드 환경을 구축하고 실행하려면 다른 작업에 사용할 수 있는 많은 시간과 노력이 필요하다는 점을 명심해야 한다. 호스팅 러너를 사용하는 것이 더 저렴하고 지속 가능한 솔루션이다. 호스팅 러너를 사용하기 전에 자체 플랫폼에 이러한 투자가 꼭 필요한지 확인해야 한다. 자체 러너를 호스팅하는 다른 옵션이 있는 경우가 많은데, 예를 들어 자체 도커 이미지를 깃허브 액션으로 가져오거나 봇을 사용해 온프레미스 리소스에 대한 배포를 자동화하는 방법이 있다.

⁂ 모니터링 및 문제 해결

자체 호스팅 러너에 문제가 있는 경우 문제 해결에 도움이 될 수 있는 몇 가지 방법이 있다.

러너의 상태 확인

Settings › Actions › Runners에서 러너의 상태를 확인할 수 있다. 러너의 상태는 유휴idle, 활성active 또는 오프라인offline일 수 있다. 러너 상태가 오프라인인 경우 컴퓨터가 다운됐거나 네트워크에 연결돼 있지 않거나 혹은 자체 호스팅 러너 애플리케이션이 머신에서 실행되고 있지 않을 수 있다.

애플리케이션 로그 파일 검토

로그 파일은 러너의 루트 디렉터리에 있는 _diag 폴더에 러너에 보관된다. diag에서 러너 애플리케이션 로그 파일을 검토할 수 있다. **애플리케이션 로그 파일** 이름은 Runner_로 시작하며 UTC 타임스탬프가 추가된다.

```
Runner_20210927-065249-utc.log
```

작업 로그 파일 검토

작업 로그 파일도 _diag에 있다. 각 작업에는 고유한 로그가 있다. 애플리케이션 로그 파일 이름은 Worker_로 시작하며 UTC 타임스탬프가 추가된다.

```
Worker_20210927-101349-utc.log
```

서비스 상태 확인

러너가 서비스로 실행되는 경우 운영체제에 맞춰 서비스 상태를 확인할 수 있다.

리눅스

리눅스에서는 러너 폴더의 .service 파일에서 서비스 이름을 확인할 수 있다. journalctl 도구를 사용해 러너 서비스의 실시간 활동을 모니터링할 수 있다.

```
$ sudo journalctl -u $(cat ~/actions-runner/.service) -f
```

서비스 구성은 /etc/systemd/systemd/에서 확인하고 사용자 지정할 수 있다.

```
$ cat /etc/systemd/system/$(cat ~/actions-runner/.service)
```

macOS

macOS에서는 svc.sh 스크립트를 사용해 서비스 상태를 확인할 수 있다.

```
$ ./svc.sh status
```

앞의 스크립트 출력에는 서비스 이름과 프로세스 ID가 포함돼 있다. 서비스 구성을 확인하려면 다음 위치에서 파일을 찾는다.

```
$ cat /Users/<user_name>/Library/LaunchAgents/<service_name>
```

윈도우

윈도우에서는 **파워셸**을 사용해 서비스에 대한 정보를 검색할 수 있다.

```
$ Get-Service "action*"
```

EventLog를 사용해 서비스의 최근 활동을 모니터링할 수 있다.

```
Get-EventLog -LogName Application -Source ActionsRunnerService
```

러너 업데이트 프로세스 모니터링

러너는 자동으로 업데이트돼야 한다. 그렇지 않으면 러너가 워크플로를 실행할 수 없다. diag 디렉터리의 Runner_* 로그 파일에서 업데이트 활동을 확인할 수 있다.

사례 연구

테일윈드 기어즈의 두 파일럿 팀은 새로운 플랫폼에서 첫 번째 스프린트를 시작한다. 가장 먼저 자동화한 것은 병합 전에 모든 풀 리퀘스트pull request를 빌드할 수 있도록 빌드 프로세스다. 테일윈드 기어즈는 가능한 한 깃허브에서 호스팅하는 러너를 사용하려고 한다. 대부분의 소프트웨어는 잘 빌드된다. 그러나 C로 작성된 일부 코드는 이전 컴파일러 버전을 사용하며 현재 빌드 머신에 몇 가지 다른 종속성이 설치돼 있다. 이 코드는 현재 개발자가 직접 유지 관리하는 2개의 로컬 젠킨스Jenkins 서버에 빌드돼 있다. 이러한 서버는 하드웨어 인 더 루프 테스트에 사용되는 하드웨어에도 연결돼 있다. 쉽게 전환할 수 있도록 자체 호스팅 러너가 이러한 머신에 설치돼 빌드가 정상적으로 실행된다. IT 부서는 어쨌든 이러한 로컬 서버를 없애고 싶기 때문에 깃허브 파트너와 협력해 연결된 하드웨어에 액세스할 수 있는 커스텀 이미지를 실행할 수 있는 탄력적이고 확장 가능한 컨테이너 기반 솔루션을 구축한다.

정리

7장에서는 워크플로를 실행하기 위한 두 가지 호스팅 옵션에 대해 배웠다.

* 깃허브 호스팅 러너

* 자체 호스팅 러너

하이브리드 클라우드 시나리오에서 자체 호스팅 러너를 사용해 깃허브를 실행하는 방법을 설명했다. 자체 호스팅 러너를 설정하는 방법과 탄력적으로 확장 가능한 자체 빌드 환경을 구축하는 데 도움이 되는 정보를 찾을 수 있는 위치에 대해 배웠다.

8장에서는 깃허브 패키지GitHub Packages를 사용해 코드 종속성을 관리하는 방법을 배우게 된다.

⁝⊱ 더 읽을거리 및 참고 자료

7장의 주제에 대한 자세한 내용은 다음 리소스를 참고할 수 있다.

- *Using GitHub-hosted runners*: https://docs.github.com/en/actions/using-github-hosted-runners

- *Hosting your own runners*: https://docs.github.com/en/actions/hosting-your-own-runners

- *awesome-runners - A curated list of awesome self-hosted GitHub Action runner solutions in a large comparison matrix*: https://jonico.github.io/awesome-runners

08

깃허브 패키지를 사용한 종속성 관리

패키지 레지스트리를 사용해서 종속성을 관리하는 것은 어렵다. NET의 경우 NuGet, 자바스크립트의 경우 npm, 자바의 경우 메이븐^{Maven} 또는 그래들^{Gradle}을 사용한다. 하지만 여전히 파일 시스템이나 깃 서브 모듈을 사용해서 여러 코드 베이스에서 코드 파일을 재사용하거나 어셈블리를 빌드해 소스 컨트롤에 저장하는 팀이 많다. **시맨틱 버저닝**^{semantic versioning}을 사용한 패키지로 전환하면 쉽고 저렴하게 공유 코드의 품질과 검색 가능성을 높일 수 있다.

8 장에서는 소프트웨어 공급망을 관리하듯이 깃허브 패키지를 사용해서 내부 종속성을 관리하는 방법을 설명한다.

8장에서는 다음과 같은 주제를 다룬다.

- 깃허브 패키지

- 액션과 함께 npm 패키지 사용

- 패키지와 함께 도커 사용

- 아파치 메이븐^{Apache Maven}, 그래들, NeGet, RubyGems 패키지

패키지를 사용한다고 해서 자동으로 느슨하게 결합된 아키텍처가 되는 것은 아니다. 대부분의 경우 패키지는 여전히 강한 종속성을 갖고 있다. 패키지를 어떻게 사용하느냐에 따라 릴리스 주기를 실제로 분리할 수 있다.

⋮⋮⋮► 깃허브 패키지

깃허브 패키지는 패키지, 컨테이너, 기타 종속성을 호스팅하고 관리하기 위한 플랫폼이다.

깃허브 패키지를 깃허브 액션, 깃허브 API 및 웹 훅과 통합할 수 있다. 이를 통해 코드를 릴리스하고 사용하기 위한 엔드-투-엔드end-to-end 워크플로를 작성할 수 있다.

깃허브 패키지는 현재 다음 레지스트리를 지원한다.

- 도커 및 **OCI** 이미지를 지원하는 **컨테이너** 레지스트리

- **npm**을 사용하는 자바스크립트의 npm 레지스트리(package.json)

- .NET 용 **NuGet** 레지스트리 (nupkg)

- 자바용 **아파치 메이븐** 레지스트리(pom.xml)

- 자바용 **그래들** 레지스트리(build.gradle)

- 루비용 **RubyGems** 레지스트리(Gemfile)

요금 책정

공개 패키지의 경우 무료이며 비공개 패키지의 경우 각 깃허브 버전에는 일정량의 스토리지 및 데이터 전송이 포함된다. 해당 금액을 초과하는 사용량은 별도로 청구되며 지출 한도를 통해 제어할 수 있다.

월별 청구 고객의 기본 지출 한도는 $0로 설정돼 있어 추가 스토리지 사용이나 데이터 전송이 불가능하다. 청구 고객은 기본 지출 한도가 무제한이다.

각 제품에 대한 포함된 스토리지 및 데이터 전송량은 표 8.1에 나열돼 있다.

표 8.1 깃허브 제품의 패키지에 대한 스토리지 및 데이터 전송량

제품	저장 용량	데이터 전송량(월별)
GitHub Free	500MB	1GB
GitHub Pro	2GB	10GB
GitHub Free for organizations	500MB	1GB
GitHub Team	2GB	10GB
GitHub Enterprise Cloud	50GB	100GB

깃허브 액션에 의해 트리거된 경우 모든 아웃바운드 데이터 전송은 무료이며, 모든 소스로부터의 모든 인바운드 데이터 전송도 무료다.

포함된 한도에 도달하면 다음과 같은 비용을 청구한다.[1]

- **스토리지**: GB당 $0.25

- **데이터 전송량**: GB당 $0.50

가격에 대한 자세한 내용은 다음 링크(https://docs.github.com/en/billing/managing-billing-for-github-packages/about-billing-for-github-packages)를 참고한다.

권한과 가시성

리포지터리에 게시된 패키지는 패키지를 소유한 리포지터리의 권한과 가시성을 상속받는다. 해당 컨테이너 패키지만 세분화된 권한 및 액세스 제어를 제공한다(그림 8.1 참고).

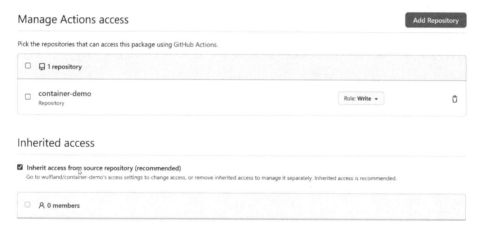

그림 8.1 컨테이너 패키지에 대한 액세스 관리

다른 모든 패키지 유형은 리포지터리 범위 패키지에 대한 리포지터리 액세스를 따른다. 조직 수준에서 패키지는 소유자에게는 쓰기 권한이 있고 구성원에게는 읽기 권한이 있는 비공개다.

---

1   스토리지 가격은 $0.008/일, $0.25/월(한 달 31일 기준)이다. — 옮긴이

컨테이너 이미지에 대한 관리자 권한이 있는 경우 컨테이너 이미지의 액세스 권한을 비공개private 또는 공개public로 설정할 수 있다. 공개 이미지를 사용하면 인증 없이 익명으로 액세스할 수 있다. 조직 및 리포지터리 수준에서 설정한 권한과는 별도로 컨테이너 이미지에 대한 액세스 권한을 부여할 수도 있다.

조직 수준에서 구성원이 게시할 수 있는 컨테이너 패키지의 유형을 설정할 수 있다. 삭제된 패키지를 확인하고 복원할 수도 있다(그림 8.2 참고).

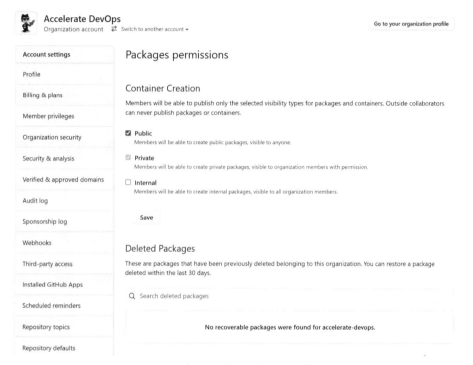

그림 8.2 조직 수준의 패키지 권한

사용자 계정이 소유한 컨테이너 이미지의 경우 모든 사용자에게 액세스 역할을 부여할 수 있다. 조직에서 게시하고 소유한 컨테이너 이미지의 경우 조직에 속한 개인 또는 팀에게만 액세스 역할을 부여할 수 있다.

권한과 가시성에 대한 자세한 내용은 다음 링크(https://docs.github.com/en/packages/learn-github-packages/configuring-a-packages-access-control-and-visibility)를 참고한다.

⁝⁝⁝ 액션과 npm 패키지 사용

깃허브 액션을 사용하면 패키지에 대한 릴리스 워크플로를 매우 쉽게 설정할 수 있다. GITHUB_TOKEN을 사용해서 패키지 관리자의 기본 클라이언트를 인증할 수 있다. npm을 사용해 보려면 다음 단계별 지침을 따른다(https://github.com/wulfland/package-demo).

npm을 설치한 경우 npm init를 사용해서 패키지를 만들거나 위에서 언급한 리포지터리에서 package.json 및 package-lock.json의 내용을 복사한다.

패키지를 게시하는 워크플로는 간단하다. 새 릴리스를 만들 때마다 트리거된다.

```
on:
    release:
        types: [created]
```

워크플로는 두 단계의 작업으로 구성된다. 첫 번째 작업에서는 npm을 사용해서 패키지를 빌드하고 테스트한다.

```
build:
    runs-on: ubuntu-latest
    steps:
        - uses: actions/checkout@v2
        - uses: actions/setup-node@v2
          with:
                node-version: 12
        - run: npm ci
        - run: npm test
```

두 번째 작업에서는 이미지를 레지스트리에 게시한다. 이 작업은 패키지를 작성하고 내용을 읽을 수 있는 권한이 필요하다. 레지스트리에 인증하기 위해 ${{ secrets.GITHUB_TOKEN }}을 사용한다.

```
publish-gpr:
    needs: build
    runs-on: ubuntu-latest
```

```
permissions:
    packages: write
    contents: read
steps:
    - uses: actions/checkout@v2
    - uses: actions/setup-node@v2
      with:
          node-version: 12
          registry-url: https://npm.pkg.github.com
    - run: npm ci
    - run: npm publish
      env:
          NODE_AUTH_TOKEN: ${{secrets.GITHUB_TOKEN}}
```

워크플로는 간단하며 깃허브에서 새 릴리스를 만들 때마다 npm 레지스트리에 새 패키
지를 게시한다. 패키지에 대한 세부 정보 및 설정은 **Code › Packages**에서 확인할 수
있다(그림 8.3 참고).

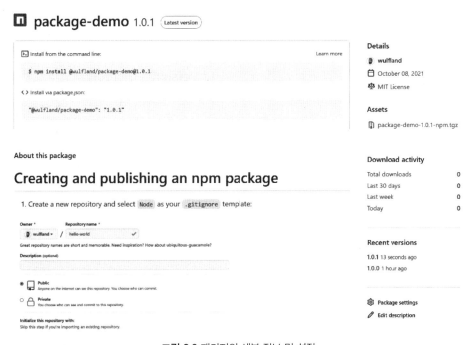

그림 8.3 패키지의 세부 정보 및 설정

npm install @<ownername>/<package-name>을 사용해서 다른 프로젝트에서 패키지를 사용할 수 있다.

이 작업을 자동화하려면 몇 가지 작업을 수행해야 한다. **NPM-Version**(https://github.com/marketplace/actions/npm-version)을 사용해 게시하기 전에 자동으로 npm 버전을 설정할 수 있다. 릴리스 이름(github.event.release.name) 또는 태그(github.event.release.tag_name)를 사용해서 패키지 버전을 설정할 수 있다.

```
- name: 'Change NPM version'
  uses: reedyuk/npm-version@1.1.1
  with:
      version: ${{github.event.release.tag_name}}
```

태그와 브랜치를 기반으로 시맨틱 버전을 정하는 것보다 유연한 접근 방식을 원한다면 **GitVersion**을 사용할 수 있다(https://gitversion.net/). **GitVersion**은 **GitTools** 작업의 일부다 (https://github.com/marketplace/actions/gittools).

GitVersion이 제대로 작동하려면 얕은 복제를 해야 한다. 이를 위해 fetch-depth 매개 변수를 체크아웃 작업에 추가하고 0으로 설정한다.

```
steps:
  - uses: actions/checkout@v2
      with:
          fetch-depth: 0
```

다음으로, **GitVersion**을 설치하고 실행 작업을 실행한다. 시맨틱 버전의 세부 사항을 가져오려면 ID를 설정한다.

```
- name: Install GitVersion
```

```
        uses: gittools/actions/gitversion/setup@v0.9.7
        with:
            versionSpec: '5.x'

    - name: Determine Version
        id: gitversion
        uses: gittools/actions/gitversion/execute@v0.9.7
```

최종 시맨틱 버전 번호는 환경 변수 **$GITVERSION_SEMVER**로 저장된다. 예를 들어 **npm-version**에 대한 입력으로 사용할 수 있다.

NOTE

> **GitVersion**은 버전을 계산하는 방법을 배우기 위해 구성 파일을 지원한다. 자세한 내용은 다음 링크(https://gitversion.net/)를 참고한다.

GitVersion(major, minor, patch 등)에서 세부 정보에 접근해야 하는 경우 gitversion 작업의 출력 매개변수를 사용할 수 있다.

```
    - name: Display GitVersion outputs
        run: |
            echo "Major: ${{ steps.gitversion.outputs.major }}"
```

GitVersion을 사용하면 워크플로를 확장해 릴리스뿐만 아니라 브랜치branch 또는 태그에서 패키지를 만들 수 있다.

```
on:
    push:
        tags:
            - 'v*'
        branches:
            - 'release/*'
```

자동화된 시맨틱 버전을 사용해 릴리스 워크플로를 구축하는 것은 복잡하고 사용하는 워크플로 및 사용하는 패키지 관리자에 따라 많이 다르다. 이 방법은 **NuGet**, **Maven** 또는 다른 패키지 관리자에게도 적용할 수 있다.

꞉꞉꞉ 패키지와 도커 사용

깃허브의 컨테이너 레지스트리는 ghcr.io다. 컨테이너 이미지는 조직 또는 개인 계정에서 소유할 수 있지만 각 이미지에 대한 액세스를 사용자 정의할 수 있다. 기본적으로 이미지는 워크플로가 실행되는 리포지터리의 공개 여부 및 권한 구성을 상속한다.

직접 사용해보고 싶다면 다음 링크(https://github.com/wulfland/container-demo)에서 단계별 가이드를 찾을 수 있다. 다음 단계를 수행해 빌드 작업을 이해할 수 있다.

1. container-demo라는 새 저장소를 만들고 확장자가 없는 간단한 Dockerfile을 추가한다.

   ```
   FROM alpine
   CMD ["echo", "Hello World!"]
   ```

   도커 이미지는 알파인 배포판에서 상속받아 Hello World!를 콘솔로 출력한다. 도커를 처음 사용하고 시도하려는 경우 리포지터리를 복제하고 로컬 리포지터리의 루트에서 디렉토리를 변경하고, 컨테이너에 대한 이미지를 만든다.

   ```
   $ docker build -t container-demo
   ```

   그런 다음 컨테이너를 실행한다.

   ```
   $ docker run --rm container-demo
   ```

   --rm 인수는 완료되면 컨테이너를 자동으로 제거한다. 이 동작은 콘솔에 Hello World!라고 출력해야 한다.

2. 이제 .github/workflows/에 release-container.yml이라는 워크플로 파일을 생성한다. 워크플로는 새 릴리스가 생성될 때마다 트리거된다.

   ```
   name: Publish Docker image
   ```

```
on:
    release:
        types: [published]
```

레지스트리 및 이미지 명이 환경 변수로 설정된다. 리포지터리 이름을 이미지명으로 사용한다. 여기에 고정된 이름을 설정할 수도 있다.

```
env:
    REGISTRY: ghcr.io
    IMAGE_NAME: ${{ github.repository }}
```

이 작업에는 패키지에 대한 쓰기 권한이 필요하며 리포지터리를 복제해야 한다.

```
jobs:
    build-and-push-image:
    runs-on: ubuntu-latest
    permissions:
        contents: read
        packages: write
    steps:
        - name: Checkout repository
            uses: actions/checkout@v2
```

docker/login-action은 GITUB_TOKEN을 사용해서 워크플로를 인증한다. 권장하는 방법은 다음과 같다.

```
- name: Log in to the Container registry
    uses: docker/login-action@v1.10.0
    with:
        registry: ${{ env.REGISTRY }}
        username: ${{ github.actor }}
        password: ${{ secrets.GITHUB_TOKEN }}
```

metadata-action은 깃 콘텍스트에서 메타데이터를 추출하고 도커 이미지에 태그를 적용한다. 릴리스를 생성할 때 태그(refs/tags/<tagname>)를 푸시한다. 이 작업은 깃 태그와 동일한 이름의 도커 태그를 만들고 이미지에 대한 최신 태그도 만든다. id를 설정해서 다음 단계의 출력 변수로 전달한다.

```
- name: Extract metadata (tags, labels)
    id: meta
    uses: docker/metadata-action@v3.5.0
    with:
        images: ${{ env.REGISTRY }}/${{ env.IMAGE_NAME }}
```

build-messages-action은 이미지를 빌드해서 컨테이너 레지스트리에 푸시한다. 태그와 레이블은 meta 단계의 출력에서 가져온다.

```
- name: Build and push Docker image
    uses: docker/build-push-action@v2.7.0
    with:
        context: .
        push: true
        tags: ${{ steps.meta.outputs.tags }}
        labels: ${{ steps.meta.outputs.labels }}
```

3. 새 릴리스 및 태그를 만들어 워크플로를 트리거한다. 워크플로가 완료되면 **Code ›**
   Packages에서 패키지에 대한 세부 정보 및 설정을 찾을 수 있다(그림 8.4 참고).

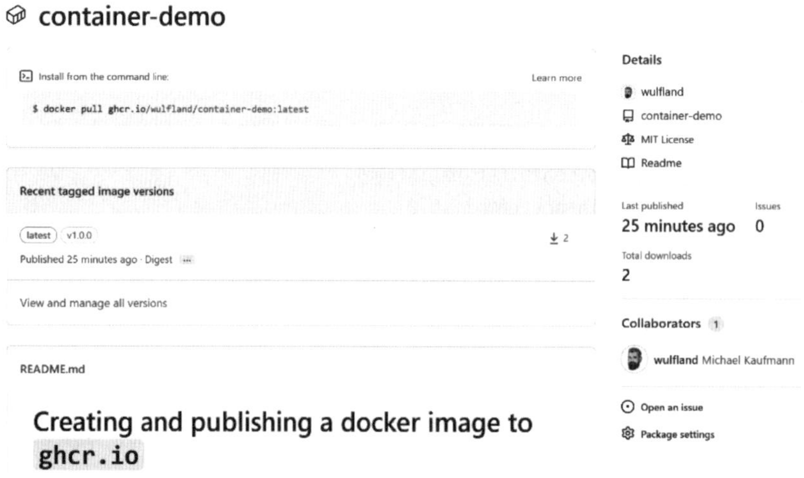

그림 8.4 컨테이너 패키지의 세부 정보 및 설정

깃허브는 이제 새 도커 이미지를 만들고 새 릴리스를 만드는 경우 레지스트리에 추가한다.

4. 레지스트리에서 로컬로 컨테이너를 가져와 실행할 수 있다.

```
$ docker pull ghcr.io/<user>/container-demo:latest
$ docker run --rm ghcr.io/<user>/container-demo:latest
> Hello World!
```

공개 패키지가 아닌 경우 이미지를 가져오기 전에 docker login [ghcr.io]<http://ghcr.io>을 사용해 인증해야 한다.

컨테이너 레지스트리는 소프트웨어를 릴리스하는 좋은 방법이다. 명령줄 도구에서 완전한 마이크로 서비스에 이르기까지 다른 사용자가 사용할 수 있도록 모든 종속성과 함께 소프트웨어를 제공할 수 있다.

⁝⁝⁘ 아파치 메이븐, 그래들, NuGet, RubyGem 패키지

다른 패키지 유형은 기본적으로 npm 및 도커와 동일하다. 네이티브 패키지 관리자를 알고 있다면 실제로 사용하기 쉽다. 각각에 대해 간단히 소개한다.

아파치 메이븐을 사용한 자바

메이븐을 사용하는 **자바** 패키지의 경우에는 패키지 레지스트리를 pom.xml 파일에 추가한다.

```
<distributionManagement>
    <repository>
        <id>github</id>
        <name>GitHub Packages</name>
        <url>https://maven.pkg.github.com/user/repo</url>
    </repository>
```

```
</distributionManagement>
```

그리고 `GITHUB_TOKEN`을 사용해서 패키지를 게시할 수 있다.

```
- name: Publish package
    run: mvn --batch-mode deploy
    env:
        GITHUB_TOKEN: ${{ secrets.GITHUB_TOKEN }}
```

개발 시스템에서 패키지를 검색하려면 read:packages 권한이 있는 **개인 액세스 토큰**[PAT, Personal Access Token]을 사용해서 인증해야 한다. **Settings › Developer Settings › Personal Access Token**에서 새 토큰을 생성할 수 있다. 사용자와 PAT을 ~/.m2/set tings.xml 파일에 추가한다.

자세한 내용은 다음 링크(https://docs.github.com/en/packages/working-with-a-github-packages-registry/working-with-the-apache-maven-registry)를 참고한다.

그래들

그래들에서는 build.gradle 파일에 레지스트리를 추가한다. 환경 변수에서 사용자 이름과 액세스 토큰을 읽을 수 있다.

```
repositories {
    maven {
        name = "GitHubPackages"
        url = "https://maven.pkg.github.com/user/repo"
        credentials {
            username = System.getenv("GITHUB_ACTOR")
            password = System.getenv("GITHUB_TOKEN")
        }
    }
}
```

워크플로에서 gradle publish를 사용해서 게시한다.

```
- name: Publish package
  run: gradle publish
  env:
      GITHUB_TOKEN: ${{ secrets.GITHUB_TOKEN }}
```

자세한 내용은 다음 링크(https://docs.github.com/en/packages/working-with-a-github-packages-registry/
working-with-the-gradle-registry)를 참고한다.

RubyGems

리포지터리의 .gemspec 파일에 대한 모든 **gem**을 빌드하고 게시하려면 마켓플레이스
의 액션을 사용한다.

```
- name: Build and publish gems got .gemspec files
  uses: jstastny/publish-gem-to-github@master
  with:
      token: ${{ secrets.GITHUB_TOKEN }}
      owner: OWNER
```

패키지를 사용하려면 최소 RubyGems 2.4.1 버전 및 bundler 1.6.4 버전이 필요하다.
~/.gemrc 파일을 수정하고 패키지를 설치하기 위해 사용자 이름과 개인 액세스 토큰을
제공해서 레지스트리를 소스로 추가한다.

```
---
:backtrace: false
:bulk_threshold: 1000
:sources:
- https://rubygems.org/
- https://USERNAME:TOKEN@rubygems.pkg.github.com/OWNER/
:update_sources: true
:verbose: true
```

bundler를 사용해서 패키지를 설치하려면 사용자 및 토큰과 함께 패키지를 구성해야
한다.

```
$ bundle config \\
https://rubygems.pkg.github.com/OWNER \\
USERNAME:TOKEN
```

자세한 내용은 다음 링크(https://docs.github.com/en/packages/working-with-a-github-packages-registry/
working-with-the-rubygems-registry)를 참고한다.

NuGet

NuGet 패키지를 게시하려면 setup-dotnet 액션을 사용한다. source-url에 대한 추가
매개변수가 있고, 토큰은 환경 변수를 사용해서 설정한다.

```
- uses: actions/setup-dotnet@v1
  with:
      dotnet-version: '5.0.x'
      source-url: https://nuget.pkg.github.com/OWNER/index.json
  env:
      NUGET_AUTH_TOKEN: ${{secrets.GITHUB_TOKEN}}
```

프로젝트를 빌드하고 테스트한 후 패키지를 레지스트리로 압축하고 푸시한다.

```
- run: |
  dotnet pack --configuration Release
  dotnet nuget push "bin/Release/*.nupkg"
```

패키지를 설치하려면 사용자 및 토큰을 포함해서 nuget.config 파일에 레지스트리를
소스로 추가한다.

```
<?xml version="1.0" encoding="utf-8"?>
<configuration>
```

```
    <packageSources>
        <add key="github" value="https://nuget.pkg.github.com/
OWNER/index.json" />
    </packageSources>
    <packageSourceCredentials>
        <github>
            <add key="Username" value="USERNAME" />
            <add key="ClearTextPassword" value="TOKEN" />
        </github>
    </packageSourceCredentials>
</configuration>
```

자세한 내용은 다음 링크(https://docs.github.com/en/packages/working-with-a-github-packages-registry/ working-with-the-nuget-registry)를 참고한다.

⁖ 정리

패키지 작업은 간단하다. 가장 큰 문제는 인증이다. 하지만 깃허브 액션의 `GITHUB_TOKEN` 을 사용하면 완전히 자동화된 릴리스 워크플로를 쉽게 설정할 수 있다. 그래서 팀에서 이 기능을 사용하는 것이 중요하다. 시맨틱 버저닝과 별도의 릴리스 플로를 사용해서 컨테이너 또는 패키지로 코드를 공유하면 코드 릴리스 시 발생하는 많은 문제를 줄일 수 있다.

8장에서는 시맨틱 버저닝 및 패키지를 사용해서 내부 종속성을 더 잘 관리하고 코드를 공유하는 방법에 대해 배웠다. 패키지가 무엇이며 각 패키지 유형별 릴리스 워크플로를 설정하는 방법을 배웠다.

9장에서는 환경에 대해 자세히 살펴보고 깃허브 액션을 모든 플랫폼에 배포하는 방법 에 대해 알아본다.

⫸ 더 읽을거리 및 참고 자료

8장의 자세한 사항은 다음 자료를 참고한다.

- *Semantic versioning*: https://semver.org/

- *Billing and pricing*: https://docs.github.com/en/billing/managing-billing-for-github-packages/about-billing-for-github-packages

- *Access control and visibility*: https://docs.github.com/en/packages/learn-github-packages/configuring-a-packages-access-control-and-visibility

- *Working with the registry* (Container, Apache Maven, Gradle. NuGet, npm, RubyGems): https://docs.github.com/en/packages/working-with-a-github-packages-registry

09

플랫폼별 배포

9장에서 자동화 엔진을 활용해 깃허브 액션을 사용하는 방법, 깃허브 패키지를 사용해 코드와 컨테이너를 쉽게 공유할 수 있는 방법을 알아봤다. 이제 배포를 자동화해 **지속적 통합/배포**CI/CD, Continuous Integration/Continuous Delivery를 완성해보자.

9장에서는 규정을 준수해 모든 클라우드와 플랫폼에 보다 안전하고 쉽게 배포하는 방법을 설명한다.

9장에서는 다음과 같은 주제를 다룬다.

- 단계적 배포

- 배포 자동화

- 코드형 인프라

- 애저 앱 서비스Azure App Service에 배포하는 방법

- AWS ECSElastic Container Service에 배포하는 방법

- GKEGoogle Kubernetes Engine에 배포하는 방법

- 성공 측정

CI/CD

CI는 코드 변경 사항을 리포지터리에 푸시할 때마다 코드가 빌드 및 테스트되고 그 결과물이 빌드 아티팩트로 패키징되는 것을 의미한다. CD에서는 새 빌드 아티팩트가 생성될 때마다 빌드 아티팩트를 환경에 자동으로 배포한다.

CI/CD를 실행하면 개발 및 배포 단계가 완전히 자동화된다. 코드는 언제든지 프로덕션에 배포할 준비가 돼 있다.

지속적 반영(CD, Continuous Delivery)과 지속적 배포(CD, Continuous Deployment)(둘 다 CD)를 구분하는 다양한 정의가 있지만, 이러한 정의는 크게 일관성이 없이 사용되기 때문에 큰 의미를 두지 않도록 한다.

⠿ 단계적 배포

스테이지stage 또는 **티어**tier는 소프트웨어가 배포되고 실행되는 환경이다. 일반적인 단계에는 개발, 테스트, 스테이징(또는 사전 프로덕션) 및 프로덕션이 포함된다. 일반적으로 스테이징 또는 프리 프로덕션 단계는 프로덕션 환경의 완전한 미러이며, 로드 부하 분산을 사용해 두 환경을 전환해 다운타임downtime 없는 배포를 위해 사용되기도 한다. 일반적으로 프로덕션에 가까운 단계는 배포 전에 수동 승인이 필요하다.

피처 플래그Feature Flag(10장 참고) 및 **CD**를 사용하는 경우 일반적으로 스테이지 수가 줄어든다. 스테이지 대신 **링 기반 배포**ring-based deployment 또는 **확장 단위**scaling unit에 대해 이야기할 수 있다. 링 기반 배포란 서로 다른 프로덕션 링의 고객이 있다는 것이다. 하나의 링에 업데이트를 배포하고 시스템에서 예기치 않은 예외가 있는지 자동으로 모니터링하거나 CPU 또는 메모리 사용량과 같은 비정상적인 메트릭을 자동으로 모니터링한다. 또한 프로덕션 환경에서 자동화된 테스트를 실행할 수도 있다. 오류가 없으면 릴리스 프로세스가 연속적으로 진행되며 다음 링으로 배포한다. 링 기반 배포는 종종 승인 과정이 별도로 필요하지 않다. 하지만 링 간에는 수동 승인이 필요한 경우가 있다.

깃허브에서는 **Environments**를 사용해 단계별 및 링 기반 배포를 수행할 수 있다. 리포지터리에서 **Settings › Environments** 아래에서 환경을 확인, 구성 또는 새로 만들 수 있다.

각 환경에 대해 다음과 같이 정의할 수 있다.

- **필수 리뷰어**: 최대 5명의 사용자 또는 팀을 포함한다. 승인자 중 1명은 배포가 실행되기 전에 반드시 배포를 승인해야 한다.

- **대기 타이머**: 배포가 실행되기 전에 대기하는 유예 기간을 나타낸다. 43,200분 또는 30일을 최대 시간으로 설정할 수 있다. 이전 단계에서 오류를 발견한 경우 API를 사용해 배포를 취소할 수 있다.

- **배포 브랜치**: 이 설정을 활용해 배포할 브랜치branch를 제한할 수 있다. 보호 브랜치를 선택하거나 와일드카드(예: release/*)와 같이 패턴을 정의할 수 있다.

- **환경 시크릿**: 환경의 시크릿은 리포지터리 또는 조직의 시크릿보다 우선 적용되며, 필수 리뷰어가 배포를 승인한 이후에 활용된다.

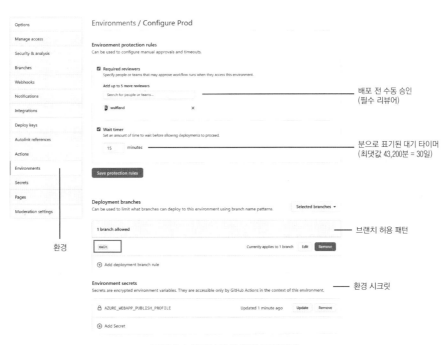

그림 9.1 깃허브에서 환경 구성하기

워크플로 파일에서는 작업 수준에서 환경을 지정한다.

```
jobs:
  deployment:
    runs-on: ubuntu-latest
    environment: prod
```

추가적으로 개요 페이지에 표시할 URL을 지정할 수도 있다.

```
jobs:
  deployment:
  runs-on: ubuntu-latest
  environment:
    name: production
    url: https://writeabout.net
```

needs 키워드를 사용하면 작업 간 혹은 환경 간의 종속성을 정의할 수 있다(그림 9.2 참고).

그림 9.2 단계적 배포를 위한 개요 페이지

환경의 상태값은 리포지터리의 홈페이지에도 표시된다(그림 9.3 참고).

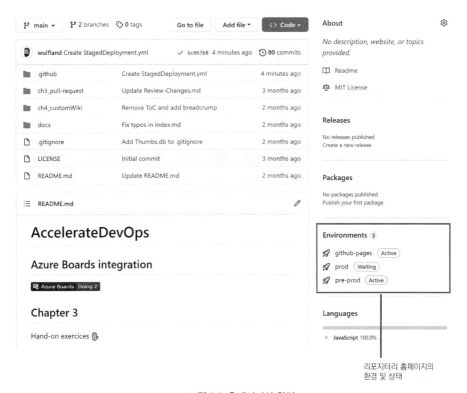

그림 9.3 홈페이지의 환경

배포 단계를 기반한 워크플로를 수행해 깃허브의 환경을 사용해볼 수 있고, 다음 링크 (https://github.com/wulfland/AccelerateDevOps)의 포크fork에서 일부 단계에 대해 자신을 필수 리뷰 어로 추가할 수 있다.

∴ 배포 자동화

고객에게 배포를 자동화했는지 물어보면 보통 '예'로 대답한다. 하지만 자세히 살펴보면 자동화는 스크립트가 있거나 설치 프로그램에 대한 설치 파일이 있는 상황이다. 이는 부분적인 자동화에 불과하다. 누군가가 서버에 로그인해야 하거나, 계정 또는 DNS 레

코드를 직접 생성하거나, 방화벽을 수동으로 구성해야 하는 한 배포는 자동화된 것이 아니다!

사람은 실수를 하지만 기계는 실수를 하지 않는다! 마지막 단계뿐만 아니라 배포의 모든 단계를 자동화해야 한다. 깃허브 액션은 완벽한 자동화 엔진이므로 워크플로에서 모든 자동화된 배포를 실행하도록 해야 한다.

⁞⁞⁞ 애저 앱 서비스에 배포하는 방법

깃허브 액션을 활용한 자동화된 배포를 위해 다음 세 가지 실습을 수행해보자.

- 애저 앱 서비스에 배포

- AWS ECS에 배포

- GKE에 배포

모든 실습에서는 지정된 클라우드에 계정이 설정돼 있다고 가정한다. 다음과 같은 경우 단일 클라우드 전략이 있는 경우 다른 단계는 건너뛰고 자신에게 적합한 실습 단계로 바로 이동한다.

실습에 대한 단계별 지침은 깃허브(https://github.com/wulfland/AccelerateDevOps/blob/main/ch9_release/ Deploy_to_Azure_App_Service.md)에 준비돼 있으며, 복사해 붙여넣기 하기 쉬운 링크가 제공되므로 꼭 참고하는 편이 좋다. 본 실습에서는 애플리케이션을 배포하는 방법에 중점을 두고 단계별로 설명을 진행한다.

애저 리소스 배포

애저 리소스의 배포는 setup-azure.sh 스크립트에서 이뤄진다. 이 스크립트는 리소스 그룹, 앱 서비스 플랜, 앱 서비스를 생성하며, 워크플로에서 스크립트를 쉽게 실행할 수 있다. 배포가 끝나면 웹에서 게시 프로필을 가져와 깃허브의 시크릿에 저장한다. 게시

프로필은 애저 포털 혹은 애저 명령어 라인 인터페이스를 활용해 얻을 수 있다.

```
$ az webapp deployment list-publishing-profiles \
  --resource-group $rgname \
  --name $appName \
  --xml
```

깃허브 액션을 사용해 애플리케이션 배포하기

워크플로는 빌드와 배포의 두 작업으로 구성된다. 빌드 작업은 러너를 구성하고 애플리케이션을 빌드한다. 다음 작업은 dotnet publish를 사용해 publish 폴더에 웹사이트를 게시한다.

```
- name: Build and publish with dotnet
  working-directory: ch9_release/src/Tailwind.Traders.Web
  run: |
    dotnet build --configuration Release
    dotnet publish -c Release -o publish
```

다음 단계에서는 후속 작업에서 사용할 수 있도록 아티팩트를 깃허브에 업로드한다. 해당 작업을 통해 동일한 패키지를 여러 환경에 게시할 수 있다.

```
- name: Upload Artifact
  uses: actions/upload-artifact@v2
  with:
    name: website
    path: ch9_release/src/Tailwind.Traders.Web/publish
```

또한 워크플로가 완료된 후 아티팩트를 확인해볼 수 있다(그림 9.4 참고).

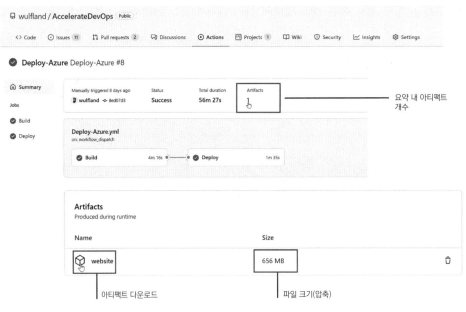

요약 내 아티팩트
개수

아티팩트 다운로드   파일 크기(압축)

그림 9.4 워크플로 아티팩트

배포 작업은 빌드 작업에 의존성이 있으며, 다음 설정에 따라 prod 환경에 배포된다. 환경 내에서 시크릿을 설정하고 필수 리뷰어를 추가한다.

```
Deploy:
  runs-on: ubuntu-latest
  environment: prod
  needs: Build
```

워크플로에서는 website라는 이름의 아티팩트를 website라는 폴더에 다운로드한다.

```
- uses: actions/download-artifact@v2
  with:
  name: website
  path: website
```

게시 프로필을 사용해 웹사이트를 배포하기 위해 azure/webapps-deploy 동작을 사용한다.

276

```
- name: Run Azure webapp deploy action using publish profile
credentials
  uses: azure/webapps-deploy@v2
  with:
    app-name: ${{ env.appName }}
    slot-name: Production
    publish-profile: ${{ secrets.AZUREAPPSERVICE_PUBLISHPROFILE
}}
    package: website
```

마지막으로는 배포의 유효성을 검사하는 방법의 예시다. 데이터베이스를 대상으로 하는 사이트에 대한 URL을 curl을 사용해 가져와야 한다.

```
u=https://${{ env.appName }}.azurewebsites.net/
status=`curl --silent --head $u | head -1 | cut -f 2 -d' '`
if [ "$status" != "200" ]
then
  echo "Wrong HTTP Status. Actual: '$status'"
  exit 1
fi
```

실습에서 단계별 가이드를 완료하면 환경을 추가할 수 있는 설정이 완료되며, 이를 활용해 다른 App Service 등에 배포할 수 있다. 자세한 내용은 다음 링크(https://docs.microsoft.com/en-us/azure/app-service/deploy-staging-slots)를 참고하라.

⁑ AWS ECS에 배포하는 방법

이번에는 도커 컨테이너를 활용해 동일한 코드를 AWS의 ECS로 배포해본다. ECS는 확장성이 뛰어난 컨테이너 관리 서비스로 컨테이너의 실행, 중지 및 컨테이너를 클러스터상에서 관리할 수 있는 서비스다. 단계별 가이드는 다음 링크(https://github.com/wulfland/AccelerateDevOps/blob/main/ch9_release/Deploy_to_AWS_ECS.md)에서 확인할 수 있다.

몇 가지 참고 사항과 배경 정보에 대해 알아본다.

AWS 리소스 배포

복잡한 JSON을 포함하지 않고 모든 것을 AWS에 배포할 수 있는 쉬운 스크립트는 찾아볼 수 없다. 실습에서는 수동으로 배포하는 단계를 사용한다. 먼저, 컨테이너를 배포할 수 있는 ECR^{Elastic Container Registry} 리포지터리를 생성한다. 배포에 사용하는 암호를 **액세스 키**^{access key}라고 하며, 이는 액세스 키 ID와 시크릿 액세스 키 등 2개의 값으로 구성된다.

첫 번째 배포가 끝나면 레지스트리에 컨테이너가 생성되며, 마법사와 함께 해당 컨테이너를 사용해 ECS 리소스를 설정할 수 있다.

이후 작업 정의를 추출해 `aws-task-definition.json` 파일에 저장해야 한다. 워크플로가 두 번째로 실행되면 컨테이너를 ECS에 성공적으로 배포한다.

깃허브 액션으로 컨테이너 배포하기

본 예제에서는 워크플로를 빌드 단계와 배포 단계로 나눴다. 빌드 작업에서 생성된 이미지 이름을 배포 작업에 전달함으로써 다양한 환경과 스테이지를 쉽게 추가할 수 있다. 다음과 같이 `job outputs`를 활용할 수 있다.

```
jobs:
  Build:
    runs-on: ubuntu-latest
    outputs:
      image: ${{ steps.build-image.outputs.image }}
```

액세스 키, 시크릿 액세스 키를 `configure-aws-credentials`에 활용해 인증을 구성할 수 있다.

깃허브는 이미지 이름의 일부를 마스킹하고, 다음 작업으로 전달하지 않는다는 점에 유의해야 한다. 이를 방지하려면 `configure-aws-credentials` 액션에서 이를 마스킹하지 않도록 설정해야 한다.

```yaml
- name: Configure AWS credentials
  uses: aws-actions/configure-aws-credentials@v1
  with:
    aws-access-key-id: ${{ secrets.AWS_ACCESS_KEY_ID }}
    aws-secret-access-key: ${{ secrets.AWS_SECRET_ACCESS_KEY }}
    aws-region: ${{ env.AWS_REGION }}
    mask-aws-account-id: no
```

ECR에 로그인하면 레지스트리의 이름이 반환되며, 이어지는 작업에서 이를 활용하도록 한다.

```yaml
- name: Login to Amazon ECR
  id: login-ecr
  uses: aws-actions/amazon-ecr-login@v1
```

다음 단계에서는 이미지를 빌드하고 ECR로 푸시한다. 필요에 따라 output 출력도 함께 설정한다.

```yaml
- name: Build, tag, and push image to Amazon ECR
  id: build-image
  env:
    ECR_REGISTRY: ${{ steps.login-ecr.outputs.registry }}
    IMAGE_TAG: ${{ github.sha }}
  working-directory: ch9_release/src/Tailwind.Traders.Web
  run: |
    imagename=$ECR_REGISTRY/$ECR_REPOSITORY:$IMAGE_TAG
    echo "Build and push $imagename"
    docker build -t $imagename .
    docker push $imagename
    echo "::set-output name=image::$imagename"
```

다음 작업은 프로덕션 환경에서 실행되며, Build에 의존적으로 설정한다.

```yaml
Deploy:
  runs-on: ubuntu-latest
  environment: prod
  needs: Build
```

추가적으로 AWS 작업 증명 및 amazon-ecs-render-task-definition의 설정을 수행해야 하며, 작업의 접근을 위해 needs 부분에 이미지 이름을 사용해 aws-taskdefinition.json 파일을 구성해야 한다.

```
- name: Fill in the new image ID in the ECS task definition
  id: task-def
  uses: aws-actions/amazon-ecs-render-task-definition@v1
  with:
    task-definition: ${{ env.ECS_TASK_DEFINITION }}
    container-name: ${{ env.CONTAINER_NAME }}
    image: ${{ needs.Build.outputs.image }}
```

마지막 단계는 이전 작업의 출력으로 컨테이너를 배포하는 작업이다.

```
- name: Deploy Amazon ECS task definition
  uses: aws-actions/amazon-ecs-deploy-task-definition@v1
  with:
    task-definition: ${{ steps.task-def.outputs.task-definition
}}
    service: ${{ env.ECS_SERVICE }}
    cluster: ${{ env.ECS_CLUSTER }}
    wait-for-service-stability: true
```

단계별 가이드를 수행하면 ECS에 배포하는 단계별 작업 워크플로를 갖게 된다. 더 많은 단계를 추가하고 다른 서비스에서 다른 버전의 컨테이너를 실행할 수 있다.

⠿ GKE에 배포하는 방법

동일한 코드를 GKE에도 배포한다. 실습 단계는 다음 링크(https://github.com/wulfland/Accelerate DevOps/blob/main/ch9_release/Deploy_to_GKE.md)를 참고한다.

실습 단계를 수행하기 전에 현재 진행 중인 작업에 대한 몇 가지 세부 사항에 대해 설명한다.

구글 리소스 배포

배포의 전반적인 작업은 setup-gke.sh를 통해 수행되며, 클라우드 셸Cloud Shell상에서 이를 수행한다. 다음의 스크립트는 하나의 노드가 있는 GKE 클러스터를 생성하는 부분으로, 테스트 목적으로 충분한 리소스가 설정됐다.

```
gcloud container clusters create $GKE_CLUSTER --num-nodes=1
```

또한 이 스크립트는 배포를 수행하기 위해 도커 컨테이너의 아티팩트 저장소와 서비스 계정을 생성한다.

쿠버네티스에는 **포드**pod라는 개념이 있다. 포드는 컨테이너를 포함되며, 컨테이너는 Deployment.yaml 파일에 정의된 배포 설정을 활용해 배포된다. 배포 설정에는 컨테이너를 정의하고 이미지를 바인딩하는 부분도 포함돼 있다.

```
spec:
  containers:
 - name: $GKE_APP_NAME
   image: $GKE_REGION-docker.pkg.dev/$GKE_PROJECT/$GKE_PROJECT/
$GKE_APP_NAME:$GITHUB_SHA
   ports:
    - containerPort: 80
   env:
    - name: PORT
     value: "80"
```

envsubst 파일에서 환경 변수를 사용하기 위해 배포 관련 환경 변수를 다음과 같이 설정하고, 이후 kubectl apply를 수행한다.

```
envsubst < Deployment.yml | kubectl apply -f -
```

서비스는 포드를 외부에 노출하기 위해 설정하는데, 본 설정에서는 인터넷에서 접근할 수 있도록 한다. 서비스는 동일한 방식으로 Service.yml 파일을 사용해 배포된다.

```
spec:
  type: LoadBalancer
  selector:
    app: $GKE_APP_NAME
  ports:
  - port: 80
    targetPort: 80
```

서비스를 배포하는 데 시간이 다소 소요되며, 다음 명령을 여러 번 실행해야 할 수도 있다.

```
$ kubectl get service
```

외부 IP 주소를 얻으면 이를 사용해 배포를 테스트할 수 있다(그림 9.5 참고).

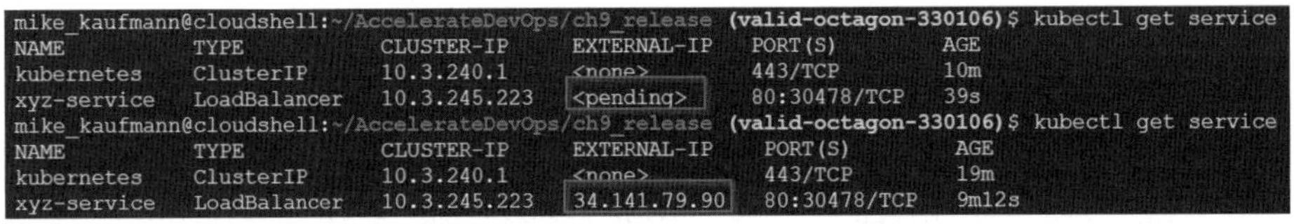

```
mike_kaufmann@cloudshell:~/AccelerateDevOps/ch9_release (valid-octagon-330106)$ kubectl get service
NAME            TYPE          CLUSTER-IP      EXTERNAL-IP     PORT(S)         AGE
kubernetes      ClusterIP     10.3.240.1      <none>          443/TCP         10m
xyz-service     LoadBalancer  10.3.245.223    <pending>       80:30478/TCP    39s
mike_kaufmann@cloudshell:~/AccelerateDevOps/ch9_release (valid-octagon-330106)$ kubectl get service
NAME            TYPE          CLUSTER-IP      EXTERNAL-IP     PORT(S)         AGE
kubernetes      ClusterIP     10.3.240.1      <none>          443/TCP         19m
xyz-service     LoadBalancer  10.3.245.223    34.141.79.90    80:30478/TCP    9m12s
```

그림 9.5 GKE 로드밸런서의 외부 IP 가져오기

서비스 계정의 자격 증명은 key.json 파일에 포함돼 있다. 이를 인코딩하고 깃허브의 암호화된 비밀(GKE_SA_KEY)에 저장해야 한다.

```
$ cat key.json | base64
```

스크립트에서 이미 해당 작업을 수행했으며, 출력을 복사해 시크릿에 붙여넣기만 하면 된다.

깃허브 액션으로 컨테이너 배포하기

깃허브 액션 워크플로에서 배포하는 방법은 간단하다. 인증 및 gcloud CLI 설정은 setup-gcloud 액션에서 이뤄진다.

```
- uses: google-github-actions/setup-gcloud@v0.2.0
  with:
    service_account_key: ${{ secrets.GKE_SA_KEY }}
    project_id: ${{ secrets.GKE_PROJECT }}
    export_default_credentials: true
```

그런 다음 컨테이너를 빌드하고 레지스트리에 푸시한다. 이 작업을 통해 gcloud를 사용해 도커 레지스트리에 인증한다.

```
gcloud auth configure-docker \
  $GKE_REGION-docker.pkg.dev \
  --quiet
```

새 이미지를 GKE에 배포하려면 get-gke-credential을 사용해 인증한다.

```
- uses: google-github-actions/get-gke-credentials@v0.2.1
  with:
    cluster_name: ${{ env.GKE_CLUSTER }}
    location: ${{ env.GKE_ZONE }}
    credentials: ${{ secrets.GKE_SA_KEY }}
```

이후 배포 파일에서 변수를 바꾸고 kubectl apply를 수행한다.

```
envsubst < Service.yml | kubectl apply -f -
envsubst < Deployment.yml | kubectl apply -f -
```

지금까지의 실습 단계에 따라 GKE에 배포하기 위한 작업 복사본이 생성됐다!

> **쿠버네티스에 배포**
>
> 쿠버네티스에 배포하는 것은 매우 복잡한 작업일 수 있으며, 이 책에서 다루는 범위를 벗어난다. **재생성, 롤링 업데이트**(rolling update)(**램프 업데이트**(ramped update)라고도 함), **블루/그린 배포, 카나리 배포**(canary deployment), **A/B 테스트** 등 다양한 전략을 사용할 수 있다. 다음 링크(https://kubernetes.io/docs/concepts/workloads/controllers/)에서 찾을 수 있는 공식 문서를 참고하는 것도 좋은 시작법이다. 또한 배포를 수행하는 방법에 대한 실제 예제와 함께 전략에 대한 유용한 시각화도 다음 링크(https://github.com/ContainerSolutions/k8s-deployment-strategies)에서 확인할 수 있다.
>
> 쿠버네티스로 작업할 때 활용할 수 있는 다른 많은 도구도 있다. 예를 들어 **Helm**(https://helm.sh/)은 쿠버네티스용 패키지 관리자이며, **Kustomize**(https://kustomize.io/)는 여러 구성을 관리하는 데 도움이 되는 도구다.

⁛ 코드형 인프라

IaC^Infrastructure as Code는 모든 인프라 관련 리소스를 기계가 읽을 수 있는 형태의 파일로 관리하고 프로비저닝하는 프로세스다. 종종 이러한 파일은 깃^Git과 유사한 코드로 버전이 관리되고 관리되며, 이를 흔히 **깃옵스**^GitOps라고 한다.

IaC는 명령형, 선언형 또는 이 두 가지가 혼합된 형태일 수 있다. 명령형은 파일이 스크립트처럼 절차적이라는 의미이고, 선언형은 원하는 상태를 YAML이나 JSON과 같은 마크업 언어로 설명하는 기능적 접근 방식을 의미한다. IaC의 모든 기능을 활용하려면 리소스의 완전한 프로비저닝, 프로비저닝 해제 그리고 변경 사항도 적용할 수 있는 방식으로 관리해야 한다. 이를 흔히 **CCA**^Continuous Configuration Automation라고 한다.

도구

IaC 및 CCA에 사용할 수 있는 많은 도구가 있다. 예를 들어 **Azure ARM**, **Bicep** 또는 **AWS CloudFormation**과 같은 클라우드 전용 도구도 있으며, 온프레미스 인프라에 사용할 수 있는 독립적인 도구도 많이 있다. 가장 인기 있는 도구는 다음과 같다.

- **퍼핏**[Puppet]: 퍼핏에서 2005년에 출시했다(https://puppet.com).

- **셰프**[Chef]: 셰프에서 2009년에 출시했다(https://www.chef.io).

- **앤서블**[Ansible]: 레드햇[RedHat]에서 2012년에 출시했다(https://www.ansible.com).

- **테라폼**[Terraform]: 해시코프[HashiCorp]에서 2014년에 출시했다(https://www.terraform.io).

- **풀루미**[Pulumi]: 풀루미에서 2017년에 출시했다(https://www.pulumi.com).

> **IaC 및 멀티 클라우드 배포**
>
> 여러 클라우드 제공업체를 지원하는 IaC 도구라고 해서 동일한 리소스를 여러 클라우드에 배포할 수 있는 것은 아니며, 이는 많은 사람이 하는 오해다. 자동화를 위한 코드 작성을 클라우드별로 해야 한다. 하지만 동일한 구문과 도구를 사용할 수는 있다.

이것은 빙산의 일각에 불과하며, 시중에는 더 많은 도구가 존재한다. 최적의 조합을 찾는 과정은 매우 복잡할 수 있으며 이 책에서 다룰 수 있는 범위를 벗어난다. 단일 클라우드 전략이 있다면 클라우드 네이티브 도구로 시작하는 것이 가장 좋다. 여러 클라우드와 온프레미스 리소스가 있는 복잡한 환경이 있고 이 모든 것을 동일한 도구로 관리하기 위해서는 많은 시간을 투자해야 한다.

모범 사례

도구와 관계없이 다음의 사항은 꼭 고려해야 한다.

- 설정을 깃에 저장하고 보호 브랜치, 풀 리퀘스트, 코드 소유자를 사용해 코드처럼 취급해야 한다. 코드 소유자는 특히 애플리케이션 코드에 가깝게 저장하는 경우 규정 준수를 보장하는 좋은 방법이다.

- 깃허브 액션을 사용해 배포를 실행한다. IaC를 작성하고 디버깅하는 동안 리소스를 인터랙티브하게 게시해도 괜찮다. 그러나 작업이 완료되면 워크플로를 통해 자동화된 게시를 완료해야 한다. IaC는 코드이므로 애플리케이션 코드와 마찬가지로 개발

자 컴퓨터에서 배포하면 재현할 수 없는 위험이 따른다.

- 비밀 및 키 관리는 IaC에서 가장 중요한 부분이다. 코드에 저장하지 말고 안전한 장소(예: GitHub Secrets)에 보관해야 한다. **Hashicorp Vault** 또는 **Azure KeyVault** 같은 볼트vault를 사용하면 시크릿 중 하나가 손상된 경우 키를 쉽게 교체할 수 있다. 또한 보안 관리와 리소스 프로비저닝을 분리할 수 있다.

- 가능하면 **OIDC**OpenID Connect를 사용해야 한다. 이는 클라우드 리소스에 액세스하기 위해 자격 증명을 사용하지 않고 짧은 시간 동안 사용 및 갱신되는 토큰으로, 클라우드 리소스에 액세스하는 것을 피할 수 있다. 자세한 내용은 다음 링크(https://docs.github.com/en/actions/deployment/security-hardening-your-deployments)를 참고하라.

이 책에서는 클라우드 네이티브 도구를 사용한다. 클라우드 네이티브 도구에서 IaC 또는 CCA 도구로 전환하는 것이 그 반대의 경우보다 더 쉽다.

전략

관리 가능하고 확장 가능하며 규정을 준수하는 방식으로 인프라 코드를 구성하는 방법에는 여러 가지 전략이 있다. 기본적으로 조직 구조에 따라 어떤 전략이 적합할지 나뉘며, 이는 다음과 같다.

- **중앙화 전략**: 인프라 리소스는 중앙 리포지터리에서 관리되며, 각 팀은 셀프 서비스(워크플로 트리거)를 사용해 프로비저닝할 수 있다. 이 접근 방식은 모든 리소스가 한 곳에 있고 담당 부서가 이를 강력하게 제어할 수 있다는 이점이 있다. 다만, 유연하지 않다는 점이 개발자에게 단점으로 작용할 수 있고, 코드와 인프라가 떨어져 있기 때문에 엔지니어가 인프라를 다루는 방식에도 영향을 미친다는 점도 고려해야 한다.

- **탈중앙화 전략**: 인프라 리소스는 코드와 함께 제공된다. 엔지니어링 팀이 인프라를 설정하는 데 도움이 되는 템플릿(워크플로 템플릿 섹션을 참고)을 사용할 수 있다. 또한 코드 소유자를 설정하고 및 보호 브랜치를 사용해 승인 요청을 강제화할 수 있다. 이 접근 방식

은 매우 유연하지만 비용 관리와 거버넌스 관리가 더 어렵다.

이 전략은 빌드할 때마다 인프라를 배포하거나 올바른 상태를 유지할 수 있다. 하지만 이렇게 하면 빌드 시간이 느려지고 귀중한 빌드 시간이 낭비된다. 대부분의 경우 필요에 따라 별도의 워크플로에 리소스를 배포하는 것이 좋다.

- **템플릿 전략**: 공유 인프라를 담당하는 팀이 고정 템플릿을 제공하고, 각 팀에서는 이를 활용하는 전략이다. 템플릿은 미리 구성된 기본 작업이 포함된 복합 작업, 즉 작업일 수도 있고, 도커 또는 자바스크립트에서 완전히 사용자 지정한 작업일 수도 있으며, 재사용 가능한 워크플로^{reusable workflow}를 사용할 수도 있다(재사용 가능한 워크플로 절 참고). 어떤 경우든 재사용된 워크플로 또는 작업의 소유권은 중앙 팀에 있다. 이 접근 방식은 기업 내에서 허용되는 작업의 수를 제한하는 경우에 효과적이다.

- **혼합**: 앞의 세 가지 전략을 혼합한 것이다. 예를 들어 테스트 및 개발 인프라를 분산하고 프로덕션 환경을 템플릿화할 수 있다.

어떤 전략이든 목적에 맞게 사용해야 하며, 이는 협업 방식과 가치 전달에 인프라가 사용되는 방식에 큰 영향을 미치게 된다.

워크플로 템플릿

워크플로 템플릿은 메타데이터 파일 및 아이콘 파일과 함께 조직의 `.github` 리포지터리에 있는 워크플로 템플릿 폴더에 저장된 워크플로 파일이다(그림 9.6 참고).

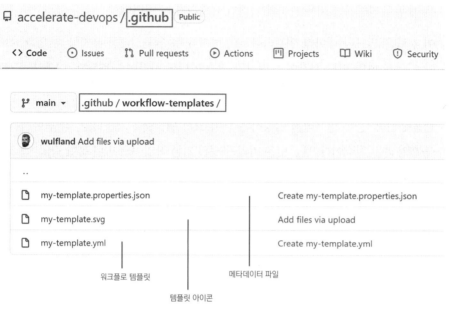

그림 9.6 조직을 위한 워크플로 템플릿

템플릿 자체는 일반 워크플로 파일이다. 기본 브랜치를 기준으로 필터링하는 트리거에 `$default-branch` 변수를 사용할 수 있다.

템플릿과 함께 `.svg` 형식의 아이콘과 속성 파일을 저장해야 한다. 속성 파일은 다음과 같다.

```
{
    "name": "My Workflow Template",
    "description": "Description of template workflow",
    "iconName": "my-template",
    "categories": [
        "javascript"
    ],
    "filePatterns": [
        "package.json$",
        "^Dockerfile",
        ".*\\.md$"
    ]
}
```

여기에는 이름, 설명, `iconName` 값을 설정해야 한다. `iconName` 값에는 확장자가 포함돼 있지 않다는 점을 유의해야 한다. 카테고리 배열에서 이 워크플로 템플릿에서 활용할 언어와 파일 패턴 등을 지정할 수 있으며, 사용자 리포지터리의 특정 파일을 지정할 수도 있다. 리포지터리에 패턴과 일치하는 파일이 포함돼 있으면 템플릿이 더 눈에 잘 띄게 표시된다.

이제 조직의 사용자가 새 워크플로를 만들면 조직의 템플릿이 표시된다(그림 9.7 참고).

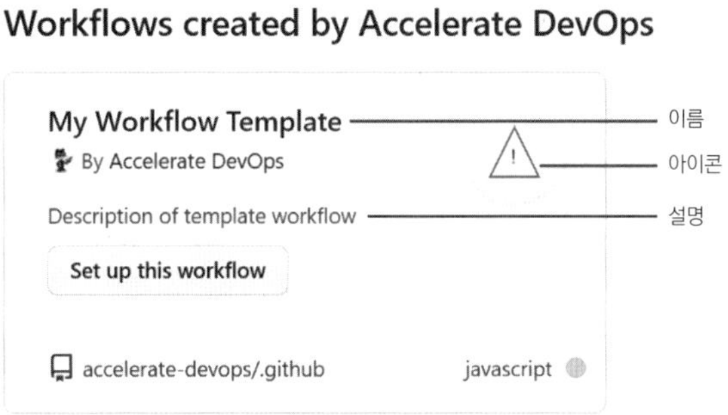

그림 9.7 템플릿에서 워크플로 만들기

워크플로가 생성됐다면 템플릿이 복사되고 이를 수정할 수 있다. 이와 같은 상황 때문에 워크플로 템플릿은 템플릿 전략에 적합하지 않다.

워크플로 템플릿에 대해 자세히 알아보려면 다음 링크(https://docs.github.com/en/actions/learn-github-actions/creating-workflow-templates)를 참고하라.

재사용 가능한 워크플로

다른 워크플로에서 호출이 가능하도록 가능한 워크플로를 **재사용 가능한 워크플로**라 부른다. 재사용 가능한 워크플로가 되려면 워크플로에 `workflow_call` 트리거가 있어야 한다.

```
on:
  workflow_call:
```

워크플로에 전달할 수 있는 입력을 정의할 수 있다. 입력은 부울, 숫자, 문자열 또는 **암호화**된 값일 수 있다.

```
on:
  workflow_call:
    inputs:
      my_environment:
        description: 'The environment to deploy to.'
        default: 'Prod'
        required: true
        type: string
    secrets:
      my_token:
        description: 'The token to access the environment'
        required: true
```

재사용 가능한 워크플로에서 입력 콘텍스트(${{ inputs.my_environment }})를 사용해 입력에 액세스하고, 시크릿 콘텍스트(${{ secrets.my_token }})를 사용해 비밀에 액세스할 수 있다.

재사용 가능한 워크플로를 사용하려면 다음 형식의 파일을 참고해야 한다.

```
{owner}/{repo}/{path}/{filename}@{ref}
```

워크플로는 작업에서 호출되며 다음과 같이 입력 및 암호를 지정한다.

```
jobs:
  call-workflow-1:
    uses: org/repo/.github/workflows/reusable.yml@v1
    with:
      my_environment: development
    secrets:
      my_token: ${{ secrets.TOKEN }}
```

재사용 가능한 워크플로는 중복을 방지하는 데 좋은 역할을 한다. 시맨틱 버전 관리 및 태그와 함께 사용하면 재사용 가능한 워크플로를 조직의 팀에 배포할 수 있는 좋은 방법이다.

재사용 가능한 워크플로에 대해 자세히 알아보려면 다음 링크(https://docs.github.com/en/actions/learn-github-actions/reusing-workflows)를 참고하라.

⠿ 성공 측정

1장에서 DORA 메트릭의 **네 가지 핵심 키워드 대시보드**에 대해 소개했다. 프로덕션 배포를 자동화했다면 이제 실제 메트릭이 필요한 시점이다. 대시보드는 이 메트릭을 위한 한 가지 방법이다.

대시보드를 설치하려면 다음 링크(https://github.com/GoogleCloudPlatform/fourkeys/blob/main/setup/README.md)의 지침을 참고한다.

먼저 청구가 활성화된 상태에서 구글 클라우드^{Google Cloud}에서 프로젝트를 생성하고 프로젝트 ID(이름이 아닌)를 기록한다. 그런 다음 **구글 클라우드 셸**^{Google Cloud Shell}(https://cloud.google.com/shell)을 열고 리포지터리를 복제하고 배포 스크립트를 실행한다.

```
$ git clone \
  https://github.com/GoogleCloudPlatform/fourkeys.git
$ cd fourkeys
$ gcloud config set project <project-id>
$ script setup.log -c ./setup.sh
```

스크립트는 배포를 조정하는 데 사용할 수 있는 몇 가지 질문을 묻는다. 모든 것이 순조롭게 진행됐다면 그라파나^{Grafana}에 멋진 대시보드가 표시돼야 한다. 구글의 이벤트 핸들러로 데이터를 전송하도록 깃허브를 구성하려면 이벤트 핸들러 엔드포인트와 시크릿을 가져와야 한다. 클라우드 셸에서 다음 두 명령을 실행하고 출력을 복사하기만 하면 된다.

```
$ echo $(terraform output -raw event_handler_endpoint)
> https://event-handler-dup4ubihba-uc.a.run.app
$ echo $(terraform output -raw event_handler_secret)
> 241d0765b5a6cb80208e66a2d3e39d254051377f
```

이제 대시보드에 데이터를 보내려는 깃허브의 리포지터리로 이동해 **Setting** ❯ **Webhooks** ❯ **Add webhook**에서 웹훅을 만든다. 이벤트 핸들러의 URL과 비밀번호를 필드에 붙여넣고 **Send me everything**를 선택한다. **Add webhook**를 클릭해 모든 이벤트를 이벤트 핸들러로 전송하기 시작한다(그림 9.8 참고).

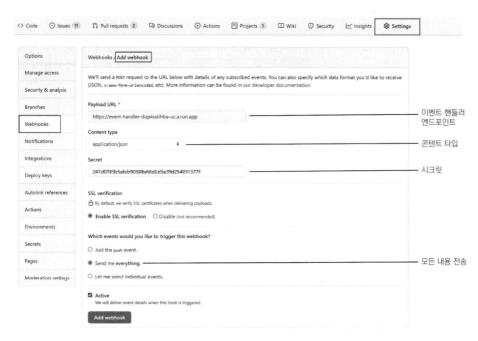

그림 9.8 웹훅을 추가해 4개의 키 대시보드에 데이터 보내기

안타깝게도 이전 버전에서는 배포 데이터를 개별 이벤트를 워크플로로 보낼 수 있었지만, 현재는 대시보드에만 배포 관련 데이터를 전송할 수 있다.

라이브 사이트 이슈[live-site issue]를 표시하려면 진행 중인 이슈에 Incident라는 태그를 추가해야 한다. 본문에는 근본 원인을 추가하고 그 뒤에 이벤트를 일으킨 커밋의 SHA를 추가한다.

네 가지 핵심 키워드의 대시보드는 데브옵스[DevOps] 메트릭을 보는 좋은 방법이다(그림 9.9 참고).

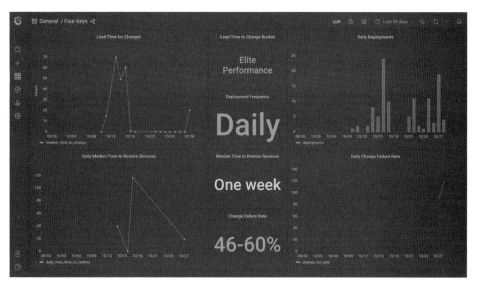

그림 9.9 대시보드의 네 가지 핵심 키워드

하지만 이러한 지표는 팀을 서로 비교하기 위한 지표가 아니라는 점을 명심해야 한다. 지표가 목표가 돼서는 안 된다!

사례 연구

CI가 설정된 후 **테일윈드 기어즈**의 두 파일럿 팀이 다음으로 해야 할 일은 소프트웨어의 배포 및 릴리스 프로세스를 자동화하는 것이다.

첫 번째 팀은 여전히 온프레미스에서 호스팅되는 일부 웹 애플리케이션을 실행한다. 이 팀은 온프레미스 배포를 자동화하는 대신 애플리케이션을 **클라우드**에 호스팅된 **쿠버네티스** 서비스로 이동한다. 클러스터 인스턴스, 네트워크, 기타 클라우드 리소스는 이미 지난 스프린트 동안 IT 부서에서 설정했다. 따라서 팀은 배포를 단계적 배포 프로세스로 쉽게 전환할 수 있다. 테스트 인스턴스에 배포하고 보유하고 있는 모든 자동화된 테스트를 실행하며, 데이터베이스 및 백엔드 접근성을 검사하는 웹사이트를 호출해 모든 것이 예상대로 작동하는지 확인하는 **curl**을 사용해 테스트를 추가한다. 모든 테스트가 통과되면 롤링 업데이트를 사용해 배포가 자동으로 프로덕션에 배포돼 사용자에게 다운타임이 발생하지 않도록 한다.

공유 관심사가 포함된 웹 애플리케이션의 일부 코드는 클라우드에서 작동하도록 조정해야 한다. 이 코드는 다른 팀의 웹 애플리케이션에도 포함돼 있다. 이 팀은 향후 다른 팀이 클라우드로 이전할 때 코드를 쉽게 재사용할 수 있도록 자체 릴리스 주기와 **시맨틱 버전** 관리가 있는 **깃허브 패키지**(자바스크립트의 경우 NPM, .NET의 경우 NuGet)로 코드를 이동하기로 결정한다.

두 번째 팀은 안전에 필수적인 기능을 위해 기계에 사용되는 하드웨어 제품용 소프트웨어를 생산한다. 따라서 개발 프로세스가 매우 엄격하게 규제된다. 이 팀은 모든 변경 사항에 대해 엔드 투 엔드 추적성을 갖춰야 하며, 이는 깃허브 이슈로 모든 요구 사항을 가져오고 중첩된 이슈를 사용해 연결하기 때문에 문제가 되지 않는다. 커밋 메시지에서 가장 낮은 레벨의 이슈를 참고하기만 하면 된다. 엔드 투 엔드 추적성 외에도 아직 자동화되지 않은 다양한 수준의 요구 사항에 대한 일부 테스트 문서가 있다. 또한 리스크 관리를 위한 문서도 몇 가지 있다. 제품을 릴리스하기 전에 이러한 모든 기준을 충족하기 위해 **필수 리뷰어**는 프로덕션에 배포하기 전에 릴리스를 수동으로 승인해 규정을 모두 준수하는지 확인한다. **보호 브랜치** 및 **코드 소유자**(필요한 문서는 이미 마크다운으로 변환됨)와 함께 사용하면 한 번에 많은 것을 릴리스해야 하는 수고를 줄일 수 있다.

하드웨어에 바이너리를 설치하는 작업은 회사의 역할이며, 사용자 지정 도구 등을 통해 수행된다. 이 도구는 공유 파일 공간에서 바이너리를 가져오는 데 사용된다. 이 방법은 엔드 투 엔드 추적에 적합하지 않았으며 로그 파일에 의존됐었다. 테스트 환경으로의 배포는 수동으로 수행됐기 때문에 바이너리가 배포되는 방식 또한 일관적이지 않았다. 이 문제를 해결하기 위해 팀은 도구와 함께 바이너리를 **도커 컨테이너**에 넣고 이미지를 깃허브 패키지의 **컨테이너 레지스트리**에 게시한다. 그런 다음 도커 이미지를 사용해 테스트 머신으로 버전을 전송하고 어셈블리 프로세스 중에도 동일한 방식으로 버전을 전송할 수 있다.

⠿ 정리

9장에서는 **깃허브 환경**을 이용해 배포를 준비하고 관리하는 방법, 그리고 깃허브 액션을 활용해 모든 클라우드나 플랫폼에서 안전하게 배포하는 방법을 알아봤다. 워크플로 템플릿과 재사용 가능한 워크플로를 사용해 **IaC**에서 협업하는 방법을 시연했다.

10장에서는 **FeatureFlags/FeatureToggles**을 사용해 기능의 롤아웃과 전체 기능 수명 주기를 최적화하는 방법을 알아본다.

⠿ 더 읽을거리 및 참고 자료

9장의 자세한 사항은 다음 자료를 참고한다.

- CI/CD: https://azure.microsoft.com/en-us/overview/continuous-delivery-vs-continuous-deployment/

- Deployment rings: https://docs.microsoft.com/en-us/azure/devops/migrate/phase-rollout-with-rings

- *Deploying to Azure*: https://docs.github.com/en/actions/deployment/deploying-to-your-cloud-provider/deploying-to-azure

- *Deploying to Google Kubernetes Engine*: https://docs.github.com/en/actions/deployment/deploying-to-your-cloud-provider/deploying-to-google-kubernetes-engine

- *Deploy to Amazon Elastic Container Service*: https://docs.github.com/en/actions/deployment/deploying-to-your-cloud-provider/deploying-to-amazon-elastic-container-service

- *Security hardening your deployments*: https://docs.github.com/en/actions/deployment/security-hardening-your-deployments

- Kubernetes deployments: https://kubernetes.io/docs/concepts/workloads/controllers/

- Kubernetes deployment strategies: https://github.com/ContainerSolutions/k8s-deployment-strategies

- *Helm*: https://helm.sh/

- *Kustomize*: https://kustomize.io/

- *Infrastructure as code*: https://en.wikipedia.org/wiki/Infrastructure_as_code

- IaC and environment or configuration drift: https://docs.microsoft.com/en-us/devops/deliver/what-is-infrastructure-as-code

- *Creating workflow templates*: https://docs.github.com/en/actions/learn-github-actions/creating-workflow-templates

- Reusable workflows: https://docs.github.com/en/actions/using-workflows/reusing-workflows

- The four keys project: https://github.com/GoogleCloudPlatform/fourkeys/

10

피처 플래그와 피처의 수명 주기

피처 플래그는 팀과 협업할 때 가장 혁신적인 기능 중 하나다. 다양한 사용 사례가 있는데, 코드를 일찍 병합해 개발 워크플로의 복잡성을 줄이거나 다운타임 없는 배포를 수행할 수도 있다. 피처 플래그는 전체 기능^{feature}의 수명 주기를 관리함으로써 피처가 더 많은 가치를 얻도록 도와준다.

10장에서는 피처 플래그가 무엇이며 무엇을 할 수 있는지 살펴본다. 안타깝지만 깃허브에는 피처 플래그를 지원하기 위한 기본적인 솔루션이 없다. 다양한 프레임워크와 서비스를 통해 피처 플래그를 구현할 수 있기 때문이다. 따라서 실사례에 가장 적합한 도구를 선택하는 방법을 살펴볼 것이다.

10장에서는 다음과 같은 주제를 다룬다.

- 피처 플래그는 무엇인가?
- 피처의 수명 주기
- 피처 플래그의 이점
- 피처 플래그 시작하기

- 피처 플래그와 기술 부채^{technical debt}

- 피처 플래그를 사용한 실험

피처 플래그란 무엇인가

피처 플래그는 코드를 변경하지 않고 런타임 동작을 수정할 수 있는 소프트웨어 개발 기법이다. 사용자에게 기능을 출시하는 것과 바이너리를 배포하는 것을 분리한다.

피처 플래그는 스위치나 토글처럼 작동하므로 **피처 토글**^{Feature Toggle} 또는 **피처 스위치** ^{Feature Switch}로도 불린다. 그러나 피처 플래그는 다양한 사용 사례를 가질 수 있으며 토글보다 더 복잡할 수 있어서 피처 플래그라는 용어가 더 적합하다.

피처 플래그를 사용하면 새 코드를 피처 플래그 뒤에 캡슐화해 프로덕션 시스템에 롤아웃할 수 있다. 그런 다음 특정 대상 고객에 대해서만 콘텍스트에 따라 피처를 활성화할 수 있다(그림 10.1 참고).

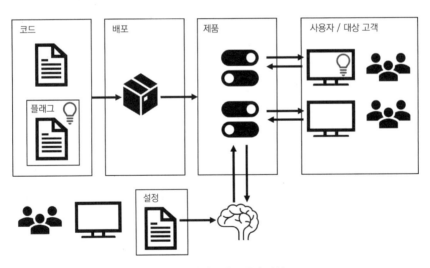

그림 10.1 피처 플래그 동작 방식

피처 플래그는 지속적 배포^{continuous delivery}가 가능하고, 인프라를 담당하는 별도의 팀이 있는 개발자에게 매우 자연스러운 기술이다. 개발자에게는 인프라를 변경하는 것보다 코드에 플래그를 추가하는 것이 더 쉽기 때문에 이를 통해 테스터가 일반 사용자와 다른 작업을 할 수 있도록 허용하곤 한다. 베타 사용자가 특정 피처를 테스트할 수 있는 환경을 예로 들 수 있다. 문제는 피처 플래그를 운영하는 법을 명확히 하지 않으면 관련 설정이 설정 파일, 그룹 멤버십, 애플리케이션 데이터베이스와 같이 다른 위치에 저장될 수 있다는 것이다. 플래그 사용법을 명시하면 팀 내 투명성을 높이고 일관된 접근 방식을 보장하는 데 도움이 되며, 보안 및 확장성을 보장하는 고급 응용이 가능하다.

⸬ 피처의 수명 주기

몇 년 전까지 대부분의 소프트웨어는 1년 또는 2년마다 출시됐으며, 이전 버전과 별도로 구매해야 했거나 최소한의 라이선스를 통해 강력하게 결합됐다. 모든 새로운 피처는 이러한 새로운 출시 버전에 쏟아졌다. 이러한 새로운 출시 버전은 일반적으로 사용자에게 새로운 피처를 가르치기 위한 교육 자료, 책, 온라인 강좌와 함께 제공됐다.

그러나 이러한 판매 모델은 오늘날 거의 존재하지 않는다. 고객들은 서비스 형태의 소프트웨어를 원한다. 페이스북이나 와츠앱 같은 모바일 애플리케이션이나 오피스나 윈도우 같은 데스크톱 소프트웨어일지라도 지속적으로 업데이트되고 최적화되며, 새로운 피처가 계속해서 추가된다. 이는 새로운 피처를 올바르게 사용하는 방법을 최종 사용자에게 교육해야 하는 결과를 초래한다. 직관적인 사용자 경험과 새로운 피처의 쉬운 발견이 예전 판매 모델보다 더 중요해졌다. 피처는 자명하게 설명돼야 하며, 간단한 화면 대화 상자가 새로운 피처를 사용하는 방법을 사용자에게 교육하는 데 충분해야 한다.

가치를 창출하는 방식도 완전히 달라졌다. 고객은 몇 년마다 구매 결정을 내리는 것이 아니라 매일 소프트웨어를 현재 수행 중인 작업에 사용할 것인지 아닌지를 결정한다. 따라서 구매 결정을 위해 새로운 버전에 대량의 새로운 기능을 넣는 대신 사용되지 않는 기능을 제거하거나 가치가 높아질 때까지 최적화해 높은 가치를 가진 적은 수의 기능을 제공하는 데 초점이 맞춰져 있다.

즉 모든 피처는 수명 주기를 갖고 있다. 피처의 수명주기는 그림 10.2와 같다.

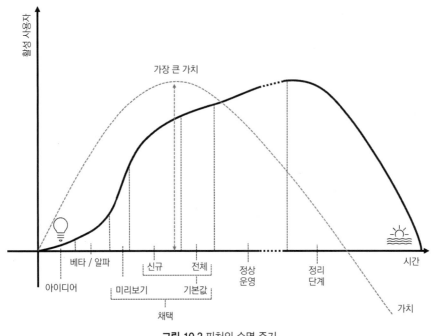

그림 10.2 피처의 수명 주기

수명 주기는 다음 단계로 나뉜다.

- **아이디어 및 개발**: 새 피처에 대한 아이디어가 나온 후에는 소수의 내부 사용자와 함께 구현이 시작된다. 이러한 사용자의 피드백은 피처를 개선하는 데 사용된다.

- **알파 또는 베타**: 알파 또는 베타 단계에서는 피처가 더 광범위하지만 여전히 매우 제한된 대상에게 프로비저닝된다. 대상은 내부 또는 일부 외부 고객일 수 있다. 알파 또는 베타 단계는 비공개나 공개로 진행될 수 있지만 이 단계의 피처는 여전히 매우 역동적이며 급격하게 변경될 수 있다.

- **채택**: 피처가 시장에 충분히 적응하면서 점차 더 많은 사람에게 노출된다. 채택 단계는 다음과 같은 하위 단계로 나눌 수 있다.

  A. **미리 보기**: 사용자가 미리 보기 피처를 선택해 **활성화**[opt in]할 수 있다.

  B. **신규 사용자의 기본값**: 이 피처는 신규 사용자에게 기본값으로 설정돼 있지만, 사용자가 원하는 경우 **끔**[opt out] 수 있다.

C. **모든 사용자의 기본값**: 이 피처는 모든 사용자에게 사용하도록 설정돼 있지만 사용자가 원하는 경우 끌 수 있다.

- **정상 운영**: 모든 사용자가 이 피처를 사용하며 더 이상 끌 수 없다. 이전 버전의 피처는 시스템에서 제거된다. 정상 작동은 수년 동안 계속될 수 있다.

- **정리 단계**: 이 피처는 더 새롭고 더 나은 피처로 대체된다. 이 피처를 사용하는 사용자수가 감소하고 피처 유지에 드는 비용이 해당 피처의 가치를 초과하는 경우다. 모든 사용자가 새로운 피처를 사용할 수 있으면 해당 피처는 시스템에서 제거된다.

피처는 신규 사용자를 애플리케이션으로 끌어들이는 초기 채택 단계에서 그 가치가 가장 높다. 정상적인 운영 단계에서는 과대 광고가 줄어들고 경쟁사도 해당 기능을 통해 학습하고 소프트웨어를 조정해 대응할 수 있다.

⁝⁝ 피처 플래그의 이점

피처 플래그를 사용하지 않고 피처의 수명 주기를 관리하는 것은 불가능하지만, 피처 플래그가 데브옵스 팀에게 가치를 제공할 수 있는 다른 많은 사용 사례도 있다.

- **릴리스 플래그**release flag: 플래그 뒤에 코드를 롤아웃하는 데 사용된다. 릴리스 플래그는 일반적으로 피처가 완전히 롤아웃될 때까지 코드에 남아 있다. 이 기간은 몇 주 또는 몇 개월이 될 수 있다. 릴리스 플래그는 배포할 때마다 또는 시스템 구성에 따라 변경되는데, 설정값을 읽는 것만으로 매우 쉽게 구현할 수 있다. 하지만 점진적으로 더 많은 사용자에게 기능을 노출하는 **카나리 릴리스**canary release나 스테이징과 프로덕션 환경을 교체하는 **블루-그린 배포**blue-green deployment에 릴리스 플래그를 사용하려는 경우에는 훨씬 더 동적으로 사용할 수 있다.

- **실험 플래그**experimention flag: 동일한 피처의 여러 버전을 배포해 서로 다른 대상에게 노출하는 경우 이를 A/B 테스트라고 한다. 일반적으로 사용자가 피처 버전과 상호 작용하는 방식을 특정 메트릭을 기준으로 측정해 가설을 확인하거나 축소하는 데 사

용된다. 실험 플래그는 매우 동적이며 다양한 콘텍스트와 서로 다른 대상 고객, 상황에 의존한다.

- **권한 플래그**permission flag: 피처 플래그의 일반적인 사용 사례는 사용자가 액세스할 수 있는 항목을 제어하는 것이다. 특정 대상에게만 노출되는 피처나 테스트 피처, 유료 고객에게만 노출되는 프리미엄 피처 등이 이에 해당한다. 권한 플래그는 매우 동적이며 일반적으로 코드에 오랫동안, 때로는 애플리케이션 수명 주기가 끝날 때까지 유지된다. 또한 권한 오류fraud의 위험이 높으므로 신중하게 사용해야 한다.

- **운영 플래그**operation flag: 일부 플래그는 애플리케이션의 운영 측면에 사용된다. 예를 들어 다른 기능의 병목 현상이 될 수 있는 특정 기능을 비활성화하는 데 사용되는 서킷 브레이커circuit breaker라고도 불리는 킬 스위치kill switches가 있다. 백엔드 시스템의 여러 버전을 제어하기 위한 플래그도 운영 플래그로 간주된다. 다중 변형 플래그multi-variant flag는 상세 로깅 여부나 기타 운영 측면을 제어하는 데 자주 사용된다.

그림 10.3은 동적으로 분류된 다양한 유형의 피처 플래그와 이들이 시스템에 적용되는 시간에 대한 개요를 보여 준다.

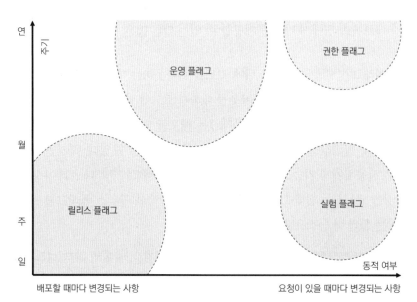

그림 10.3 피처 플래그의 유형

피처 플래그가 무엇이고, 무엇을 할 수 있는지 알아봤으니 이제 코드에서 피처 플래그를 구현하는 방법을 알아보자.

⁞⁞⁚ 피처 플래그 시작하기

코드상에서 피처 플래그는 if 문에 불과하다. 다음처럼 새 사용자를 등록하는 대화 상자가 구현돼 있다고 가정하자.

```
function showRegisterDialog(){
    // 현재 구현
}
```

이제 피처 플래그를 사용해 새 대화 상자를 만들고 런타임에 새 대화 상자를 켤 수 있도록 해보자.

```
function showRegisterDialog(){
    var newRegisterDialog = false;

    if( newRegisterDialog ){
        return showNewRegisterDialog();
      }else{
        return showOldRegisterDialog();
      }
}

function showNewRegisterDialog(){
    // 신규 구현
}

function showOldRegisterDialog(){
    // 기존 구현
}
```

피처를 동적으로 활성화 혹은 비활성화하려면 피처 플래그의 유효성 검사를 다음처럼 함수로 구현해야 한다.

```
function showRegisterDialog(){
    if( featureIsEnabled("new-register-user-dialog") ){
        return showNewRegisterDialog();
    }else{
        return showOldRegisterDialog();
    }
}
```

피처 플래그의 설정을 저장할 수 있는 옵션은 다양하다.

- 시스템 설정

- 사용자 설정

- 애플리케이션 데이터베이스

- 별도의 데이터베이스

- 별도의 시스템(API를 통해 액세스)

어떤 것이 적합한지는 사용 사례에 따라 크게 달라진다.

⠿ 피처 플래그와 기술 부채

피처 플래그를 사용하기 시작하면 일반적으로 여러 설정 옵션에 흩어져 있는 많은 플래그를 통해 런타임에 동작을 변경할 수 있는 고도로 변경 가능한 시스템을 만들게 된다. 플래그는 서로 종속성이 있는 경향이 있으므로 플래그를 활성화 또는 비활성화하면 시스템 안정성에 큰 위험이 노출된다. 병렬 브랜치를 피해 병합 지옥을 피할 수는 있었지만, 결국 아무도 그 용도를 모르는 수백 개의 플래그가 있는 피처 플래그 지옥에 빠지게될 수 있다.

이를 방지하려면 다음 모범 사례를 따라야 한다.

- **메트릭**metrics: 피처 플래그가 제공하는 모든 이점에도 불구하고 코드의 피처 플래그는 일종의 기술 부채다. 코드 커버리지 또는 기타 코드 관련 메트릭을 측정할 때와 마찬가지로 측정해야 한다. 피처 플래그의 수, 존재하는 기간(지속 시간), 각 환경에서 피처 플래그가 어떻게 평가되는지(프로덕션 환경에서 100% 참이면 플래그가 제거될 수 있음을 의미), 플래그가 얼마나 자주 사용되는지(호출)를 측정해야 한다.

- **중앙 관리**: 특히 서로 다른 방법을 사용해 플래그를 관리하는 경우에는 한 곳에서 플래그를 관리하자. 각 플래그에는 소유자와 설명이 있어야 한다. 피처 플래그 간의 종속성의 문서화도 중요하다.

- **프로세스에 통합하기**: 피처 플래그 관리를 프로세스에 통합해야 한다. 예를 들어 스크럼을 사용하는 경우 검토 회의에서 피처 플래그의 검토를 함께할 수 있다. 플래그로 작업하는 모든 사람이 정기적으로 모든 플래그를 검토하고 시스템에서 제거할 수 있는 플래그를 확인하도록 하자.

- **명명 규칙**: 사용하는 모든 유형의 플래그에 대해 명명 규칙을 사용하자. 임시 플래그의 경우 접두사로 `tmp-`를 사용하고 영구 플래그의 경우 `perm-`을 사용할 수 있다. 너무 복잡하게 만들지 말고 플래그의 이름에서 어떤 종류의 플래그인지, 코드 베이스에서 얼마나 오래 유지돼야 하는지를 즉시 알 수 있도록 하자.

브랜치 정리cleaning up branch는 어떤 팀에서는 좋아하고 어떤 팀에서는 싫어하는 기법이다. 이 기법이 우리팀에서 적합한지 확인해 보자. 플래그를 만들고 코드를 작성하는 순간, 언젠가 플래그를 제거했을 때 코드가 어떻게 보일지 가장 잘 알 수 있다는 아이디어에서 시작한다. 따라서 코드와 함께 정리 브랜치를 풀 리퀘스트를 생성하자. 이 풀 리퀘스트는 플래그가 제거될 때까지 열어 두자. 이 기술은 좋은 명명 규칙을 사용할 때 효과적이다.

앞의 예를 들어 보면 새 기능 대화 상자에 대한 플래그가 있다. 코드는 다음과 같다.

```
function showRegisterDialog(){
    if( featureIsEnabled("tmp-new-register-user-dialog") ){
        return showNewRegisterDialog();
```

```
    }else{
        return showOldRegisterDialog();
    }
}
```

코드가 features/new-register-dialog 브랜치에서 개발되고 풀 리퀘스트를 생성해 코드를 병합한다.

플래그가 제거되면 코드의 최종 상태는 새 대화 상자만 사용된다는 것을 알고 있으므로 새 브랜치(예: cleanup/new-register- dialog)를 만들고 코드의 최종 버전을 추가한다.

```
function showRegisterDialog(){
    return showNewRegisterDialog();
}
```

그런 다음 풀 리퀘스트를 만들어 기능이 완전히 릴리스되고 코드를 정리할 때까지 열어두면 된다.

앞서 말했듯이 이 기법이 모든 팀에 적합한 것은 아니다. 복잡한 환경에서 정리 브랜치를 유지 관리하는 것은 많은 작업이 될 수 있지만 시도해볼 수는 있다.

정리되지 않고 적극적으로 유지 관리되지 않는 피처 플래그는 기술 부채이지만 장점이 단점보다 크다. 처음부터 주의를 기울인다면 피처 플래그 지옥을 피하고 애플리케이션을 릴리스하고 운영할 때 피처 플래그가 제공하는 유연한 기능만 활용할 수 있다.

⫶ 프레임워크 및 제품

피처 플래그를 구현할 때 활용할 수 있는 프레임워크가 여러 가지 있다. 가장 적합한 프레임워크는 프로그래밍 언어와 사용 사례에 따라 크게 달라진다. 어떤 프레임워크는 UI 통합에 더 중점을 두기도 하고, 어떤 프레임워크는 배포 및 운영에 더 중점을 두기도 한다. 프레임워크를 선택할 때는 다음과 같은 측면을 고려해야 한다.

- **성능**: 피처 플래그는 빠르며 애플리케이션의 성능을 저하시키지 않아야 한다. 적절한 캐싱을 사용해야 하며 데이터 저장소에 제시간에 도달할 수 없는 경우 사용되는 기본 값도 고려해야 한다.

- **지원되는 프로그래밍 언어**: 솔루션은 모든 언어에서 작동해야 하며, 특히 클라이언트 측 플래그를 사용하는 경우 보안상의 이유로 서버에서도 확인해야 한다. 서로 다른 위치에 플래그를 구성하는 것은 바람직하지 않다.

- **UI 통합**: 사용자에게 피처를 켜거나 끌 수 있는 기능을 제공하려면 UI를 잘 통합해야 한다. 일반적으로 이를 위해서는 표시 여부를 제어하는 플래그와 피처를 활성화 또는 비활성화하는 플래그 2개가 필요하다.

- **콘텍스트**: A/B 테스트 및 실험에 피처 플래그를 사용하려면 사용자, 그룹 멤버십, 지역, 서버 등 플래그를 평가하기 위한 많은 콘텍스트 정보가 필요하다. 대부분의 프레임워크가 이 부분에서 실패한다.

- **중앙 관리**: 환경별로 구성하는 플래그는 유지 관리가 불가능하다. 한 곳에서 모든 플래그를 제어할 수 있는 하나의 중앙 관리 플랫폼이 필요하다.

- **데이터 저장소**: 일부 프레임워크는 애플리케이션 데이터베이스에 설정을 저장한다. 이는 많은 시나리오에서 문제가 될 수 있다. 일반적으로 모든 환경에 서로 다른 데이터베이스가 있으므로 여러 환경에서 설정을 관리하기가 어려워지기 때문이다.

확장 가능하고 성능이 뛰어나며 성숙한 솔루션을 구축하려면 프레임워크를 사용하더라도 많은 시간과 노력이 필요하지만, 설치하거나 서비스 형태로 사용할 수 있는 제품도 있다. 수년 동안 사용돼 왔으며 성숙하게 자리 잡은 제품으로는 **LaunchDarkly**(https://launchdarkly.com/)가 있고, 다음과 같은 많은 경쟁 제품이 있다.[1]

- **Switchover**(https://github.com/switchover-io)

- **VWO**(https://vwo.com/)

---

1   AWS AppConfig(https://aws.amazon.com/ko/systems−manager/features/appconfig)를 추가한다. − 옮긴이

- **Split**(https://www.split.io/)

- **Flagship**(https://www.flagship.io/)

- **Azure App configuration**(https://docs.microsoft.com/en-us/azure/azure-app-configuration/overview)

Unleash(https://www.getunleash.io/)도 언급할 만한 서비스다. 이 솔루션은 **오픈소스**(https://github.com/Unleash/unleash)로 제공되며 도커 컨테이너를 사용해 자체 호스팅할 수 있다. Unleash는 GitLab에서 사용하는 솔루션이기도 하다.

솔루션을 비교하는 좋은 리소스를 찾을 수 없어서 깃허브(https://wulfland.github.io/FeatureFlags/)에 독립적으로 비교할 수 있는 페이지를 추가해 뒀다.

도입 또는 구매를 결정할 때 대부분은 기존 서비스나 제품을 사용하는 것이 더 낫다. 피처 플래그에 적합한 솔루션을 구축하고 실행하는 것은 어렵고 시간이 많이 소요되므로 시작부터 좋은 제품을 고르는 것이 중요하다. 하지만 여전히 자체 솔루션을 구축해야 할 필요가 있다면 적어도 기존 솔루션으로 무엇을 할 수 있는지는 알아두자.

⋮⋮⋮ 피처 플래그를 사용한 실험

실험 및 A/B 테스트는 피처 플래그를 통해서만 수행할 수 없다. 다른 브랜치에서 컨테이너를 개발하고 쿠버네티스를 사용해 프로덕션에서 다른 버전을 배포할 수도 있지만, 이렇게 하면 깃의 복잡성이 증가하고 확장이 잘 되지 않는다. 또한 사용자에 대한 콘텍스트도 없으므로 가설을 증명하거나 축소하기 위한 데이터를 수집하기가 훨씬 더 어렵다. 대부분의 피처 플래그 솔루션은 실험을 기본적으로 지원하므로 가장 빠르게 시작할 수 있는 방법이다.

실험을 하려면 가설을 정의하고 실험을 수행한 다음 결과를 통해 학습한다. 실험은 다음과 같이 정의할 수 있다(그림 10.4 참고).

- **가설**: {고객 세그먼트}는 {가치} 때문에 {제품/피처}를 원한다고 믿는다.

- **실험**: 앞의 가설을 증명하거나 반증하기 위해 팀은 실험을 수행한다.

- **학습**: 이 실험은 다음 지표에 영향을 미침으로써 가설을 증명한다.

그림 10.4 피처 플래그를 사용해 실험하기

예를 들어 애플리케이션의 사용 데이터를 살펴보니 신규 사용자를 위한 등록 대화 상자의 첫 페이지 조회 수가 등록 절차를 완료하는 사용자 수보다 훨씬 높은 것을 확인했다. 첫 페이지 조회한 사람 중 약 20%만이 등록을 완료한 것이다. 이런 데이터로 등록 대화 상자가 너무 복잡하기 때문에 이를 단순화하면 등록을 완료하는 사람의 수가 급격히 증가할 것이라는 가설을 세울 수 있다.

실험을 수행하기 위해 사용자가 **등록** 링크를 클릭할 때마다 증가하는 '등록 시작 수'와 사용자가 애플리케이션에 성공적으로 등록한 후 증가하는 '등록 완료 수'라는 두 가지 새로운 지표를 애플리케이션에 추가한다. 이 두 지표를 사용하면 중단된 등록을 쉽게 계산할 수 있다. 다음 몇 주 동안 데이터를 수집해 중단된 등록 비율이 평균 80%임을 확인한다. 이제 등록 대화 상자 피처 플래그를 사용해 새롭고 간단한 대화 상자를 만든다. 주소 및 결제 정보 등 등록 자체에 필요하지 않은 모든 필수 필드를 제거한 코드를 프로덕션 환경으로 전송했다. 어쨌든 결제 전에 데이터의 유효성이 검사되므로 간소화된 등록은 결제 시 사용성 문제가 있더라도 작동할 것이다.

프로덕션 환경에서 신규 사용자의 50%에 대해 플래그를 켜고 두 그룹의 등록 중단 비율을 비교하자. 이전 대화 상자를 보는 사용자는 예상대로 약 70~80%의 취소율을 유지하는 반면, 새 대화 상자를 보는 사용자는 취소율이 55%에 불과한 것을 확인했다.

결과는 아직 완벽하지 않으므로 새로운 지표를 추가해 등록 대화 상자에서 사람들이 어려움을 겪고 있는 부분이 어디인지 찾아볼 수 있다. 이는 계속해 다음 가설과 실험으로 이어진다(그림 10.5 참고).

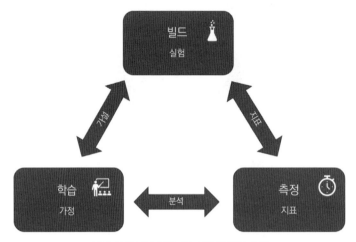

그림 10.5 피처 플래그를 사용한 실험 수행

피처 플래그를 실험하려면 데이터가 필요하다. 올바른 메트릭과 특정 플래그가 켜져 있거나 꺼져 있는 대상에 메트릭을 매핑할 수 있는 기능이 있어야만 증거 기반 개발을 실제로 수행할 수 있다.

19장에서 깃허브를 사용한 실험 및 A/B 테스트에 대해 자세히 살펴볼 것이다.

⠿ 정리

피처 플래그는 데브옵스 팀의 가속화를 위한 가장 중요한 기능 중 하나다. 안타깝게도 아직까지 깃허브에는 내장된 솔루션이 없다. 하지만 속도를 높이는 데 도움이 되는 많은 제품이 있다.

10장에서는 피처 수명 주기와 피처 플래그를 사용해 관리하는 방법에 대해 배웠다. 또한 피처 플래그를 활용해 코드를 미리 확인함으로써 복잡성을 줄이는 방법도 배웠다.

11장에서는 트렁크 기반 개발과 빠른 데브옵스 팀을 지원하기 위한 최상의 깃 워크플로에 대해 알아본다.

⁛ 더 읽을거리 및 참고 자료

10장의 자세한 사항은 다음 자료를 참고한다.

- Martin Fowler, *Feature-Toggles (aka Feature Flags)*, 2017: http://martinfowler.com/articles/feature-toggles.html

- Comparison of Feature Flag solutions: https://wulfland.github.io/FeatureFlags/

- LaunchDarkly: https://launchdarkly.com/

- Switchover: https://github.com/switchover-io

- VWO: https://vwo.com/

- Split: https://www.split.io/

- Flagship: https://www.flagship.io/

- Unleash:https://www.getunleash.io/ 그리고 https://github.com/Unleash/unleash

11

트렁크 기반 개발

엔지니어링 속도 가속화와 높은 상관관계가 있는 역량 중 하나는 **트렁크 기반 개발**^{TBD,} Trunk-Based Development이다. 성과가 좋은 팀은 항상 활성 브랜치가 3개 미만이며, 하루 안에 메인 브랜치로 병합된다(Forsgren N., Humble, J., Kim, G., 2018).

안타깝게도 **TBD**는 **git 워크플로**가 아니라 1980년대부터 사용돼 온 브랜치 전략[1]이다. 특히 깃허브와 함께 사용할 경우 제대로 정의하지 않으면 잘못 사용될 여지가 많다. 경험상 트렁크 기반의 워크플로로 전환하는 것만으로 성능이 크게 향상되지는 않았다. **병합 지옥**merge hell에서 벗어나지 못하고 있는 복잡한 워크플로를 가진 대규모 팀만이 큰 효과를 얻을 수 있다. 대부분의 팀에서는 피처 플래그, **지속적인 통합/지속적인 배포**^{CI/CD} 등의 다양한 기능과 트렁크 기반 워크플로 조합이 큰 차이를 만든다.

11장에서는 트렁크 기반 워크플로의 이점에 대해 설명하고, 다른 브랜치 워크플로와의 차이점에 대해서도 살펴본다. 소프트웨어 배포를 가속화하기 위해 가장 적합한 **git** 워크플로도 소개한다.

---

1   branch model은 '브랜치 전략 정의'를 의미하지만 여기서는 '브랜치 전략'으로 번역했다. – 옮긴이

11장에서는 다음과 같은 주제를 다룬다.

- 트렁크 기반 개발

- 복잡한 브랜치를 피해야 하는 이유

- 다른 git 워크플로들

- MyFlow를 통한 고도화

- 도입 사례

⋮⋮⋮ 트렁크 기반 개발

트렁크 기반 개발은 소스 제어 브랜치 전략으로 개발자는 단일 브랜치(흔히 트렁크라고 불리지만 git에서는 일반적으로 메인 브랜치라고 불림)에 소규모의 빈번한 업데이트를 병합해서 다른 긴 수명의 개발 브랜치를 작성해야 하는 부담을 벗어난다(https://trunkbaseddevelopment.com).

기본 개념은 메인 브랜치가 항상 깨끗한 상태이기 때문에 개발자는 언제든지 성공적으로 빌드된 메인 브랜치를 기반으로 새로운 브랜치를 만들 수 있다.

브랜치를 깨끗한 상태로 유지하려면 개발자는 아무것도 깨지 않는 코드만 메인 브랜치로 머지merge되도록 여러 가지 조치를 취해야 한다.

- 메인 브런치에서 최신 변경 사항 가져오기

- 클린 테스트 실행

- 모든 테스트 실행

- 팀과 높은 결속력 유지(페어 프로그래밍 또는 코드 리뷰)

위와 같은 경우 변경 사항을 빌드 및 테스트하는 CI 빌드가 있는 **풀 리퀘스트**를 위해 보호된 메인 브랜치와 풀 리퀘스트 트리거가 미리 설정돼 있다. 그러나 일부 팀에서는 이러한 단계를 수동으로 수행해서 브랜치 보호 없이 메인 브랜치로 직접 푸시하는 것을 선호한다. 페어 프로그래밍을 연습하는 소규모 팀에서는 매우 효과적이지만 많은 훈련이 필요하다. 복잡한 환경이나 비동기적으로 작업하는 분산된 팀에서는 항상 브랜치 보호 및 풀 리퀘스트 사용을 권장한다.

⠿ 복잡한 브랜치를 피해야 하는 이유

브랜치에 대해 이야기할 때 긴 수명과 짧은 수명이란 용어를 자주 사용한다. 이것은 브랜치의 유지 시간을 나타내는데, 다소 오해의 소지가 있다. 브랜치는 변화에 관한 것이며 변화는 시간에 따라 측정할 수 없다. 개발자는 리팩토링을 위해 8시간 동안 코드를 작성하고 복잡한 브랜치를 병합하려고 시도할 수 있다. 시간으로만 측정한다면 이것은 여전히 짧은 수명으로 간주된다. 반대로 한 줄만 변경된 브랜치가 있는 경우(코드의 의존성이 걸린 패키지 업데이트 등) 팀이 변경과 관련된 몇 가지 아키텍처 이슈를 한 번에 해결해야 하므로 브랜치는 3주 동안 열려 있을 수 있다. 이런 경우 메인 브랜치에 병합하는 작업은 간단하지만, 시간 관점에서는 긴 수명의 브랜치가 되는 것이다.

따라서 유지 시간만으로 브랜치가 타당한지 아닌지 구별하는 것은 최선이 아니며, 복잡성도 함께 살펴봐야 한다.

변경 사항을 병합하려고 시도할 때까지 브랜치를 생성한 기본 브랜치에서 많은 변경 사항이 발생할수록 병합하기가 더 어려워진다. 복잡성은 하나의 복잡한 병합이나 여러 개의 작은 변경 사항을 병합하는 여러 개발자 때문에 발생할 수 있다. 병합을 피하기 위해 많은 팀이 다시 병합하기 전에 기능에 대한 작업을 완료하려고 한다. 물론 이로 인해 다른 기능을 병합하기 어렵게 만드는 더 복잡한 변경 사항(이른바 병합 지옥)이 발생해 릴리스 전에 모든 기능을 새 릴리스에 통합해야 한다.

병합 지옥을 피하려면 주기적으로 최신 버전의 메인 브랜치를 가져와야 한다. 문제 없이 병합이나 리베이스가 가능한 브랜치의 통합은 문제가 되지 않지만 변경 사항이 너무 복잡해지면 변경 사항을 다시 병합할 때 문제가 발생할 수 있으므로 다른 개발자에게 문제가 된다. 그렇기 때문에 변경 사항이 어느 정도 복잡성을 초과하기 전에 병합해야 한다. 복잡성의 정도는 수정하는 코드에 따라 크게 달라지므로 다음 사항을 고려해야 한다.

- 기존 코드로 작업하고 있는가 아니면 새 코드로 작업하고 있는가?
- 코드는 의존성이 많은 복잡한 코드인가 아니면 단순한 코드인가?
- 고립된 코드 또는 높은 응집력을 가진 코드로 작업하고 있는가?
- 동시에 코드를 바꾸는 사람은 몇 명인가?
- 동시에 많은 코드의 리팩토링이 있는가?

복잡성에 대한 정확한 척도는 없다. 그래서 사람들이 복잡성 대신 시간을 척도로 사용하는 경향이 있는 것 같다. 경험에 비추어 볼 때 복잡한 작업을 하는 경우에도 하루에 한 번은 메인 브랜치에 병합해야 하지만, 변경 사항이 단순하다면 브랜치 및 풀 리퀘스트를 더 오래 열어 둬도 문제가 없다. 결국 시간이 아니라 복잡성이 중요하다는 것을 기억하라!

⁝⁝▸ 다른 깃 워크플로들

깃허브를 사용하는 데브옵스 팀에 가장 효과적인 깃 **워크플로**가 무엇인지 자세히 살펴보기 전에 가장 인기 있는 워크플로를 소개하려 한다.

깃플로

깃플로^{Gitflow}는 여전히 가장 인기 있는 워크플로 중 하나다. 2010년 빈센트 드리센^{Vincent Driessen}(https://nvie.com/posts/a-successful-git-branching-model/)에 의해 도입돼 대중화됐다. 깃플로에는 멋진 포스터가 있는데, 태그를 사용해서 릴리스하고 병합후 삭제되는 브랜치의 동작 같은 **git**의 문제를 해결하는 방법에 대해 잘 설명하고 있다(그림 11.1 참고).

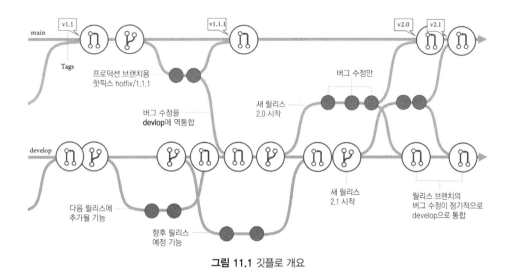

그림 11.1 깃플로 개요

깃플로는 몇 달에 한 번씩 고객에게 소프트웨어를 배포하고, 일부 기능을 별도로 라이선스가 부여된 새로운 메이저 버전에 번들로 제공하고, 수 년 동안 여러 버전을 유지 관리해야 하는 경우 유용하다. 2010년에는 이것이 거의 모든 소프트웨어의 일반적인 릴리스 플로였지만 복잡한 환경에선 워크플로에 몇 가지 문제가 발생한다.

워크플로는 트렁크 기반이 아니며 수명이 긴 여러 브랜치가 있다. 이러한 브랜치 간의 통합은 복잡한 환경에서 병합 지옥으로 이어질 수 있다. 데브옵스 및 **CI/CD** 방식이 부상하면서 워크플로의 평판이 나빠졌다.

데브옵스로 소프트웨어 제공을 가속화하려는 경우 깃플로는 적합한 브랜치 워크플로가 아닐 뿐더러 대부분의 개념은 다른 워크플로에서 찾을 수 있다.

깃허브 플로

깃허브 플로^{GitHub flow}는 풀 리퀘스트를 이용한 협업에 중점을 둔다. 변경 사항을 설명하는 이름으로 브랜치를 만들고 작업을 수행한다. 그런 다음 풀 리퀘스트를 만들고 코드에 대한 코멘트를 통해 리뷰어와 협업한다. 풀 리퀘스트가 준비되면 메인 브랜치에 병합하기 전에 프로덕션으로 배포된다(그림 11.2 참고).

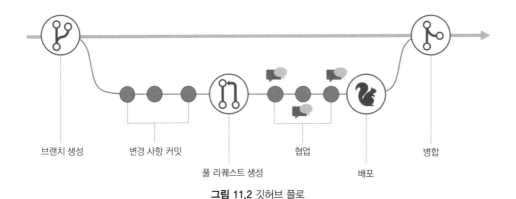

브랜치 생성   변경 사항 커밋   협업   병합

풀 리퀘스트 생성   배포

그림 11.2 깃허브 플로

깃허브 플로는 트렁크 기반이며 매우 인기가 있다. 풀 리퀘스트 배포가 없는 부분은 대부분의 다른 워크플로와 유사하다. 문제는 배포다. 각 풀 리퀘스트를 프로덕션에 배포하면 병목 현상이 발생하고 확장성이 떨어진다. 깃허브는 해당 문제를 해결하기 위해 ChatOps와 deploy train을 사용하지만(Aman Gupta, 2015), 약간 과해 보인다. 프로덕션에서 작동하는 것으로 입증된 변경 사항만 기본으로 병합된다는 아이디어는 설득력이 있지만 복잡한 환경에서는 기본적으로 도달할 수 없는 목표다. 변경 사항이 아무것도 손상되지 않았는지 실제로 확인하려면 프로덕션에서 격리된 변경 사항을 확인하는 데 상당한 시간이 필요하지만, 그 시간 동안 병목 현상으로 인해 다른 팀이나 팀원이 변경 사항을 병합하지 못한다.

빠른 실패 및 롤 포워드 원칙이 있는 데브옵스 세계에서는 격리된 환경에서 풀 리퀘스트를 검증하고 메인 브랜치의 push 트리거를 사용해서 풀 리퀘스트를 병합한 후 프로덕션에 배포하는 것이 가장 좋다. 변경 사항으로 인해 프로덕션이 중단되더라도 여전히 작동했던 마지막 버전을 배포하거나(롤백) 오류를 수정하고 수정 사항을 즉시 배포(롤 포워드)할 수 있다. 이러한 옵션 중 하나를 수행하기 위해 깨끗한 기본 브랜치가 필요하지 않다.

깃허브 플로의 또 다른 단점은 사용자, 브랜치, 풀 리퀘스트의 수가 명확하지 않다는 것이다. 여러 사람이 동일한 피처 브랜치에 커밋한다. 이런 일이 자주 발생하지는 않지만, 문서만 봐서는 명확하지 않다.

릴리스 플로

릴리스 플로release flow는 깃허브 플로를 기반으로 하지만 풀 리퀘스트를 지속적으로 배포하는 대신 단방향 릴리스 브랜치를 추가한다. 브랜치는 다시 병합되지 않으며 버그 수정은 **업스트림 우선**upstream-first 원칙을 따른다. 버그 수정은 main 브랜치에서 수정되고 변경 사항은 릴리스 브랜치의 브랜치로 선별cherry-pick된다(Edward Thomson, 2018). 이러면 main 브랜치에 버그 수정 내역을 반영하는 것을 잊을 수 없다(그림 11.3 참고).

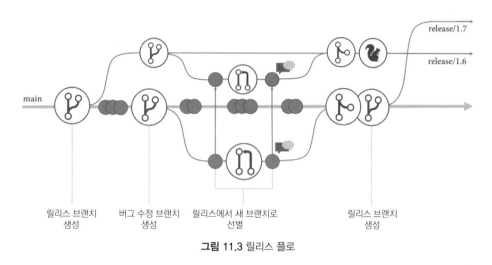

릴리스 브랜치   버그 수정 브랜치   릴리스에서 새 브랜치로   릴리스 브랜치
생성   생성   선별   생성

그림 11.3 릴리스 플로

릴리스 플로는 CD가 아니다! 릴리스 생성은 여전히 별도로 트리거돼야 하는 프로세스다. 소프트웨어의 다른 버전을 유지해야 하는 경우 release flow는 좋은 방법이지만, 가능하다면 CD를 구현하도록 노력해야 한다.

깃랩 플로

깃랩 플로GitLab flow도 깃허브 플로를 기반으로 한다. 또한 환경 분기(예: 개발, 스테이징, 사전 프로덕션, 프로덕션)가 추가되며, 각 배포는 이러한 환경에 병합될 때 발생한다(그림 11.4 참고).

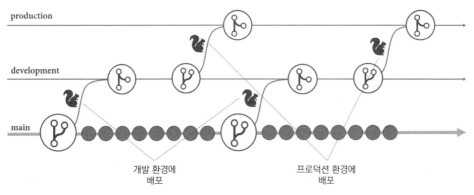

개발 환경에
배포

프로덕션 환경에
배포

그림 11.4 깃랩 환경 브랜치

변경 사항은 다운스트림으로만 흐르기 때문에 모든 변경 사항이 모든 환경에서 테스트 됐는지 확인할 수 있다. 깃랩 플로도 **업스트림 우선** 원칙을 따른다. 환경 중 하나에서 버 그를 발견하면 main 브랜치에서 피처 브랜치를 생성하고 모든 환경에 변경 사항을 선별 한다. 버그 수정은 릴리스 플로에서 작동하는 것과 동일한 방식으로 깃랩 플로에서 작 동한다.

깃허브 액션과 같은 여러 환경을 지원하는 파이프라인이 없는 경우 깃랩 흐름은 환경에 대한 승인 및 배포를 자동화하는 좋은 방법을 제공할 수 있다. 개인적으로 버그 수정을 업스트림에서 수행하는 경우 환경에 대한 코드를 분리하는 것이 가치가 없다고 생각 한다. 코드를 한 번 빌드한 다음 출력을 모든 환경에 순서대로 배포하는 것을 선호하나, 저장소에서 직접 배포하는 정적 웹사이트와 같이 이 워크플로가 적합한 상황이 있을 수 있다.

마이플로로 고도화

보시다시피 git 워크플로는 다양한 사용 사례에 대한 솔루션 모음일 뿐이다. 주요 차이 점은 트렁크 기반인지 여부와 일부 사항에 대해 명시적인지 여부다. 모든 워크플로에 부족한 점이 있음을 발견하고 나만의 워크플로인 **마이플로**^{MyFlow}를 만들었다.

마이플로는 풀 리퀘스트를 기반으로 하는 가벼운 트렁크 기반 워크플로다. 마이플로는 새로운 발명품이 아니다! 많은 팀이 이미 이런 방식으로 일하고 있다. 풀 리퀘스트와의 협업에 중점을 둔다면 매우 자연스러운 브랜치 및 병합 방법이다. 방금 이름을 지었고 사람들이 쉽게 사용할 것으로 생각한다.

메인 브랜치

마이 플로는 트렁크 기반이기 때문에 main이라는 하나의 메인 브랜치만 있고 항상 깨끗한 상태여야 한다. 기본 브랜치는 항상 빌드돼야 하며 언제든지 프로덕션으로 릴리스할 수 있어야 한다. 그렇기 때문에 브랜치 보호 규칙으로 main을 보호해야 한다. 좋은 브랜치 보호 규칙에는 적어도 다음 기준이 포함된다.

- 병합하기 전에 최소 2개의 풀 리퀘스트 검토 필요

- 새 커밋이 푸시되면 오래된 풀 리퀘스트 승인 해제

- 코드 소유자의 검토 필요

- CI 빌드, 테스트 실행, 코드 분석, 린터linter를 포함하는 상태 확인을 병합 전에 통과

- 관리자를 포함한 모든 사람에게 적용

- 강제 푸시 허용

CI 빌드를 사용해서 더 많이 자동화할수록 브랜치를 깨끗한 상태로 유지할 가능성이 높아진다.

다른 모든 브랜치는 항상 main에서 분기된다. 메인 브랜치가 기본 브랜치이므로 새 브랜치를 만들 때 소스 브랜치를 지정할 필요가 없어 일을 단순화시키고 오류의 원인을 제거한다.

전용 토픽 브랜치

그림 11.5는 마이플로의 기본 개념을 보여 준다.

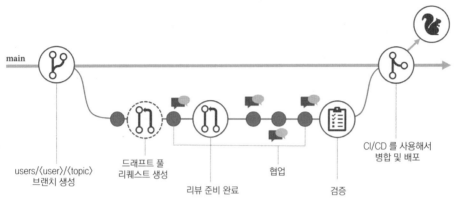

그림 11.5 마이플로의 기본 사항

전용 토픽 브랜치는 새로운 기능, 문서, 버그, 인프라, 리포지터리에 있는 모든 항목에 대해 작업하는 데 사용할 수 있다. 전용이라는 말에서 알 수 있듯이 특정 사용자 1명에게만 속한다. 다른 팀 구성원은 분기를 확인해서 솔루션을 테스트할 수 있지만 변경 사항을 이 브랜치에 직접 푸시할 수는 없다. 대신 풀 리퀘스트의 작성자에게 변경 사항을 제안하려면 풀 리퀘스트의 제안을 사용해야 한다.

브랜치가 전용임을 나타내기 위해 이를 명확하게 하는 **users/*** 또는 **private/***와 같은 명명 규칙을 권장한다. 또한 이름에 문제 또는 버그의 **식별자**[ID, IDentifier]를 포함하는 것이 좋다. 이렇게 하면 나중에 커밋 메시지에서 쉽게 참고할 수 있다. 좋은 규칙은 다음과 같다.

```
users/<username>/<id>_<topic>
```

새 주제에 대한 작업을 시작하려면 다음과 같이 새 로컬 브랜치를 만든다.

```
$ git switch -c <branch> main
```

322

예시는 다음과 같다.

```
$ git switch -c users/kaufm/42_new-feature main
> Switched to a new branch 'users/kaufm/42_new-feature'
```

첫 번째 수정 사항을 만들고 커밋하고 서버에 푸시한다. 수정 내용은 중요하지 않다. 파일에 공백을 추가하기만 하면 된다. 어쨌든 나중에 덮어쓸 수 있다. 예시는 다음과 같다.

```
$ git add .
$ git commit
$ git push --set-upstream origin <branch>
```

다음은 추가 정보가 포함된 앞의 예제다.

```
$ git add .
$ git commit -m "New feature #42"
$ git push --set-upstream origin users/kaufm/42_new-feature
```

NOTE

> 나는 **웹 사용자 인터페이스**(UI, User Interface)보다 깃허브 **명령줄 인터페이스**(CLI, Command-Line Interface)(https://cli.github.com/)가 읽고 이해하기 쉽기 때문에 풀 리퀘스트를 처리하는 데 사용한다. 웹 UI를 사용해서 동일한 작업을 수행할 수 있다.

다음과 같이 풀 리퀘스트를 만들고 초안으로 표시한다.

```
$ gh pr create --fill --draft
```

이렇게 하면 팀에서 해당 주제에 대해 작업하고 있음을 알 수 있다. 열려 있는 풀 리퀘스트 목록을 빠르게 보면 팀이 현재 작업 중인 주제에 대한 양질의 정보를 얻을 수 있다.

NOTE

> 변경 사항을 커밋할 때 -m 인수를 생략하고 기본 편집기에서 여러 줄 커밋 메시지를 추가할 수 있다. 첫 번째 줄은 풀 리퀘스트의 제목이다. 나머지 메시지는 본문이 된다. --fill 대신 풀 리퀘스트를 생성할 때 제목(--title 또는 -t) 및 본문(--body 또는 -b)을 설정할 수도 있다.

이제 주제에 대한 작업을 시작할 수 있으며 git의 모든 기능을 사용할 수 있다. 예를 들어 이전 커밋에 변경 사항을 추가하려면 다음과 같이 –amend 옵션을 사용하면 된다.

```
$ git commit --amend
```

또는 마지막 3개의 커밋을 하나의 커밋으로 합치려는 경우 다음 명령을 실행할 수 있다.

```
$ git reset --soft HEAD~3
$ git commit
```

브랜치의 모든 커밋을 하나의 커밋으로 병합하려면 다음 명령을 실행할 수 있다.

```
$ git reset --soft main
$ git commit
```

또는 모든 커밋을 자유롭게 재정렬하고 스쿼시하려면 다음과 같이 대화식 리베이스 rebase를 사용할 수 있다.

```
$ git rebase -i main
```

변경 사항을 서버에 푸시하려면 다음 명령을 사용한다.

```
$ git push origin +<branch>
```

브랜치 이름이 채워진 앞의 예는 다음과 같다.

```
$ git push origin +users/kaufm/42_new-feature
```

브랜치 이름 앞에 + 더하기 기호가 있다. 이로 인해 강제 푸시가 발생하지만 특정 브랜치에만 적용된다. 브랜치 기록을 건드리고 싶지 않은 경우 일반 git push 작업을 수행할 수 있으며 브랜치가 잘 보호되고 수행 중인 작업을 알고 있는 경우 다음과 같이 일반

강제 푸시가 더 편리할 수 있다.

```
$ git push -f
```

이미 도움이 필요하거나 코드에 대한 팀원의 의견이 필요한 경우 풀 리퀘스트의 코멘트에서 언급할 수 있다. 변경 사항을 제안하려는 경우 풀 리퀘스트 댓글의 제안 기능을 사용한다. 이렇게 하면 변경 사항을 적용하고, 변경하기 전에 리포지터리 상태가 깨끗한지 확인할 수 있다.

작업할 준비가 됐다고 생각될 때마다 다음과 같이 풀 리퀘스트의 상태를 초안에서 준비 상태로 변경하고 자동 병합을 활성화한다.

```
$ gh pr ready
$ gh pr merge --auto --delete-branch --rebase
```

NOTE

> 병합 방법으로 --rebase를 사용했다. 이것은 간결한 커밋 기록을 만들고 싶어하는 소규모 팀을 위한 좋은 병합 전략이다. --squash 또는 --merge를 선호하는 경우 적절한 병합 전략을 사용한다.

리뷰어는 여전히 의견에 제안을 작성할 수 있으며 공동 작업을 계속할 수 있다. 그러나 모든 승인 및 모든 자동 확인이 완료되면 풀 리퀘스트가 자동으로 병합되고 브랜치가 삭제된다. 자동화된 검사는 pull_request 트리거에서 실행되며 격리된 환경에 애플리케이션을 설치하고 모든 종류의 테스트를 실행하는 것을 포함할 수 있다.

풀 리퀘스트가 병합되고 분기가 삭제된 경우 다음과 같이 로컬 환경을 정리한다.

```
$ git switch main
$ git pull --prune
```

이렇게 하면 현재 브랜치가 메인 브랜치로 변경되고 서버에서 변경된 브랜치를 가져오고 서버에서 삭제된 로컬 브랜치가 삭제된다.

출시

변경 사항이 메인 브랜치에 병합되면 환경이나 링 기반 배포^{ring-based approach}의 사용 여부와 관계없이 기본의 푸시 트리거가 프로덕션 배포를 시작한다.

여러 버전을 유지해야 하는 경우 **깃허브 릴리스**^{GitHub releases}와 함께 태그를 사용할 수 있다(8장 참고). 워크플로에서 릴리스 트리거를 사용하고 애플리케이션을 배포하고 GitVersion을 사용해서 여기에 설명된 대로 버전 번호를 자동으로 생성한다.

```
$ gh release create <tag> --notes "<release notes>"
```

예시는 다음과 같다.

```
$ gh release create v1.1 --notes "Added new feature"
```

릴리스 정보 자동 생성을 활용할 수도 있다. 안타깝게도 이 기능은 아직 CLI를 통해 사용할 수 없다. 사용하려면 UI를 사용해서 릴리스를 만들어야 한다.

어쨌든 **업스트림 우선** 원칙에 따라 버그를 수정하므로 핫픽스^{hotfix}를 수행할 필요가 없다면 모든 릴리스에 대한 릴리스 브랜치를 생성하는 데 실질적인 이점이 없다. 릴리스를 만들 때 생성되는 태그는 제대로 작동한다.

핫픽스

이전 릴리스에 대한 핫픽스를 제공해야 하는 경우 태그를 확인하고 다음과 같이 새 핫픽스 브랜치를 만들 수 있다.

```
$ git switch -c <hotfix-branch> <tag>
$ git push --set-upstream origin <branch>
```

예시는 다음과 같다.

```
$ git switch -c hotfix/v1.1.1 v1.1
$ git push --set-upstream origin hotfix/1.1.1
```

이제 main 브랜치로 다시 전환하고 **일반 주제 브랜치**(예: users/kaufm/666_fix-bug)에서 버그를 수정한다. 이제 다음과 같이 핫픽스 브랜치에 대한 수정 사항이 포함된 커밋을 **선별** 한다.

```
$ git switch <hotfix-branch>
$ git cherry-pick <commit SHA>
$ git push
```

선별하려는 커밋의 **보안 해시 알고리듬**SHA, Secure Hash Algorithm을 사용할 수 있다. 또는 다음과 같이 커밋이 분기의 끝인 경우 브랜치 이름을 사용할 수 있다.

```
$ git switch hotfix/v1.1.1
$ git cherry-pick users/kaufm/42_fix-bug
$ git push
```

이렇게 하면 토픽 브랜치의 끝 부분을 선별한다. 그림 11.6은 이전 릴리스에 대한 핫픽스가 작동하는 방식을 보여 준다.

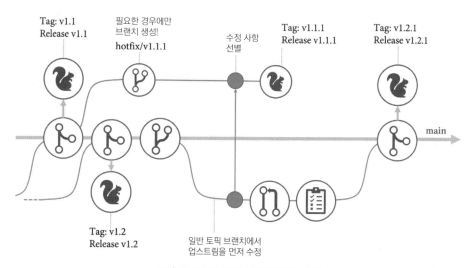

그림 11.6 이전 릴리스에서 핫픽스 수행

수정 사항을 먼저 메인 브랜치에 병합한 다음 거기에서 커밋을 선별할 수도 있다. 이렇게 하면 코드가 모든 브랜치 정책을 준수한다. 핫픽스 브랜치를 기반으로 임시 브랜치를 선별하고 다른 풀 리퀘스트를 사용해서 선별된 수정 사항을 병합할 수도 있다. 이는 환경이 얼마나 복잡한지, 메인 브랜치와 핫픽스 브랜치 간의 차이가 얼마나 큰지에 따라 다르다.

자동화

이름 지정 규칙이 있는 워크플로가 있는 경우 자주 사용하는 특정 명령 시퀀스가 있다. 오타를 줄이고 작업 흐름을 단순화하기 위해 git **별칭**alias을 사용해서 자동화할 수 있다. 이를 수행하는 가장 좋은 방법은 편집기에서 다음과 같이 .gitconfig 파일을 편집하는 것이다.

```
$ git config --global --edit
```

[alias] 섹션이 아직 존재하지 않는 경우 추가하고 다음과 같이 별칭을 추가한다.

```
[alias]
    mfstart = "!f() { \\
        git switch -c users/$1/$2_$3 && \\
    git commit && \\
    git push --set-upstream origin users/$1/$2_$3 && \\
    gh pr create --fill --draft; \\
};f"
```

이 별칭은 mfstart라고 하며 다음과 같이 사용자 이름, 문제 ID, 주제를 입력해서 호출한다.

```
$ git mfstart kaufm 42 new-feature
```

새 브랜치로 전환하고 인덱스의 현재 변경 사항을 커밋하고 서버에 푸시하고 풀 리퀘스트를 생성한다. 모든 인수 ($@) 또는 개별 인수 ($1, $2, …)를 참고할 수 있다. 종료 코드와 독립적으로 명령을 연결하려면 ;를 사용해서 명령을 종료해야 한다. 첫 번째 명령이 성공한 경우에만 다음 명령이 실행되도록 하려면 &&를 사용할 수 있다. 각 줄은 백슬래시(\)로 끝나야 한다. 따옴표를 이스케이프하는 데 사용하는 문자이기도 하다. 다음과 같이 if 문을 추가해서 로직을 분기할 수 있다.

```
mfrelease = "!f() { \\
    if [[ -z \\"$1\\" ]]; then \\
        echo Please specify a name for the tag; \\
    else \\
        gh release create $1 --notes $2; \\
    fi; \\
};f"
```

또는 이 예처럼 변수에 값을 저장해서 나중에 사용할 수 있다. 헤드^{HEAD}가 가리키는 분기의 현재 이름은 다음과 같다.

```
mfhotfix = "!f() { \\
    head=$(git symbolic-ref HEAD --short); \\
    echo Cherry-pick $head onto hotfix/$1 && \\
    git switch -c hotfix/$1 && \\
    git push --set-upstream origin hotfix/$1 && \\
    git cherry-pick $head && \\
    git push; \\
};f"
```

자동화는 작업 방식의 세부 사항에 따라 크게 달라지겠지만, 매우 강력한 도구이며 생산성을 높이는 데 도움이 될 수 있다.

⁂ 사례 연구

릴리스 프로세스의 자동화를 통해 두 파일럿 팀은 이미 생산성이 크게 향상됐음을 확인했다. **리드 타임** 및 **배포 빈도**에 대한 메트릭이 크게 증가했다.

비트버킷^{Bitbucket}에서 깃허브로 이동하기 전에 git을 사용했던 팀은 분기 워크플로로 **깃 플로**를 사용했다. 단계적 배포 워크플로를 사용해서 웹 애플리케이션을 지속적으로 릴리스할 수 있으므로 풀 리퀘스트 및 개인 분기가 있는 **트렁크 기반** 워크플로로 이동하고 병합 후 CI/CD 워크플로(마이플로)를 사용해서 기본 분기에 배포한다. 자주 통합하기 위해 **피처 플래그**를 사용하기로 결정했다. 회사는 클라우드 및 온프레미스에서 피처 관리가 필요하므로 **Unleash**를 사용하기로 결정했다. 팀은 **SaaS**^{Software-as-a-Service}를 사용할 수 있으며 온프레미스 솔루션을 기다릴 필요 없이 바로 사용할 수 있다.

TFS^{Team Foundation Server}에서 마이그레이션한 두 번째 팀은 수명이 긴 릴리스, 서비스 팩, 핫픽스 브랜치, 모든 기능이 통합된 개발 브랜치가 포함된 복잡한 브랜치 워크플로에 익숙했다. 소프트웨어가 하드웨어 제품에 설치되면서 여러 릴리스가 병렬로 안정화되고 여러 버전이 수년 동안 유지돼야 한다. 이는 소프트웨어를 지속적으로 릴리스 할 수 없음을 의미한다. 팀은 릴리스 및 핫픽스를 관리하기 위해 **릴리스 플로**를 선택했다. 개발을 위해 풀 리퀘스트 및 트렁크 기반 접근 방식이 있는 전용 브랜치도 사용한다. 제품이 인터넷에 연결돼 있지 않기 때문에 팀은 피처 플래그에 대한 구성 시스템에 의존한다. 이 기술은 이전에 하드웨어에서 새로운 기능을 테스트하는 데 사용됐고, 팀은 이제 이를 확장해서 변경 사항을 더 자주 통합한다.

⠿ 정리

git 워크플로는 서로 크게 다르지 않으며 대부분은 다른 워크플로 기반으로 구축된다. 특정 워크플로를 맹신하지 않고 **빨리 실패**하고 **앞으로 나아가는** 원칙을 따르는 것이 더 중요하다. 모든 워크플로는 모범 사례 모음일 뿐이며 필요한 항목만 가져와야 한다.

중요한 것은 변경 내용의 크기와 변경 내용을 다시 병합하는 빈도다.

항상 다음 규칙을 따른다.

- 주 브랜치에서 분기한다(트렁크 기반).
- 복잡한 작업을 하는 경우 하루에 한 번 이상 커밋한다(피처 플래그 사용).

- 변경 사항이 단순하고 코드 몇 줄만 변경한다면 풀 리퀘스트를 오래 열어 둘 수 있다. 하지만 **열려 있는 풀 리퀘스트**가 너무 많지 않은지 확인해야 한다.

이러한 규칙을 사용하면 실제로 사용 중인 워크플로가 그다지 중요하지 않다. 맞는 것을 고르는 것이 중요하다.

11장에서는 TBD의 이점과 이를 깃 워크플로와 함께 사용해서 엔지니어링 속도를 높일 수 있는 방법에 대해 배웠다.

12장에서는 품질을 높이고 보다 자신 있게 릴리스하기 위해 시프트-레프트^{shift-left} 테스트를 사용할 수 있는 방법에 대해 설명한다.

⠿ 더 읽을거리 및 참고 자료

11장의 자세한 사항은 다음 자료를 참고한다.

- *Forsgren N., Humble, J., and Kim, G.* (2018). Accelerate: The Science of Lean Software and DevOps: Building and Scaling High Performing Technology Organizations (1st ed.) [E-book]. IT Revolution Press.

- Trunk-based development: https://trunkbaseddevelopment.com

- Gitflow: *Vincent Driessen* (2010), A successful Git branching model: https://nvie.com/posts/a-successful-git-branching-model/

- *GitLab flow*: https://about.gitlab.com/topics/version-control/what-is-gitlab-flow/

- *Edward Thomson* (2018). *Release Flow: How We Do Branching on the VSTS Team*: https://devblogs.microsoft.com/devops/release-flow-how-we-do-branching-on-the-vsts-team/

- *Aman Gupta* (2015). Deploying branches to GitHub.com: https://github. blog/2015-06-02-deploying-branches-to-github-com/

- *GitHub flow*: https://docs.github.com/en/get-started/quickstart/github-flow

- GitHub CLI: https://cli.github.com/

3부

견고한 출시 전략

3부는 릴리스 파이프라인에 품질을 높이고 보안을 적용해 릴리스 속도를 더욱 높이고 자주 릴리스할 수 있는지 설명한다. 시프트-레프트 테스트 및 보안, 운영 환경 내의 테스트, 카오스 엔지니어링chaos engineering, 데브섹옵스DevSecOps, 소프트웨어 공급망 보안, 링 베이스 배포와 같은 개념들을 포함한다.

3부는 다음과 같은 장으로 구성돼 있다.

- 12장, 품질 향상을 위한 테스트의 시프트-레프트

- 13장, 시프트-레프트 보안과 데브섹옵스

- 14장, 코드 보안

- 15장, 안전한 배포

12

품질 향상을 위한 테스트의 시프트-레프트

테스팅 및 **품질 보증**^{QA, Quality Assurance}은 아직도 많은 회사의 발목을 잡는 관행 중 하나다. 12장에서는 개발 속도 측면에서 QA와 테스트의 역할을 알아보고 어떻게 시프트-레프트할 수 있을 지 살펴본다.

12장에서는 다음과 같은 주제를 다룬다.

- 시프트-레프트 테스트 및 자동화

- 불안정한 테스트^{flaky test} 제거

- 코드 커버리지^{code coverage}

- 시프트-라이트^{shift-right}(운영 환경에서의 테스트)

- 실패 주입 및 카오스 엔지니어링

- 컴플라이언스 및 테스트

- 깃허브에서의 테스트 관리

시프트-레프트 테스트 및 테스트 자동화

애자일^agile 개발을 통해 자주 출시하려 한다면 수동 테스트는 확장 가능한 옵션이 아니다. CI/CD 파이프라인을 통하지 않고 스프린트 주기로 배포하는 경우 필요한 모든 회귀 테스트 실행에 막대한 인력과 많은 시간 및 비용이 소요된다. 하지만 테스트 자동화를 올바르게 수행하는 것은 쉬운 일이 아니다. 예를 들어 QA 부서 또는 아웃소싱 업체에서 생성 및 유지 관리 가능한 자동화된 테스트는 엔지니어링 속도 향상과 상관관계가 없다(Forsgren N., Humble, J., Kim, G., 2018). 개발 속도에 미치는 영향을 파악하려면 팀에서 자체적으로 생성 및 관리 가능한 신뢰할 수 있는 테스트가 필요하다. 개발자가 테스트를 유지 관리하면 테스트 가능한 코드가 더 많이 생성된다는 이론이 있다.

좋은 테스트 포트폴리오가 어떤 모습이어야 하는지는 누구나 알고 있다. 자동화된 단위 테스트(레벨 0), 적은 수의 통합 테스트(레벨 1), 테스트 데이터가 필요한 일부 통합 테스트(레벨 2), 소수의 기능 테스트(레벨 3)로 구성된 기반이 있다. 이를 테스트 피라미드라고 한다(그림 12.1 참고).

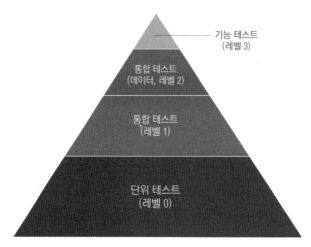

그림 12.1 테스트 피라미드

그러나 대부분의 회사에서 포트폴리오는 이와 같이 구성되지 않는다. 간혹 일부 단위 테스트가 있기는 하지만 대부분의 다른 테스트가 여전히 매우 높은 비율을 차지한다(그림 12.2 참고).

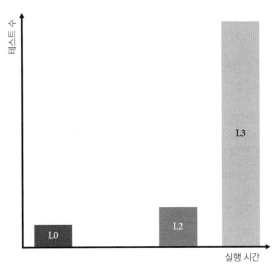

그림 12.2 테스트 포트폴리오 예시

이러한 높은 비율의 고수준 테스트는 자동화 또는 수동으로 수행할 수 있다. 하지만 이 테스트 포트폴리오만으로는 높은 품질의 지속적인 릴리스에 도움이 되지는 않는다. 지속적인 품질을 달성하려면 테스트 포트폴리오를 왼쪽으로 이동해야 한다(그림 12.3 참고).

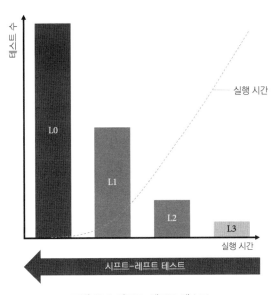

그림 12.3 시프트-레프트 테스트

이는 쉬운 일이 아니다. 다음은 시프트-레프트 테스트에 도움이 되는 몇 가지 원칙이다.

- **주인 의식**ownership: 팀이 QA를 책임지고 테스트를 코드와 함께 개발하며, 가급적이면 테스트 우선 접근 방식을 사용한다. QA 엔지니어가 팀에 포함돼야 한다.

- **시프트-레프트**: 테스트는 항상 가능한 가장 낮은 수준에서 작성해야 한다.

- **한 번 작성하면 모든 곳에서 실행 가능**: 테스트는 모든 환경에서 실행돼야 하며 심지어는 운영 환경에서도 실행돼야 한다.

- **테스트 코드는 운영 환경의 코드**: 일반 코드에 적용되는 동일한 품질 표준이 테스트 코드도 적용된다. 여기서 지름길은 허용되지 않아야 한다.

- **코드를 작성한 사람이 테스트해야 함**: 개발자는 코드의 품질에 대한 책임이 있으며, 이러한 품질을 보장하기 위해 모든 테스트가 제대로 이뤄지고 있는지 확인해야 한다.

2013년에 QA 역할의 변화를 설명하는 테스트 선언문이 만들어졌다(Sam Laing, 2015).

- 최종 테스트보다 테스트 중간에 하는 것

- 버그를 찾는 것보다 버그를 예방하는 것

- 기능 확인보다 테스트에 대한 이해

- 시스템 파괴보다 최상의 시스템 구축

- 테스터tester의 책임보다 품질에 대한 팀의 책임

쉽게 들리지만 그렇지 않다. 개발자는 테스터처럼 사고하는 법을 배워야 하고 테스터는 엔지니어처럼 사고하는 법을 배워야 한다. 비전을 판매하고 변화의 지속 가능성을 확립하는 것은 쉬운 일이 아니다.

테스트 주도 개발

테스트 자동화의 핵심은 테스트 가능한 소프트웨어 아키텍처를 갖추는 것이다. 이를 위해서는 개발자가 코드를 작성할 때 가능한 한 빨리, 즉 팀 내부에서 시작해야 한다.

테스트 주도 개발^{TDD, Test-Driven Development}은 자동화된 테스트를 먼저 작성한 뒤 테스트를 통과하는 코드를 작성하는 소프트웨어 개발 프로세스다. 이는 20년 이상 사용돼 왔으며 다양한 연구를 통해 품질 이점이 입증됐다(Müller Matthias M., Padberg Frank, 2017, Erdogmus Hakan, Morisio, Torchiano, 2014). TDD는 디버깅에 소요되는 시간과 전반적인 코드 품질에 큰 영향을 미칠 뿐만 아니라 견고하고 테스트 가능한 소프트웨어 설계에도 큰 영향을 미친다. 그래서 이를 **테스트 주도 설계**^{test-driven design}라고 부르기도 한다.

TDD는 간단하며 다음과 같은 단계를 따른다.

1. **테스트 추가 및 수정**: 항상 테스트부터 시작한다. 테스트를 작성하는 동안 코드의 모양을 디자인하며 호출하는 클래스와 함수가 아직 존재하지 않아 테스트가 컴파일되지 않을 때가 있다. 대부분의 개발 환경은 테스트 내에서 바로 필요한 코드를 생성할 수 있도록 지원한다. 코드가 컴파일되고 테스트를 실행할 수 있으면 이 단계가 완료된다. 실패하는 테스트를 작성한 후, 만일 테스트가 통과하면 테스트를 수정하거나 실패할 때까지 새 테스트를 작성한다.

2. **모든 테스트 실행**: 모든 테스트를 실행하고 새 테스트만 실패하는지 확인한다.

3. **코드 작성**: 테스트를 통과하는 간단한 코드를 작성한다. 항상 모든 테스트를 실행해 테스트가 통과하는지 확인한다. 이 단계에서는 코드가 예뻐야 할 필요는 없으며 단축키도 허용된다. 테스트가 통과하기만 하면 된다. 잘못된 코드는 코드를 개선하기 위해 다음에 어떤 테스트가 필요한지 알려 준다.

4. **모든 테스트 통과**: 모든 테스트가 통과되면 새 테스트를 작성하거나 기존 테스트를 수정하는 두 가지 옵션이 있다. 또는 코드와 테스트를 리팩토링할 수도 있다.

5. **리팩토링**: 코드와 테스트를 리팩토링한다. 견고한 테스트 하네스가 있으므로 TDD를 사용하지 않을 때보다 더 극단적인 리팩토링을 수행할 수 있다. 각 리팩토링 후에는

모든 테스트를 실행해야 한다. 하나의 테스트가 실패하면 마지막 단계를 실행 취소하고 리팩토링 단계 이후에도 테스트가 계속 통과할 때까지 다시 시도한다. 리팩토링에 성공하면 새롭게 실패하는 테스트로 새로운 주기를 시작할 수 있다.

그림 12.4는 TDD 주기의 전체적인 개요다.

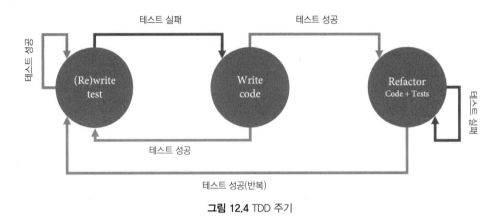

그림 12.4 TDD 주기

좋은 테스트는 다음과 같은 패턴을 따른다.

- **준비**arrange: 테스트에 필요한 객체와 **테스트 대상 시스템**SUT, System Under Test 자체를 설정한다. 일반적으로 이것은 클래스다. **목**mock과 **스텁**stub을 사용해 시스템 동작을 시뮬레이션할 수 있다(Martin Fowler, 2007).

- **실행**act: 테스트하려는 코드를 실행한다.

- **검증**assert: 결과를 확인하고, 시스템 상태가 원하는 상태인지 확인하고, 메서드가 올바른 매개변수를 사용해 올바른 메서드를 호출했는지 확인한다.

각 테스트는 완전히 독립적이어야 한다. 즉 이전 테스트에 의해 조작된 시스템 상태에 의존하지 않아야 하며, 독립적으로 실행할 수 있어야 한다.

TDD는 페어 프로그래밍에도 사용할 수 있다. 이를 **핑퐁 페어 프로그래밍**Ping Pong Pair Programming이라고 한다. 해당 페어 프로그래밍에서는 한 개발자가 테스트를 작성하고 다른 개발자가 테스트를 통과하는 코드를 작성한다. 이는 페어 프로그래밍을 위한 훌륭한 패턴이며 팀의 주니어들에게 TDD의 이점을 가르치는 좋은 방법이다.

TDD는 오랫동안 사용해 왔고 이를 실행하는 팀은 많은 가치를 얻지만, 아직 사용하지 않는 팀을 많이 봤다. 어떤 팀은 코드가 임베디드 시스템에서 실행되기 때문에 사용하지 않는가 하면, 어떤 팀은 코드가 모방하기 어려운 SharePoint 클래스에 의존하기 때문에 사용하지 않는다고 했다. 하지만 이는 변명에 불과하다. 코드에 따라 테스트할 수 없는 코드plumbing code가 있을 수 있지만 로직을 작성할 때는 항상 먼저 테스트 수행할 수 있다.

테스트 포트폴리오 관리

TDD를 사용하면 테스트 가능한 디자인을 즉시 얻을 수 있다. 그리고 이전 방식brownfield의 개발 환경에서도 자동화된 테스트의 수가 빠르게 증가할 것이다. 문제는 테스트의 품질이 최적이 아닌 경우가 많으며, 테스트 포트폴리오가 증가함에 따라 실행 시간이 매우 길고 비결정적인(불안정한) 테스트가 자주 발생한다는 것이다. 품질이 높은 테스트의 수는 줄이는 것이 좋다. 실행 시간이 길면 신속하게 릴리스하는 데 방해가 되고, 불안정한 테스트는 신뢰할 수 없는 품질 신호를 생성해 테스트 스위트suite에 대한 신뢰도를 떨어뜨린다(그림 12.5 참고). 팀의 QA 성숙도가 높아지면 테스트의 양이 첫 번째 피크peak 이후 감소하더라도 테스트 스위트의 품질은 지속적으로 상승한다.

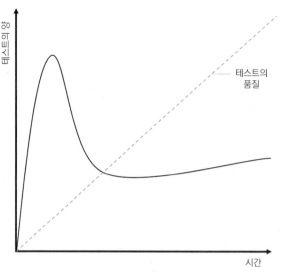

그림 12.5 자동화된 테스트의 양과 품질

테스트 포트폴리오를 적극적으로 관리하려면 테스트에 대한 기본 규칙을 정의하고 테스트 수와 실행 시간을 지속적으로 모니터링해야 한다. 예를 들어 마이크로소프트의 한 팀에서 테스트 포트폴리오에 사용하는 **분류법**taxonomy을 알아보자.

단위 테스트(레벨 0)

여기에는 외부 종속성이나 배포가 없는 인메모리 단위 테스트가 있다. 평균 실행 시간이 60밀리초 미만으로 빨라야 하며 단위 테스트는 테스트 중인 코드와 함께 배치된다.

단위 테스트에서는 파일 시스템이나 레지스트리와 같은 시스템 상태, 외부 데이터 소스(웹 서비스 및 데이터베이스)에 대한 쿼리query, 뮤텍스mutex, 세마포어semaphore, 스톱워치, Thread. sleep 작업을 변경할 수 없다.

통합 테스트(레벨 1)

이 수준에서는 경량 배포 및 구성에 따라 달라질 수 있는 더 복잡한 요구 사항이 있는 테스트가 포함된다. 테스트는 여전히 매우 빨라야 하며 각 테스트는 2초 이내에 실행돼야 한다.

통합 테스트에서는 다른 테스트에 대한 종속성을 가질 수 없으며 대량의 데이터를 저장할 수 없다. 또한 테스트가 병렬로 실행되는 것을 방지하기 위해 하나의 어셈블리에 너무 많은 테스트를 포함할 수 없다.

데이터를 사용한 기능 테스트(레벨 2)

테스트 데이터로 테스트 가능한 배포에 대해 기능 테스트를 실행한다. 인증 제공업체와 같은 시스템에 대한 종속성을 주입하고 동적 ID를 사용할 수 있다. 즉 모든 테스트에 대해 격리된 ID가 있으므로 테스트가 서로 영향을 미치지 않고 배포에 대해 병렬로 실행될 수 있다.

운영 테스트(레벨 3)

프로덕션 테스트는 프로덕션을 대상으로 실행되며 전체 제품 배포가 필요하다.

이는 예시일 뿐이며 프로그래밍 언어 및 제품에 따라 분류 체계가 다르게 보일 수 있다.

분류 체계를 정의했다면 보고를 설정하고 테스트 포트폴리오를 혁신하기 시작할 수 있다. 먼저 고품질 단위 테스트 및 통합 테스트를 쉽게 작성하고 실행할 수 있도록 하라. 그런 다음 수동 또는 자동화된 레거시[legacy] 테스트를 분석해 어떤 테스트를 버릴 수 있는지 확인해야 한다. 나머지는 좋은 기능 테스트[레벨 2]로 전환하고 마지막 단계는 프로덕션용 테스트를 작성하는 것이다.

마이크로소프트 팀은 27,000개의 레거시 테스트[주황색]로 시작해 42번의 스프린트[126주]를 통해 이를 0개로 줄였다. 대부분의 테스트는 단위 테스트로 대체됐고, 일부는 기능 테스트로 대체됐다. 많은 테스트가 단순히 삭제됐지만 단위 테스트는 꾸준히 증가해 최종적으로는 40,000개가 넘었다[그림 12.6 참고].

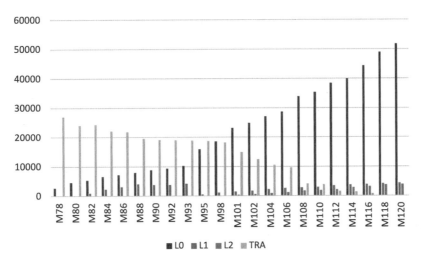

그림 12.6 시간의 변화에 따른 테스트 포트폴리오

마이크로소프트 팀이 테스트 포트폴리오를 시프트-레프트한 방법에 대한 자세한 내용은 '더 읽을거리' 부분에서 'Shift left to make testing fast and reliable'을 참고하라.

불안정한 테스트 제거

비결정적 테스트non-deterministic test 또는 **불안정한 테스트**flaky test는 동일한 코드로 실패와 통과를 반복하는 테스트다(Martin Fowler, 2011). 불안정한 테스트는 테스트 스위트에 대한 신뢰를 무너뜨릴 수 있다. 이로 인해 팀이 실패한 테스트 결과를 무시하거나 개발자가 테스트를 비활성화해 테스트 스위트의 테스트 커버리지와 신뢰성을 떨어뜨릴 수 있다.

불안정한 테스트에는 여러 가지 이유가 있다. 보통 불완전한 격리로 인한 경우가 많다. 많은 테스트가 한 머신에서 동일한 프로세스로 실행되므로 각 테스트는 시스템의 깨끗한 상태를 찾아서 남겨야 한다. 또 다른 일반적인 이유는 비동기 동작이다. 비동기 코드 테스트는 비동기 작업이 어떤 순서로 실행되는지 알 수 없기 때문에 어려움이 있다. 다른 이유로는 리소스 누수leak 또는 원격 리소스에 대한 호출 등이 있을 수 있다.

불안정한 테스트를 처리하는 방법에는 여러 가지가 있다.

- **실패한 테스트를 다시 시도**: 일부 프레임워크에서는 실패한 테스트를 다시 시도할 수 있다. 때로는 더 높은 수준의 격리를 구성할 수도 있다. 실패한 테스트에 대해 다시 실행에서 테스트가 통과하면 결함이 있는 것으로 간주되며, `git blame`을 사용해 안정성 버그를 제출해야 한다.

- **신뢰성 실행**: 빌드가 통과된 코드에서 워크플로를 실행할 수 있다. 실패한 테스트는 취약한 것으로 간주되며, `git blame`을 사용해 안정성 버그를 제출할 수 있다.

일부 회사에서는 실패한 테스트를 격리하지만 이렇게 하면 테스트를 실행할 수 없으므로 추가 데이터를 수집할 수 없게 된다. 불안정한 테스트를 계속 실행하되 리포트에서 제외하는 것이 가장 좋은 방법이다.

깃허브 또는 구글에서 불안정한 테스트를 어떻게 처리하고 있는지 알아보려면 '더 읽을 거리'에서 'Reducing flaky builds by 18x(Jordan Raine, 2020)' 또는 'Flaky Tests at Google and How We Mitigate Them(John Micco, 2016)'을 참고하라.

⁝⁝ 코드 커버리지

코드 커버리지code coverge는 테스트에서 호출되는 코드 요소의 수를 전체 코드 요소의 양으로 나눈 값(퍼센트)을 계산하는 메트릭이다. 코드 요소element는 무엇이든 될 수 있지만 코드 줄, 코드 블록 또는 함수가 일반적이다.

코드 커버리지는 코드의 어떤 부분이 테스트 스위트에 포함되지 않는지 보여 주기 때문에 중요한 지표다. 예외 처리와 같은 에지 케이스edge case나 람다 식lambda expression과 같은 더 복잡한 문에 대한 테스트를 작성하는 것을 잊어버리는 경우가 많기 때문에 코드 변경을 완료하기 전에 코드 커버리지를 확인하는 것을 나는 선호한다. 코딩하는 순간 이러한 테스트를 추가하는 것은 문제가 되지 않지만 나중에 추가하는 것은 훨씬 더 어렵다.

그러나 코드 커버리지 자체는 테스트의 품질에 대해 아무것도 말해주지 않으므로 절대적인 수치에 집중해서는 안 된다. 품질이 낮은 테스트의 코드 커버리지가 90%인 것보다 품질이 높은 테스트의 코드 커버리지가 70%인 것이 더 좋다. 사용하는 프로그래밍 언어와 프레임워크에 따라 테스트 측면에서 노력은 많이 들지만 가치가 매우 낮은 시스템 연계plumbing 코드가 있을 수 있다. 일반적으로 이러한 코드는 코드 커버리지 계산에서 제외할 수 있지만, 이 때문에 코드 커버리지의 절댓값이 제한된다. 하지만 각 파이프라인 가치를 측정하고 새로운 코드에 집중하면 시간이 지남에 따라 자동화된 테스트의 품질을 개선하는 데 도움이 된다.

⁞⁞ 시프트-라이트 운영 환경에서의 테스트

자동화된 테스트를 시작하면 품질이 향상되고 엔지니어의 디버깅 작업이 감소하는 것을 빠르게 확인할 수 있다. 그러나 어느 시점부터 품질에 의미 있는 영향을 미치려면 엄청난 노력이 필요하다. 반면에 테스트를 실행하는 데 필요한 시간은 릴리스 파이프라인의 속도를 늦추며, 특히 **성능 테스트**performance test와 **부하 테스트**load test를 추가하는 경우 더욱 그렇다(그림 12.7 참고).

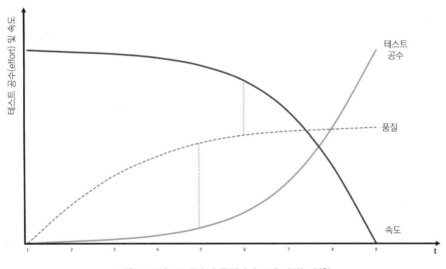

그림 12.7 테스트 공수가 품질과 속도에 미치는 영향

파이프라인이 24시간 이상 실행되면 하루에 여러 번 릴리스하는 것은 불가능하다. 또한 파이프라인의 실행 시간이 길어지면 프로덕션 환경에서 버그가 발생할 경우 신속하게 롤 포워드하고 수정 사항을 배포할 수 있는 능력도 저하된다.

이에 대한 해결책은 간단하다. 일부 테스트를 프로덕션으로 바로 이동하면 된다. 프로덕션에서 실행하는 모든 테스트는 빠른 릴리스에 영향을 미치지 않으며, 코드에 이미 프로덕션 부하가 있으므로 성능 또는 부하 테스트가 필요하지 않다.

그러나 프로덕션 환경에서 테스트하기 위한 몇 가지 전제 조건이 있으며, 이를 통해 사용자의 성능 품질을 저하시키지 않고 향상시킬 수 있다.

상태 데이터 및 모니터링

프로덕션 환경에서 테스트하려면 애플리케이션의 상태를 지속적으로 파악하고 있어야 한다. 이는 일반적인 로깅logging을 넘어서는 것이며 애플리케이션이 어떻게 작동하는지에 대한 심층적인 인사이트가 필요하다. 데이터베이스, Redis 캐시 또는 하위 REST 서비스 등 모든 하위 시스템을 호출하는 테스트 코드를 작성하고 이러한 테스트를 로깅 솔루션에서 사용할 수 있도록 하는 것이 좋다. 이렇게 하면 모든 시스템이 실행 중이며 함께 작동하고 있음을 나타내는 지속적인 상태 정보를 확보할 수 있다. 또한 테스트가 실패하면 팀에 문제가 있음을 즉시 알려 주는 알림을 받을 수 있다. 이러한 알림을 자동화해 **서킷 브레이커** 활성화와 같은 특정 기능을 트리거하도록 할 수도 있다.

> **서킷 브레이커**
>
> 서킷 브레이커는 애플리케이션이 실패할 가능성이 있는 작업을 반복적으로 실행하려고 시도하는 것을 방지하는 패턴으로, 실패한 작업이 성공할 때까지 기다릴 필요 없이 애플리케이션이 변경된 기능을 계속 사용할 수 있도록 한다(Michael Nygard, 2018).

피처 플래그 및 카나리 릴리스

프로덕션 환경에서 테스트하다가 모든 고객에게 장애를 발생시키고 싶지는 않을 것이다. 그렇기 때문에 피처 플래그, 카나리 릴리스, 링 기반 배포 또는 이러한 기법의 혼합이 필요하다(9장 및 10장 참고). 운영 환경에 장애가 발생하더라도 전체 프로덕션 환경을 중단시키지 않도록 변경 사항을 점진적으로 노출하는 것이 중요하다.

비즈니스 연속성 및 재해 복구

프로덕션 환경에서의 또 다른 형태의 테스트는 **비즈니스 연속성 및 재해 복구**BCDR, Business Continuity and Disaster Recovery 또는 페일오버 테스트failover test다. 제품의 모든 서비스 또는 하위 시스템에 대한 BCDR이 있어야 하며, 정기적으로 BCDR 훈련을 실행해야 한다. 시스템이 다운됐을 때 재해 복구가 작동하지 않는 것보다 더 나쁜 것은 없다. 그리고 정기적으로 테스트해야만 제대로 작동하는지 알 수 있다.

탐색적 테스트 및 사용성 테스트

테스트 자동화가 수동 테스트를 완전히 포기해야 함을 의미하지는 않는다. 그러나 수동 테스트의 초점은 기능 검증과 모든 릴리스마다 수동으로 회귀 테스트를 실행하는 것에서 빠르고 고품질의 피드백, 구조화된 테스트 접근 방식으로는 발견하기 어려운 버그를 테스트하는 것으로 옮겨 가고 있다.

탐색적 테스트exploratory test는 1999년에 셈 카너Cem Kaner에 의해 도입됐다(Kaner C., Falk J., H. Q. Nguyen, 1999). 발견, 학습, 테스트 설계, 실행에 동시에 초점을 맞춘 테스트 접근 방식이며 다른 테스트에서는 쉽게 발견할 수 없는 결함을 발견하기 위해 개별 테스터에게 의존한다.

탐색 테스트를 용이하게 할 수 있는 많은 도구가 있다. 이러한 도구는 세션을 기록하고, 주석이 달린 스크린샷을 찍고, 수행한 단계로부터 테스트 케이스를 만들 수 있도록 도와준다. 일부 확장 프로그램은 Zephyr 및 Capture와 같이 Jira와 통합되며, Azure Test Plans를 위한 Test and Feedback 클라이언트와 같은 브라우저 확장 프로그램도 있다. 후자는 독립 실행형 모드에서 사용하는 경우 무료이며 발견된 결함뿐만 아니라 이해 관계자의 고품질 피드백을 개발자에게 제공한다.

피드백을 수집하는 다른 방법으로는 **홀웨이 테스트**^{hallway test} 또는 **게릴라 사용성**^{guerrilla usability} 등의 **사용성 테스트**^{usability test} 기법을 사용해 어느 한쪽에 치우치지 않는 새로운 사용자를 대상으로 솔루션을 테스트하고 평가하는 방법이 있다. 사용성 테스트의 특별한 형태는 A/B 테스트로 19장에서 더 자세히 다룰 것이다.

여기서 중요한 부분은 이러한 모든 테스트를 프로덕션 환경에서 실행할 수 있다는 것이다. 또한 CI/CD 파이프라인에 수동 테스트가 없어야 한다. 빠르게 릴리스하고 피처 플래그와 카나리 릴리스를 사용해 프로덕션에서 수동 테스트를 수행할 수 있다.

⫶ 결함 주입 및 카오스 엔지니어링

프로덕션 테스트의 수준을 높이고 싶다면 **카오스 엔지니어링**^{chaos engineering}이라고도 하는 **결함 주입**^{fault injection}을 연습해볼 수 있다. 즉 프로덕션 시스템에 결함을 주입하는 상황에서 시스템이 어떻게 작동하는지, 장애 조치 메커니즘과 서킷 브레이커가 작동하는지 확인하는 것이다. 가능한 결함에는 높은 CPU 부하, 높은 메모리 사용량, 디스크 I/O 압력, 디스크 공간 부족, 서비스 또는 전체 시스템의 종료나 재부팅 등이 포함될 수 있다. 다른 가능성으로는 프로세스 종료, 시스템 시간 변경, 네트워크 트래픽 감소, 지연 시간 발생, DNS 서버 차단 등이 있다.

카오스 엔지니어링을 실행하면 시스템의 복원력을 높일 수 있다. 이는 기존의 부하 또는 성능 테스트와는 비교할 수 없다!

다양한 도구가 카오스 엔지니어링에 도움이 될 수 있다. 예를 들어 **그렘린**^{Gremlin}(https://www.gremlin.com/)은 대부분의 클라우드 제공업체(Azure, AWS, Google Cloud)와 모든 운영체제를 지원하는 에이전트 기반 SaaS 제품이다. 또한 쿠버네티스와 함께 사용할 수도 있다. **카오스 메시**^{Chaos Mesh}(https://chaos-mesh.org/)는 쿠버네티스에 특화된 오픈소스 솔루션이다. 애저 **카오스 스튜디오**^{Azure Chaos Studio}(https://azure.microsoft.com/ko-us/services/chaos-studio)는 애저에 특화된 솔루션이다. 어떤 도구가 가장 적합한지는 지원하는 플랫폼에 따라 다를 수 있다.

카오스 엔지니어링은 매우 효과적이며 시스템의 복원력을 높일 수 있지만, 고객에게 거의 또는 전혀 영향을 미치지 않는 카나리 환경으로 제한해야 한다.

⠿ 테스트와 규정 준수

자동차용 **ISO26262** 또는 제약용 **GAMP**와 같은 대부분의 규정 준수 표준은 **V-Model**을 개발 프로세스로 따른다. V-Model은 사용자 및 시스템 요구 사항을 세분화하고 다양한 세부 수준에서 사양을 생성해야 한다. 또한 시스템이 요구 사항과 사양을 충족하는지 확인하기 위해 모든 레벨을 검증해야 한다(그림 12.8 참고).

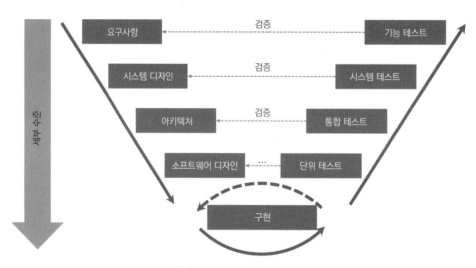

그림 12.8 V-Model의 유효성 검사

이 모델은 모든 세부 수준에서 수행되는 위험 분석과 결합돼야 하며 릴리스 단계에서 많은 문서에 서명해야 한다. 이로 인해 사양, 개발, 릴리스 단계가 길어지는 느린 폭포수 프로세스로 이어진다.

그러나 표준은 모범 사례를 기반으로 하며, 각 팀의 사례가 표준에 나와 있는 사례보다 더 나은 경우 감사에서 이를 정당화할 수 있다. 표준은 수동으로 유효성 검사를 수행하도록 요구하지 않으며, 단계별 시간에 대해서도 언급하지 않는다. 해결책은 모든 유효성 검증 로직을 자동화하고 테스트를 수정할 때 풀 리퀘스트에 코드 리뷰로 추가해 테스트를 수정할 때 풀 리퀘스트에 승인을 추가하는 것이다(시프트-레프트). 자동화할 수 없는 테스트는 프로덕션으로 이동해야 한다(시프트-라이트). 이렇게 하면 전체 V를 자동화하고 하루에 여러 번 실행할 수 있다.

1. 이슈에 요구 사항을 추가하거나 수정한다.

2. 풀 리퀘스트를 만들고 이슈에 연결한다.

3. 리포지터리에서 시스템 설계 및 아키텍처를 수정하거나 풀 리퀘스트에 수정이 필요하지 않음을 명시한다.

4. 단위 테스트(즉 소프트웨어 설계)와 구현할 코드를 작성한다.

5. 함수, 시스템, 통합 테스트를 작성하거나 수정한다.

6. 필요한 모든 담당자가 풀 리퀘스트를 승인하도록 하고, 새로운 변경 사항이 푸시될 경우 승인이 오래된 것인지 확인한다.

7. 변경 사항을 프로덕션에 배포하고 배포된 환경에서 최종 테스트를 실행한다.

리스크를 코드로 관리할 수도 있다. 이렇게 하면 자동화된 프로세스에 통합할 수 있다. 그렇지 않은 경우에도 이슈에 문서를 첨부할 수 있다. 이렇게 하면 모든 변경 사항뿐만 아니라 필요한 모든 승인 및 완료된 모든 검증 단계에 대한 엔드 투 엔드 가시성을 확보할 수 있다. 또한 빠르게 반복 작업하고 정기적으로 프로덕션에 릴리스할 수 있다.

⁙ 깃허브에서의 테스트 관리

안타깝게도 깃허브를 통해 시간 경과에 따른 테스트 실행 및 코드 커버리지를 추적하거나 결함이 있는 테스트를 감지하거나 격리할 수 방법은 없다. 워크플로의 일부로 테스트를 실행하고 결과를 피드백 받을 수는 있지만, 리포팅을 위해서는 테스트 도구에 의존해야 한다.

깃허브와 잘 통합되는 좋은 솔루션은 **Testspace**(https://www.testspace.com/)다. 해당 솔루션은 SaaS 서비스이며 오픈소스 프로젝트로 무료로 사용할 수 있고 간단한 설정으로 시작 가능하다. 마켓플레이스(https://github.com/marketplace/testspace-com)에서 확장 프로그램을 설치하고 원하는 플랜을 선택한 후 리포지터리에 대한 액세스 권한을 부여하면 된다. 그리고 워크플로에 다음 단계를 추가해야 한다.

```
- uses: testspace-com/setup-testspace@v1
  with:
    domain: ${{github.repository_owner}}
```

리포지터리가 비공개인 경우 Testspace의 토큰을 생성하고 해당 단계에 토큰을 `token: ${{ secrets.TESTSPACE_TOKEN }}` 형태로 secret으로 추가해야 한다.

다음으로 테스트를 실행하는 단계 뒤에 테스트 및 코드 커버리지 결과를 Testspace에 푸시하는 단계를 추가해야 한다. glob 구문을 사용해 동적 폴더의 파일을 지정할 수 있다. (`if: '!cacelled()'`) 구문을 통해 에러가 발생하더라도 해당 스텝을 실행하도록 할 수 있다.

```
- name: Push test results to Testspace
  run: |
    testspace **/TestResults.xml **/coverage.cobertura.xml
  if: '!cancelled()'
```

Testspace는 불안정한 테스트를 안정적으로 감지한다. 새로운 결과가 도착하면 알림을 보내는 빌드 봇Build Bot이 있다. 이메일에 응답하고 결과에 대한 의견을 남길 수 있다(그림 12.9 참고).

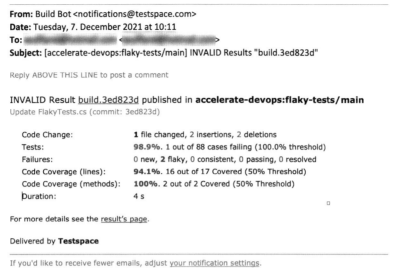

INVALID Result build.3ed823d published in **accelerate-devops:flaky-tests/main**
Update FlakyTests.cs (commit: 3ed823d)

Code Change:	**1** file changed, 2 insertions, 2 deletions
Tests:	**98.9%**. 1 out of 88 cases failing (100.0% threshold)
Failures:	0 new, **2** flaky, 0 consistent, 0 passing, 0 resolved
Code Coverage (lines):	**94.1%**. 16 out of 17 Covered (50% Threshold)
Code Coverage (methods):	**100%**. 2 out of 2 Covered (50% Threshold)
Duration:	4 s

For more details see the result's page.

Delivered by **Testspace**

If you'd like to receive fewer emails, adjust your notification settings.

그림 12.9 빌드 결과에 대한 Testspace 알림

풀 리퀘스트에 자동으로 통합된다(그림 12.10 참고).

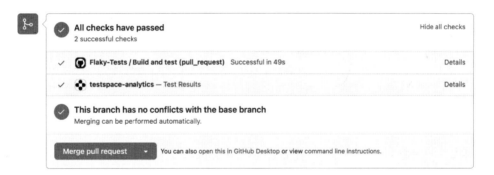

그림 12.10 풀 리퀘스트 Check에 Testspace 통합

Testspace의 UI는 그다지 화려해 보이지는 않지만, 정말 풍부한 보고서와 수많은 기능을 제공한다(그림 12.11 참고).

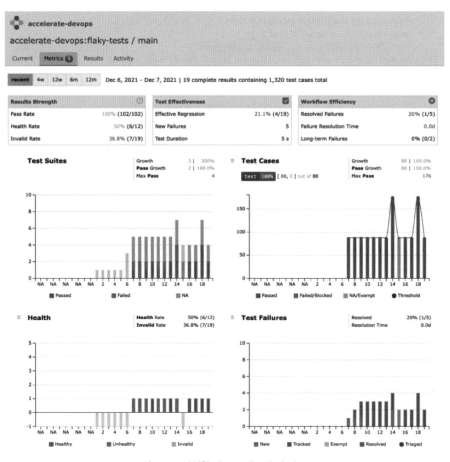

그림 12.11 다양한 테스트 메트릭 및 리포트

테스트 관리를 위한 솔루션이 아직 없는 경우 Testspace를 사용해볼 수 있다. 이미 솔루션이 사용하고 있다면 워크플로에 쉽게 통합할 수 있다.

⁝⁝➤ 사례 연구

테일윈드 기어즈의 두 파일럿 팀은 데브옵스 관행을 적용한 덕분에 훨씬 더 높은 **배포 리드 타임**과 **배포 빈도**를 달성했다. 릴리스 파이프라인 덕분에 **평균 복구 시간**도 더 빨라졌다. 하지만 **변경 실패율**은 나빠졌다. 더 자주 릴리스하면 배포에 실패하는 경우가 많아지고 코드에서 버그를 찾기 어렵다는 의미이기도 하다. 자동화된 테스트 제품군에서 나오는 품질 신호는 충분히 신뢰할 수 없으며, 하나의 버그를 수정하면 다른 모듈에서 또 다른 버그가 발생하는 경우가 많다. 애플리케이션에는 여전히 수동 테스트가 필요한 부분이 많지만 팀에 QA 엔지니어가 1명뿐인 상황에서는 불가능했다. 따라서 이러한 부분 중 일부는 UI 테스트로 대체됐고 다른 일부는 그냥 삭제됐다.

테스트 포트폴리오를 평가하기 위해 팀은 테스트 분류법을 도입하고 파이프라인에 리포팅 기능을 포함해야 한다. 팀의 QA 엔지니어가 분류법을 담당하고 있는데, 보고서에 따르면 기능 및 UI 테스트가 너무 많고 단위 테스트는 충분하지 않은 것으로 나타났다. 많은 엔지니어는 여전히 TDD를 통해 시간을 절약할 수 있고, 특히 임베디드 소프트웨어를 개발하는 팀에서 특정 경우에 TDD로 개발할 수 있다는 것을 확신하지 못한다. 두 팀은 TDD에 대해 배우고 실습하기 위해 함께 TDD 교육 세션을 예약하기로 결정했다.

그 후 모든 새 코드는 최소 90%의 **코드 커버리지**로 TDD로 작성됐다. 또한 팀은 스프린트마다 30%의 시간을 **불안정한 테스트**를 제거하고 더 낮은 수준에서 테스트를 다시 작성하는 데 시간을 할애했다.

불안정한 테스트를 발견하기 위해 팀은 통과된 테스트가 포함된 파이프라인에서 안정성 테스트를 실행했다. 결함이 있는 테스트가 가장 높은 우선순위를 가지며, 그런 다음 팀은 실행 시간이 가장 긴 테스트를 선택하고 각 테스트에 대해 수행할 작업을 결정했다. 대부분의 테스트는 단위 테스트로 변환되지만 일부는 통합 테스트로 변환되기도 했고, 일부 테스트는 추가 가치를 제공하지 않으므로 삭제했다.

구조화된 수동 테스트는 **탐색 테스트**exploratory test로 완전히 대체하고 해당 세션에서 문제가 발견되면 수정하기 전에 단위 테스트가 생성됐다.

웹 애플리케이션을 실행하는 팀은 프로덕션 환경에서 실행되는 테스트가 포함된 테스트를 새로운 테스트 범주에 포함시켰다. **애플리케이션 성능 모니터링**을 구현하고 다양한 메트릭을 수집해 모든 환경에서 애플리케이션의 상태를 파악하고 **프로덕션 환경** 및 **카오스 엔지니어링**을 통한 테스트를 시작하기 위해 스프린트당 한 번씩 첫 번째 BCDR 훈련을 수행했다.

⠿ 정리

12장에서는 테스트 자동화를 통해 테스트를 시프트-레프트한 다음 프로덕션 및 카오스 엔지니어링 테스트를 통해 시프트-라이트하고 소프트웨어 배포를 가속화하는 방법을 배웠다. 이렇게 하면 품질 측면에서 타협하지 않고도 빠른 속도로 릴리스할 수 있다. 마지막으로 테스트 포트폴리오를 관리하고, 결함이 있는 테스트를 근절하며 결함과 장애를 주입해 애플리케이션의 복원력을 높이는 방법을 배웠다.

13장에서는 시프트-레프트 보안 및 개발 프로세스에 데브섹옵스 관행을 구현하는 방법을 배운다.

⠿ 더 읽을거리

12장의 자세한 사항은 다음 자료를 참고한다.

- Forsgren N., Humble, J., & Kim, G. (2018). *Accelerate: The Science of Lean Software and DevOps: Building and Scaling High Performing Technology Organizations* (1st ed.) [E-book]. IT Revolution Press.

- Eran Kinsbruner (2018), *Continuous Testing for DevOps Professionals: A Practical Guide From Industry Experts* (Kindle Edition). CreateSpace Independent Publishing Platform.

- Sam Laing (2015), *The Testing Manifesto*, https://www.growingagile.co.za/2015/04/the-testing-manifesto/.

- Wolfgang Platz, Cynthia Dunlop (2019), *Enterprise Continuous Testing: Transforming Testing for Agile and DevOps* (Kindle Edition), Independently published.

- Tilo Linz (2014): *Testing in Scrum* (E-book), Rocky Nook.

- Kaner C., Falk J., H. Q. Nguyen (1999), *Testing Computer Software* (2nd Edition) Wiley.

- Roy Osherove (2009), *The Art of Unit Testing* (1st edition), Manning.

- Martin Fowler (2007), *Mocks Aren't Stubs* https://martinfowler.com/articles/mocksArentStubs.html.

- Müller, Matthias M.; Padberg, Frank (2017). *About the Return on Investment of Test- Driven Development* (PDF). Universität Karlsruhe, Germany.

- Erdogmus, Hakan; Morisio, Torchiano (2014). *On the Effectiveness of Test-first Approach to Programming*. Proceedings of the IEEE Transactions on Software Engineering, 31(1). January 2005. (NRC 47445).

- *Shift left to make testing fast and reliable*: https://docs.microsoft.com/en-us/devops/develop/shift-left-make-testing-fast-reliable.

- Martin Fowler (2011), *Eradicating Non-Determinism in Tests*, https://martinfowler.com/articles/nonDeterminism.html.

- Jordan Raine (2020). *Reducing flaky builds by 18x*. https://github.blog/2020-12-16-reducing-flaky-builds-by-18x/.

- John Micco (2016). *Flaky Tests at Google and How We Mitigate Them*. https://testing.googleblog.com/2016/05/flaky-tests-at-google-and- how-we.html.

- *Shift right to test in production*: https://docs.microsoft.com/en-us/devops/deliver/shift-right-test-production.

- Michael Nygard (2018). *Release It! Design and Deploy Production-Ready Software* (2nd Edition). O'Reilly.

13

시프트-레프트 보안과 데브섹옵스

미국 연방수사국^{FBI, Federal Bureau of Investigation}의 **인터넷 범죄 신고 센터**^{IC3, Internet Crime} ^{Complaint Center}에 신고된 사이버 범죄로 인한 총 손실액은 2019년 35억 달러에서 2020년 41억 달러로 사상 최고치를 기록했다(IC3, 2019 및 2020) 이는 지난 몇 년 동안 큰 폭으로 증가 추세를 이어 가고 있다(그림 13.1 참고).

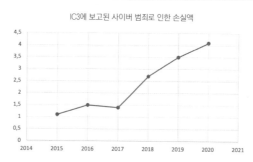

2019	2020
$ 3,500,000,000	$ 4,100,000,000

IC3에 보고된 사이버 범죄로 인한 손실액

그림 13.1 IC3에 보고된 사이버 범죄로 인한 총 손실액

스타트업 및 포춘지 선정 500대 기업도 영향을 받았다. 페이스북, 트위터, 티모바일 T-Mobile, 마이크로소프트와 같은 거대 기술 기업뿐만 아니라 샌프란시스코 국제 공항과 같은 공공 기관이나 파이어아이FireEye 같은 보안 회사도 영향을 받았다. 사이버 범죄가 위협이 되지 않는다고 주장할 수 있는 기업은 없다!

13장에서는 개발에서 보안의 역할과 프로세스에 보안을 적용하고 제로 트러스트zero-trust 문화를 구현하는 방법에 대해 폭넓게 살펴본다.

13장에서 다음과 같은 주제를 다룬다.

- 시프트 레프트 보안

- 침해 가정, 제로 트러스트 및 보안 우선 사고방식

- 공격 시뮬레이션

- 레드 팀-블루 팀 활동

- 공격 시나리오

- 깃허브 코드스페이스GitHub Codespaces

⁝⁝ 시프트-레프트 보안

기존 소프트웨어개발에서 보안은 후순위로 처리됐다. 소프트웨어의 출시 준비가 되면 보안 부서 또는 외부 회사에서 보안 검토를 수행한다. 이 접근 방식의 문제점은 그 시점에서 아키텍처 문제를 수정하기 어렵다는 것이다. 일반적으로 보안 취약점을 늦게 수정할수록 비용이 더 많이 들고, 취약점을 수정하지 않으면 수백만 달러에 달하는 비용이 발생해 어떤 회사에서는 파산에 이를 수도 있다. 개발 수명 주기에서 보안 취약점을 조기에 수정할수록 비용이 절감된다(그림 13.2 참고).

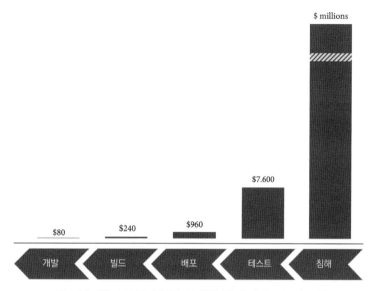

그림 13.2 개발 수명 주기에서 보안 취약점을 수정하는 데 드는 비용

보안을 개발 수명 주기에 녹여내고 모든 활동에서 필수적으로 고려하는 것을 **시프트 레프트 보안**이라고 한다.

문제는 모든 엔지니어링 팀에 보안 전문가를 배치할 만큼 보안 전문가가 충분하지 않다는 것이다. 보안을 강화하려면 엔지니어를 교육하고 보안을 우선시하는 사고방식을 만들어야 한다.

⠿ 침해 가정, 제로 트러스트, 보안 우선 사고방식

보안에 대한 전통적인 접근 방식은 보안 **침해를 방지**하는 것이었다. 가장 중요한 조치는 다음과 같다.

- **신뢰 계층**: 내부 네트워크는 안전하다고 간주되고 방화벽으로 보호된다. 네트워크에 대한 접근은 회사 소유의 디바이스와 **가상 사설망**VPN, Virtual Private Network 터널을 통해서만 허용됐다. 공용 인터넷은 신뢰할 수 없었으며 그 사이에는 **비무장지대**DMZ, DeMilitarized Zone가 있다.

- **위험 분석**: 위협 모델링을 통해 위험을 분석한다.

- **보안 검토**: 보안 전문가가 아키텍처 및 코드를 검토한다.

- **보안 테스트**: 특정 범위의 외부 보안을 테스트한다.

그러나 이러한 침해 방지 접근 방식으로는 기업이 이미 공격을 받고 있었는지에 대한 질문에 답할 수 없다.

미국 국가안보국NSA, National Security Agency과 **중앙정보국**CIA, Central Intelligence Agency의 전 국 장이었던 마이클 헤이든Michael Hayden 장군은 2012년 인터뷰에서 다음과 같이 말했다.

> "기본적으로 시스템에 접근하고 싶은 사람들은 결국 들어간다."

침해 가정 패러다임의 기본은 알든 모르든 이미 공격을 받고 있을 가능성이 높고 항상 침해가 발생했다고 가정하는 것이다. 이러한 사고 방식은 침해 방지 접근 방식의 허점 을 식별한다. 다음을 어떻게 수행할 수 있을지 생각해보라.

- 공격과 침투를 **탐지**

- 공격에 **대응**

- 데이터 유출 또는 변조로부터 **복구**

이에 따라 보안에 대한 조치가 바뀌고 완전히 새로운 접근 방식이 추가된다. 침해 가정 패러다임에서 필요한 것은 다음과 같다.

- 이상 징후를 탐지하기 위한 중앙 **보안 모니터링** 또는 **보안 정보 및 이벤트 관리**SIEM, Security Information and Event Management 시스템

- **사고 대응**IR, Incident Response에 대한 지속적인 실제 운영 사이트 테스트(소방 훈련)

- **워 게임**war game(레드 팀-블루 팀 시뮬레이션)을 통해 취약점을 탐지하고, 경각심을 일깨우고, 공 격자처럼 생각하는 방법을 배우고, 대응을 훈련한다.

- **실제 사이트 침투 테스트**: 피싱phishing, 소셜 엔지니어링, 물리적 보안을 포함한 정교한 공격 시뮬레이션

- 내부 네트워크에 있더라도 ID와 디바이스를 신뢰하면 안 된다(제로 트러스트zero trust).

보안이 주로 계층을 기반으로 하는 경우 해커가 피싱, 소셜 엔지니어링 또는 물리적 공격을 통해 네트워크 내부에 들어오면 해커의 공격은 아주 쉬운 일이 된다. 신뢰할 수 있는 네트워크에서는 일반적으로 대부분의 시스템에서 보호되지 않는 파일 공유, **보안 소켓 계층**SSL, Secure Sockets Layer 보호가 없는 패치되지 않은 서버, 취약한 비밀번호, **단일 요소 인증**SFA, Single-Factor Authentication을 어렵지 않게 발견할 수 있다. 클라우드 중심의 세상에서는 이런 상황이 전혀 이해되지 않는다.

서비스에 대한 제로 트러스트 액세스를 사용하면 항상 신원을 확인한다. 예를 들어 **다단계 인증**MFA, Multi-Factor Authentication을 통해 트랜잭션에 관련된 장치, 액세스, 서비스를 확인한다. 그림 13.3은 서비스에 제로 트러스트 액세스를 구현하는 방법의 예를 보여준다.

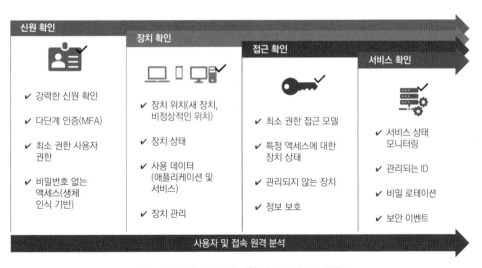

그림 13.3 회사 서비스에 대한 제로 트러스트 액세스

회사에서 **서비스형 소프트웨어**^{SaaS, Software-as-a-Service} 클라우드 서비스를 사용 중이라면 제로 트러스트에 익숙할 것이다. MFA를 사용해 인증해야 하지만 브라우저와 디바이스를 신뢰할 수 있어 더욱 편안하게 사용할 수 있다. 여행 중 낯선 위치에서 로그인을 시도하면 알림을 받거나 승인을 받아야 한다. 타사 애플리케이션을 설치하는 경우 해당 애플리케이션에 정보 액세스 권한을 부여해야 하며, 신뢰할 수 없는 공용 디바이스에서 극비 정보에 액세스하는 것은 허용되지 않을 수 있다.

제로 트러스트란 내부 네트워크에서 접근하는지 여부와 관계없이 모든 서비스에 동일한 원칙을 적용하는 것을 의미한다.

⁑ 공격 시뮬레이션

사고 발생 시 어떻게 해야 하는지 알기 위해서는 정기적으로 훈련을 실시해 IR **표준 운영 절차**^{SOP, Standard Operating Procedure}를 연습하고 대응 시간을 개선해야 한다. 사무실의 소방 훈련과 마찬가지로 이러한 훈련을 연습하지 않으면 실제 화재가 발생했을 때 보안 조치가 실제로 작동할지 알 수 없다.

다음 지표를 개선하기 위해 노력해야 한다.

* **평균 탐지 시간**^{MTTD, Mean Time To Detect}
* **평균 복구 시간**^{MTTR, Mean Time To Recover}

이러한 훈련에서는 공격 시나리오를 시뮬레이션하고 IR 프로세스를 연습하며 훈련에서 배운 내용을 바탕으로 **사후 분석**^{post-mortem}을 수행한다.

다음은 몇 가지 공격 시나리오의 예다.

* 서비스 침해
* 내부 공격자

- 원격 코드 실행

- 멀웨어 발생

- 고객 데이터 유출

- **서비스 거부**DoS, Denial of Service 공격

이러한 훈련을 연습하면 SOP가 제대로 작동한다는 확신을 갖게 되고 실제 사고 발생 시 신속하고 효율적으로 대응할 수 있다.

⋙ 레드 팀-블루 팀 훈련

이러한 훈련의 특별한 형태는 **워 게임**이라 하는 **레드 팀-블루 팀** 훈련으로, 내부 노하우를 가진 두 팀이 서로 대결하는 방식이다. 공격자인 레드 팀은 프로덕션 시스템에 액세스하거나 사용자 데이터를 캡처하려고 시도하고, 블루 팀은 공격을 방어한다. 블루 팀이 공격을 감지하고 공격을 막을 수 있으면 블루 팀이 승리한다. 레드 팀이 프로덕션 시스템에 액세스하거나 데이터를 캡처할 수 있다는 증거를 갖고 있으면 레드 팀이 승리한다.

팀 구성

일반적인 공격 시뮬레이션과의 차이점은 팀이 시스템에 대한 인사이트를 갖고 있기 때문에 취약점을 더 쉽게 찾을 수 있다는 것이다. 레드 팀-블루 팀 시뮬레이션은 보안 위험을 줄이기 위해 수행할 수 있는 다른 모든 활동보다 더 많은 인사이트를 얻을 수 있는 가장 정교한 공격이다(그림 13.4 참고).

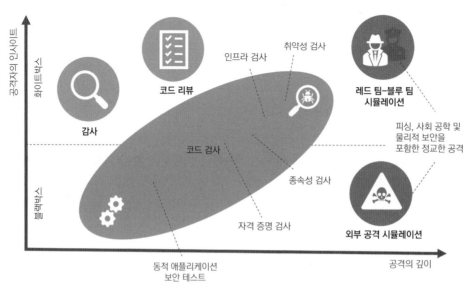

그림 13.4 공격자에 대한 인사이트와 공격의 심도를 통한 위험 감소

다양한 조직 단위에서 팀을 구성해야 한다. 한 팀을 빨간색 팀으로, 한 팀을 파란색 팀으로만 구성하면 안 된다. 팀 구성은 게임이 성공하기 위한 핵심이다.

레드 팀의 경우 다음을 수행한다.

- 이미 보안에 관심이 있는 여러 팀의 창의적인 엔지니어를 활용한다.
- 조직 내에서 경험이 있는 보안 전문가를 추가하거나 외부의 지원을 받는다.

블루 팀의 경우 다음을 수행한다.

- 로깅, 모니터링, 사이트 안정성에 익숙한 운영 마인드를 가진 엔지니어를 영입한다.
- 네트워크 보안 및 권한에 대한 지식이 있는 엔지니어를 추가한다.

두 팀 모두 전문가에게 도움을 요청할 수 있어야 한다. 예를 들어 레드 팀이 정교한 **쿼리 언어**SQL, Structured Query Language 인젝션 공격을 수행하기 위해 구조화된 SQL 문을 작성해야 하는 경우 **데이터베이스 관리자**DBA, DataBase Administrator 팀의 도움을 받을 수 있고,

블루 팀이 애플리케이션 작동 방식에 대한 내부 정보가 필요하거나 애플리케이션이 추가 데이터를 기록해야 하는 경우 애플리케이션을 빌드하고 유지 관리하는 팀에 직접 문의할 수 있다.

게임 규칙

게임의 주요 목표는 모든 참가자가 공격자처럼 생각하는 법을 배우고, 인시던트^{incident}를 탐지하고 대응하는 방법을 배우고, 회사 내 어떤 취약점이 존재하는지를 배우는 것이다. 두 번째 목표는 재미다. 해커톤^{hackathon}과 마찬가지로 이 연습은 참여하는 모든 사람이 즐길 수 있는 팀 빌딩 이벤트여야 한다.

하지만 누구에게도 해를 끼치지 않고 성공하려면 게임에 대한 몇 가지 기본 규칙이 필요하다.

기간

레드 팀-블루 팀 훈련은 며칠, 몇 주 또는 몇 개월 동안 지속될 수 있다. 공격이 발생할 수 있는 기간과 공격 자체의 기간을 설정해야 한다. 처음 시작할 때는 3주 주기로 3일 정도 공격하는 것이 좋고 필요에 따라 시간을 조정한다.

규칙과 행동 강령

연습을 성공적으로 진행하려면 여기에 설명된 대로 플레이어가 준수해야 하는 몇 가지 규칙과 행동 강령을 설정해야 한다.

- 두 팀 모두 실제 해를 입혀서는 안 된다. 또한 레드 팀이 목표를 달성하는 데 필요한 것 이상을 해서는 안 되며, 물리적 공격은 상식(다른 사람을 괴롭히거나 위협하지 않기, 동료의 열쇠나 배지 훔치지 않기 등)을 따라야 한다는 의미이기도 한다.

- 피해를 입은 사람의 이름을 노출하지 않는다.

- 유료 고객에게 다운타임을 유발하거나 데이터를 유출하면 안 된다!

- 손상된 데이터는 암호화해 보호된 상태로 저장해야 하며 실제 공격자에게 노출되지 않아야 한다.

- 운영 시스템의 보안이 약화돼 고객이 위험에 노출돼서는 안 된다. 예를 들어 레드 팀이 소스 코드를 수정해 모든 프로덕션 시스템에 대한 인증을 비활성화할 수 있다면 코드에 코멘트를 남기고 배포가 완료되면 승리를 주장할 수 있다. 하지만 실제 고객이 사용 중인 프로덕션 시스템에 대해서는 인증을 비활성화할 수 없다.

당연한 것처럼 보일 수 있지만 경쟁하는 팀이 있는 경우 게임에 빠져들 수 있다. 당연한 것을 명시하고 몇 가지 기본 규칙을 제시하는 것이 좋다.

제공 항목

게임이 끝나면 팀은 다음 항목을 제공받게 된다.

- 수정해야 하는 취약점이 있는 백로그. 중요한 취약점은 즉시 수정해야 한다.

- 포렌식 및 분석 기능을 개선하기 위한 항목이 포함된 백로그

- 연습을 통해 얻은 교훈에 대한 전체 조직을 위한 공개 보고서

이 모든 것이 비난받지 않도록 해야 하며, 침해된 사람들의 이름이 노출되지 않아야 한다.

어디서부터 시작해야 할까?

많은 사람이 레드 팀-블루 팀 훈련은 성숙도가 매우 높은 회사에만 적합하다고 생각하지만, 레드 팀-블루 팀 연습이 각 회사가 인식을 제고하고 배우고 성장할 수 있는 좋은 방법이며, 특히 현재 침해를 방지하고 인트라넷이 안전하다고 믿는 경우 더욱 그렇다.

성숙도가 높지 않은 경우 공격이 훨씬 더 쉽다. 성숙도가 매우 높으면 공격은 훨씬 더 고도화해야 하며 실제 피해를 입히지 않고 공격을 성공적으로 수행하기가 훨씬 더 어렵다.

더 재미있고 학습하기에 더 좋은 방법이기 때문에 일반적인 공격 시뮬레이션보다 레드 팀-블루 팀 연습을 선호한다. 어디서부터 시작해야 할지 모르겠다면 외부의 도움을 받아볼 수도 있다.

첫 번째 게임에서 많은 것을 발견하고 레드 팀이 쉽게 이겼다면 연습을 더 자주 하는 것을 고려할 수 있다. 그렇지 않다면 1년에 한 번씩 하는 것도 좋은 방법이고 상황에 따라 많이 달라진다.

첫 번째 훈련만 하면 나머지는 자동으로 하게 된다.

⁞⁞⁞ 공격 시나리오

데브옵스, 데브섹옵스와 연관해 대부분의 사람이 가장 먼저 떠올리는 공격 시나리오는 **버퍼 오버플로**buffer overflow 같은 **메모리 누수**, **SQL 인젝션** 또는 **크로스 사이트 스크립팅**XSS, Cross-Site Scripting과 같은 취약점을 사용해 프로덕션 시스템에서 코드를 실행하는 것이다. 14장에서는 이러한 종류의 취약점을 찾는 방법과 이를 배포 파이프라인에 통합하는 방법에 대해 자세히 살펴본다.

그외에도 다음과 같이 훨씬 더 쉬운 공격 시나리오도 있다.

- **보호되지 않는 파일 공유** 및 리포지터리
- **텍스트 파일**, 구성 파일, 소스 코드 내 비밀(예: 테스트 계정, 개인 액세스 토큰PAT, Personal Access Token, 연결 문자열 등)
- **피싱 공격**

피싱 공격은 특히 쉽게 공격이 시작되는 방법이다. 2021년에 발표된 연구에 따르면 피싱 메일 수신자의 19.8%가 이메일의 링크를 클릭하고, 14.4%가 첨부된 문서를 다운로드했다(Terranova and Microsoft, 2021). 피싱 캠페인을 정기적으로 수행하는 회사의 경우에도 그 수치는 거의 비슷하다. 회사 중 한 곳에서는 피싱 캠페인 중에 이메일을 받은 직원의 거의 10%가 피싱 메일의 링크를 클릭한 후 표시되는 로그인 대화 상자에 자격 증명을 입력했다! 그리고 이 회사는 이미 수년간 피싱 캠페인을 수행해 온 회사였다.

피싱의 문제점은 **프라이밍**priming이라는 심리적 효과다. 일반적으로 피싱 공격이 어떻게 생겼는지, 피싱 공격을 탐지하기 위해 어떤 징후를 찾아야 하는지 알고 있더라도 예상되는 메일이거나 자신이 처한 상황에 맞는 메일이라고 생각하는 순간, 그러한 징후를 찾지 않을 가능성이 높아진다. 월말에 **인사**HR, Human Resource 부서에서 보낸 것이라며 급여 지급에 문제가 발생했다고 주장하는 피싱 메일을 좋은 예로 들 수 있다. 월말이고 급여를 기다리고 있기 때문에 메일이 이상하게 느껴지지 않을 수 있다. 어쩌면 예전에 문제가 있었을 수도 있다. 방금 확인했는데 돈이 아직 도착하지 않았을 수도 있다. 그것은 또한 급박함을 유발한다. 급한 경우 급여가 제시간에 도착하도록 이 문제를 빨리 해결하고 싶을 수 있다. 월말에 이와 같은 피싱 메일을 보내면 그 외 기간보다 사람들이 클릭할 가능성이 훨씬 더 높다. 또 다른 예는 공유 문서다. 방금 동료와 통화 중 파일을 공유하겠다고 한 경우, 왜 이런 방식을 선택했는지 의아할 수 있지만 어차피 파일을 보낼 것이라고 예상하고 있기 때문에 의심하지 않을 수 있다. 피싱 메일을 더 많이 보낼수록 상황에 딱 들어맞는 피싱 메일을 보내서 사용자가 속아 넘어갈 가능성이 높아진다.

공격자가 첫 번째 피해자를 감염시키는 데 성공해 회사의 자격 증명이나 피해자의 컴퓨터에 대한 액세스 권한을 갖게 되면 전세가 완전히 바뀐다. 이제 공격자는 **내부 공격자**inside attacker에 의해 공격을 수행하며, 내부 주소를 통해 회사 내 특정 사람들을 표적으로 삼을 수 있다. 이를 **스피어 피싱**spear phishing이라고 하며 탐지하기 매우 어렵다.

스피어 피싱의 좋은 표적은 관리자나 엔지니어다. **최소 수준의 사용자 권한**least privilege을 사용하지 않는다면 공격자는 이미 프로덕션 시스템에 액세스할 수 있는 권한을 갖고 있거나 도메인 관리자로 활동할 수 있다. 또한 개발자가 침해당하는 경우에도 여기에 설명된 대로 다양한 방법이 있다.

- **개발 환경**: 개발 환경은 모든 공격자의 꿈이다. 대부분의 개발자는 로컬 관리자로 일하며, 이미 개발 환경에서는 공격자가 공격을 수행하는 데 도움이 되는 수많은 도구가 사전 설치됐다. 공격자는 텍스트 파일에서 암호를 찾아 다양한 시스템에 액세스할 수 있다. 혹은 관리자 권한이기 때문에 mimikatz(https://github.com/gentilkiwi/mimikatz/wiki)라는 도구를 사용해 메모리에서 자격 증명을 읽을 수 있다.

- **테스트 환경**: 많은 개발자가 관리자 권한으로 테스트 환경에 액세스할 수 있다. 공격자는 로그인한 후 mimikatz를 사용해 다른 자격 증명을 탈취할 수 있다.

- **코드 수정**: 일반적으로 한 줄의 코드만으로 인증을 비활성화할 수 있다. 공격자는 코드를 수정하거나 종속성 버전을 악용할 수 있는 알려진 취약점이 있는 버전으로 변경하려고 시도할 수 있다.

- **스크립트 실행**: 개발자가 배포 중에 실행되는 파이프라인 코드나 스크립트를 수정할 수 있다면 공격자는 배포 중에 실행되는 코드를 삽입할 수 있다.

그렇기 때문에 엔지니어링에서는 보안에 더욱 주의를 기울이는 것이 매우 중요하다. 엔지니어링 부서에는 조직의 다른 부서보다 훨씬 더 많은 공격 표면이 존재한다.

침해된 계정에서 도메인 관리자 또는 적어도 프로덕션 액세스 권한이 있는 관리자로 이동하려면 **BloodHound**(https://github.com/BloodHoundAD/BloodHound)라는 도구를 사용할 수 있다. 이 도구는 **AD**Active Directory와 **AAD**Azure AD를 지원하며 모든 숨겨진 관계를 표시한다. 예를 들어 다음과 같은 관계다. 누가 어떤 머신에 세션이 있는가? 누가 어떤 그룹의 구성원인가? 특정 머신의 관리자는 누구인가?

블루 팀과 레드 팀 모두 이 도구를 사용해 AD 환경의 관계를 분석할 수 있다.

⁝⁝⁝ 깃허브 코드스페이스

개발 환경은 보안 측면에서 큰 화두이므로 개발 환경을 가상화해 각 제품마다 특정 머신을 사용하는 것이 좋다. 이렇게 하면 최소 수준의 사용자 권한을 구현할 수 있고 엔지니어가 해당 머신에서 로컬 관리자 권한으로 작업할 필요가 없다. 또한 특정 제품에 필요한 도구의 수를 제한하고 공격 표면을 최소화할 수 있다.

물론 기존의 **가상 데스크톱 인프라**^{VDI, Virtual Desktop Infrastructure} 이미지를 사용할 수도 있지만, 보다 가벼운 옵션인 개발 컨테이너를 사용할 수 있다. 이는 클라이언트–서버 아키텍처 위에 구축된 **VS Code**^{Visual Studio Code}의 확장 기능이다(https://code.visualstudio.com/docs/remote/containers). 실행 중인 컨테이너에 **VS Code**를 연결하거나 새 인스턴스를 인스턴스화할 수 있다. 전체 구성은 리포지터리에 저장되며(코드로 구성), 개발 컨테이너에 대한 동일한 구성을 팀과 공유할 수 있다.

개발 컨테이너의 특별한 형태는 애저에서 호스팅되는 가상 개발 환경인 깃허브 코드스페이스다. 2코어/4GB RAM/32GB 스토리지와 32코어/64GB RAM/128GB 스토리지 사이에서 다양한 가상 머신 크기를 선택할 수 있다. 가상 머신의 시작 시간이 매우 빠른데, 기본 이미지는 35GB 이상이며 10초 이내에 시작된다!

기본 이미지에는 파이썬^{Python}, Node.js, 자바스크립트, 타입스크립트^{TypeScript}, C, C++, 자바, .NET, PHP, 파워셸, 고^{Go}, 루비, 러스트^{Rust}, 지킬 등 개발하는 데 필요한 모든 것이 포함됐다. 또한 git, Oh My Zsh, 깃허브 명령줄 인터페이스^{GitHub CLI}, kubectl, 그래들^{Gradle}, 메이븐^{Maven}, vim 등 수많은 개발자 도구 및 유틸리티도 포함됐다. 코드스페이스에서 `devcontainer-info content-url`을 실행해 반환되는 URL^{Uniform Resource Locator}을 열어 사전 설치된 모든 도구의 전체 목록을 확인할 수 있다.

하지만 반드시 기본 이미지를 사용할 필요는 없다. 개발 컨테이너를 사용해 코드스페이스를 완전하게 커스터마이징할 수 있다. 브라우저의 **VS Code**나 로컬의 **VS Code** 인스턴스 또는 터미널의 **SSH**^{Secure Shell}를 사용해 코드스페이스로 작업할 수 있다. 코드스페이스 내에서 애플리케이션을 실행하는 경우 포트를 전달해 로컬 머신에서 테스트할 수 있다. 그림 13.5를 통해 깃허브 코드스페이스의 아키텍처를 확인할 수 있다.

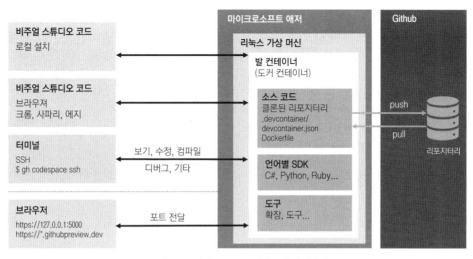

그림 13.5 깃허브 코드스페이스의 아키텍처

예를 들어 계정에 코드스페이스가 활성화된 경우 Code ❯ Codespaces ❯ New codespace (그림 13.6 참고)에서 새 코드스페이스의 리포지터리를 열 수 있다(https://github.com/wulfland/Accele rateDevOps). 리포지터리에는 개발 컨테이너 구성이 없으므로 기본 이미지가 로드된다.

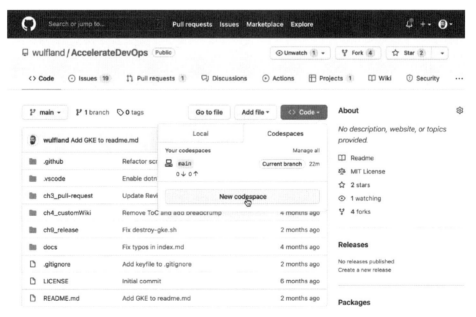

그림 13.6 코드스페이스에서 리포지터리 열기

그림 13.6에서 이미 메인 브랜치에서 실행 중인 코드스페이스가 있음을 볼 수 있다. 새 리포지터리를 생성하는 대신 기존 리포지터리를 열 수도 있다. 가상 머신 크기를 선택한다(그림 13.7 참고).

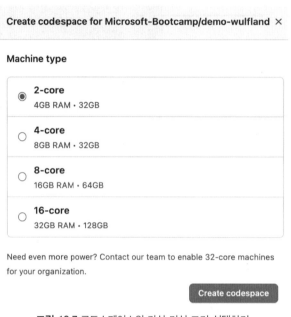

그림 13.7 코드스페이스의 가상 머신 크기 선택하기

터미널에서 디렉터리를 ch9_release/src/Tailwind.Traders.Web으로 변경하고 다음 명령을 사용해 애플리케이션을 빌드하고 실행한다.

```
$ cd ch9_release/src/Tailwind.Traders.Web
$ dotnet build
$ dotnet run
```

그러면 포트 5000과 5001을 수신하는 웹 서버가 시작된다. 코드스페이스는 이를 자동으로 감지해 포트 5000을 로컬 포트로 전달한다. **Open in Browser**를 클릭하면 로컬 브라우저에서 코드스페이스 내부에서 실행 중인 애플리케이션을 확인할 수 있다(그림 13.8 참고).

그림 13.8 포트를 머신으로 포워딩하기

동료가 새로운 기능을 사용해볼 수 있도록 하기 위해 동료와 링크를 공유하려는 경우 **PORTS** 탭에서 수동으로 포워딩해야 하는 포트를 추가하고 표시 여부를 변경할 수도 있다(그림 13.9 참고).

그림 13.9 코드스페이스에서 포트 포워딩 구성하기

개발 환경을 보다 세밀하게 제어하고 싶다면 코드스페이스에 개발 컨테이너를 생성할 수 있다. 왼쪽 하단 모서리에 있는 녹색 **Codespaces** 버튼을 클릭하거나 매킨토시의 경우 **Shift + Command + P**를, 윈도우의 경우 **Ctrl + Shift + P**를 눌러 VS Code에서 명령 팔레트를 연다. `Codespaces: Add Development Container Configuration Files…`를 선택한다. 그리고 마법사wizard를 따라 설치할 언어 및 기능을 선택한다. 마법사가 리포지터리 루트에 `.devcontainer` 폴더를 생성하고 그 안에 `devcontainer.json` 파일과 `Dockerfile` 파일 2개의 파일을 만든다.

`Dockerfile` 파일은 코드스페이스가 초기화될 때 생성되는 컨테이너를 정의한다. `Dockerfile` 파일은 매우 간단하게 만들 수 있다. 어떤 기본 이미지를 상속하는지 나타내는 `FROM` 절이 포함돼 있으면 충분하다.

devcontainer.json 파일에서 이미지 생성에 인수를 전달할 수 있고, 모든 팀원과 공유되는 VS Code 설정을 정의할 수 있으며, 기본적으로 설치되는 VS Code 확장을 사용할 수 있고, 컨테이너가 생성된 후 실행되는 명령을 실행할 수 있다(그림 13.10 참고).

그림 13.10 예제 Dockerfile 파일 및 devcontainer.json 파일

devcontainer.json 파일을 사용자 정의하는 방법에 대해서는 다음 링크(https://code.visualstudio.com/docs/remote/devcontainerjson-reference)를 참고한다.

Dockerfile 파일 또는 devcontainer.json 파일을 변경한 경우 명령 팔레트를 열고 컨테이너 재구축을 실행해 컨테이너를 재구축할 수 있다.

코드스페이스 내에 시크릿이 필요한 경우 다른 모든 시크릿과 마찬가지로 조직 또는 리포지터리 레벨의 **Settings > Secrets > Codespaces**에서 시크릿을 만들 수 있다. 시크릿은 코드스페이스 컨테이너 내에서 환경 변수로 사용할 수 있다. 새 시크릿을 추가하려면 컨테이너를 다시 빌드하는 것만으로는 충분하지 않고 현재 코드스페이스를 중지해야 한다.

물론 깃허브 코드스페이스는 무료로 사용할 수 없으며, 인스턴스의 가동 시간에 대한 비용을 지불해야 한다. 가동 시간은 매일 빌링billing으로 보고되며 매월 청구된다. 요금은 가상 머신의 크기에 따라 다르다(표 13.1 참고).[1]

표 13.1 깃허브 코드스페이스 가격

중앙처리장치(CPU)	RAM	디스크	가격
2-코어	4GB	32GB	$0.18/시간
4-코어	8GB	32GB	$0.36/시간
8-코어	16GB	32GB	$0.72/시간
16-코어	32GB	64GB	$1.44/시간
32-코어	64GB	128GB	$2.88/시간

또한 사용한 스토리지에 대해 **GB**당 월 $0.07를 지불한다.

코드스페이스는 브라우저를 닫아도 종료되지 않는다. 코드스페이스가 백그라운드에서 계속 실행 중이면 훨씬 빠르게 연결할 수 있지만 여전히 비용을 지불해야 한다. 기본 유휴 시간 제한은 30분이며, 이는 4코어 머신의 경우 0.18달러에 해당한다. 정말 저렴하지만 여전히 돈은 돈이다. 코드스페이스가 더 이상 필요하지 않다면 항상 중지해야 한다. **Settings › Codespaces**에서 기본 유휴 시간 제한을 변경할 수 있다.

깃허브 코드스페이스는 보안에 유용할 뿐만 아니라 온보딩 시간과 생산성을 높일 수 있다. 깃허브 자체에서 개발용으로 사용하고 있으며, 신규 엔지니어의 온보딩 시간을 며칠에서 10초 이내로 단축했다! 디스크 용량이 거의 13GB에 달하는 리포지터리를 복제하는 데 보통 20분 정도 걸리던 것을 단축한 것이다(Cory Wilkerson, 2021).

코드스페이스가 모든 제품에 적합한 것은 아니지만, 웹 애플리케이션의 경우 코드스페이스는 미래이며 개발자 머신 관리에 대한 생각을 혁신적으로 바꿀 것이다. 또한 개발 파이프라인, 즉 로컬 개발자 컴퓨터의 보안 격차를 해소하는 데 도움이 된다.

---

1   2023년 5월 현재 개인 계정 기준으로 한 달에 120코어 시간, 스토리지 15GB를 무료로 제공하고 그 이상 사용한 양에 대해 과금을 하게 된다. – 옮긴이

❖ 정리

13장에서는 개발 프로세스에서 보안이 얼마나 중요한지를 배웠고 보안을 시프트-레프트하고 침해 가정 및 제로 트러스트 문화를 구현할 수 있는 방법을 배웠다. 보안에 대한 인식을 높이고, 취약점을 찾고, IR을 연습할 수 있는 공격 시뮬레이션과 레드 팀-블루 팀 훈련을 소개했다.

또한 로컬 개발 환경의 위험을 줄이고 생산성을 높이는 데 깃허브 코드스페이스가 어떻게 도움이 되는지 살펴봤다.

14장에서는 코드와 소프트웨어 공급망을 보호하는 방법에 대해 알아본다.

❖ 더 읽을거리 및 참고 자료

13장의 자세한 사항은 다음 자료를 참고한다.

- IC3 (2020). *Internet Crime Report 2020*: https://www.ic3.gov/Media/PDF/AnnualReport/2020_IC3Report.pdf

- IC3 (2019). *Internet Crime Report 2019*: https://www.ic3.gov/Media/PDF/AnnualReport/2019_IC3Report.pdf

- Data breaches in 2020: https://www.identityforce.com/blog/2020-data-breaches

- Data breaches in 2021: https://www.identityforce.com/blog/2021-data-breaches

- *Terranova and Microsoft* (2021). Gone Phishing Tournament - Phishing Benchmark Global Report 2021: https://terranovasecurity.com/gone-phishing-tournament/

- *GitHub* Codespaces: https://docs.github.com/en/codespaces/

- devcontainer.json reference: https://code.visualstudio.com/docs/remote/devcontainerjson-reference

- *Introduction to dev containers*: https://docs.github.com/en/codespaces/setting-up-your-project-for-codespaces/configuring-codespaces-for-your-project

- *Cory Wilkerson* (2021). GitHub's Engineering Team has moved to Codespaces: https://github.blog/2021-08-11-githubs-engineering-team-moved-codespaces/

14

코드 보안

2016년, 메신저 서비스인 Kik(https://www.kik.com/)과 동명의 프로젝트를 유지한 오픈소스 기여자 아제르 코출루^Azer Koçulu^ 간의 Kik 이름에 대한 분쟁으로 인해 인터넷이 완전히 중단됐다. 그날 적어도 모든 사람은 뭔가 잘못됐음을 알았다. 무슨 일이 일어났나? 논쟁과 메신저 서비스를 펀드는 npm 때문에 아제르는 npm 레지스트리에서 모든 패키지를 삭제했다. 패키지 중에는 문자열의 시작 부분에 문자를 추가하는 left-pad라는 패키지가 있었다. left-pad는 11줄의 코드로 된 간단한 모듈이었다.

```
module.exports = leftpad;
function leftpad (str, len, ch) {
  str = String(str);
  var i = -1;
  if (!ch && ch !== 0) ch = ' ';
  len = len - str.length;
  while (++i < len) {
    str = ch + str;
  }
  return str;
}
```

이것은 모든 개발자가 스스로 작성할 수 있어야 하는 간단한 단일 용도 함수다. 하지만 이 패키지는 리액트React와 같이 전 세계적으로 사용되는 프레임워크에 적용됐다. 물론 리액트는 이 11줄의 코드를 직접 필요로 하지 않았다. 그러나 리액트는 다른 패키지에 의존하는 패키지에 의존했고, 이 트리의 패키지 중 하나는 left-pad에 의존했다. 그리고 없어진 패키지는 인터넷을 중단시켰다(Keith Collins, 2016과 Tyler Eon, 2016 참고).

오늘날 소프트웨어는 툴, 패키지, 프레임워크, 컴파일러, 언어 등 다양한 소프트웨어에 의존하며, 이 소프트웨어에는 각각 고유한 종속성 트리가 있다. 코드뿐만 아니라 전체 소프트웨어 공급망에 대한 보안 및 라이선스 컴플라이언스를 보장하는 것이 중요하다.

14장에서는 깃허브 액션 및 고급 보안Advanced Security을 통해 코드의 버그 및 보안 문제를 제거하고 소프트웨어 공급망을 성공적으로 관리하는 방법에 대해 알아본다.

14장에서는 다음과 같은 주제를 다룬다.

- 종속성 관리 및 Dependabot

- 시크릿 스캔

- 코드 검사

- 직접 CodeQL 쿼리 작성

> **깃허브 고급 보안**
>
> 14장에서 설명하는 많은 기능은 **고급 보안 라이선스**(Advanced Security License)를 획득한 경우 깃허브 엔터프라이즈(GitHub Enterprise)에서만 사용할 수 있다. 오픈소스 중 일부는 무료이지만, 조직에서 사용할 수 없는 것이 있다면 해당 라이선스를 취득하지 않았을 가능성이 높다.

⁑ 종속성 관리 및 Dependabot

종속성을 관리하기 위해 **소프트웨어 구성 분석**SCA, Software Composition Analysis 도구를 사용할 수 있다. 깃허브는 **종속성 그래프**Dependency graphs, **Dependabot 알림**Dependabot alerts

및 **Dependabot 보안 업데이트**Dependabot security updates를 제공해 소프트웨어 종속성을 관리한다.

종속성 그래프는 종속성 트리를 이해하는 데 도움이 된다. **Dependabot 알림**은 종속성에 알려진 취약점이 있는지 확인하고, 취약점이 발견될 경우 사용자에게 알려 준다. **Dependabot 보안 업데이트**를 활성화하면 Dependabot은 종속 패키지 작성자가 취약성에 대한 수정 사항을 릴리스할 경우 종속성을 업데이트하는 풀 리퀘스트를 자동으로 생성한다.

종속성 그래프는 공용 리포지터리에 대해 기본적으로 활성화되지만 개인 리포지터리에 대해서는 활성화되지 않는다. Dependabot 알림 및 업데이트는 모든 리포지터리에 대해 사용하도록 설정해야 한다. **Settings › Security & Analysis** 참고에서 설정할 수 있다(그림 14.1 참고).

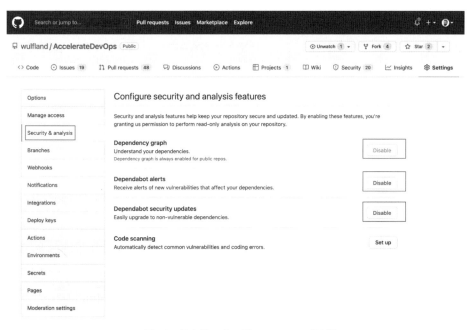

그림 14.1 종속성 그래프 및 Dependabot 활성화

조직 수준에서 모든 리포지터리에 대해 이 옵션을 사용 가능으로 설정하고 새 리포지터리의 기본값으로 설정할 수 있다.

종속성 탐색

종속성 그래프를 사용하도록 설정하면 종속성 찾기가 시작된다. 다음 패키지 에코시스템이 지원된다(표 14.1 참고).

표 14.1 종속성 그래프 및 Dependabot에서 지원되는 형식

패키지 매니저	언어	권장 형식	지원되는 모든 형식
Composer	PHP	composer.lock	composer.json, composer.lock
dotnet CLI	.Net Languages (C#, C++, F#, VB)	.csproj, .vbproj, .nuspec, .vcxproj, .fsproj	.csproj, .vbproj, .nuspec, .vcxproj, .fsproj, packages.config
Go	Go	go.sum	go.mod, go.sum
Maven	Java, Scala	pom.xml	pom.xml
npm	JavaScript	package-lock.json	package-lock.json, package.json
Python pip	Python	requirements.txt, pipfile.lock	requirements.txt, pipfile, pipfile.lock, setup.py
Python Poetry	Python	poetry.lock	poetry.lock, pyproject.toml
RubyGems	Ruby	Gemfile.lock	Gemfile.lock, Gemfile.gemspec
Yarn	JavaScript	yarn.lock	package.json, yarn.lock

종속성을 탐색하려면 Insights › Dependency graph로 이동한다. Dependencies 탭에서 리포지터리에 있는 매니페스트 파일의 모든 종속성을 찾을 수 있다. 각 종속성에 대한 종속성을 열고 트리를 탐색할 수 있다. 종속성에 알려진 취약점이 있는 경우 오른쪽에서 볼 수 있다. 취약점에는 할당된 심각도와 **일반 취약성 및 노출**CVE, Common Vulnerabilities and Exposures 식별자가 있다. 이 식별자를 사용해 **국가 취약성 데이터베이스**National Vulnerability Database(nvd.nist.gov)에서 취약성에 대한 세부 정보를 조회할 수 있다. 링크를 클릭하면 데이터베이스의 항목(https://nvd.nist.gov/vuln/detail/CVE-2021-3749) 또는 **깃허브 어드바이저리 데이터베이스**GitHub Advisory Database(https://github.com/advisories)로 이동한다. 취약성에 대한

수정 사항이 있는 경우 종속성 그래프는 종속성을 업그레이드해야 할 버전을 제안한다 (그림 14.2 참고).

그림 14.2 종속성 그래프를 사용해 종속성 탐색

조직 레벨의 **Insights › Dependencies**에서 종속성 그래프가 켜진 모든 리포지터리의 모든 종속성을 찾을 수 있다. 리포지터리 인사이트 외에도 여기에서 사용된 모든 라이선스를 찾을 수 있고, 이를 통해 제품의 라이선스 준수 여부를 확인할 수 있다(그림 14.3 참고).

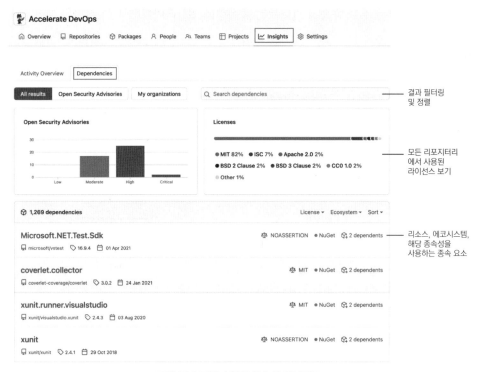

그림 14.3 조직 수준의 종속성 인사이트

깃허브를 사용해 패키지에 의존하는 다른 사용자들에게 알리고 싶다면 **Security › Security Advisories › New draft security advisory**에서 새로운 **보안 권고**^{security advisory} 초안을 작성할 수 있다. 보안 권고에는 제목, 설명, 에코시스템, 패키지 이름, 영향을 받는 버전(즉 < 1.2.3), 패치된 버전(1.2.3), 심각도가 포함된다. 필요에 따라 **공통 약점 열거자**^{CWE,} Common Weakness Enumerator를 여러 개 추가할 수 있다(https://cwe.mitre.org/). 이미 CVE ID가 있는 경우 여기에 추가할 수 있으며, 없는 경우 나중에 추가하도록 선택할 수 있다.

초안은 게시될 때까지 리포지터리 소유자에게만 표시된다. 공개 리포지터리에 대한 보안 권고가 게시되면 모든 사람이 볼 수 있으며 **깃허브 어드바이저리 데이터베이스**(https://github.com/advisories)에 추가된다. 개인 리포지터리의 경우 해당 리포지터리는 리포지터리에 액세스할 수 있는 모든 사용자에게만 표시되며 사용자가 공식 CVE 식별자를 요청할 때까지 권고 데이터베이스에 추가되지 않는다.

Dependabot

Dependabot은 알려진 취약점에 대한 종속성을 확인할 수 있는 깃허브의 봇으로 자동으로 풀 리퀘스트를 만들어 종속성을 최신 상태로 유지할 수 있다.

Dependabot은 npm, 깃허브 액션, 도커, Git Submodule, .NET(NuGet), pip, 테라폼, 번들러, 메이븐, 기타 많은 에코시스템을 지원한다. 전체 목록은 다음 링크(https://docs.github.com/en/code-security/supply-chain-security/keeping-your-dependencies-updated-automatically/about-dependabot-version-updates#supported-repositories-and-ecosystems)를 참고한다.

Dependabot을 사용하려면 .github 디렉터리에 dependabot.yml 파일을 생성한다. 패키지 에코시스템과 패키지 파일이 들어 있는 디렉터리(즉 package.json 파일)를 선택하고, 업데이트 주기(daily, weekly, monthly)를 설정한다.

```
version: 2
updates:
  - package-ecosystem: "npm"
    directory: "/"
    schedule:
      interval: "daily"
```

Dependabot secrets을 사용해 개인 레지스트리에 인증할 수 있다. **Settings › Secrets › Dependabot**에서 새 secret을 추가한다(그림 14.4 참고).

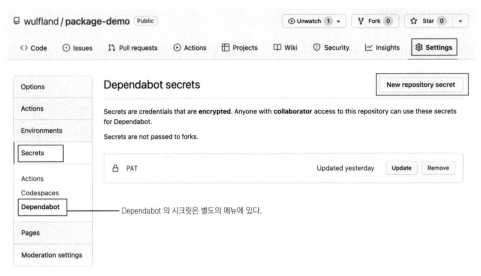

그림 14.4 Dependabot secret 추가

dependabot.yml 파일에 레지스트리를 추가하고 secret 콘텍스트에서 secret에 액세스한다.

```
version: 2
registries:
    my-npm-pkg:
        type: npm-registry
        url: <https://npm.pkg.github.com>
        token: ${{secrets.PAT}}

updates:
  - package-ecosystem: "npm"
    directory: "/"
    registries:
      - my-npm-pkg
    schedule:
      interval: "daily"
```

Dependabot을 설정하는 더 많은 옵션이 있다. 특정 패키지를 허용하거나 거부하거나, 풀 리퀘스트의 메타 데이터(예 : 레이블, 마일스톤 및 리뷰어)를 적용하거나, 커밋 메시지를 사용자 정의하거나, 병합 전략을 변경할 수 있다. 전체 옵션 목록은 다음 링크(https://docs.github.com/en/code-security/dependabot/dependabot-security-updates/configuring-dependabot-security-updates)를 참고한다.

Insights › Dependency graph › Dependabot에서 업데이트 상태를 확인할 수 있다. 각 업데이트 항목에는 문제가 있는 경우 상태 및 알림 아이콘이 있는 행이 있다. 상태를 클릭하면 전체 로그를 볼 수 있다(그림 14.5 참고).

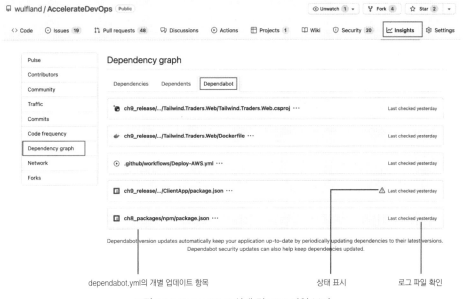

그림 14.5 Dependabot 상태 및 로그 파일 보기

Security › Dependabot alerts에서 모든 Dependabot 알림을 찾을 수 있으며, 각 항목을 클릭하면 자세한 내용을 확인할 수 있다. Dependabot이 이미 취약점을 수정하기 위해 풀 리퀘스트를 작성한 경우 목록에서 플라이아웃 메뉴가 있는 링크를 볼 수 있다(그림 14.6 참고).

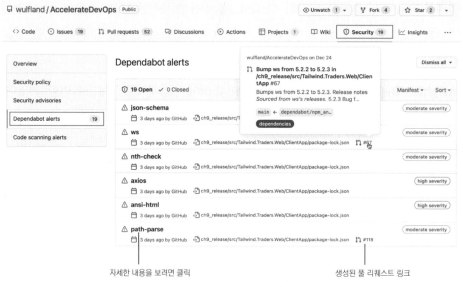

자세한 내용을 보려면 클릭   생성된 풀 리퀘스트 링크

그림 14.6 Dependabot 알림 보기

보안 알림만 이 목록에 있으며, 의존성을 업데이트하기 위해 생성되는 모든 풀 리퀘스
트는 아니다. 여기에는 아직 해결되지 않은 보안 알림이 많다. 때때로 유일한 해결책은
다운그레이드이며, 종속성이 있는 모듈이 최소 상위 버전을 명시한 경우 자동 수정은
안 된다(그림 14.7 참고).

그림 14.7 수정 사항이 없는 취약성의 세부 정보

Dependabot의 풀 리퀘스트를 자세히 살펴보면 많은 추가 정보가 있다. 물론 변경 내용 자체는 매니페스트 파일의 업데이트된 버전 번호일 뿐이다. 그러나 설명에는 패키지의 릴리스 노트(있는 경우)와 새 릴리스에 포함된 커밋의 전체 목록이 추가된다. Dependabot 은 또한 이 업데이트가 코드와 호환될 가능성을 나타내는 호환성 점수를 추가한다(그림 14.8 참고).

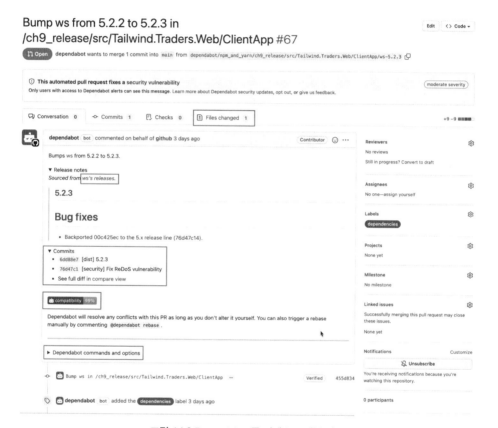

그림 14.8 Dependabot 풀 리퀘스트 세부 정보

설명에서 풀 리퀘스트에 댓글을 달아서 봇에 보낼 수 있는 명령 목록도 찾을 수 있다. 다음 명령 중 하나를 사용할 수 있다.

- `@dependabot cancel merge`: 이전에 요청한 병합을 취소한다.

- @dependabot close: 풀 리퀘스트를 닫고 Dependabot이 이를 다시 작성하는 것을 방지한다. 수동으로 풀 리퀘스트를 닫아 동일한 결과를 얻을 수 있다.

- @dependabot ignore this dependency: 풀 리퀘스트를 닫고 Dependabot가 이 종속성에 대한 더 이상의 풀 리퀘스트를 작성하지 못하도록 한다(풀 리퀘스트를 다시 열거나 종속성의 제안된 버전으로 업그레이드하지 않는 한).

- @dependabot ignore this major version: 풀 리퀘스트를 닫고 Dependabot가 이 주 버전에 대한 추가 요청을 작성하지 못하도록 한다(풀 리퀘스트를 다시 열거나 이 주 버전으로 업그레이드하지 않는 한).

- @dependabot ignore this minor version: 풀 리퀘스트를 닫고 종속 버전이 이 부 버전에 대해 더 많은 풀 리퀘스트를 작성하지 못하게 한다(풀 리퀘스트를 다시 열거나 이 부 버전으로 업그레이드하지 않는 한).

- @dependabot merge: CI 테스트를 통과하면 풀 리퀘스트를 병합한다.

- @dependabot rebase: 풀 리퀘스트를 리베이스한다.

- @dependabot recreate: 풀 리퀘스트를 재생성해 풀 리퀘스트에 대한 편집 내용을 덮어쓴다.

- @dependabot reopen: 풀 리퀘스트가 닫힌 경우 풀 리퀘스트를 다시 연다.

- @dependabot squash and merge: CI 테스트를 통과하면 풀 리퀘스트를 스쿼시 병합한다.

풀 리퀘스트에 위의 명령 중 하나를 댓글로 작성하면 나머지는 Dependabot이 실행한다.

깃허브 액션으로 Dependabot 업데이트 자동화

깃허브 액션을 사용해 Dependabot 업데이트에 훨씬 더 많은 자동화를 추가할 수 있지만 몇 가지 사항에 유의한다. Dependabot이 워크플로를 트리거하는 경우 깃허브 액터는 Dependabot(github.actor == "Dependabot[bot]")이다. 이는 GITHUB_TOKEN은 기본적으로 읽기 전용 권한만 갖고 있으며 필요한 경우 쓰기 권한을 부여해야 한다는 것을 의미한다. 시크릿 콘텍스트 속에 채워지는 시크릿은 'Dependabot secret'이다. 워크플로에 대한 깃허브 action 시크릿을 사용할 수 없다.

다음은 Dependabot 풀 리퀘스트에 의해서만 트리거되고 풀 리퀘스트, 이슈 및 리포지터리 프로젝트에 쓰기 권한이 부여되는 워크플로다.

```
name: Dependabot automation
on: pull_request

permissions:
  pull-requests: write
  issues: write
  repository-projects: write

jobs:
  Dependabot:
      runs-on: ubuntu-latest
      if: ${{ github.actor == 'Dependabot[bot]' }}
```

Dependabot/fetch-metadata 액션을 사용해 업데이트되는 종속성에 대한 정보를 추출할 수 있다. 다음은 정보를 사용해 풀 리퀘스트에 레이블을 적용하는 예다.

```
steps:
 - name: Dependabot metadata
       id: md
       uses: Dependabot/fetch-metadata@v1.1.1
       with:
         github-token: "${{ secrets.GITHUB_TOKEN }}"
 - name: Add label for production dependencies
       if: ${{ steps.md.outputs.dependency-type == 'direct:production' }}
       run: gh pr edit "$PR_URL" --add-label "production"
          env:
              PR_URL: ${{ github.event.pull_request.html_url }}
```

깃허브 CLI를 사용하면 쉽게 자동화할 수 있다. 예를 들어 모든 새 패치를 자동 승인하고 자동 병합할 수 있다.

```
- name: Enable auto-merge for Dependabot PRs
    if: ${{ steps.**md**.outputs.update-type == 'version-
update:semver-patch' }}
    run: |
        gh pr review --approve "$**PR_URL**"
        gh pr merge --auto --merge "$**PR_URL**"
    env:
    PR_URL: ${{github.event.pull_request.html_url}}
    GITHUB_TOKEN: ${{ secrets.GITHUB_TOKEN }}
```

깃허브 액션과 Dependabot의 조합은 매우 강력하며 소프트웨어를 최신 상태로 유지하기 위한 거의 모든 수작업을 제거할 수 있다. 좋은 CI 빌드와 신뢰할 수 있는 테스트 도구 모음을 함께 사용하면 기본적으로 테스트를 통과하는 모든 Dependabot 풀 리퀘스트를 자동 병합할 수 있다.

Dependabot을 사용해 깃허브 액션을 최신 상태로 유지

깃허브 액션도 관리해야 하는 종속성이다. 각 액션은 버전에 고정된다(@ 뒤에 있는 부분, 예: Dependabot/fetch-metadata@v1.1.1 사용). 버전은 브랜치 이름일 수도 있다. 하지만 이렇게 하면 사용자가 알지 못하는 사이에 작업이 변경되므로 불안정한 워크플로가 발생할 수 있다. 버전을 태그 또는 개별 커밋 SHA에 고정하는 것이 좋다. 다른 에코시스템과 마찬가지로 Dependabot이 업데이트를 확인하고 풀 리퀘스트를 생성하도록 할 수 있다. Dependabot.yml 파일에 다음 섹션을 추가한다.

```
version: 2
updates:
  - package-ecosystem: "github-actions"
    directory: "/"
    schedule:
      interval: "daily"
```

새 버전의 action을 사용할 수 있는 경우 풀 리퀘스트를 생성한다.

⠿ 시크릿 스캔

가장 일반적인 공격 표면^{attack vector} 중 하나는 일반 텍스트 파일의 스크릿이다. 시크릿은 암호화 및 보호되지 않은 상태로 저장돼서는 안 된다. 깃허브는 스크릿에 대한 모든 공개 리포지터리를 지속적으로 스캔해 이를 지원한다. **깃허브 고급 보안**^{GitHub Advanced Security}이 활성화된 조직에 속한 개인 리포지터리에 대해서도 이를 활성화할 수 있다.

현재 어도비^{Adobe}, 알리바바^{Alibaba}, 아마존^{Amazon}, 아틀라시안^{Atlassian}, 애저^{Azure} 등 공개 리포지터리에는 거의 100개의 시크릿이 있고 탐지되는 개인 리포지터리에는 145개의 시크릿이 있다. 전체 목록은 다음 링크(https://docs.github.com/en/code-security/secret-scanning/about-secret-scanning)를 참고한다.

서비스 제공자는 **시크릿 스캐닝 파트너 프로그램**에 가입할 수 있다(https://docs.github.com/en/developers/overview/secret-scanning-partner-program). 시크릿은 정규 표현식에 의해 탐지된 다음 엔드포인트로 전송되며 여기서 시크릿이 진짜인지 또는 오탐인지 여부를 확인할 수 있다. 시크릿을 취소하거나 시크릿이 손상됐음을 고객에게 알리는 것은 파트너가 결정한다.

Settings › Security & analysis › GitHub Advanced Security에서 **New pattern**을 클릭해 사용자 지정 패턴을 정의할 수도 있다(그림 14.9 참고).

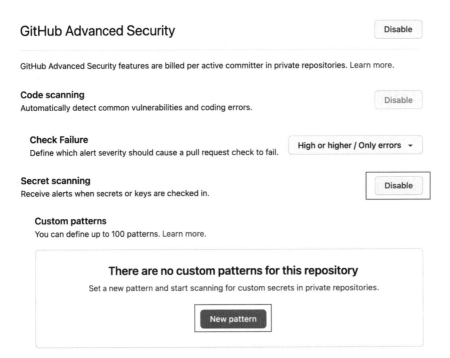

그림 14.9 시크릿 스캔 활성화 및 사용자 지정 패턴 추가

사용자 지정 패턴은 탐지하려는 암호와 일치하는 정규식이다. 패턴이 작동하는지 확인하려면 몇 가지 테스트 문자열을 제공해야 한다. 깃허브는 테스트 문자열에서 발견된 시크릿을 노란색으로 표시한다(그림 14.10 참고).

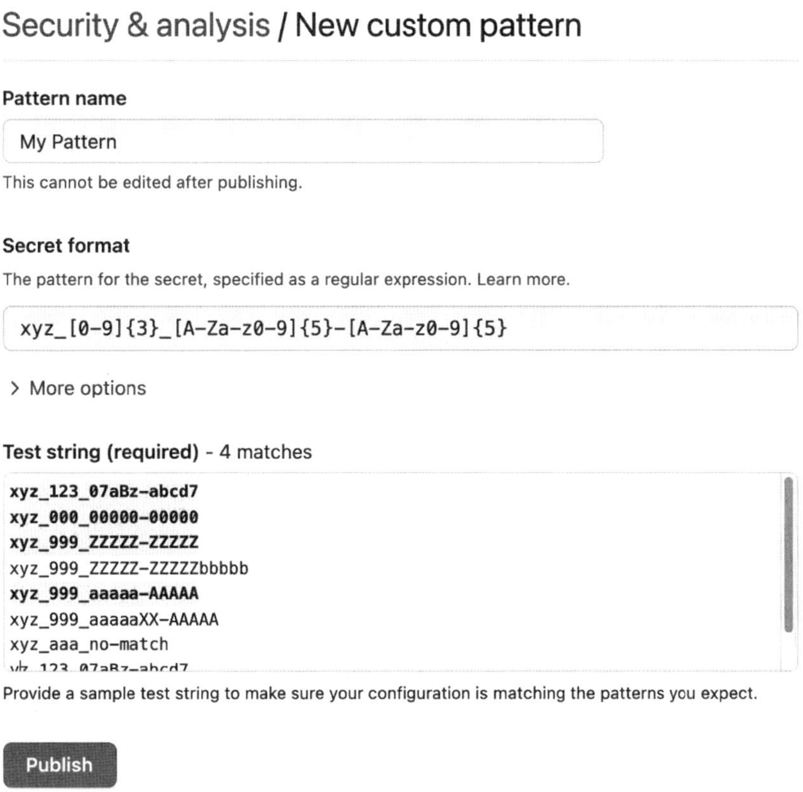

Security & analysis / New custom pattern

Pattern name

My Pattern

This cannot be edited after publishing.

Secret format

The pattern for the secret, specified as a regular expression. Learn more.

```
xyz_[0-9]{3}_[A-Za-z0-9]{5}-[A-Za-z0-9]{5}
```

> More options

Test string (required) - 4 matches

```
xyz_123_07aBz-abcd7
xyz_000_00000-00000
xyz_999_ZZZZZ-ZZZZZ
xyz_999_ZZZZZ-ZZZZZbbbbb
xyz_999_aaaaa-AAAAA
xyz_999_aaaaaXX-AAAAA
xyz_aaa_no-match
xyz_123_07aBz-abcd7
```

Provide a sample test string to make sure your configuration is matching the patterns you expect.

Publish

그림 14.10 사용자 지정 시크릿 패턴 추가

또한 암호 변경 전후의 패턴을 사용자 지정할 수 있으며 일치해야 하거나 패치하지 않아야 하는 패턴을 추가할 수 있다. 예를 들어 문자열에 적어도 하나의 대문자가 포함돼야 하는 추가 패턴([A-Z])을 적용할 수 있다(그림 14.11 참고).

그림 14.11 사용자 지정 패턴에 대한 고급 옵션

사용자 지정 패턴은 조직 및 기업 수준에서도 정의할 수 있으며 깃허브는 깃허브 고급 보안이 활성화된 기업 또는 조직의 모든 리포지터리를 스캔한다.

새 시크릿이 감지되면 깃허브는 알림 기본 설정에 따라 리포지터리 보안 알림에 대한 액세스 권한이 있는 모든 사용자에게 알린다. 리포지터리를 보고 있고 보안 알림 또는 리포지터리의 모든 활동에 대한 알림을 활성화했으며 시크릿이 포함된 커밋의 작성자이고 리포지터리를 무시하지 않는 경우 알림을 받게 된다.

Security › Secret scanning alerts에서 알림을 관리할 수 있다(그림 14.12 참고).

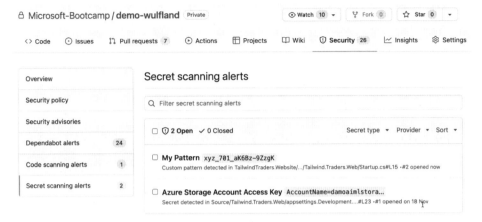

그림 14.12 시크릿 스캔 알림 관리

프라이빗 리포지터리에만 있는 경우에도 깃허브에 커밋된 시크릿이 손상된 것으로 간주해야 한다. 시크릿을 교체하고 폐기한다. 일부 서비스 제공자는 당신을 위해 이를 폐기할 것이다.

폐기됨(Revoked), 오탐(False Positive), 테스트에 사용됨(Used in tests) 또는 수정하지 않음(Won't fix) 상태로 알림을 닫을 수 있다(그림 14.13 참고).

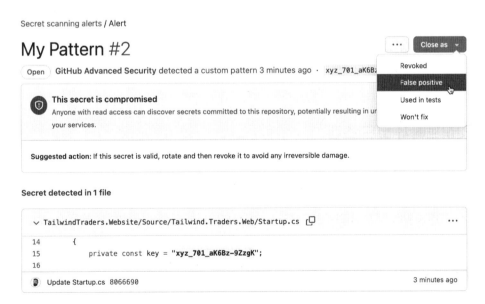

그림 14.13 시크릿 스캔 알림 상태 관리

.github 폴더에 secret_scanning.yml 파일을 추가해 소스 코드의 경로를 비밀 검사에서 제외할 수도 있다. 이 파일은 와일드카드를 지원하는 다중 경로 패턴을 지원한다.

```
paths-ignore:
  - "tests/data/**/*.secret"
```

하지만 주의해야 한다. 테스트용이라도 소스 파일에 실제 시크릿을 저장해서 사용하면 안 된다. 암호화된 깃허브 시크릿으로 저장하거나 시크릿 볼트vault에 저장한다.

시크릿 스캔은 간단하다. 단지 기능을 켜기만 하면 된다. 그러나 보안의 가치를 과소평가하면 안 된다.

⠿ 코드 스캔

코드에서 취약성을 찾기 위해 **정적 애플리케이션 보안 테스트**SAST, Static Application Security Testing를 사용할 수 있다. SAST는 소스 코드에 대한 전체 액세스 권한이 있으므로 화이트 박스 테스트로 간주한다. 일반적으로 빌드 소프트웨어를 포함하므로 순수한 정적 코드 분석이 아니다. 그러나 15장 안전한 배포에서 자세히 알아볼 **동적 애플리케이션 보안 테스트**DAST, Dynamic Application Security Testing와 달리 런타임이 아니라 컴파일 시간에 실행된다.

깃허브에서 코드 스캔

깃허브에서 SAST는 **코드 스캔**이라고 하며 모든 공용 리포지터리와 깃허브 고급 보안이 활성화된 프라이빗 리포지터리에서 사용할 수 있다. **SARIF**Static Analysis Results Interchange Format를 지원하는 모든 도구로 코드 스캔을 사용할 수 있다. SARIF는 정적 분석 도구의 출력 형식을 정의하는 JSON 기반의 **OASIS 표준**이다. 깃허브 코드 스캐닝은 현재 표준의 최신 버전인 **SARIF 2.1.0**을 지원한다(https://docs.github.com/en/code-security/code-scanning/integrating-with-code-scanning/sarif-support-for-code-scanning). 따라서 SARIF 2.1.0을 지원하는 모든

도구는 코드 스캔에 통합될 수 있다.

코드 스캔 실행

코드 스캔은 깃허브 액션을 사용해 분석을 실행한다. 대부분의 코드 스캔 도구는 결과를 깃허브에 자동으로 업로드하지만 코드 스캔 도구가 그렇지 않은 경우 다음 액션을 사용해 SARIF 파일을 업로드할 수 있다.

```
- name: Upload SARIF file
  uses: github/codeql-action/upload-sarif@v1
  with:
    sarif_file: results.sarif
```

액션은 개별 .sarif(또는 .sarif.json) 파일 또는 여러 파일이 있는 폴더를 허용한다. 스캔 도구가 SARIF를 지원하지 않는 경우 유용하게 결과를 변환할 수 있다. 예를 들어 ESLint가 있다. @microsoft/eslint-formatter-sarif를 사용해 출력을 SARIF로 변환하고 결과를 업로드할 수 있다.

```
jobs: build:
    runs-on: ubuntu-latest
    permissions:
      security-events: write
    steps:
      - uses: actions/checkout@v2
      - name: Run npm install
        run: npm install
      - name: Run ESLint
        run: node_modules/.bin/eslint build docs lib script
spec-main -f node_modules/@microsoft/eslint-formatter-sarif/
sarif.js -o results.sarif || true
      - uses: github/codeql-action/upload-sarif@v1
        with:
          sarif_file: results.sarif
```

그러나 대부분의 코드 스캔 도구는 깃허브를 기본적으로 지원하고 있다.

시작하기

코드 스캔을 시작하려면 **Settings › Security & analysis › Code scanning › Set up**이
나 **Security › Code scanning alerts**로 이동한다. 둘 다 /security/code-scanning/
setup으로 이동하며, 여기에는 코드 스캔 옵션 목록이 표시된다. 상단에는 기본 깃허브
코드 스캔 도구인 **CodeQL Analysis**가 있다. 그러나 깃허브는 리포지터리를 분석하고
리포지터리에서 감지된 언어에 맞는 마켓플레이스에서 찾을 수 있는 다른 모든 도구(42
Crunch, Coldore, CXSast, Veracode 등)를 보여 준다. 이 책에서는 CodeQL에 중점을 둔다. 그러나
다른 도구의 통합도 같은 방식으로 동작한다. **Set up this workflow**를 클릭하면 깃허
브가 워크플로를 생성한다(그림 14.14 참고).

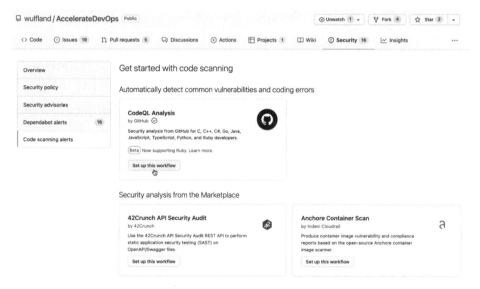

그림 14.14 코드 스캔 설정

코드 스캔을 이미 설정한 경우 **Add more scanning tools**를 클릭해 결과 페이지에서
추가 도구를 추가할 수 있다(그림 14.15 참고).

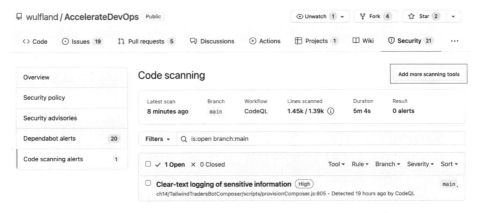

그림 14.15 리포지터리의 코드 스캔 알림

워크플로 템플릿에는 push, pull_request, schedule 트리거가 있다. 이 스케줄 트리거에는 이전에는 인식되지 않았던 코드베이스의 취약성을 탐지하는 새로운 규칙 같은 간단한 설명이 있다. 따라서 빌드도 일정에 따라 실행하는 것이 좋다. 트리거는 일주일에 한 번씩 임의의 요일과 임의의 시간에 실행된다. 물론 깃허브는 모든 코드 스캔이 동시에 실행되는 것을 원하지 않는다. 필요에 따라 일정을 조정한다.

```
on: push:
    branches: [ main ]
  pull_request:
    branches: [ main ]
  schedule:
    - cron: '42 16 * * 2'
```

워크플로는 보안 이벤트에 대한 쓰기 권한이 필요하다.

```
jobs:
  analyze:
    name: Analyze
    runs-on: ubuntu-latest
    permissions:
      actions: read
      contents: read
      security-events: write
```

CodeQL는 C++(cpp), C#(csharp), Go, 자바, 자바스크립트, 파이썬, 루비를 지원한다. 깃허브는 리포지터리에서 사용하는 언어를 탐지하고 각 언어가 독립적으로 빌드되도록 매트릭스를 설정한다. 필요한 경우 추가 언어를 추가한다.

```
strategy:
  fail-fast: false
  matrix:
    language: [ 'csharp', 'javascript' ]
```

분석 자체는 매우 간단하다. 리포지터리를 체크아웃하고, 지정된 언어에 대한 분석을 초기화하고, 자동 빌드를 실행하고, 분석을 수행한다.

```
steps:
- name: Checkout repository
  uses: actions/checkout@v2
- name: Initialize CodeQL
  uses: github/codeql-action/init@v1
  with:
    languages: ${{ matrix.language }}
- name: Autobuild
  uses: github/codeql-action/autobuild@v1
- name: Perform CodeQL Analysis
  uses: github/codeql-action/analyze@v1
```

자동 빌드 단계에서는 소스 코드를 빌드한다. 실패할 경우 워크플로를 변경하고 직접 코드를 빌드해야 한다. 보통 Node.js 또는 .NET의 버전과 같은 환경에서 올바른 버전을 설정하는 것만으로 충분하다.

```
- name: Setup Node
  uses: actions/setup-node@v2.5.0
  with:
    node-version: 10.16.3
```

코드 스캔 알림

Settings › Security & analysis › Code scanning(그림 14.15) 아래 각 리포지터리에서 코드 스캐닝 알림을 관리할 수 있다. 조직 레벨에서는 모든 리포지터리의 개요를 확인하고 개별 결과 페이지로 이동할 수 있다(그림 14.16 참고).

그림 14.16 조직의 보안 개요

이슈와 동일한 방식으로 알림을 필터링, 정렬, 검색할 수 있다.

심각도

모든 코드 검색 알림에는 심각도severity가 지정돼 있다. 심각도는 CVSSCommon Vulnerability Scoring System를 사용해 계산된다. CVSS는 소프트웨어 취약점의 특성과 심각성을 전달하기 위한 개방형 프레임워크다(GitHub Blog, 2021).

심각도는 알림을 분류하는 데 도움이 된다.

이슈 알림 추적

코드 스캔 알림을 추적하는 가장 좋은 방법은 이슈다. 알림 내에서 **Create issue**를 클릭해 생성할 수 있다(그림 14.17 참고).

그림 14.17 코드 스캔 알림에서 이슈 생성

그러나 이 작업은 새 이슈를 생성하고 알림 링크를 마크다운 작업 목록에 추가할 뿐이다(그림 14.18 참고).

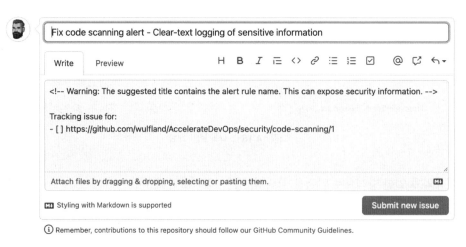

그림 14.18 이슈를 코드 스캔 알림과 연결

알림에는 중첩된 이슈와 마찬가지로 이슈에서 추적되고 있음을 표시한다(그림 14.19 참고).

데이터 흐름 분석

코드 아래 영역에서 코드의 알림 세부 정보를 볼 수 있다. CodeQL은 **데이터 흐름 분석** data-flow analysis을 지원하며 애플리케이션을 통한 데이터 흐름에서 발생하는 문제를 탐지할 수 있다. **Show paths**를 클릭해 데이터가 애플리케이션을 통해 어떻게 흐르는지 확인한다(그림 14.19 참고).

그림 14.19 코드 스캔 알림의 세부 정보

이를 통해 전체 애플리케이션을 통해 데이터를 추적할 수 있다. 그림 14-20에서는 데이터가 할당되고 기록될 때까지 전달되는 12단계를 볼 수 있다(그림 14.20 참고).

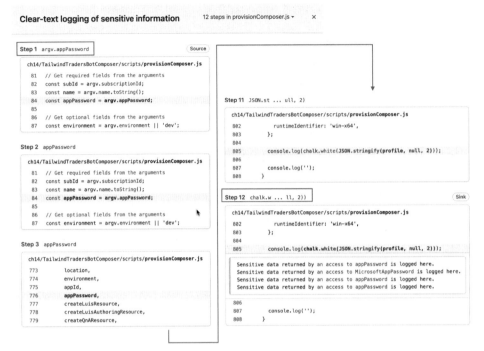

그림 14.20 데이터 흐름의 예

이것이 CodeQL의 진정한 힘이다. 단순한 소스 코드 분석이 아니다.

CodeQL 쿼리

코드 스캔 알림에서 문제를 탐지한 쿼리에 대한 참고를 찾을 수 있다. 깃허브에서 쿼리를 보려면 **View source**를 클릭한다(그림 14.21 참고).

그림 14.21 CodeQL 쿼리는 오픈소스다.

쿼리는 오픈소스이며 다음 링크(https://github.com/github/codeql)에서 찾을 수 있다. 모든 언어에는 여기에 폴더가 있으며, CodeQL 폴더 안에 ql/src 아래에 쿼리가 있다. 쿼리의 확장자는 .ql이다.

타임라인

코드 스캔 알림에는 깃 블레임Git blame 정보가 포함된 구체적인 타임라인timeline이 포함돼 있다. 언제 어떤 커밋에서 문제가 처음 발견됐는가? 언제 어디서 고쳤는가? 다시 발생했는가? 이를 통해 알림을 분류할 수 있다(그림 14.22 참고).

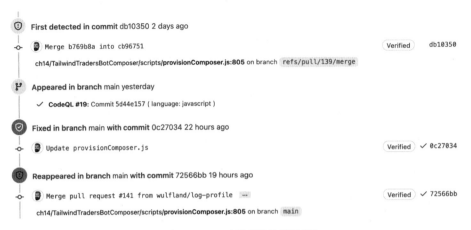

그림 14.22 코드 스캔 알림의 타임라인

풀 리퀘스트 통합

코드 스캔은 풀 리퀘스트와 잘 통합된다. 코드 스캔 결과는 풀 리퀘스트 검사에 통합되며, 세부 정보 페이지에서 결과의 개요를 확인할 수 있다(그림 14.23 참고).

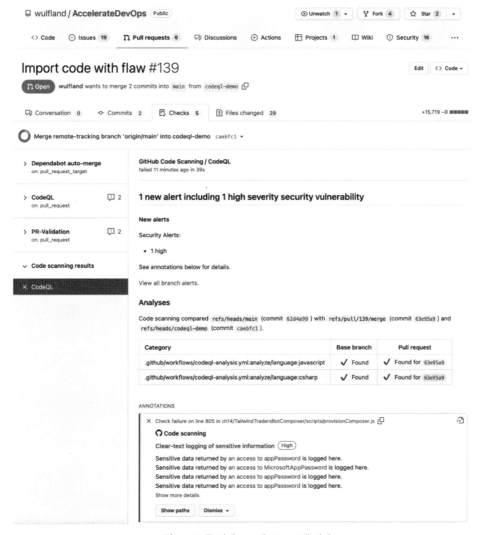

그림 14.23 풀 리퀘스트 내 코드 스캔 결과

코드 스캔은 또한 코드내에 테스트 알림에 대한 주석을 추가하고, 거기서 발견한 내용을 직접 분류해 상태를 **False positive**, **Used in tests** 또는 **Won't fix**로 변경할 수 있다(그림 14.24 참고).

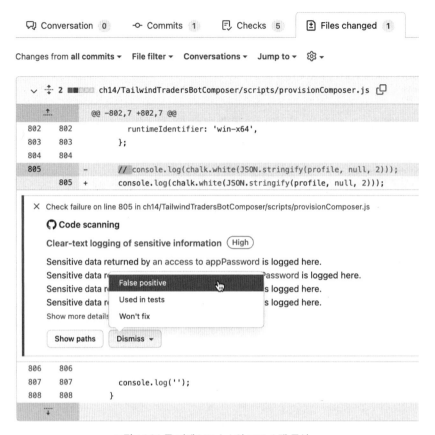

그림 14.24 풀 리퀘스트 소스의 코드 스캔 주석

Settings › Security & analysis › Code scanning에서 보안 문제 및 설정에 따른 기타 결과에 대한 풀 요청이 실패 알림 심각도를 정의할 수 있다(그림 14.25 참고).

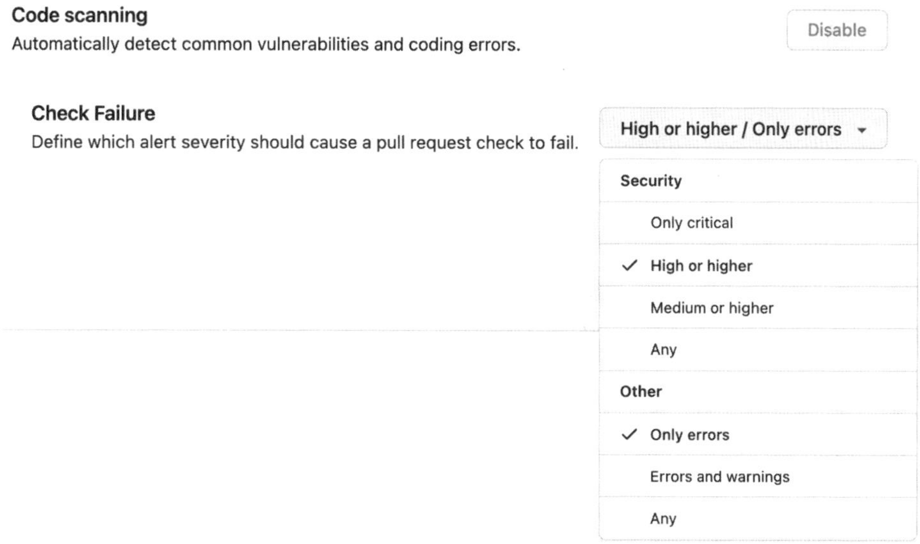

그림 14.25 풀 리퀘스트가 실패 심각도 수준 구성

풀 리퀘스트 통합은 코드 분석을 검토 프로세스의 일부로 병합하고 빌드 전에 메인 브랜치를 깨끗하게 유지하고 문제를 탐지하는 데 도움이 된다.

코드 스캔 구성

코드 스캔을 구성할 수 있는 많은 옵션이 있다. 워크플로의 init CodeQL 액션에는 queries라는 매개변수가 있다. 이 옵션을 사용해 기본 쿼리 세트 중 하나를 선택할 수 있다.

- security-extended: 기본값보다 심각도가 낮은 다양한 쿼리

- security-and-quality: 보안 확장, 추가 유지보수성, 안정성 쿼리

```
- name: Initialize CodeQL
  uses: github/codeql-action/init@v1
  with:
    languages: ${{ matrix.language }}
```

```
    queries:  security-and-quality
```

queries 매개변수를 사용해 사용자 지정 쿼리를 추가할 수도 있다. 매개변수는 깃^{Git} 참고_(branch, tag 또는 SHA)를 포함한 다른 리포지터리에 대한 로컬 경로 또는 참고를 허용한다. 더하기 기호를 추가해 기본값에 쿼리를 추가한다.

```
  with:
    queries: +.github/codeql/custom.ql,org/repo/query.ql@v1
```

CodeQL 팩^{pack}은 CodeQL 쿼리를 생성, 공유, 종속, 실행하는 데 사용되는 YAML 기반 쿼리 세트다. packs 매개변수를 사용해 설정할 수 있다.

```
  with:
    packs: +.github/codeql/pack1.yml,org/repo/pack2.yml@v1
```

> **중요 사항**
>
> CodeQL 팩은 이 글을 쓰는 시점에 베타 버전이다. 팩에 대한 자세한 내용은 다음 링크(https://codeql.github.com/docs/codeql-cli/about-codeql-packs/)를 참고한다.

예를 들어 ./.github/codeql/codeql-config.yml과 같은 구성 파일을 사용할 수도 있다.

```
 uses: github/codeql-action/init@v1
    with:
      config-file: ./.github/codeql/codeql-config.yml
```

선행 항목 중 하나가 다른 개인 저장소에 있는 경우 쿼리, 팩 또는 구성 파일을 로드하는 데 사용되는 액세스 토큰을 추가할 수 있다.

```
 external-repository-token: ${{ secrets.ACCESS_TOKEN }}
```

구성 파일에서는 일반적으로 기본 쿼리를 사용하지 않도록 설정하고 고유한 쿼리를 지정한다. 특정 경로를 제외할 수도 있다. 다음은 codeql-config.yml의 예다.

```
name: "Custom CodeQL Configuration"
disable-default-queries: true

queries:
- uses: ./.github/codeql/custom-javascript.qls

paths-ignore:
  - '**/node_modules'
  - '**/test'
```

사용자 정의 쿼리 슈트(Custom-JavaScript.qls)는 CodeQL Packs(codeql-javascript)에서 다른 쿼리 세트(JavaScript-Security-Extended.qls)를 가져올 수 있으며 특정 규칙을 제외할 수 있다.

```
- description: "Custom JavaScript Suite"

- import: codeql-suites/javascript-security-extended.qls
  from: codeql-javascript
- exclude:
    id:
      - js/missing-rate-limiting
```

또한 개별 쿼리(- query : <path to query>), 다중 쿼리(-queries : <폴더 패스>) 또는 팩(-qlpack : <팩 이름>)을 추가할 수 있다. CodeQL은 매우 강력하며 구성을 위한 많은 옵션이 있다. 자세한 내용은 다음 링크(https://docs.github.com/en/code-security/code-scanning/creating-an-advanced-setup-for-code-scanning/customizing-your-advanced-setup-for-code-scanning)를 참고한다.

⸬ CodeQL 쿼리 작성

CodeQL에는 특히 보안 및 품질 제품군을 사용하는 경우 많은 즉시 사용 가능한 쿼리가 함께 제공된다. 하지만 CodeQL의 완전한 힘은 자신만의 쿼리를 작성하면 알 수 있다. CodeQL은 복잡한 쿼리 언어이며 다음 링크(https://github.com/github/codeql)의 일부 쿼리를 살펴보면 상당히 복잡해질 수 있음을 알 수 있다. 그러나 코딩 언어를 알고 있다면 간단한 쿼리를 만드는 것이 매우 간단하다.

CodeQL 쿼리를 작성하려면 **VS Code**^{Visual Studio Code}와 **GitHub CodeQL extension** (https://marketplace.visualstudio.com/items?itemName=GitHub.vscode-codeql)이 필요하다.

2개를 모두 설치한 경우 스타터 작업 공간을 클론한다.

```
$ git clone --recursive <https://github.com/github/vscode->
codeql-starter.git
```

--recursive 매개변수를 확인한다. 잊어버린 경우 하위 모듈을 수동으로 로드해야 한다.

```
$ git submodule update --remote
```

VSCode에서 **File › Open Workspace from File...**을 선택하고 스타터 워크스페이스에서 vscode-codeql-starter.code-workspace 파일을 선택한다.

소스 코드에서 데이터베이스를 만들려면 **CodeQL CLI**가 필요하다. 매킨토시에서는 Homebrew를 사용해 설치할 수 있다.

```
$ brew install codeql
```

다른 플랫폼의 경우 다음 링크(https://github.com/github/codeql-cli-binaries/releases/latest)에서 바이너리를 다운로드할 수 있다.

폴더에 압축을 풀고 $PATH 변수(윈도우의 경우 %PATH%)에 추가한다.

이제 데이터베이스를 저장할 폴더로 이동해 다음 명령을 실행한다.

```
$ codeql database create <database name> \
  --language=<language> \
```

```
--source-root=<path to source code>
```

리포지터리에 언어에 대한 데이터베이스가 만들어진다. 리포지터리의 모든 언어에 대해 단계를 반복한다.

이제 VSCode에서 QL extension을 열고 **Databases › From a folder**를 클릭한다. 이전 단계에서 작성한 데이터베이스를 선택한다. 여러 데이터베이스를 연결하고 데이터베이스 간에 전환할 수 있다(그림 14.26 참고).

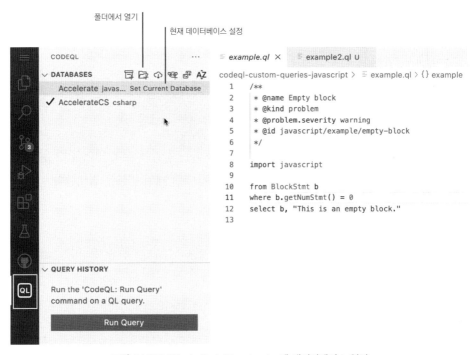

그림 14.26 VSCode CodeQL extension에 데이터베이스 연결

스타터 워크스페이스(codeql-custom-queries-<language>/example.ql)에서 지원되는 모든 언어에 대한 샘플 쿼리를 찾을 수 있다. 쿼리에는 메타데이터가 포함된 주석 헤더가 있다.

```
/**
 * @name Empty block
 * @kind problem
```

```
 * @problem.severity warning
 * @id javascript/example/empty-block
 */
```

필요한 모듈을 가져온다. 일반적으로 언어(javascript, csharp, java 등)의 이름을 따서 명명되지만 DataFlow::PathGraph:와 같은 형태일 수도 있다.

```
import javascript
```

쿼리 자체에는 변수 선언, 결과를 제한하는 선택적 where 블록 및 select 문이 있다.

```
from BlockStmt b
where
  b.getNumStmt() = 0
select b, "This is an empty block."
```

깃허브의 CodeQL 샘플을 보고 어떻게 시작해야 하는지 알아본다. 언어를 잘 알면 알수록 쿼리를 작성하기가 더 쉽다. 다음 쿼리는 C#에서 빈 캐치 블록을 검색한다.

```
import csharp

from CatchClause cc
where
  cc.getBlock().isEmpty()
select cc, "Poor error handling: empty catch block."
```

VSCode에서 IntelliSense를 완벽하게 지원하므로(그림 14.27 참고) 쿼리 작성 시 많은 도움이 된다.

```
1    import csharp
2
3    from CatchClause cc
4    where
5      cc.getBlock().isEmpty() and
6      not exists(CommentBlock cb | cb.getParent() = cc.getBlock()) and
7      cc.
8    selec
```

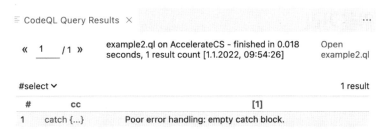

그림 14.27 VSCode의 IntelliSense

메뉴(CodeQL: Run Query)에서 쿼리를 실행하면 결과 창에 결과가 표시된다(그림 14.28 참고).

≡ CodeQL Query Results ✕   ⋯

《 __1__ / 1 》   example2.ql on AccelerateCS - finished in 0.018   Open
                 seconds, 1 result count [1.1.2022, 09:54:26]   example2.ql

#select ⌄   1 result

#	cc	[1]
1	catch {...}	Poor error handling: empty catch block.

그림 14.28 CodeQL 쿼리 결과

select 절의 모든 요소에는 열이 있다. 코드 요소를 클릭하면 VSCode가 정확한 위치에서 해당 소스 파일을 연다.

CodeQL에 관한 내용만 책 한 권을 다 채울 수 있을 정도다. 매우 간략한 소개에 불과하지만 자신만의 규칙으로 코드 스캔을 확장할 수 있다는 점에서 큰 가치가 있다.

자세한 내용은 CodeQL 문서 및 언어 레퍼런스를 참고한다.

⁞⊱ 정리

14장에서는 코드를 보호하고 종속성을 제어하는 방법에 대해 배웠다.

- 소프트웨어 구성 분석에 대해 배웠고 종속성 그래프, 종속성 알림, 종속성 보안 업데이트를 사용해 소프트웨어 종속성을 관리하는 방법에 대해 배웠다.

- 소스 코드에서 시크릿이 유출되는 것을 방지하는 시크릿 스캐닝에 대해 배웠다.

- 정적 애플리케이션 보안 테스트에 대해 배웠고 CodeQL 또는 SARIF를 지원하는 기타 도구로 코드 스캔을 사용해 개발 중에 문제를 찾는 방법을 알았다. 이제 품질 및 코딩 표준을 적용하기 위해 고유한 쿼리를 작성할 수 있다.

15장에서는 릴리스 파이프라인과 배포를 어떻게 보호할 수 있는지 알아본다.

⁞⊱ 더 읽을거리

14장의 자세한 사항은 다음 자료를 참고한다.

- *How one programmer broke the internet by deleting a tiny piece of code, Keith Collins* (2016): https://qz.com/646467/how-one-programmer-broke-the-internet-by-deleting-a-tiny-piece-of-code/

- *Kik, Left-Pad, and NPM – Oh My!, Tyler Eon* (2016): https://medium.com/@ kolorahl/kik-left-pad-and-npm-oh-my-e6f216a22766

- *Secure at every step*: What is software supply chain security and why does it matter?, Maya Kaczorowski (2020): https://github.blog/2020-09-02-secure-your-software-supply-chain-and-protect-against-supply- chain-threats-github-blog/

- *About the dependency graph*: https://docs.github.com/en/code-security/

supply-chain-security/understanding-your-software-supply-chain/about-the-dependency-graph

- *About Dependabot version updates*: https://docs.github.com/en/code-security/dependabot/dependabot-version-updates/about-dependabot-version-updates

- *About secret scanning*: https://docs.github.com/en/code-security/secret-scanning/about-secret-scanning

- *About GitHub Advanced Security*: https://docs.github.com/en/get-started/learning-about-github/about-github-advanced-security

- *About code scanning*: https://docs.github.com/en/code-security/code-scanning/introduction-to-code-scanning/about-code-scanning

- *CodeQL code scanning: new severity levels for security alerts*, GitHub Blog (2021): https://github.blog/changelog/2021-07-19-codeql-code-scanning-new-severity-levels-for-security-alerts/

- *Common Vulnerability Scoring System* (CVSS): https://www.first.org/cvss/v3.1/specification-document

- *CodeQL documentation*: https://codeql.github.com/docs/

- *QL language reference*: https://codeql.github.com/docs/ql-language-reference

15

안전한 배포

15장에서는 코드와 종속성을 넘어 전체적인 배포 및 릴리스 파이프라인을 안전하게 보호해 소프트웨어를 빠르고 안전하며 규정을 준수하는 방식으로 배포해, 안전한 환경에서 규정을 충족하는 방법을 설명한다.

15장에서는 다음과 같은 주제를 다룬다.

- 컨테이너 및 인프라 보안 검사

- 인프라 변경 프로세스 자동화

- 소스 코드 및 인프라 무결성

- 동적 애플리케이션 보안 테스트

- 릴리스 파이프라인 보안 강화

컨테이너와 인프라 보안 스캐닝

솔라윈즈^{SolarWinds}는 네트워크 및 인프라 모니터링을 위한 시스템 관리 도구를 제공하는 소프트웨어 회사인데, 지난 몇 년 중 가장 눈에 띄는 해킹 사례다. 공격자들은 **오리온** Orion 소프트웨어에 백도어를 도입해 30,000개 이상의 고객사에 배포하고 이 백도어를 사용해 고객사를 감염시켰다. 고객 중에는 국토안보부와 재무부도 포함돼 있었다 (Oladimeji S., Kerner S. M., 2021).

솔라윈즈 공격은 소프트웨어 공급망을 통한 공격으로, 손상된 버전을 설치한 오리온의 고객들에게도 영향을 끼쳤다. 이 공격은 감염된 종속성을 업데이트하는 것보다 더욱 정교했다. 공격자는 솔라윈즈 네트워크에 침입해 솔라윈즈 빌드 서버에 **선스팟**^{Sunspot}이라는 멀웨어를 설치했다. 선스팟은 빌드 실패나 의심스러운 출력을 추적하지 않고, 소스 파일을 교체하는 방식으로 오리온의 소프트웨어 빌드에 백도어인 **선버스트**^{Sunburst}를 삽입했다(Eckels S., Smith J., & Ballenthin W., 2020).

이 공격은 네트워크가 침해될 경우 내부자 공격이 얼마나 치명적인지를 보여 주며, 코드와 종속성뿐만 아니라 개발 환경 전체를 보호하는 것이 얼마나 중요한지도 보여 준다. 빌드 서버와 소프트웨어 생산에 관련된 모든 시스템은 보안을 유지해야 한다.

컨테이너 스캔

요즘에는 컨테이너가 모든 인프라에서 중요한 역할을 담당하고 있다. 컨테이너는 기존 가상 머신에 비해 많은 장점이 있지만, 단점도 있다. 새로운 운영 문화와 기존 프로세스가 필요하며, 관행이 직접적으로 적용되지 않을 수도 있다(Souppaya M., Morello J., & Scarfone K., 2017).

컨테이너는 여러 계층으로 이뤄져 있으며, 이러한 계층은 소프트웨어 종속성과 마찬가지로 취약점을 유발할 수 있다. 이런 취약점을 감지하기 위해 **컨테이너 보안 분석**^{CSA,} Container Security Analysis 또는 **컨테이너 취약성 분석**^{CVA, Container Vulnerability Analysis} 등을 사용할 수 있다.

깃허브는 CVA 도구를 내장하고 있지는 않지만, 대부분의 솔루션이 깃허브와 매우 잘 통합된다.

Anchore(https://anchore.com/opensource/)의 **grype**(https://github.com/anchore/grype/)는 컨테이너 이미지와 파일 시스템에 대한 매우 인기 있는 오픈소스 취약점 스캐너다. 이 스캐너는 깃허브 액션 워크플로에 매우 쉽게 통합할 수 있다.

```
- name: Anchore Container Scan
  uses: anchore/scan-action@v3.2.0
  with:
    image: ${{ env.REGISTRY }}/${{ env.IMAGE_NAME }}
    debug: true
```

CVA 스캐너의 또 다른 예로는 **클레어**Clair(https://github.com/quay/clair)가 있는데, 이 역시 도커 및 OCIOpen Container Initiative 컨테이너의 취약점을 정적으로 분석하는 데 사용되는 오픈소스 솔루션이다. 클레어는 컨테이너로 실행할 수 있으며, 스캔 결과를 Postgres 데이터베이스에 저장할 수 있다. 자세한 내용은 다음 링크(https://quay.github.io/clair/)를 참고하라.

일반적으로 상용 컨테이너 스캐너는 종합적인 보안 플랫폼의 일부로 제공된다. 아쿠아Aqua(https://www.aquasec.com/products/container-security/)의 컨테이너 시큐리티Container Security는 이러한 스캐너의 한 예다. 아쿠아 플랫폼Aqua Platform(https://www.aquasec.com/aqua-cloud-native-security-platform/)은 클라우드 네이티브 보안 플랫폼으로, 컨테이너화된 서버리스 및 가상 머신 기반 애플리케이션을 위해 설계됐다. Aqua는 SaaS 또는 자체 호스팅 버전으로 제공된다.

화이트소스WhiteSource(https://www.whitesourcesoftware.com/solution-for-containers/)는 또 다른 예다. 깃허브 마켓플레이스GitHub Marketplace에 **GP 시큐리티 스캔**GP Security Scan 액션이 있어 이미지를 깃허브 패키지로 푸시하기 전에 스캔할 수 있다(https://github.com/marketplace/actions/gp-security-scan).

두 솔루션 모두 우수하지만, 가격이 저렴하지 않으며 깃허브의 고급 보안과 중복되는 기능이 많기 때문에 여기서는 자세히 다루지 않는다.

인프라 정책

모든 인프라가 컨테이너로 수행되는 것은 아니며, 특히 클라우드 환경에서는 보안에 관한 고려 사항이 더 많다.

클라우드를 사용하는 경우 해당 클라우드의 보안 포트폴리오를 검토하는 것이 좋다. 예를 들어 마이크로소프트 애저^{Microsoft Azure}는 멀티 클라우드 및 하이브리드 환경에서 워크로드^{workload}를 보호하고 클라우드 구성에서 취약점을 탐지할 수 있는 **클라우드 보안 태세 관리**^{CSPM, Cloud Security Posture Management} 도구인 마이크로소프트 **Defender for Cloud**를 제공한다^(https://azure.microsoft.com/en-us/services/defender-for-cloud). 이 도구는 마이크로소프트 애저, AWS, 구글 글 클라우드 플랫폼, 온프레미스 워크로드^(Azure Arc 사용)를 지원한다. 마이크로소프트 Defender for Cloud의 일부 기능만이 마이크로소프트 애저에서 무료로 제공된다.

마이크로소프트 애저는 규정 준수를 평가하고 표준을 적용하기 위한 **애저 폴리시**^{Azure Policy(https://docs.microsoft.com/en-us/azure/governance/policy/)} 서비스도 제공한다. 이를 통해 특정 정책을 규칙으로 정의하고 필요에 따라 이러한 정책을 평가할 수 있다. 이와 관련한 예시는 매일 오전 8시에 실행되는 깃허브 액션 워크플로에 있다.

```
on:
  schedule:
    - cron:  '0 8 * * *'
jobs:
  assess-policy-compliance:
    runs-on: ubuntu-latest
    steps:
    - name: Login to Azure
      uses: azure/login@v1
      with:
        creds: ${{secrets.AZURE_CREDENTIALS}}

    - name: Check for resource compliance
      uses: azure/policy-compliance-scan@v0
      with:
        scopes: |
          /subscriptions/<subscription id>
```

```
/subscriptions/<...>
```

마이크로소프트 센티넬^{Microsoft Sentinel}은 AI 기반 **보안 정보 및 이벤트 관리**^{SIEM, Security Information and Event Management} 시스템으로, 이를 함께 사용하면 매우 강력한 보안 도구 체인이 된다. 하지만 애저가 아닌 다른 클라우드 제공업체를 사용하는 경우 이 도구가 적합하지 않을 수도 있다. 이 경우 CSPM과 SIEM보다 **AWS Security Hub**가 더 적합할 수 있다.

테라폼^{Terraform}, **클라우드포메이션**^{CloudFormation}, **AWS 서버리스 애플리케이션 모델**^{SAM, Serverless Application Model}, **쿠버네티스, 도커파일**^{Dockerfile}, **서버리스**^{Serverless} 또는 **ARM** 등의 템플릿을 사용해 클라우드 인프라를 프로비저닝하면 체코브^{Checkov}(https://github.com/bridgecrewio/checkov)라는 정적 코드 분석 도구를 사용해 보안 및 규정 준수 오류를 탐지할 수 있다. 체코브는 1,000개 이상의 기본 제공 정책을 지원하며 다양한 플랫폼을 지원한다. 워크플로에서 **체코브 깃허브 액션**^{Checkov GitHub Action}(https://github.com/marketplace/actions/checkov-github-action)을 통해 인프라가 있는 디렉터리를 가리키는 설정을 통해, 손쉽게 사용할 수 있다.

```
- name: Checkov GitHub Action
  uses: bridgecrewio/checkov-action@master
  with:
    directory: .
    output_format: sarif
```

이 작업은 SARIF 형식으로 출력을 제공하며, 깃허브의 고급 보안에 쉽게 통합할 수 있다.

```
- name: Upload SARIF file
  uses: github/codeql-action/upload-sarif@v1
  with:
    sarif_file: results.sarif
  if: always()
```

Security › Code scanning 알람을 통해 스캔 결과를 알 수 있다(그림 15.1 참고).

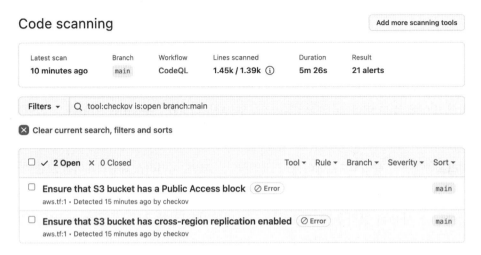

그림 15.1 깃허브에서의 체코브 스캔 결과

체코브는 IaC를 검사하는 데 유용하지만 인프라 변경 사항을 감지하지는 않는다. 그러나 테라폼이나 ARM과 같은 솔루션을 사용하는 경우 워크플로에서 주기적으로 유효성 검사를 실행해 변경된 내용이 있는지 확인할 수 있다.

인프라 변경 프로세스 자동화

대부분의 IT 조직은 운영 및 보안 위험을 줄이기 위한 변경 관리 프로세스를 갖고 있다. 대부분의 기업은 **정보 기술 인프라 라이브러리**ITIL, Information Technology Infrastructure Library를 준수한다. ITIL은 **변경 요청**RFC, Request For Change을 위한 **변경 자문 위원회**CAB, Change-Advisory Board의 승인을 필요로 한다. 하지만 CAB의 승인은 소프트웨어 배포 성능 저하와 관련이 있다는 문제점이 있다(Forsgren N., Humble, J., & Kim, G., 2018).

보안 측면에서는 **변경 관리**와 **업무 분리**가 매우 중요하며, 규정 준수를 위해서도 필요한 경우가 많다. 따라서 데브옵스 방식으로 기본 원칙을 다시 한 번 검토하는 것이 중요하다.

IaC와 완전 자동화 배포를 활용하면 인프라에 발생하는 모든 변경 사항을 완벽하게 추적할 수 있다. 프로세스를 완전히 통제할 수 있다면 IaC 파일의 코드 소유자^{CODEOWNERS}를 CAB로 설정하고, 풀 리퀘스트를 통해 승인 과정을 거치는 것이 이상적이다. 예컨대 쿠버네티스 클러스터의 컨테이너와 같은 표준적이고 단순한 변경 사항들은 동료들의 리뷰로도 충분하다고 볼 수 있다. 그러나 네트워크, 방화벽, 비밀번호 등에 영향을 미치는 더 복잡한 인프라 변경 사항에 대해서는 리뷰어 수를 늘리고 필요하다면 전문가를 추가하는 것이 좋다. 이러한 파일들은 일반적으로 다른 저장소에 보관되며, 개발 속도를 저하시키거나 릴리스를 지연시키지 않는다.

하지만 기업의 프로세스와 연계돼 있다면 이렇게 간단하게 처리되지 않을 수 있다. 이런 경우 보안상의 이유로 이와 같은 변경 사항에 대해 피어 리뷰^{peer review}와 자동화된 검사를 통해 대부분의 변경 사항을 사전에 승인하도록 재분류해야 한다. 그 후 높은 위험성을 가진 변경 사항에 대해서는 CAB에게 정보를 가능한 한 완전하고 정확하게 제공해 빠른 승인을 받을 수 있도록 프로세스를 자동화해야 한다(Kim G., Humble J., Debois P. & Willis J., 2016, Part VI, Chapter 23).

⠿ 소스 코드 및 인프라 무결성

제조업에서 생산 주문에 대한 **재료 목록**^{BOM, Bill Of Material}을 제공하는 것은 보통의 관행이다. BOM은 최종 제품을 제조하는 데 사용된 원자재, 하위 조립품, 중간 조립품, 하위 구성품, 부품의 목록이다.

동일한 목표를 갖는 **소프트웨어 재료 목록**^{SBOM, Software Bill Of Material}이 소프트웨어에도 있지만, 아직은 일반적이지 않다.

SBOM

'이벤트 스트림 사건'(Thomas Claburn, 2018)과 같은 소프트웨어 공급망 공격을 자세히 보면 이는 악성 코드를 삽입해 깃허브의 소스 코드가 npm 패키지에 포함된 파일과 일치하지 않게 만드는 공격이다. SBOM은 이러한 상황에서 포렌식^{forensic}을 돕고, 다른 버전의 해시를 비교하는 데 활용될 수 있다.

솔라윈즈 공격(Crowdstrike blog, 2021)의 경우에는 앞선 예시와 달리 의존성이 조작되지 않았다. 그 대신, `MsBuild.exe` 실행 중에 파일 시스템을 조작하는 추가 프로세스가 실행됐다. 이와 같은 공격을 예방하고 조사하기 위해서는 빌드 프로세스에 사용된 모든 도구와 빌드 머신에서 실행된 모든 프로세스의 세부 정보를 SBOM에 포함시켜야 한다.

SBOM에는 여러 가지 일반적인 형식이 있다.

- **소프트웨어 패키지 데이터 교환**^{SPDX, Software Package Data Exchange}: SPDX는 리눅스 파운데이션^{Linux Foundation}에서 발표된 SBOM의 오픈 표준이다. 처음에는 라이선스 준수를 위해 만들어졌지만, 저작권, 보안 참고, 그 외의 메타데이터 등도 포함하고 있다. SPDX는 최근 ISO/IEC 표준(ISO/IEC 5962:2021)으로 인정받았고, NTIA의 소프트웨어 자재 명세서의 최소 요구 사항을 만족시킨다.

- **CDX**^{CycloneDX}: CDX는 OWASP 커뮤니티에서 시작된 경량형 오픈소스 형식이다. 이는 SBOM 생성을 릴리스 파이프라인에 통합하는 것을 최적화하는 데 주력하고 있다.

- **소프트웨어 식별**^{SWID, SoftWare IDentification} 태그: SWID는 ISO/IEC 산업 표준(ISO/IEC 19770-2)이며, 다양한 상용 소프트웨어 제작사에서 사용된다. SWID는 소프트웨어 인벤토리 자동화, 기계에서의 소프트웨어 취약성 평가, 누락된 패치 탐지, 설정 체크리스트 평가 대상, 소프트웨어 무결성 검사, 설치 및 실행용 화이트리스트/블랙리스트 생성, 그 외의 보안 및 운영 케이스를 지원한다. 빌드 머신에서 설치된 소프트웨어 인벤토리를 생성하는 데 적합한 형식이다.

다양한 도구를 활용해 여러 사용 사례에 대응할 수 있다. **SPDX**는 syft를 통해 생성될 수 있다. 도커나 OCI 컨테이너에 대한 SPDX SBOM을 생성하고자 한다면 **Anchore SBOM Action**(https://github.com/marketplace/actions/anchore-sbom-action)을 사용할 수 있다.

```
- name: Anchore SBOM Action
```

```
uses: anchore/sbom-action@v0.6.0
with:
  path: .
  image: ${{ env.REGISTRY }}/${{ env.IMAGE_NAME }}
  registry-username: ${{ github.actor }}
  registry-password: ${{ secrets.GITHUB_TOKEN }}
```

SBOM은 워크플로 아티팩트로 업로드된다(그림 15.2 참고).

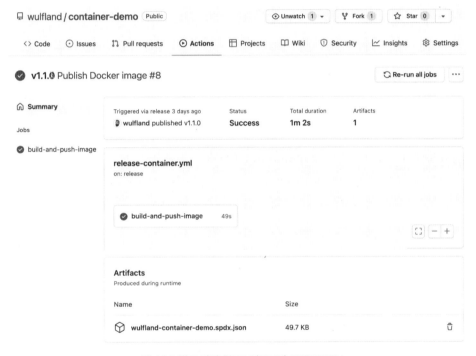

그림 15.2 빌드 아티팩트로 업로드된 SPDX SBOM

FOSSology(https://github.com/fossology/fossology)는 SPDX를 활용하는 오픈소스 라이선스 준수 솔루션이다.

CDX(https://cyclonedx.org/)는 애플리케이션 보안에 더 큰 비중을 둔다. **Node.js**, **.NET**, **파이썬**, **PHP**, **Go** 버전들이 마켓플레이스에 존재하지만, **자바**, **메이븐**, **코난**Conan 등 CLI나 다른 패키지 관리자를 사용하면 더 많은 언어를 지원할 수 있다. 사용법은 매우 간단한다. .NET에 대한 액션 예시는 다음과 같다.

```
- name: CycloneDX .NET Generate SBOM
  uses: CycloneDX/gh-dotnet-generate-sbom@v1.0.1
  with:
    path: ./CycloneDX.sln
    github-bearer-token: ${{ secrets.GITHUB_TOKEN }}
```

Anchore 액션과 달리 SBOM은 자동으로 업로드되지 않는다. 수동으로 업로드해야 한다.

```
- name: Upload a Build Artifact
  uses: actions/upload-artifact@v2.3.1
  with:
    path: bom.xml
```

CycloneDX는 OWASP의 **Dependency Track**(https://github.com/DependencyTrack/dependency-track)에서도 사용된다. 이것은 컨테이너나 쿠버네티스에서 실행할 수 있는 구성 요소 분석 플랫폼이다. SBOM을 DependencyTrack 인스턴스에 직접 업로드할 수 있다.

```
uses: DependencyTrack/gh-upload-sbom@v1.0.0
with:
  serverhostname: 'your-instance.org'
  apikey: ${{ secrets.DEPENDENCYTRACK_APIKEY }}
  projectname: 'Your Project Name'
  projectversion: 'main'
```

SWID 태그는 **소프트웨어 자산 관리**SAM, Software Asset Management 솔루션인 스노우Snow (https://www.snowsoftware.com/), **마이크로소프트 시스템 센터**Microsoft System Center 또는 **Service Now ITOM**과 같은 솔루션에서 더욱 널리 사용된다. CycloneDX와 SPDX는 SWID 태그가 있는 경우 이를 활용할 수 있다.

SBOM에 대해 더 알고 싶다면 다음 링크(https://www.ntia.gov/sbom)를 참고하라.

깃허브 엔터프라이즈 클라우드GitHub Enterprise Cloud를 사용하고 호스팅 러너hosting runner를 이용하는 경우, 모든 관련 데이터가 이미 깃허브와 연결돼 있으므로 SBOM의 중요성이 상대적으로 줄어들 수 있다. 하지만 깃허브 엔터프라이즈 서버를 사용하고, 자체 호스팅 러너와 공개 패키지 관리자가 아닌 다른 상용 소프트웨어를 릴리스 파이프라인에 활용하는 경우 각 릴리스에 대한 SBOM은 취약점이나 라이선스 문제를 감지하고, 사고가 발생했을 때 포렌식에 도움을 줄 수 있다.

커밋 서명

커밋에 서명을 해야 할지에 대한 논의는 자주 나타나는 주제다. 깃은 매우 강력한 도구로서 기존의 커밋을 변경할 수 있다. 그러나 이로 인해 코드를 커밋하는 사람과 실제 커밋 작성자가 동일하지 않을 수 있다는 문제점이 생긴다. 커밋에는 '작성자'와 '커미터' 두 가지 필드가 포함돼 있다. 이 두 필드는 모두 git config에서 user.name과 user.email 값을 갖고, 타임스탬프가 설정된다. 예를 들어 리베이스를 수행하면 '커미터'는 현재 값으로 변경되지만 '작성자'는 원래의 값이 유지된다. 두 필드 모두 깃허브 인증과는 아무런 연관이 없다.

리누스 토르발즈 Linus Torvalds의 이메일 주소를 리눅스 저장소에서 찾아 로컬 깃 저장소를 이 이메일 주소로 구성한 다음 커밋을 수행하면 커밋이 리누스의 것처럼 표시된다그림 15.3 참고).

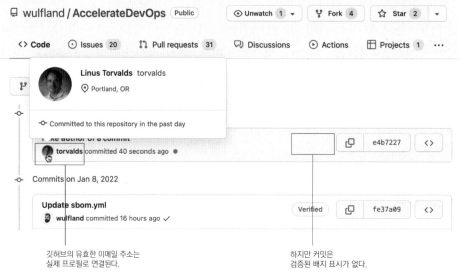

깃허브의 유효한 이메일 주소는
실제 프로필로 연결된다.

하지만 커밋은
검증된 배지 표시가 없다.

그림 15.3 커밋의 작성자 정보는 인증과 완전히 분리된다.

프로필 사진 링크도 정상적으로 동작해 올바른 프로필 페이지로 리디렉션된다. 하지만 커밋에는 GPG^{GNU Privacy Guard} 키를 포함한 계정의 인증된 이메일 주소가 포함돼 있지 않으므로 서버에서 파일을 수정하거나 풀 요청을 통해 변경 사항을 병합하는 경우처럼 '검증됨' 배지^{badge}가 표시되지 않는다. '검증됨' 배지는 커밋이 서명됐음을 나타낸다^(그림 15.4 참고).

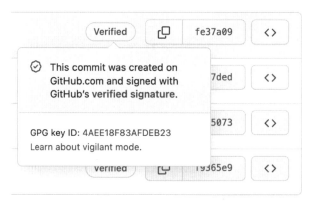

그림 15.4 깃허브에서 서명된 커밋에는 검증된 배지가 있다.

434

로컬에서 **GPG** 키를 생성하고 이를 사용해 커밋에 서명할 수 있다(git commit -S). 물론 키에 설정하는 이름과 이메일 주소는 자유롭게 설정할 수 있지만, 반드시 `git config`에서 설정한 이메일과 사용자 이름과 일치해야 한다. 커밋을 수정하지 않는 한 서명은 유효하게 유지된다(그림 15.5 참고).

그림 15.5 이메일과 이름이 일치하는 경우 로컬로 서명된 커밋은 유효하다.

그러나 깃허브 프로필(https://github.com/settings/gpg/new)에 **PGP**^{Pretty Good Privacy} 키를 업로드한 상태에서도 커밋이 검증되지 않는다. 이는 깃허브가 검증된 이메일 주소를 가진 프로필에서 키를 찾기 때문이다(그림 15.6 참고).

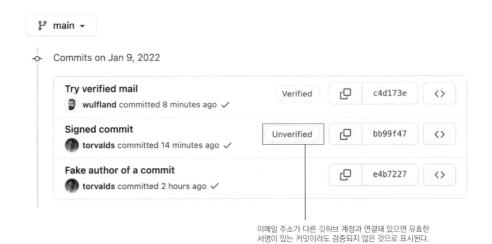

이메일 주소가 다른 깃허브 계정과 연결돼 있으면 유효한 서명이 있는 커밋이라도 검증되지 않은 것으로 표시된다.

그림 15.6 다른 사용자로부터 서명된 커밋은 유효하지 않다고 표시된다.

이것이 모든 커밋에 대해 로컬에서 서명해야 한다는 것을 의미하는가? 아니다. 문제는 모든 커밋에 서명하도록 개발자들을 강요하는 것이 작업 진행을 느리게 만들 수 있다는 점이다. 많은 IDE와 도구는 아직 서명 기능을 지원하지 않는다. 키를 동기화하고 여러 이메일 주소를 관리하는 것은 더욱 복잡한 문제가 될 수 있다. 모든 개발자가 동일한 이메일 주소를 가진 회사 장비에서만 작업한다면 이런 방식이 잘 작동할 수 있다. 그러나 실제로는 그렇지 않은 경우가 많다. 개발자들은 원격에서 작업하며, 다양한 장비와 환경에서 작업하고, 종종 오픈소스 소프트웨어와 회사 코드를 동일한 장비에서 다른 이메일 주소로 작업하게 된다. 이런 상황에서의 이점은 그리 크지 않다. 만약 공격자가 여러분의 리포지터리에 푸시 권한을 갖고 있다면 가장 우려해야 할 것은 가짜 이메일 주소가 아니다.

다음의 방법을 권장한다.

- **풀 리퀘스트**를 기반으로 한 워크플로를 선택하고, 서버에서 변경 사항을 병합하거나 squash 또는 rebase를 사용해 기본적으로 커밋에 서명하도록 설정하라.
- 릴리스의 무결성을 확보해야 하는 경우에는 `git tag -S`를 사용해 태그에 서명한다. 깃은 SHA-1 또는 SHA-256 기반의 트리이므로 태그에 서명하면 모든 부모 커밋이 변경되지 않았음을 보장한다.

개발자들이 로컬에서 모든 커밋에 서명하도록 강요하는 대신, 팀의 작업 속도를 늦추지 않고, 빌드 과정에서 코드에 서명함으로써 빌드 이후에 아무도 파일을 변경하지 못하게 하는 것이 좋다.

코드 서명

코드 서명이란 바이너리에 서명하는 것을 말한다. 이를 수행하기 위해서는 신뢰할 수 있는 기관에서 발급한 인증서가 필요하다. 코드를 어떻게 서명할 것인가는 사용하는 언어와 컴파일 방법에 따라 많이 다르다.

깃허브 액션에서 Apple XCode 애플리케이션에 서명하려면 다음 문서를 참고한다. 이 문서에서는 빌드 중에 base64로 인코딩된 인증서와 프로비저닝 프로필^{provisioning profile}

을 설치하는 방법을 설명하고 있다(https://docs.github.com/en/actions/deployment/deploying-xcode-applications/installing-an-apple-certificate-on-macos-runners-for-xcode-development). 다른 팀과 공유하는 자체 호스팅 러너에서 이 과정을 완료한 후에는 정리하는 것을 잊지 마라. 깃허브 호스팅 러너에서는 모든 빌드에 대해 깨끗한 환경이 제공된다.

코드 서명 솔루션에 따라서는 Authenticode와 `signtool.exe`에 대한 여러 작업을 깃허브의 마켓플레이스에서 찾을 수 있다. 그러나 모든 서명 솔루션은 명령 줄 기반이므로 애플Apple의 예와 같이 비밀 정보를 사용해 서명 인증서를 워크플로에 전달할 수 있다.

∷ 동적 애플리케이션 보안 테스트

동적 애플리케이션 보안 테스트DAST, Dynamic Application Security Testing는 애플리케이션의 보안을 강화하는 중요한 방법 중 하나다. DAST는 실행 중인 애플리케이션에 대한 실제 공격을 시뮬레이션하는 블랙박스 테스트 방법이다. 이를 통해 애플리케이션의 실제 운영 환경에서 발생할 수 있는 보안 취약점을 찾아낼 수 있다.

상용 도구와 SaaS 솔루션, 예를 들어 **Burp Suite**(https://portswigger.net/burp)나 **WhiteHat Sentinel**(https://www.whitehatsec.com/products/sentinel/)과 같은 도구들이 많이 사용되지만, 이들에 대한 자세한 내용은 이 책의 범위를 벗어난다.

대신, 여러 오픈소스 솔루션 중 일부를 고려해볼 수 있다. 예를 들어 OWASP(https://www.owasp.org/)에서 제공하는 **ZAP**(Zed Attack Proxy)(https://www.zaproxy.org/)가 있다. **ZAP**는 윈도우, macOS, 리눅스에서 실행되는 독립형 애플리케이션으로, 웹 애플리케이션에 대한 공격 및 분석을 진행할 수 있다. ZAP Spider를 이용하면 특정 웹 사이트나 영역에 대한 공격을 실행하는 것도 가능하다(그림 15.7 참고).

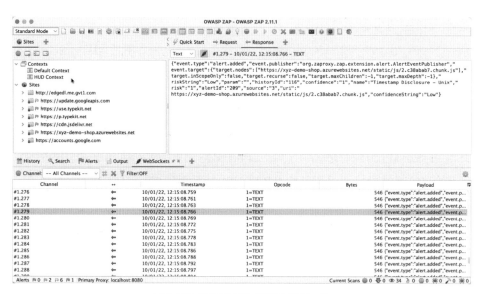

그림 15.7 OWASP ZAP 애플리케이션그림

OWASP ZAP은 웹 애플리케이션 보안을 테스트하는 데 사용되는 도구다. ZAP의 HUD^{Heads-Up Display}는 웹 애플리케이션을 탐색하면서 실시간으로 보안 정보를 제공하는 브라우저 기반 인터페이스를 제공한다. 사용자는 이를 활용해 애플리케이션의 요청과 응답을 살펴보고, 원하는 부분에 대해 중단점을 설정하거나 스파이더를 사용해 사이트의 전체 또는 일부를 자동으로 탐색하고 공격을 시도할 수 있다(그림 15.8 참고).

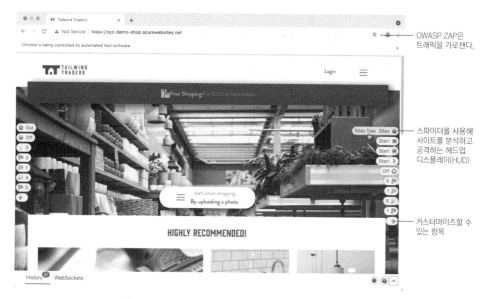

OWASP ZAP은 트래픽을 가로챈다.

스파이더를 사용해 사이트를 분석하고 공격하는 헤드업 디스플레이(HUD)

커스터마이즈할 수 있는 항목

그림 15.8 HUD는 공격 대상인 웹 사이트의 컨트롤을 표시한다.

웹 개발자이든 펜 테스터[pen tester]이든 상관 없이 OWASP ZAP을 사용해 웹 사이트를 공격하는 방법을 배우는 것은 비교적 쉬울 수 있다. 그러나 보안을 중요시하는 조직에서는 검사를 워크플로에 통합해 보안을 우선시하는 것이 필요하다. OWASP ZAP은 깃허브 마켓플레이스에서 제공되는 세 가지 작업을 수행하는 데 사용될 수 있다(그림 15.9 참고).

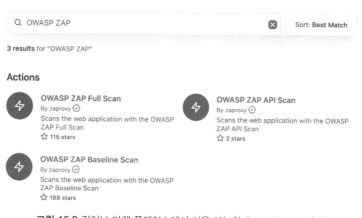

그림 15.9 깃허브 마켓 플레이스에서 사용 가능한 OW ASP ZAP 작업

베이스라인 스캔^{Baseline Scan}은 풀 스캔^{Full Scan}보다 빠르다. **API 스캔**은 OpenAPI, SOAP 또는 **GraphQL API**를 스캔하는 데 사용할 수 있다. 액션의 사용은 간단하다.

```
- name: OWASP ZAP Full Scan
  uses: zaproxy/action-full-scan@v0.3.0
  with:
    target: ${{ env.TARGET_URL }}
```

이 액션은 GITHUB_TOKEN을 사용해 결과를 깃허브 이슈에 작성한다. 빌드 아티팩트로 보고서를 추가한다. 보고서는 HTML, JSON 또는 마크다운으로 사용할 수 있다 (그림 15.10 참고).

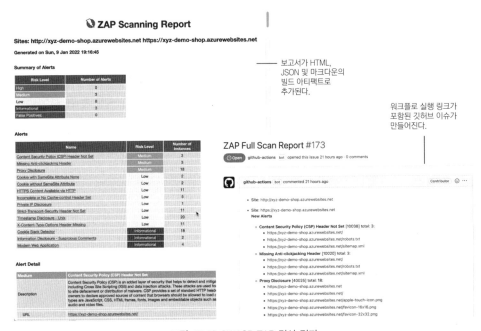

그림 15.10 OWASP ZAP 검사 결과

그러나 이 액션은 웹 애플리케이션에만 적합하다. 다른 시나리오에 사용되는 다른 DAST 도구가 있다. 그러나 예제는 파이프라인에 쉽게 포함될 수 있는 방법을 보여준다. 대부분의 DAST 도구는 명령줄 도구 또는 컨테이너이거나 OWASP ZAP과 같이 이미 통합돼 있다.

⁝⁚ 릴리스 파이프라인 보안 강화

CI/CD 파이프라인은 복잡하며 여러 공격 대상이 될 수 있다. 일반적으로 릴리스 파이프라인은 원격 코드 실행 환경으로 간주되며, 신중하게 다뤄져야 한다(haymore A., Smart I., Gazdag V ., Natesan D., & Fernick J., 2022).

파이프라인을 신중하게 모델링하고, 특히 맞춤화된 파이프라인을 구축할 때는 최선의 방법을 따르는 것이 중요하다. 가능한 초기에 외부 도움을 요청하는 것이 좋다. 이렇게 함으로써 보안적인 취약점을 최소화하고 안전한 CI/CD 환경을 구축할 수 있다.

러너 보안 강화

깃허브 호스팅 러너를 사용하는 경우 안전하게 유지되도록 주의해야 한다. 러너는 일시적이며 각 실행마다 깨끗한 상태에서 시작된다. 그러나 깃허브에서는 리소스에 액세스할 수 있는 코드를 실행할 수 있으므로 깃허브 액션의 보안을 강화하고 `GitHub_TOKEN` 권한을 제한해(워크플로는 가능한 최소한의 권한으로 실행돼야 함) 보안을 유지해야 한다('액션 보안 유지하기' 절 참고).

자체 호스팅 러너는 환경에서 실행되며 보안을 유지하는 것은 사용자의 책임이다. 다음은 따라야 할 규칙과 규칙을 보완하고 깃허브 액션 및 자체 호스팅 러너의 보안을 강화하기 위한 몇 가지 추가 권장 사항이다.

- **공개 저장소**에 자체 호스팅 러너를 사용하지 않도록 주의하라. 자체 호스팅 러너는 비공개 저장소에서만 사용하는 것이 좋다.

- 러너를 일시적으로 유지하고 실행 후에는 정리하라. 디스크나 메모리에 아티팩트를 남기지 않도록 한다.

- 이미지를 가볍게 유지하고 필요한 도구만 설치하며 항상 최신 상태로 유지하라.

- 모든 팀과 기술을 위한 **범용 러너**보다는 이미지를 분리하고 특수화하는 것이 좋다.

- 러너를 격리된 네트워크에 유지해 필요한 리소스에만 액세스할 수 있도록 한다.

- **안전한 액션**만 실행하도록 한다. 러너에 실행 권한이 있는 액션을 검토하고 검증된 소스만 실행하도록 한다.

- 러너를 **보안 모니터링**에 포함시키고 비정상적인 프로세스나 네트워크 활동을 확인하는 것이 좋다.

가장 좋은 해결책은 동적으로 확장 가능한 환경(예: 쿠버네티스 서비스)을 사용해 가벼운 이미지와 일시적인 러너를 실행하는 것이다.

자체 호스팅 및 호스팅 러너에 대한 자세한 내용은 7장을 참고하기 바란다. 이를 통해 보다 안전하고 효율적인 환경을 구축할 수 있을 것이다.

액션 보안 유지하기

깃허브 액션은 매우 유용하지만, 실행하고 자원에 액세스 권한을 부여하는 코드다. 특히 자체 호스팅 러너에서 사용하는 액션을 신중하게 선택해야 한다. 깃허브, 마이크로소프트, AWS 또는 구글과 같은 신뢰할 수 있는 소스에서 가져온 액션은 문제가 없다. 그러나 그들도 풀 리퀘스트를 수락하기 때문에 취약점이 누락될 수 있다. 액션의 최상의 사용 규칙은 다음과 같다.

- 액션의 **코드 리뷰**를 항상 수행하라. 또한 **소유자**, 기여자 수, 커밋 수 및 날짜, 스타 수 및 이러한 유형의 지표를 살펴서 액션이 건강한 커뮤니티에 속하는지 확인하라.

- 액션을 명시적 **커밋 SHA**로 참고하라. SHA는 불변이며 태그 및 브랜치는 수정될 수 있으며 알지 못하는 새 코드가 실행될 수 있다.

- 포크를 사용하는 경우, 초보자 기여자뿐만 아니라 모든 외부 공동 작업자의 **승인을 요청**하라.

- Dependabot을 사용해 액션을 최신 상태로 유지하라.

러너를 자체 호스팅하는 경우 사용할 수 있는 액션을 더 제한해야 한다. 두 가지 가능성이 있다.

- **로컬 액션만 허용**하고 분석한 액션에서 포크를 만들어 참고하라. 이것은 추가 작업이지만 사용하는 액션에 대한 완전한 제어를 제공한다. 로컬 마켓 플레이스에 액션을 추가해 더 쉽게 찾을 수 있다(Rob Bos, 2022).
- 깃허브에서 선택한 액션 및 허용된 액션 목록(화이트리스트)에서 **선택한 액션만 허용**하라. 동일한 소유자의 모든 액션을 허용하기 위해 와일드 카드를 사용할 수 있다(예 : Azure / *). 이 옵션은 옵션 1보다 보안이 약하지만 유지 관리하는 데 노력이 덜 필요하다.

이러한 옵션을 기업 정책 또는 각 조직에 대해 구성할 수 있다.

액션은 환경에서 실행하는 다른 사람의 코드다. 이들은 출하 능력을 망가뜨릴 수 있는 종속성이며 취약점을 도입할 수 있다. 정책이 속도와 보안 사이에서 최상의 균형을 찾도록 하라.

환경을 보호하라

환경 보호 규칙을 사용해 환경에 배포하기 전에 **필요한 리뷰어**가 승인해야 하는 배포를 승인한다(9장 참고). 이렇게 하면 환경의 비밀과 코드를 실행하기 전에 배포가 검토됐음을 보장할 수 있다.

분기 보호와 **코드 소유자**를 결합해(3장 참고) 특정 분기만 환경으로 허용한다. 이렇게 하면 배포를 승인할 때 필요한 자동화된 테스트와 코드 소유자의 승인이 준비돼 있음을 확신할 수 있다.

가능한 경우 토큰을 사용하라

애저, AWS, GCP 또는 HashiCorp와 같은 클라우드 제공업체에 연결하기 위해 비밀로 저장된 자격 증명을 사용하는 대신 **OIDC**^{OpenID Connect}를 사용할 수 있다. OIDC는 자격 증명 대신 단기 토큰을 교환해 인증한다. 클라우드 제공업체도 OIDC를 지원해야 한다.

OIDC를 사용하면 클라우드 자격 증명을 깃허브에 저장할 필요가 없으며 워크플로가 액세스할 수 있는 리소스를 더 세밀하게 제어할 수 있으며, 워크플로 실행 후 만료되는 회전하는 단기 토큰이 있다.

그림 15.11은 OIDC가 작동하는 방식을 보여 준다.

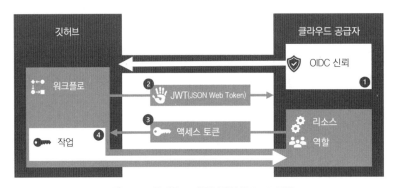

그림 15.11 클라우드 제공업체와의 OIDC 통합

다음은 수행해야 할 단계다.

1. 클라우드 공급자와 깃허브 간 **OIDC 신뢰 관계**를 생성한다. 신뢰 관계를 조직 및 저장소로 제한하고 환경, 브랜치 또는 풀 요청에 대한 액세스를 추가로 제한한다.

2. 깃허브 OIDC 제공자는 워크플로 실행 중에 **JSON Web Token**을 자동으로 생성한다. 토큰에는 특정 워크플로 작업에 대한 안전하고 검증 가능한 ID를 설정하는 여러 클레임이 포함돼 있다.

3. 클라우드 공급자는 클레임을 검증하고 작업 수명 동안만 사용 가능한 **짧은 기간의 액세스 토큰**을 제공한다.

4. 액세스 토큰은 ID가 액세스 권한을 가진 리소스에 액세스하는 데 사용된다.

ID를 직접적으로 리소스에 액세스하거나 **Azure Key Vault** 또는 **HashiCorp Vault**와 같은 안전한 키 저장소에서 자격 증명을 가져올 수 있다. 이렇게 하면 OIDC를 지원하지 않고 Vault의 자동 secret 로테이션을 사용하지 않는 서비스에 안전하게 연결할 수 있다.

깃허브에서는 AWS, 애저, GDP에 대한 OIDC 구성 지침을 찾을 수 있다(https://docs.github.com/en/actions/deployment/security-hardening-your-deployments). 단계는 간단하다. 예를 들어 애저에서는 **AAD**^{Azure Active Directory}에서 앱 등록을 생성한다.

```
$ az ad app create —display-name AccelerateDevOps
```

그런 다음 등록 출력에서 앱 ID를 사용해 서비스 주체를 생성한다.

```
$ az ad sp create —id <appId>
```

그런 다음 AAD에서 앱 등록을 열고 **Certificates & secrets > Federated credentials > Add a credential**에서 OIDC 신뢰 관계를 추가할 수 있다. 그림 15.12와 같이 양식을 작성한다.

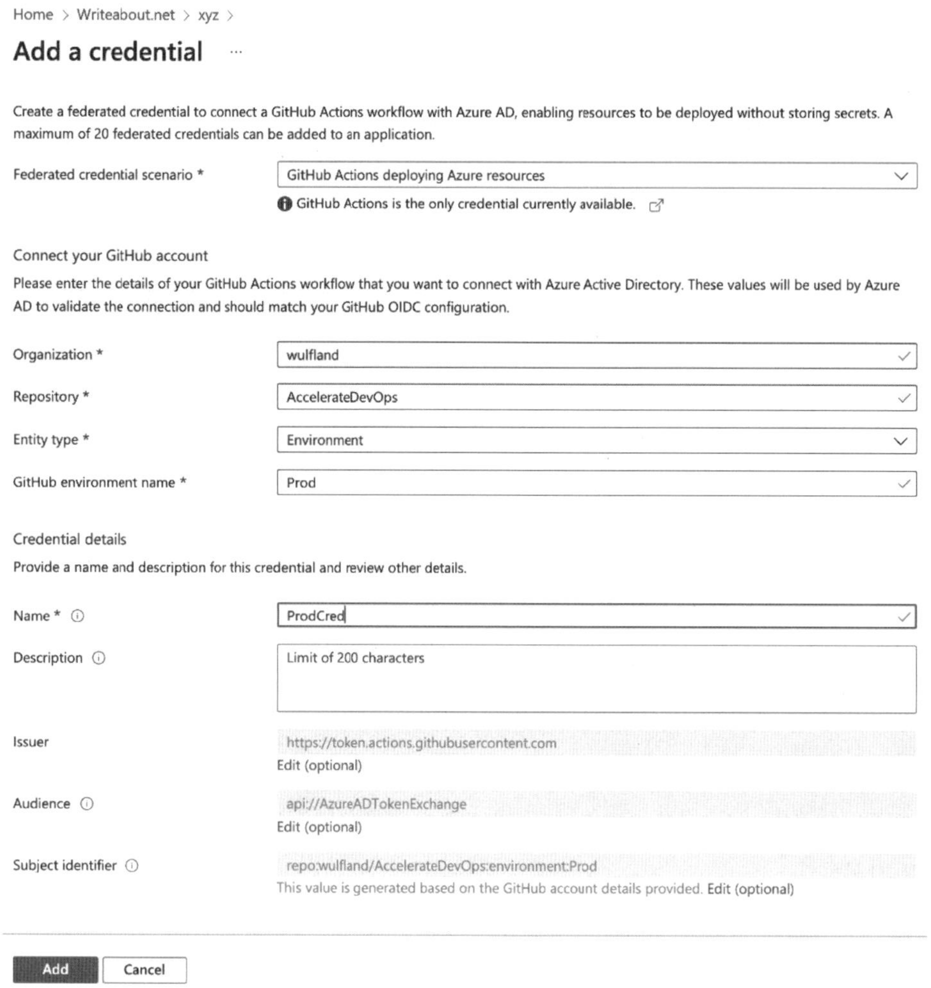

Add a credential ...

Create a federated credential to connect a GitHub Actions workflow with Azure AD, enabling resources to be deployed without storing secrets. A maximum of 20 federated credentials can be added to an application.

Federated credential scenario *

GitHub Actions deploying Azure resources	⌄

ⓘ GitHub Actions is the only credential currently available. ↗

Connect your GitHub account

Please enter the details of your GitHub Actions workflow that you want to connect with Azure Active Directory. These values will be used by Azure AD to validate the connection and should match your GitHub OIDC configuration.

Organization *	wulfland	✓
Repository *	AccelerateDevOps	✓
Entity type *	Environment	⌄
GitHub environment name *	Prod	✓

Credential details

Provide a name and description for this credential and review other details.

Name * ⓘ	ProdCred	✓
Description ⓘ	Limit of 200 characters	

Issuer

https://token.actions.githubusercontent.com
Edit (optional)

Audience ⓘ

api://AzureADTokenExchange
Edit (optional)

Subject identifier ⓘ

repo:wulfland/AccelerateDevOps:environment:Prod
This value is generated based on the GitHub account details provided. Edit (optional)

Add   Cancel

그림 15.12 앱 등록을 위한 OIDC 신뢰 생성

그런 다음, 서비스 주체에게 구독 수준에서 역할을 할당하라. 포털에서 구독을 열고 **Access control (IAM) › Role assignment › Add › Add role assignment**에서 마법사를 따라하라. 역할을 선택하고(예: Contributor) **Next**를 클릭하라. **Use, Group** 또는 **Service principle**을 선택하고 이전에 만든 **서비스 주체**service principal를 선택하라.

깃허브에서는 **id-token**에 대한 쓰기 권한이 필요하다.

```
permissions:
    id-token: write
    contents: read
```

애저 로그인 액션에서는 클라이언트 ID(appId), 테넌트 ID, 구독 ID를 사용해 애저에서 토큰을 검색한다.

```
- name: 'Az CLI login'
  uses: azure/login@v1
  with:
    client-id: ${{ secrets.AZURE_CLIENT_ID }}
    tenant-id: ${{ secrets.AZURE_TENANT_ID }}
    subscription-id: ${{ secrets.AZURE_SUBSCRIPTION_ID }}
```

그 후 **애저 CLI**를 사용해 리소스에 액세스할 수 있다.

```
- run: az account show
```

또한 인증 부분을 제거하고 다른 애저 액션과 함께 작업할 수 있다. 이 예에서는 배포 프로필을 사용한다. 로그인 액션에서 제공된 액세스 토큰을 사용한다.

```
- name: Run Azure webapp deploy action using OIDC
  uses: azure/webapps-deploy@v2
  with:
    app-name: ${{ env.APPNAME }}
    slot-name: Production
    package: website
```

모든 클라우드 제공업체가 다르다. 하지만 문서를 참고해 빠르게 작업을 시작할 수 있다(https://docs.github.com/en/actions/deployment/security-hardening-your-deployments).

보안 텔레메트리 수집

코드부터 프로덕션까지 전체 파이프라인을 보호하기 위해서는 모든 레벨에서 실시간 인사이트가 필요하다. 다른 레이어에서 다른 모니터링 솔루션이 있다(그림 15.13 참고).

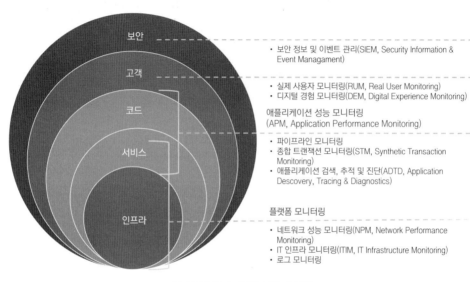

• 보안 정보 및 이벤트 관리(SIEM, Security Information & Event Managament)

• 실제 사용자 모니터링(RUM, Real User Monitoring)
• 디지털 경험 모니터링(DEM, Digital Experience Monitoring)
애플리케이션 성능 모니터링
(APM, Application Performance Monitoring)

• 파이프라인 모니터링
• 종합 트랜잭션 모니터링(STM, Synthetic Transaction Monitoring)
• 애플리케이션 검색, 추적 및 진단(ADTD, Application Discovery, Tracing & Diagnostics)

플랫폼 모니터링

• 네트워크 성능 모니터링(NPM, Network Performance Monitoring)
• IT 인프라 모니터링(ITIM, IT Infrastructure Monitoring)
• 로그 모니터링

그림 15.13 모니터링의 다른 레이어

모든 레이어는 분석을 수행하고 이상을 감지하기 위해 SIEM 시스템에 데이터를 보고해야 한다. 많은 조직에서는 다른 책임 때문에 다른 레벨에서 데이터를 수집하지만 모니터링에 포함시키지 않는다. 릴리스를 보안 강화하려면 다음을 고려해야 한다.

• SIEM 솔루션에 **모든 모니터링 소스** 및 이벤트를 포함한다.

• 에이전트 및 테스트 환경을 포함해 **전체 파이프라인**을 모니터링한다. 모든 프로세스 및 네트워크 활동을 포함한다.

• 해당 버전과 함께 **배포 이벤트를 기록**한다. 배포 후 새로운 프로세스가 갑자기 실행되거나 포트가 열리면 이러한 변경 사항을 이 배포와 연관시켜 포렌식을 용이하게 할수 있다.

- **실시간 애플리케이션 보안 데이터**를 수집하고 엔지니어의 대시 보드에 표시한다. 이는 **비정상적인 프로그램 종료, SQL 인젝션 시도, XSS**^{Cross-Site Scripting} 시도, **로그인 실패**(브루트 포스 공격) 또는 **DDoS 공격**을 포함할 수 있지만 제품에 따라 다르다. SQL 인젝션 또는 XSS를 감지하려면 입력이 수상한 문자 또는 요소를 포함하는 경우 인코딩하기 전에 추가 로깅을 포함해야 한다.

위협이 실제로 존재한다는 것을 인식하는 가장 좋은 방법은 실제로 존재하는 위협을 살펴보는 것이다.

⁝⁝ 사례 연구

지금까지 **테일윈드 기어즈**는 아키텍처의 **보안 검토, 위협 모델링, 위험 분석**을 돕는 외부 회사에 보안 검토를 지불해 왔으며, 주요 릴리스 전에 보안 테스트를 수행했다. 그들은 절대 침해되지 않았으며 지금까지 대부분의 투자는 네트워크 보안에 들어갔다. 하지만 더 많은 클라우드 서비스를 활용하면서 그들은 **감지, 대응, 복구**를 할 수 있도록 뭔가를 할 필요성을 이미 느끼고 있었다.

IT 부서는 이미 **Splunk**를 SIEM 및 ITIM 솔루션으로 사용하고 있으며, 더 많은 데이터를 공급하는 소스를 통합하고 있지만, 지금까지 IT 부서는 실시간으로 공격을 감지할 수 있는지 확실하지 않았다. 테일윈드 기어즈는 보안 처리 방식을 변경하기로 결정한다. 그들은 보안 파트너와 대화해 **레드 팀/블루 팀** 시뮬레이션을 계획한다. 시나리오는 데브옵스 파일럿 팀의 웹 애플리케이션에 대한 **내부 공격자**다.

시뮬레이션은 3일 동안 진행되며, 레드 팀은 프로덕션을 두 가지 방법으로 침해하는 것을 발견해 이기게 된다.

- 다른 팀의 개발자 몇 명에 대한 **스피어 피싱** 공격이 성공해 하나의 개발자 자격 증명을 공개한다. **BloodHound**를 사용해 그들은 이전 젠킨스^{Jenkins} 서버를 실행하는 깃 허브 액션 러너로 이전되지 않은 쿠버네티스 솔루션으로 완전히 이전되지 않은 서버

에 접근할 수 있는 것을 발견한다. 서버에는 MFA가 활성화돼 있지 않으며 **mimikatz**를 사용해 테스트 계정의 자격 증명을 포착할 수 있다. 테스트 계정은 테스트 환경에 액세스할 수 있으며 거기에서 데이터 추출을 허용하는 관리자 계정의 자격 증명을 포착할 수 있다(게임에서는 프로덕션으로 계산된다).

- 모든 개발자가 모든 리포지터리에 읽기 권한을 갖고 있기 때문에 웹 애플리케이션의 종속성을 분석하면 XSS에 취약한 종속성이 아직 패치되지 않았음을 보여 준다. 해당 구성 요소는 검색 컨트롤이며, 레드 팀은 다른 팀의 프런트 엔드 개발자의 도움으로 다른 사용자의 콘텍스트에서 스크립트를 실행할 수 있다. 그들은 내부 깃허브 리포지터리에서 이슈를 열고 깃허브 API를 사용해 각 실행마다 이슈에 댓글을 게시해 증명한다.

시뮬레이션 결과, 다음 몇 주 동안 처리할 많은 백로그 항목이 생성된다. 내부 시스템의 모든 사용자에게 MFA를 활성화하거나 직원들 사이에 인식을 만들기 위해 정기적으로 스피어 피싱 시뮬레이션을 실행하는 것과 같은 몇 가지 사항은 우리 데브옵스 팀과 관련이 없다.

하지만 많은 항목이 팀들과 관련이 있다. 테일윈드 기어즈는 보안을 개발 프로세스에 내장하기로 결정했다. 이에는 **시크릿 스캐닝**, Dependabot을 사용한 **의존성 관리**, **코드 스캐닝**이 포함된다.

팀은 또한 빌드 서버를 쿠버네티스로 이동해 릴리스 파이프라인을 안전하게 강화하고 전체 파이프라인에 **보안 로깅**을 구현하며 OpenID Connect 및 안전한 Key Vault를 사용해 시크릿 처리를 수행하도록 IT 부서와 함께 작업할 것이다.

모두가 3개월 후에 예정된 다음 레드 팀/블루 팀 시뮬레이션을 기대하고 있다.

⫸ 정리

15장에서는 컨테이너 및 IaC 스캔, 코드 및 구성 일관성 보장 및 전체 파이프라인 보안 강화를 통해 릴리스 파이프라인 및 배포를 안전하게 하는 방법에 대해 알아봤다.

16장에서는 소프트웨어 아키텍처가 소프트웨어 전달 성능에 미치는 영향에 대해 알아볼 것이다.

⁂ 더 읽을거리 및 참고 문헌

15장의 자세한 사항은 다음 자료를 참고한다.

- Kim G., Humble J., Debois P. & Willis J. (2016). *The DevOps Handbook: How to Create World-Class Agility, Reliability, and Security in Technology Organizations* (1st ed.). IT Revolution Press

- Forsgren N., Humble, J., & Kim, G. (2018). *Accelerate: The Science of Lean Software and DevOps: Building and Scaling High Performing Technology Organizations* (1st ed.) [E-book]. IT Revolution Press.

- Oladimeji S., Kerner S. M. (2021). *SolarWinds hack explained: Everything you need to know*. https://whatis.techtarget.com/feature/SolarWinds- hack-explained-Everything-you-need-to-know

- Sudhakar Ramakrishna (2021). *New Findings From Our Investigation of SUNBURST*. https://orangematter.solarwinds.com/2021/01/11/new-findings-from-our-investigation-of-sunburst/

- Crowdstrike blog (2021). *SUNSPOT: An Implant in the Build Process*. https://www.crowdstrike.com/blog/sunspot-malware-technical- analysis/

- Eckels S., Smith J. & Ballenthin W. (2020). *SUNBURST Additional Technical Details*. https://www.mandiant.com/resources/sunburst-additional- technical-details

- Souppaya M., Morello J., & Scarfone K. (2017). *Application Container Security Guide*: https://doi.org/10.6028/NIST.SP.800-190

- National Telecommunications and Information Administration (NTIA), *Software Bill of Materials*: https://www.ntia.gov/sbom

- Thomas Claburn (2018). *Check your repos... Crypto-coin-stealing code sneaks into fairly popular NPM lib (2m downloads per week)*: https://www.theregister.com/2018/11/26/npm_repo_bitcoin_stealer/

- Haymore A., Smart I., Gazdag V., Natesan D., & Fernick J. (2022). *10 real-world stories of how we've compromised CI/CD pipelines*: https://research.nccgroup.com/2022/01/13/10-real-world-stories-of-how-weve-compromised-ci-cd-pipelines/

- Rob Bos (2022). *Setup an internal GitHub Actions Marketplace*: https://devopsjournal.io/blog/2021/10/14/GitHub-Actions-Internal-Marketplace.html

4부

소프트웨어 아키텍처

4부에서는 소프트웨어 아키텍처와 조직 내 커뮤니케이션의 상관관계에 대해 알아보자. 모놀리식 아키텍처를 느슨하게 결합된 이벤트 기반 아키텍처로 점진적으로 전환하는 방법도 배우게 될 것이다.

4부는 다음과 같은 장으로 구성돼 있다.

- 16장, 느슨하게 결합된 아키텍처와 마이크로서비스

- 17장, 팀 고도화

16

느슨하게 결합된 아키텍처와 마이크로서비스

흥미롭게도 구축하려는 시스템의 유형보다 개발과 배포 효율성software delivery performance 에 더 큰 영향을 끼치는 것은 소프트웨어 아키텍처다. 이는 클라우드 서비스, 제조된 하 드웨어에서 실행되는 임베디드 소프트웨어, 소비자 앱, 엔터프라이즈 애플리케이션에 모두 해당한다. 심지어 메인프레임 소프트웨어도 그렇다. 기본적으로 아키텍처의 고유 한 특성은 엔지니어링 성능에는 영향을 미치지 않는다(Forsgren N., Humble, J, Kim, G., 2018). 고성 능 시스템과 저성능 시스템이 있을 뿐이다. 하지만 아키텍처의 특성은 엔지니어링 속도 와는 분명한 상관관계가 있으며, 이는 가속화의 핵심이다.

16장에서는 느슨하게 결합된 시스템에 대한 개요와 높은 엔지니어링 속도를 달성하기 위해 어떻게 소프트웨어와 시스템 설계를 발전시켜야 하는지 설명한다.

16장에서는 다음과 같은 주제를 다룬다.

- 느슨하게 결합된 시스템

- 마이크로서비스

- 진화적 설계

- 이벤트 기반 아키텍처

❖ 느슨하게 결합된 시스템

긴밀하게 결합된 모놀리식 애플리케이션 환경에서 한 번이라도 작업해본 개발자라면 이 시스템이 야기하는 여러 문제를 알고 있을 것이다. 조금이라도 큰 변경이 필요하면 관련자들끼리 미팅을 해야 하고 더 큰 커뮤니케이션 비용이 필요하다. 한쪽에서 버그를 수정하면 다른 쪽에서 새로운 버그가 발생한다. 다른 개발자들의 작업으로 인해 계획했던 기능 변경이 아예 불가능해지는 상황도 발생한다. 이러한 모든 문제는 통합 및 배포에 대한 두려움으로 이어져 개발 속도developer velocity를 늦춘다.

시스템과 소프트웨어를 설계할 때는 다음과 같은 특성에 중점을 둬야 한다.

- **배포 가능 여부**: 각 팀이 다른 애플리케이션이나 팀과 독립적으로 애플리케이션을 배포할 수 있는가?
- **테스트 가능 여부**: 다른 팀의 여러 독립적인 솔루션을 함께 배포해야 하는 테스트 환경 없이도 각 팀이 대부분의 테스트를 수행할 수 있는가?

여기서의 팀은 **소규모 팀**을 말한다(17장 참고). 소규모 팀의 배포 및 테스트 가능성에 맞게 시스템을 설계하면 잘 정의된 인터페이스를 갖춘 느슨하게 결합된 시스템이 자동으로 만들어진다.

❖ 마이크로서비스

느슨하게 결합된 시스템의 가장 일반적인 아키텍처 패턴은 **마이크로서비스**microservice 패턴으로, "단일 애플리케이션을 각각 자체 프로세스에서 실행되고 경량 메커니즘(주로 HTTP 리소스 API)으로 통신하는 소규모 서비스 모음으로 개발하는 접근 방식"이다(Lewis J., Fowler M., 2014).

마이크로서비스는 **서비스 지향 아키텍처**^{SOA, Service-Oriented Architecture}에서 몇 가지 특징을 추가해 진화했다. 마이크로서비스는 데이터 관리가 분산돼 있으며, 이는 모든 서비스가 자체 데이터를 완전히 소유한다는 것을 의미한다. 또한 마이크로서비스는 서비스 간 통신을 위해 복잡한 프로토콜이나 중앙 오케스트레이션 대신 **스마트 엔드포인트**^{smart endpoint}와 **단순 파이프**^{dumb pipe} 같은 경량 메시징 스타일을 선호한다.

마이크로서비스의 중요한 특징 중 하나는 비즈니스 기능을 중심으로 구축된다는 점이다. 이는 서비스의 규모를 정의하기도 한다. 서비스의 범위를 정의하려면 비즈니스 도메인을 이해해야 한다. 하나의 마이크로서비스는 **도메인 중심 설계**^{domain-driven design}에서 하나의 **경계 콘텍스트**^{bounded context}와 일치한다(Eric Evans, 2003).

또 다른 특징은 마이크로서비스는 완전하고 독립적으로 **배포** 및 **테스트**가 가능하다는 것이다. 이것이 바로 마이크로서비스가 빠른 엔지니어링 속도와 연관된 이유다.

마이크로서비스에는 많은 장점이 있다. 모든 서비스를 독립적으로 확장할 수 있으므로 확장성이 매우 뛰어나다. 또한 각 팀이 각자의 필요에 가장 적합한 프로그래밍 언어와 데이터 스토리지 솔루션으로 작업할 수 있다. 가장 중요한 것은 대규모의 복잡한 애플리케이션을 담당하는 팀이 다른 팀의 업무를 방해하지 않고 빠르게 변화할 수 있다는 점이다.

하지만 이러한 장점에는 대가가 따른다. 마이크로서비스 기반 애플리케이션은 복잡하고 운영 및 문제 해결이 어렵다.

넷플릭스^{Nexflix}와 아마존^{Amazon}은 마이크로서비스 기반으로 개발된 대표적인 서비스들이다. 이러한 서비스들은 세계적인 규모의 서비스를 운영하며 매일 수천 번 배포할 수 있는 아키텍처를 갖추고 있다.

하지만 마이크로서비스를 구현하려고 시도했다가 실패한 회사도 많이 있다. 특히 그린필드^{greenfield} 프로젝트의 실패율이 높다. 그 이유는 비즈니스 도메인에 대한 지식이 부족하고, 특히 해당 도메인의 **유비쿼터스 언어**^{ubiquitous language}를 아직 학습하지 않은 외부 회사에서 애플리케이션을 개발하는 경우 각 서비스에 대한 경계 콘텍스트를 잘못 정의하기 때문인 경우가 많다. 또 다른 이유는 서비스 운영의 복잡성을 과소평가하기 때문이다.

따라서 마이크로서비스를 구현하는 대신 아키텍처의 배포 및 테스트 가능성에 초점을 맞추고 필요에 따라 설계를 조정해야 한다. 요구 사항은 일정하지 않으며 시간이 지남에 따라 변화하므로 아키텍처도 이에 맞춰 변화해야 한다.

⠿ 진화적 설계

특정 아키텍처 스타일의 장단점은 여러 가지 이유로 변화한다. 그중 하나는 애플리케이션의 규모이고, 다른 하나는 도메인에 대한 지식과 고객 및 대규모 운영 능력이다. 이러한 요인에 따라 각기 다른 아키텍처 스타일이 더 적합할 수 있다(그림 16.1 참고).

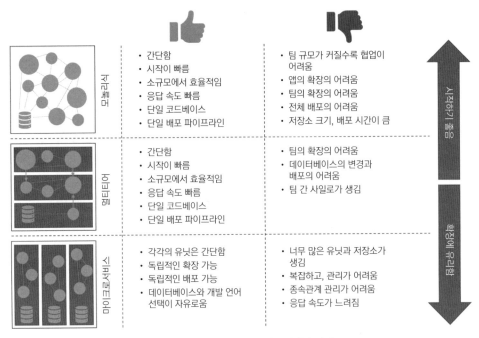

그림 16.1 규모에 따라 달라지는 장점과 단점

아키텍처와 시스템 설계를 현재의 요구 사항에 맞게 지속적으로 조정하는 것을 **진화적 설계**라고 한다. 그린필드 제품을 시작하려면 모놀리식 접근 방식과 하나의 팀으로 시작하는 것이 가장 좋다. 이렇게 하면 많은 오버헤드 없이 빠르게 움직일 수 있다. 규모를

확장하고 도메인에 대해 더 많이 알게 되면 프로그래밍 언어의 기능을 사용해 애플리케이션을 모듈화하기 시작할 수 있다. 어느 시점에 이르면 복잡성과 규모가 너무 커져서 마이크로서비스가 제품의 테스트 가능성과 배포 가능성을 유지하는 데 도움이 될 것이다.

문제는 현재 갖고 있는 아키텍처에서 어떻게 필요한 아키텍처에 도달할 수 있는가다. 완전히 다시 작성하는 것은 비싸고 위험하다. 더 나은 접근 방식은 디자인을 발전시키는 것이다. 마틴 파울러는 이를 **교살자 무화과 애플리케이션**StranglerFigApplication 패턴이라고 부른다(Martin Fowler, 2004). 교살자 무화과strangler fig는 나무의 윗가지에 씨앗을 뿌리고 토양에 뿌리를 내릴 때까지 서서히 나무 위로 뿌리를 내려 성장하는 식물이다. 지지하는 나무는 어느 순간 목이 졸려 죽고 스스로를 지탱하는 유기적 구조만 남게 된다.

애플리케이션을 다시 작성하는 대신, 기존 애플리케이션을 중심으로 새로운 '교살자 무화과' 애플리케이션을 성장시켜 기존 시스템을 대체하고 종료할 수 있을 때까지 점진적으로 성장시키는 것이다.

⋙ 이벤트 중심 아키텍처

마이크로서비스, 모놀리식, 멀티티어 애플리케이션 외에도 **이벤트 중심 아키텍처**EDA, Event-Driven Architecture와 같은 다른 아키텍처 스타일이 있다. EDA는 이벤트의 게시, 처리, 지속성에 관한 패턴이다. 백본은 메시지 브로커(예: 아파치 카프카Apache Kafka)이며, 개별 서비스 또는 구성 요소는 이벤트를 게시하거나(게시자publisher) 이벤트를 구독할 수 있다(구독자 subscriber).

EDA는 마이크로서비스 기반 접근 방식에 적합할 수 있지만, 다른 아키텍처 스타일에서 다른 아키텍처 스타일과 함께 사용할 수도 있다. 느슨하게 결합된 구성 요소나 서비스에서 일관성을 유지하는 데 도움이 될 수 있으며, 이벤트의 비동기적 특성으로 인해 수평적으로 완벽하게 확장할 수 있으므로 센서 데이터를 거의 실시간으로 처리하는 IoT 솔루션과 같이 이동 중인 대량의 데이터를 처리하는 솔루션에 매우 적합하다.

특히 클라우드 네이티브 환경에서는 EDA를 통해 빠르게 이동하고 느슨하게 결합된 글로벌 확장성 솔루션을 매우 짧은 시간 내에 구축할 수 있다.

EDA에 자주 사용되는 패턴 중 하나는 **이벤트 소싱**event sourcing이다. 이벤트 소싱은 엔티티entity를 지속하는 대신 엔티티를 포함한 애플리케이션 상태의 모든 변경 사항을 이벤트 시퀀스로 캡처한다(Martin Fowler, 2005). 엔티티를 가져오려면 애플리케이션이 모든 이벤트를 재생해 최신 상태를 가져와야 한다. 이벤트는 변경되지 않으므로 완벽한 감사 추적audit trail를 제공한다. 또한 이벤트 스트림은 단일 소스로 제공되는 불변의 실제fact 스트림으로 생각할 수 있다. 이벤트 소싱은 감사 가능성 외에도 확장성 및 테스트 가능성 측면에서 많은 이점을 제공한다.

이벤트 소싱은 데이터의 의도, 목적 또는 이유를 캡처해야 할 때, 충돌하는 업데이트를 피해야 할 때, 기록을 유지하고 변경 사항을 자주 롤백해야 할 때 적합한 패턴이다. 이벤트 소싱은 읽기 작업과 쓰기 작업을 분리하는 패턴인 **명령 및 쿼리 책임 분리**CQRS, Commandand Query Responsibility Segregation와 함께 매우 잘 작동한다.

하지만 이벤트 소싱은 매우 복잡하며 이벤트에서 도메인을 모델링하는 것이 대부분의 개발자에게는 자연스럽게 다가오지 않는다는 점에 유의하자. 앞서 언급한 기준이 제품에 적합하지 않다면 이벤트 소싱이 적합하지 않을 수 있다.

단순한 도메인에 더 적합한 아키텍처 스타일은 **웹-큐-워커**Web-Queue-Worker다. 주로 서버리스 PaaS 구성 요소에 사용되는 패턴으로, 클라이언트 요청을 처리하는 웹 프론트엔드와 백그라운드에서 장기간 실행되는 작업을 수행하는 워커로 구성된다. 프론트엔드와 백엔드는 상태 비저장형stateless이며 메시지 큐를 사용해 통신한다. 이 패턴은 일반적으로 ID 공급자, 데이터베이스, Redis 캐시, CDN과 같은 다른 클라우드 서비스와 결합된다. 웹-큐-워커는 클라우드 네이티브 애플리케이션을 시작하기에 좋은 패턴이다.

어떤 아키텍처 스타일을 선택하든 가능한 한 단순하게 유지하자. 과도한 엔지니어링으로 인해 속도가 느려지는 복잡한 솔루션이 되는 것보다는 단순하게 시작해 요구 사항이 증가함에 따라 설계를 발전시키는 것이 좋다.

⠿ 정리

CI/CD 및 데브옵스 관행을 채택하고 있지만 속도가 빨라지지 않는다면 엔지니어링 속도의 핵심 지표 중 하나인 솔루션 아키텍처를 면밀히 살펴보자. 아키텍처 스타일보다는 배포 가능성 및 테스트 가능성 특성에 집중하자.

16장에서는 느슨하게 결합된 시스템의 진화적 설계에 대한 개요를 살펴보고 몇 가지 관련 아키텍처 스타일과 패턴을 소개했다.

17장에서는 조직 구조와 소프트웨어 아키텍처 간의 상관관계와 이 모든 것이 깃허브에서 어떻게 결합되는지에 대해 설명하겠다.

⠿ 더 읽을거리

16장의 자세한 사항은 다음 자료를 참고한다.

- Forsgren N., Humble, J., and Kim, G. (2018). *Accelerate: The Science of Lean Software and DevOps: Building and Scaling High Performing Technology Organizations* (1st ed.) [E-book]. IT Revolution Press.

- Lewis J. and Fowler M. (2014). Microservices: https://martinfowler.com/articles/microservices.html.

- Eric Evans (2003). *Domain-Driven Design: Tackling Complexity in the Heart of Software*. Addison-Wesley Professional.

- Martin Fowler (2004). *StranglerFigApplication*: https://martinfowler.com/bliki/StranglerFigApplication.html.

- Michael T. Nygard (2017). *Release It!: Design and Deploy Production-Ready Software*. Pragmatic Programmers.

- Martin Fowler (2005). *Event Sourcing*: https://martinfowler.com/eaaDev/Event Sourcing.html.

- Lucas Krause (2015). *Microservices: Patterns and Applications -Designing fine-grained services by applying patterns* [Kindle Edition].

17

팀 고도화

만약 개발 중인 제품의 아키텍처에 문제가 있다고 느껴진다면 개발 조직의 구조를 그림으로 그려 보자. 조직도와 아키텍처 다이어그램을 비교해보면 여러 유사점을 찾을 수 있을 것이다. 이러한 조직 구조와 소프트웨어 아키텍처 간의 상관 관계를 **콘웨이의 법칙**Conway's law이라고 한다.

17장에서는 이러한 상관관계를 활용해 아키텍처, 조직 구조, 소프트웨어 전달 성능을 향상시킬 수 있는 방법을 살펴본다.

17장에서는 다음 주제를 다룬다.

- 콘웨이의 법칙

- 투–피자 팀two-pizza team

- 역 콘웨이 전략inverse Conway Maneuver

- 전달 주기

- 모노 레포mono-repo 또는 멀티 레포multi-repo 전략

⁝⁑ 콘웨이의 법칙

콘웨이의 법칙은 1968년 멜빈 E. 콘웨이[Melvin E. Conway]의 논문에서 유래됐다[Melvin E. Conway, 1968].

> "개발 조직의 의사 소통 구조가 시스템 설계에 그대로 반영된다."
>
> – 멜빈 E. 콘웨이

이 법칙은 소프트웨어나 시스템 아키텍처에만 적용되는 것이 아니라 어떤 시스템의 설계에도 적용된다. 한 가지 짚고 넘어갈 부분은 조직의 경영 구조가 아니라 의사소통 구조를 따른다는 것이다. 이 둘은 같을 수도 있지만, 다른 경우도 많다. 일반적으로 조직도가 소프트웨어 설계와 일치하지 않는 경우 의사소통 흐름을 살펴보면 조직도와 다른 것을 알 수 있다.

예를 들어 다른 고객이나 컨설턴트로부터 요구 사항을 받는 많은 소규모 팀이나 개발자로 이뤄진 경우 조직적 경계 없이 서로 대화할 것이다. 시스템은 해당 부분을 반영하며 서로 참고하는 높은 응집성을 가진 많은 모듈로 구성될 것이다. 반면, 함께 일하고 하나의 의사소통 채널(예: 제품 소유자)을 통해 입력을 받는 팀은 팀이 작업하는 모듈 내에서만 높은 응집성을 가진 시스템이 구축할 것이다. 그러면 다른 팀이 작업하는 시스템의 일부는 약한 참고를 갖게 된다. 에릭 S. 레이먼드[Raymond, Eric S.]는 이렇게 말했다. "컴파일러를 작업하는 3개의 팀이 있다면, 세 번의 패스 컴파일러를 얻을 것이다"[Raymond, Eric S., 1996]. 그림 17.1에서 두 가지 예를 보여 준다.

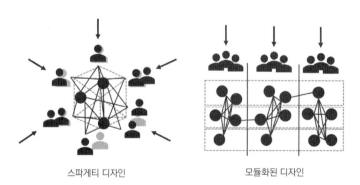

스파게티 디자인   모듈화된 디자인

그림 17.1 의사소통 구조에 따른 다양한 소프트웨어 설계 예시

그렇다면 팀의 엔지니어링 속도를 가속화하는 시스템 설계로 이어지는 이상적인 의사소통 구조는 무엇일까?

⠿ 투-피자 팀

아마존의 아키텍처 중 하나인 마이크로서비스 기반 아키텍처는 대규모 배포를 허용하며, 하루에 수천 개의 배포를 가능하게 한다. **아마존**은 팀 구성에 **투-피자 규칙**two-pizza rule을 사용한다(Amazon, 2020).

> "피자 두 판 정도를 나눠 먹을 수 있는 크기의 팀을 만들려고 노력한다."
>
> – 제프 베조스Jeff Bezos

하지만 정확히 피자 두 판으로 몇 명이나 먹을 수 있을까? 특정 사용자 그룹에서는 항상 파티 피자 하나당 3~4명의 인원을 계산한다. 그렇다면 팀 규모는 6~8명이 된다. 미국의 피자 체인점 조르다노Giordano에서는 3/8 규칙을 사용한다. 즉 먹을 인원 수를 8로 나눈 후 3배를 한 만큼의 피자를 주문해야 한다.

해당 경우 팀 규모는 최대 5~6명이 된다. 따라서 투-피자 팀의 크기는 명확하게 정의돼 있지 않다. 그리고 규칙이 팀원들의 배고픔과는 아무런 관련이 없다고 생각한다. 투-피자 팀 규칙은 그저 팀이 작아야 한다는 것을 의미한다.

대규모 팀의 문제점은 팀원 수가 늘어날수록 팀 내의 링크 수도 급격히 증가한다는 것이다. 링크 수는 다음 공식을 사용해 계산할 수 있다.

n은 팀 내 사람 수를 의미하며 6명의 팀은 팀원 간에 15개의 링크가 있다. 반면 12명의 팀은 이미 66개의 링크가 있다(그림 17.2 참고).

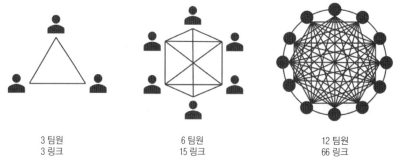

3 팀원	6 팀원	12 팀원
3 링크	15 링크	66 링크

그림 17.2 팀원 간의 링크 수

사람들은 팀으로 일하면 긍정적인 시너지를 경험한다. 다양성과 의사소통은 품질과 결과를 높이는 데 도움이 된다. 그러나 팀에 더 많은 사람을 추가하면 의사소통 부담과 느린 의사결정이 부정적인 시너지를 낳게 된다(그림 17.3 참고).

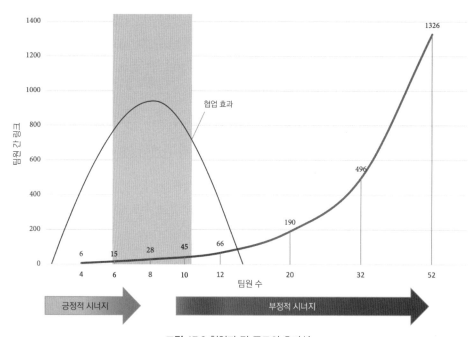

그림 17.3 협업과 팀 규모의 효과성

그럼 팀에 최적의 인원은 몇 명인가?

미 해군 특수부대 실Seal에서는 전투 팀의 최적 규모는 4명이라고 주장한다(Willink, J., Leif Babin, L., 2017). 해당 팀은 복잡한 환경에서도 아주 빈번한 의사소통에 의존한다. 그러나 전투 팀의 기술은 아마도 다기능 개발 팀의 기술보다는 더 선형적일 것이다. 따라서 개발 팀에 대해서도 최적의 규모가 4명인 것으로 입증된 증거는 없다.

스크럼Scrum에서는 권장 팀 규모를 정의할 때 마법의 숫자 7에 2를 더하거나 빼는 **밀러의 법칙**Miller's law이 사용된다(Miller, G.A., 1956). 밀러의 법칙은 의사소통 능력과 관련된 우리의 짧은 기억력의 한계에 대한 1956년 논문이다. 그러나 밀러의 법칙은 과학적으로 반박됐으며, 스크럼이 이 숫자를 여전히 사용하는 이유는 5에서 9는 많은 상황에서 좋은 팀 규모이기 때문이다. 그러나 이에 대한 과학적 근거는 없다. 3명만 있는 스크럼 팀도 있고, 14명이 있는 팀도 있다.

QSM의 연구에 따르면 491개의 개발 프로젝트를 분석한 결과, 소규모 팀이 생산성이 높고 개발에 드는 공수가 적으며 개발 일정이 더 좋다는 결론을 내렸다(QSM, 2011). 1.5~3명, 3~5명, 5~7명으로 구성된 팀의 클러스터는 서로 밀접하게 연결돼 있었다. 7명 이상의 인원은 개발에 드는 공수가 급격히 증가하게 된다(그림 17.4 참고).

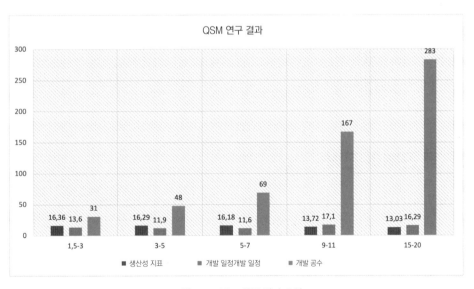

그림 17.4 QSM 연구 결과 요약

소규모 팀이 대규모 팀보다 더 나은 성과를 내는 이유가 여러 가지 있다(Cohn M., 2009).

- **사회적 태만**: 사회적 태만은 개인의 성과가 측정되지 않는 그룹에서 일할 때 목표를 달성하기 위해 덜 노력하는 현상이다(Karau, S.J. & Williams, K.D., 1993). 작은 그룹은 사회적 태만 현상의 영향을 덜 받는다.

- **융합성과 소유권**: 작은 팀은 더 건설적인 상호 작용을 하며 구성원들이 신뢰, 상호 소유권 및 융합성을 형성하기가 더 쉽다(Robbins S., 2005).

- **조율 효과**: 작은 팀에서는 의견 조율에 덜 시간을 소비한다. 대규모 팀에서는 회의 일정 조정과 같은 간단한 일조차도 훨씬 복잡해진다.

- **더 많은 보상**: 작은 팀에서는 개인의 기여도가 더욱 뚜렷하게 보인다. 이로 인해 더 나은 사회적 융합성이 생기며 팀 규모가 작을수록 보상이 더 크다(Steiner, I.D., 1972).

물론 소규모 팀도 몇 가지 단점이 있다. 가장 큰 위험 요소는 1명 이상의 팀원을 잃었을 때다. 작은 팀일수록 새로운 팀원을 충원하기가 쉽지 않기 때문이다. 또 다른 단점은 특정 전문 기술의 부족이다. 다섯 가지 분야에서 깊은 전문 지식이 필요한 경우 3명의 팀원으로는 거의 불가능하다.

이러한 데이터를 보면 투-피자 팀의 최적 크기는 3명에서 7명 사이이며 환경에 따라 장단점을 균형 있게 고려해야 한다.

역 콘웨이 전략

이제 팀의 최적 크기를 알았으니, **역 콘웨이 전략**이라고 불리는 것을 수행할 수 있다 (Forsgren N., Humble, J., Kim, G., 2018). 자율적인 투-피자 팀의 조직 구조로 진화시킬 때 아키텍처는 더 느슨하게 결합된다. 그러나 단지 팀 크기뿐만 아니라 기능을 기반으로 팀을 구성하면 계층화 또는 멀티 티어 아키텍처가 만들어진다. 프런트엔드 개발자와 데이터베이스 전문가를 하나의 팀으로 묶으면 아키텍처는 인터페이스 지점에서 분리된다(그림 17.5 참고).

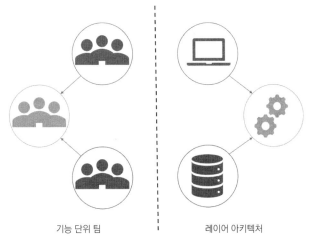

기능 단위 팀   레이어 아키텍처

그림 17.5 기능 단위 팀은 계층화된 아키텍처를 이끌어 낸다.

팀이 비즈니스 결과에 책임을 지는 교차 기능 팀^{cross-functional team}을 만들면 배포 가능하고 테스트 가능한 아키텍처를 구축할 수 있다. 이것은 곧 빠른 개발이 가능한 아키텍처로 이어진다(그림 17.6 참고).

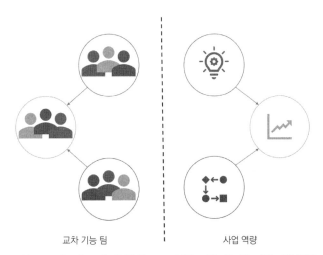

교차 기능 팀   사업 역량

그림 17.6 비즈니스 기능을 중심으로 조정된 교차 기능 팀, 빠른 가치 전달

시스템 아키텍처와 따라서 소프트웨어 전달 성능에 긍정적인 영향을 미치는 네 가지 유형의 팀이 있다(Skelton M., Pais M., 2019).

- **개발 팀**: 가장 중요한 팀 토폴로지로서 다른 팀에 의존하지 않고 고객에게 중요한 가치를 전달할 수 있는 교차 기능 팀이다. UX, QA, DBA, 운영 기술과 같은 모든 필요한 기술을 갖춰 가치를 전달할 수 있어야 한다.

- **플랫폼 팀**: 개발 팀이 가치 전달을 간소화하고 소프트웨어 전달 프로세스를 단순화할 수 있도록 허용하는 플랫폼을 구축하는 팀이다.

- **교육 팀**: 다른 팀이 온보딩, 전환 또는 훈련 단계의 일부로 책임을 지도록 허용하는 팀이다.

- **서브시스템 팀**: 해당 팀의 유형은 절대적으로 필요한 경우에만 만들어야 하는데, 개발 팀이나 플랫폼 팀이 처리하기에 너무 복잡한 서브시스템의 경우 서브시스템 팀을 구성해 처리하면 효과적일 수 있다.

각 팀이 명확한 책임을 갖고 다른 팀이 특정 작업을 완료하기 위해 의존하지 않고 가치를 전달할 수 있도록 하는 것이 중요하다.

팀이 원하는 성과를 얻으려면 팀 간 상호작용이 다음 세 가지 중 하나로 제한돼야 한다.

- **협력**: 2개 이상의 팀이 서로 가까이 협력해 일정 기간 동안 책임을 공유한다.

- **셀프 서비스**: 한 팀이 다른 팀에게 자신의 가치를 서비스로 제공한다. 책임은 명확하게 분리돼 있으며 서비스는 가능한 한 쉽게 자동화한다.

- **지원**: 한 팀이 다른 팀을 활성화하고 일정 기간 동안 새로운 것을 배우거나 새로운 습관을 개발할 수 있도록 돕는다.

명확하게 정의된 팀 토폴로지와 상호 작용을 구축하는 것은 시스템 아키텍처뿐만 아니라 엔지니어링 속도에도 큰 영향을 미친다.

⁞⁞⁞ 전달 주기

교차 기능 팀처럼 자율성이 보장된 팀이라도 팀 간 일부 상호 의존 관계와 커뮤니케이션이 필요하다. 1장에서 작업 및 메트릭의 흐름을 설명할 때 효율성, 흐름, 일괄 처리 크기, 지속적인 전달 가치에 대해 주로 다뤘다. 그러나 여전히 흐름을 제어하기 위해 주기cadence 조정이 필요하다. 스크럼에서는 이를 **경험적인 프로세스 제어**empirical process control 라고 한다. 일정 시간이 지나면 검토하고 적용하며 제공하는 것뿐만 아니라 프로세스와 팀의 활동성도 검토한다. 이러한 시간 간격을 스크럼에서는 **스프린트**sprint라고 한다. 하지만 나는 해당 용어가 빠른 속도를 의미하기 때문에 좋아하지 않는다. 개발은 일정하고 꾸준한 속도를 가져야 한다. 마라톤에서 스프린트를 하지 않듯이 제품 개발은 일련의 스프린트가 아니라 마라톤이다. 그렇지만 용어가 어떻게 됐든, 이는 지속적인 학습과 이를 적용하고 팀을 구축하는 데 중요하며 이해 관계자 및 다른 팀과 소통하는 데도 중요하다.

그래서 모든 팀에 걸쳐 이러한 간격이 조정돼야 한다. 일정한 리듬을 결정해 엔지니어링 조직의 심장 박동과 같은 역할을 해야 한다.

간격은 너무 길면 안 되고 너무 짧아도 안 된다. 대부분의 회사에서는 2주 이상 1개월 이하이며 팀이 더 작은 반복이나 스프린트를 수행하지 못하는 것은 아니다. 여전히 1주일 단위 스프린트를 수행할 수 있지만 전체적인 리듬에 맞춰야 한다. 더 빠른 속도로 진행하고 느린 리듬에 맞추는 것은 가능하지만 그 반대는 불가능하다(그림 17.7 참고).

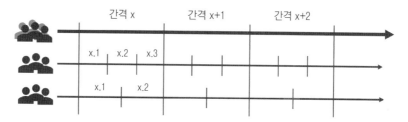

그림 17.7 더 빠른 이터레이션을 전달 주기에 맞춤

위 경우 x는 반드시 주 단위로 측정될 필요는 없다. 주기를 정의할 때 전체 조직의 속도를 고려해야 한다. 조직의 모든 것이 월간 기준으로 운영되면 3주 주기는 회사의 나머지

부분과 조화를 이루지 않을 것이다.

해당 경우 월간 주기(또는 일부)를 정의하는 것이 더 나은 선택이며 마찰을 덜 유발한다.
4-4-5 달력을 사용하는 상장 기업의 경우 재정 분기 시점이 기준이 될 수 있다. 조직의
주요 주기를 살펴보고 스프린트 주기를 조화롭게 만들어 조직과 속도를 일치시켜야
한다(그림 17.8 참고).

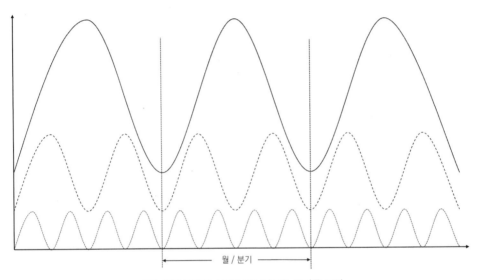

그림 17.8 조직의 속도와 일치하도록 주기를 조정

업무 속도가 조직과 동기화되지 않으면 마찰이 발생할 수 있다. 소통이 충돌하고 피드
백이나 수치가 필요할 때 제공되지 않을 수도 있다. 조직의 흐름과 일치하는 일관된 주
기는 흐름을 원활하게 하고 커뮤니케이션을 개선하는 데 도움이 된다(Reinertsen D., 2009).

⁝⁝ 모노 레포 또는 멀티 레포 전략

팀 규모와 주기 외에도 코드 구조 방식은 역 콘웨이 전략 수행 시 아키텍처에 영향을 미
치며 크게 두 가지 전략이 있다.

- **모노 레포 전략**: 애플리케이션에서 필요한 모든 모듈(또는 마이크로서비스)이 포함된 하나의 리포지터리만 사용한다.

- **멀티 레포 전략**: 각 모듈 또는 마이크로서비스는 자체 리포지터리가 있으며, 전체 애플리케이션이 동작하기 위해서는 여러 리포지터리를 배포해야 한다.

두 전략 모두 장단점이 있다. 모노 레포 전략의 가장 큰 장점은 전체 애플리케이션을 배포하고 디버깅하기 쉽다는 것이다. 그러나 모노 레포는 매우 빠르게 커지므로 깃의 성능이 저하되며 리포지터리가 커지면 애플리케이션의 다른 부분을 독립적으로 배포하고 테스트하기 어려워진다. 이는 아키텍처 응집도 상승으로 이어진다.

대형 모노 레포 작업

깃의 대형 리포지터리는 어떠한가 살펴보자. 리눅스 커널 리포지터리는 약 3GB다. 복제하는 데 꽤 많은 시간이 걸리며, 개별 깃 명령은 느리지만 수용 가능한 범위이긴 하다. 윈도우 리포지터리는 약 300GB이며 리눅스 커널의 100배다. 윈도우 리포지터리에서 특정 깃 작업을 수행하는 데 시간이 꽤 걸린다.

- git clone: 약 12시간

- git checkout: 약 3시간

- git status: 약 8분

- git add 및 git commit: 약 3분

그래서 마이크로소프트는 자체 깃 클라이언트 포크(https://github.com/microsoft/git)를 유지한다. 해당 포크에는 대형 리포지터리를 위한 다양한 최적화가 이뤄졌다. 고급 Git config 설정을 설정하고 리포지터리를 백그라운드에서 유지하며 네트워크를 통해 전송되는 데이터를 줄이는 데 도움이 되는 **scalar CLI**(https://github.com/microsoft/git/blob/HEAD/contrib/scalar/docs/index.md)도 있다. 이러한 개선 사항은 윈도우 리포지터리에서 깃 작업에 소요되는 시간을 크게 줄였다.

- git clone: 12시간에서 90초

- git checkout: 3시간에서 30초

- git status: 8분에서 3초

이러한 최적화 중 많은 것들이 이미 깃 클라이언트의 일부로 포함돼 있다. 예를 들어 `git sparse-checkout`(https://git-scm.com/docs/git-sparse-checkout)을 사용해 필요한 리포지터리의 일부만 다운로드할 수 있다.

리포지터리가 매우 큰 경우에만 마이크로소프트 포크[fork]가 필요하다. 그렇지 않으면 일반 깃 기능을 사용해 최적화할 수 있다.

주제 및 스타 목록을 사용해 레포 구성

멀티 레포 전략의 가장 큰 장점은 개별 리포지터리의 복잡성을 줄일 수 있다는 것이다. 각 리포지터리는 자체적으로 유지 보수 및 배포할 수 있다. 가장 큰 단점은 전체 애플리케이션을 빌드하고 테스트하는 것이 어렵다는 점이다. 또한 실제 사용자로부터 피드백을 받거나 복잡한 버그를 디버깅하는 경우 개별 서비스 또는 모듈을 배포하는 것으로는 충분하지 않다. 전체 애플리케이션을 업데이트해야 하며 이는 리포지터리의 경계를 넘어 여러 번 배포해야 하는 것을 의미한다.

멀티 레포 전략을 선택하면 많은 소규모의 리포지터리가 생성된다. 좋은 명명 규칙을 사용해 구조화하는 것이 도움이 될 수 있다. 또한 리포지터리를 구성하기 위해 주제를 사용할 수 있다. 주제는 리포지터리의 우측 상단에 설정할 수 있다(그림 17.9 참고).

About

This is the companion repository for the book Accelerate DevOps with GitHub (2022). You can find all hands-on labs and other examples from the book here. Please reach out to me if something is broken.

🔗 wulfland.github.io/acceleratedevops/

github   devops

📖 Readme

⚖️ MIT License

☆ 3 stars

👁 0 watching

🍴 6 forks

그림 17.9 더 나은 검색을 위해 리포지터리에 대한 주제 설정

topic: 키워드를 사용해 리포지터리를 필터링할 수 있다(그림 17.10 참고).

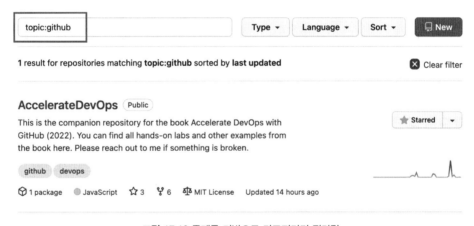

그림 17.10 주제를 기반으로 리포지터리 필터링

다른 기능으로는 **스타 목록**을 사용해 대량의 리포지터리를 구성할 수 있다. personal 기능으로 공유할 수 없으며 깃허브 프로필에서 목록을 만들고 스타가 지정된 리포지터리를 구성할 수 있다(그림 17.11 참고).

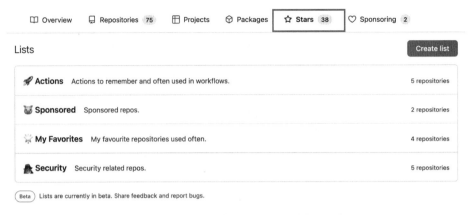

그림 17.11 스타 목록을 기반으로 리포지터리 구성

브라우저에서 즐겨찾기와 같은 기능처럼 사용할 수 있지만, 전체 애플리케이션을 배포, 디버깅 또는 테스트하는 문제를 해결하지는 못한다.

마이크로서비스 기반의 쿠버네티스를 사용하는 경우 **Bridge to Kubernetes** 플러그인 (https://marketplace.visualstudio.com/items?itemName=mindaro.mindaro)을 Visual Studio Code에서 사용해 로컬 서비스를 디버깅할 수 있다. 프로덕션 또는 테스트 클러스터의 콘텍스트에서 로컬 서비스를 디버깅하는 데 사용된다(Medina A. M., 2021). 그러나 모든 서비스를 빌드하고 배포하는 경우 메타-리포지터리를 사용해 모든 서비스를 참고해야 한다.

코드를 구조화하기 위해 깃 서브모듈 사용

모든 다른 리포지터리를 서브모듈로 포함하는 메타-리포지터리를 사용할 수 있다. 이를 통해 한 명령으로 모든 리포지터리를 복제할 수 있다.

```
$ git clone --recurse-submodules
```

이미 클론한 경우 메타-리포지터리를 업데이트하려면 다음 명령을 사용하면 된다.

```
$ git submodule update --init --recursive
```

리포지터리에는 애플리케이션을 전체적으로 배포하는 데 사용되는 스크립트 또는 워크
플로가 포함될 수 있다.

메타-리포지터리를 사용해 릴리스 관리를 수행하고 안정적인 버전을 번들로 묶을 수
있다. 릴리스에 대해 브랜치를 사용하는 경우 서브모듈을 특정 브랜치로 설정하고 최신
버전을 릴리스하기 전에 업데이트할 수 있다.

```
$ git config -f .gitmodules submodule.<SUB>.branch main
$ git submodule update --remote
```

릴리스에 대해 태그를 사용하는 경우 각 서브모듈을 특정 버전으로 설정하고 이를 메
타-리포지터리에 커밋할 수 있다.

```
$ cd <SUB>
$ git checkout <TAG>
$ cd ..
$ git add <SUB>
$ git commit -m "Update <SUB> to <TAG>"
$ git push
```

그러면 다른 사람들은 변경 사항을 가져와 태그에 해당하는 서브모듈 버전으로 업데이
트할 수 있다.

```
$ git pull
$ git submodule update --init --recursive
```

깃 서브모듈은 멀티 레포에서 작업하고 독립적으로 배포하면서도 전체 애플리케이션을
관리할 수 있는 좋은 방법이다. 그러나 의존성이 많을수록 메타 레포의 유지 관리와 배
포 가능한 상태 유지가 더 복잡해진다.

적절한 전략은 무엇인가?

팀에 모노 레포 전략과 멀티 레포 전략 중 무엇이 더 적합한지 여부는 **진화적 설계**evolutionary design에 대해 이야기한 16장과 밀접하게 연관돼 있다. 모노 레포는 작은 제품과 그린필드 프로젝트에 적합하고 크기와 복잡성이 커지면 마이크로서비스 또는 모듈을 분리하고 자체 리포지터리로 이동하는 것이 가장 좋다. 그러나 개별 서비스/모듈과 전체 애플리케이션의 테스트 가능성과 배포 가능성을 항상 고려한다.

⠿ 사례 연구

처음 세 번의 성공적인 스프린트 이후 **테일윈드 기어즈**의 더 많은 팀이 새로운 플랫폼으로 이동했다. 첫 번째 팀은 이미 독립적으로 테스트하고 배포할 수 있는 제품을 소유하도록 선정됐다. 스크럼 마스터, PO, QA로 구성된 이 팀은 투-피자 팀 규칙을 적용하기에는 다소 규모가 크지만, 나중에 고민하기로 했다. 나머지 팀들은 너무 크고 상호 의존성이 많은 대규모 모놀리식 애플리케이션에서 작업한다. 역 콘웨이 전략을 수행하기 위해 모든 팀이 함께 모여 새로운 플랫폼으로 이동할 다음 팀을 자체적으로 구성한다. 제약 조건은 다음과 같다.

- 투-피자 팀보다 크지 않다.

- 교살자 무화과 나무(StranglerFigApplication) 패턴을 사용해 추출할 수 있는 비즈니스 기능(경계 콘텍스트)을 담당하며 자체적으로 테스트 및 배포 가능하다.

이는 애플리케이션의 설계를 발전시키는 데 도움이 된다. 새로운 마이크로서비스는 클라우드 네이티브이며 자체 클라우드 네이티브 데이터 리포지터리를 갖고 있다. API 및 이벤트 기반 아키텍처를 사용해 기존 애플리케이션에 통합된다. 대부분 독립적으로 배포되기 때문에 마이크로서비스는 새로운 플랫폼의 자체 리포지터리로 이동한다. 다른 팀과의 동기화는 피처 플래그를 사용해 수행된다.

임베디드 소프트웨어의 경우 해당 방식은 작동하지 않는다. 팀들은 애플리케이션을 전체적으로 빌드하고 배포할 수 있는 방법이 필요하다. 그러나 개별 모듈을 배포하고 테스트가 필요하기도 하다. 그래서 팀들은 애플리케이션을 다른 리포지터리로 분할하고 다른 리포지터리를 하위 모듈로 포함하는 메타 리포지터리를 하나 만들기로 결정한다. 이를 통해 개별 팀은 언제든지 자신의 모듈을 실제 세계 시나리오에서 새로운 기능을 테스트하기 위해 하드웨어에 배포할 수 있지만, 제품은 언제든지 출시할 수 있는 상태를 유지한다.

첫 번째 팀이 새로운 플랫폼으로 이전했을 때 기존의 **스프린트 주기**를 3주로 유지했다. 팀들이 어느 정도 자율적으로 일할 수 있었기 때문에 이는 문제가 되지 않았다. 새로운 플랫폼으로 이전하는 팀이 늘어나면서 다른 팀과 일정을 맞추게 됐다. 테일윈드 기어즈는 상장 회사로 모든 비즈니스 보고를 분기별로 수행했다. 또한 주 단위로 보고하고 4-4-5로 표준화된 달력을 사용한다. 매 분기 말과 초에는 스프린트 회의와 겹치는 회의가 많이 있다. 팀원들은 이 리듬에 맞춰 일정을 조정하기로 결정한다. 분기는 13주로 구성되지만 한 주에 분기별 회의가 있으므로 이 주는 스프린트 캘린더에서 제외된다. 이 주는 분기별 일^{big-room planning}에도 사용되며 나머지 12주는 2주 단위의 스프린트 6회로 나눴다.

⁙ 정리

17장에서는 팀 구조와 의사소통 흐름의 영향을 활용해 소프트웨어 및 시스템 아키텍처에서 역 콘웨이 전략을 수행하는 방법을 다뤘다. 이를 통해 자율적으로 테스트 가능하고 배포 가능한 느슨하게 결합된 유닛의 아키텍처를 구현해 소프트웨어 전달 성능에 긍정적인 영향을 미칠 수 있다.

18장에서는 무엇을 구축해야 하는지보다는 어떻게 구축해야 하는지에 대해 더 많은 초점을 맞출 것이며, 고객의 피드백을 작업에 통합하는 방법과 린 제품 개발에 대해 다룰 것이다.

⠿ 더 읽을거리

17장의 자세한 사항은 다음 자료를 참고한다.

- Conway, Melvin (1968). *How do committees invent*: http://www.melconway.com/Home/pdf/committees.pdf

- Raymond, Eric S. (1996). *The New Hacker's Dictionary* [3rd ed.]. MIT Press

- Amazon (2020): *Introduction to DevOps on AWS - Two-Pizza Teams*: https://docs.aws.amazon.com/whitepapers/latest/introduction-devops-aws/two-pizza-teams.html

- Willink, J. and Leif Babin, L. (2017). *Extreme Ownership: How U.S. Navy SEALs Lead and Win*. Macmillan

- Miller, G.A. (1956). *The magical number seven, plus or minus two: Some limits on our capacity for processing information*: http://psychclassics.yorku.ca/ Miller/

- Cohn M. (2009). *Succeeding with Agile: Software Development Using Scrum*. Addison-Wesley

- QSM (2011). *Team Size Can Be the Key to a Successful Software Project*: https://www.qsm.com/process_improvement_01.html

- Karau, S. J. and Williams, K. D. (1993). *Social loafing: A meta-analytic review and theoretical integration. Journal of Personality and Social Psychology*, 65(4), 681 – 706. https://doi.org/10.1037/0022-3514.65.4.681

- 스티브 로빈스(S. Robbins). 『핵심 조직 행동론』(한빛아카데미, 2023)

- Steiner, I.D. (1972). *Group process and productivity*. Academic Press Inc.

- Forsgren N., Humble, J., and Kim, G. (2018). Accelerate: *The Science of Lean Software and DevOps: Building and Scaling High Performing Technology*

Organizations (1st ed.) [E-book]. IT Revolution Press

- Skelton M. and Pais M. (2019). *Team Topologies: Organizing Business and Technology Teams for Fast Flow*. IT Revolution

- Reinertsen D. (2009). *The Principles of Product Development Flow: Second Generation Lean Product Development*. Celeritas Publishing

- Medina A. M. (2021). *Remote debugging on Kubernetes using VS Code*: https://developers.redhat.com/articles/2021/12/13/remote-debugging-kubernetes-using-vs-code

5부

린 제품 관리

5부에서는 린 제품 관리의 중요성, 고객 피드백을 워크플로에 통합하는 방법, 가설 중심 개발과 OKR을 결합하는 방법에 대해 알아본다.

5부는 다음 장으로 구성돼 있다.

- 18장, 린 제품 개발과 린 스타트업
- 19장, 실험과 A/B 테스트

18

린 제품 개발과 린 스타트업

지금까지는 소프트웨어를 어떻게 구축하고 제공해야 하는지에 초점을 맞춰 왔으며, 무엇을 구축해야 하는지 또는 제대로 구축하고 있는지를 어떻게 판단할 수 있는지에 대해서는 관심을 두지 않았다. **린 제품 개발**lean product development 관행은 소프트웨어 배포 성과, 조직 성과, 조직 문화에 매우 긍정적인 영향을 미친다(Forsgren N., Humble J., Kim G., 2018). 그렇기 때문에 많은 데브옵스 혁신은 가치 흐름을 분석하는 것으로 시작해 엔지니어링 관행을 기반으로 제품 관리를 최적화하려고 시도한다. 그러나 이렇게 하면 처리할 부분이 너무 많아지고, 이는 닭과 달걀의 문제이기도 하다. 소규모 배치 크기로 자주 전달할 수 없다면 린 제품 관리 관행을 적용하기 어렵다.

18장에서는 린 제품 개발과 린 스타트업 관행을 적용해 최종 사용자를 만족시키는 제품을 구축하는 방법을 살펴본다.

18장에서는 다음과 같은 주제를 다룬다.

- 린 제품 개발
- 고객 피드백 통합

- **최소 기능 제품**MVP, Minimal Viable Product

- 엔터프라이즈 포트폴리오 관리

- 제품 관리 기술 향상

- 비즈니스 모델 캔버스

⋙ 린 제품 개발

올바른 제품을 만드는 것은 어렵고 종종 소홀히 다뤄지기도 한다. 잠재 고객에게 무엇을 원하는지 물어볼 수는 없다. 사람들이 원한다고 말하는 것과 실제로 원하는 것, 그리고 기꺼이 지불할 의사가 있는 것은 완전히 서로 다르다.

린 제품 개발은 **도요타**Toyota가 제품 개발 접근 방식의 어려움을 해결하기 위해 채택한 것으로 특히 혁신 부족, 긴 개발 주기, 많은 재생산 주기 등의 문제를 해결하기 위해 도입됐다(Ward, Allen 2007).

린 제품 개발은 증분 접근 방식을 취하는 교차 기능 팀을 기반으로 한다. 주요 특징은 다음과 같다.

- **소규모 배치**로 작업한다.

- **작업의 흐름**을 가시화한다.

- **고객 피드백**을 수집하고 구현한다.

- **팀에서 실험**을 한다.

보다시피 이것은 1부에서 배운 내용과 완전히 일치한다. 새로운 측면은 고객 피드백과 실험이다. 하지만 소규모 배치로 작업할 수 있는 능력과 가시적인 작업 흐름이 없으면 고객 피드백을 기반으로 실험할 수 없다.

⁝⁝⁑ 고객 피드백 통합하기

그렇다면 어떻게 고객 피드백을 수집하고 이를 제품에 반영해 개선해 나갈 수 있을까? 가장 중요한 것은 이를 수행할 수 있는 **자율성**이 보장돼야 한다. 팀이 계속 제공해야 할 요구 사항을 받아야 하는 한, 고객 피드백을 통해 학습하고 피드백을 제품에 통합할 수 없다. 그 외에도 팀에 적절한 기술을 가진 사람이 있어야 하거나 엔지니어를 교육해야 한다. **제품 관리**와 **사용자 경험 디자인**은 대부분의 팀에 없는 기술이지만 고객 피드백과 상호 작용을 통해 배우는 것이 중요하다.

고객 피드백을 수집하는 한 가지 방법은 고객을 인터뷰하거나 **게릴라 사용성 테스트** guerrilla usability test를 수행하는 것이다(12장 참고). 하지만 결과를 해석할 때는 매우 신중해야 한다. 사람들이 말하는 것과 행동하는 방식은 일반적으로 완전히 다르다.

피드백 루프를 실제로 닫고 고객 행동으로부터 학습하려면 다음이 필요하다.

- **고객 데이터**(예: 인터뷰뿐만 아니라 피드백, 사용 데이터, 평가 및 성과 데이터 등)

- 데이터를 해석할 수 있는 지식(제품 관리 기술)

- 과학적 접근 방식

린 스타트업 방법론은 제품 관리를 직관(연금술)에서 벗어나 과학적 접근 방식으로 전환해 **빌드-측정-학습** 루프를 사용해 **가설 중심 실험**을 수행한다(Ries, Eric 2011).

- 현재 고객 피드백/데이터 분석을 기반으로 **가설**을 수립한다.

  우리는 {고객 세그먼트}가 {제품/기능}을 원한다고 생각한다.
  왜냐하면 {가치 제안}

- 가설을 증명하거나 반증하기 위해 팀은 실험을 수행한다. **실험**은 특정 지표에 영향을 미친다.

- 팀은 실험의 영향을 받은 지표를 분석하고 이를 통해 일반적으로 새로운 가설을 수립해 학습한다.

그림 18.1은 가설 기반 실험에 사용되는 빌드-측정-학습 루프를 보여 준다.

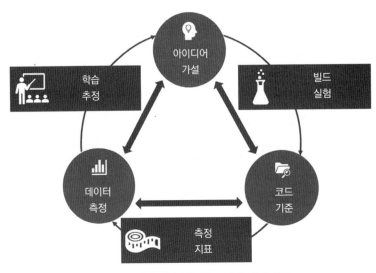

그림 18.1 가설 기반 실험, 빌드-측정-학습 루프

가설 중심 개발을 실행하는 것은 쉽지 않다. 많은 지표가 필요하고 최종 사용자가 애플리케이션을 어떻게 사용하는지 잘 이해해야 한다. 사용 데이터만으로는 충분하지 않다. 성능 메트릭, 오류 로그, 보안 로그, 사용자 지정 메트릭과 결합해 전체 상황을 파악할 수 있어야 한다. 애플리케이션이 너무 느려서 사용을 중단한 사람은 몇 명인가? 얼마나 많은 사람이 로그인할 수 없나? 얼마나 많은 비밀번호 재설정이 공격이며 실제 사용자 중 몇 명이 로그인을 할 수 없나? 실험을 많이 할수록 사용자의 행동 방식에 대한 정보의 격차를 더 많이 발견할 수 있다. 하지만 반복할 때마다 더 많은 지표를 학습하고 추가해야 사용자에게 더 나은 애플리케이션을 구축할 수 있다. 또한 어떤 기능이 사용자에게 실질적인 가치를 갖다주는지, 제품을 더 간결하게 만들기 위해 제거할 수 있는 낭비 요소는 무엇인지 알게 될 것이다.

가설 중심 실험은 **목표 및 핵심 결과**OKR, Objectives and Key Result와 완벽하게 결합할 수 있다(1장 참고). OKR은 성장, 참여도 또는 고객 만족도와 같은 특정 메트릭에 측정 가능한 주요 결과를 설정해 자율적인 팀을 더 큰 비전에 맞춰 나갈 수 있는 기능을 제공한다.

⁝⁖ MVP

지난 몇 년 동안 가장 많이 잘못 사용된 용어 중 하나는 MVP다. 과거에는 **개념 증명**PoC, Proof of Concept 또는 **스파이크**spike였던 모든 것이 이제는 MVP라고 불린다. 하지만 MVP는 최소한의 노력으로 빌드-측정-학습 루프의 완전한 전환을 가능하게 하는 제품의 버전이다(Ries, Eric 2011).

그림 18.2는 청중에게 공감을 불러일으키는 그림이다.

그림 18.2 MVP 구축 방법의 잘못된 예시

예시의 문제의 도메인(운송)을 해결해 모든 반복값을 제공해야 함을 보여 준다. 문제는 이것이 MVP가 아니라는 것이다. 이것이 바로 애자일 딜리버리agile delivery다. 하지만 자전거로는 스포츠카의 가치 제안을 테스트할 수 없다! 테슬라가 전기 스포츠카의 성공 여부를 실험하기 위해 전기 자전거를 만들 수는 없었을 것이다.

실제 고객을 대상으로 MVP를 테스트하는 경우 평판이 나빠지고 고객을 잃을 수 있다는 점을 항상 염두에 둬야 한다. MVP는 최소한의 기능만 갖춰서는 안 된다. 또한 신뢰할 수 있고 사용자 친화적이며 원하는 기능이어야 한다.

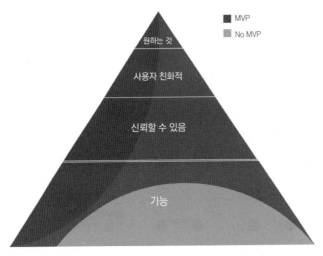

그림 18.3 MVP는 요구 사항 계층 구조의 모든 수준을 테스트해야 한다.

따라서 기존 제품과 고객 기반이 있는 경우 **MVP**를 사용해 실험을 수행하는 것이 훨씬 더 쉽다. 스타트업이나 신제품의 경우 훨씬 더 어렵기 때문에 **MVP**를 출시하기 전에 사용성 및 안정성 테스트를 반드시 포함해야 한다.

그렇지 않으면 실험이 완전히 잘못될 수 있다. 하지만 기존 제품의 경우에도 고객에게 새로운 기능을 시도할 때는 안정적이고 사용자 친화적이며 즐겁게 만들어야 한다!

⠿ 엔터프라이즈 포트폴리오 관리

스타트업의 경우 적어도 초기에는 보통 쉽게 관리할 수 있다. 하지만 여러 팀과 여러 제품이 있는 경우 교차 기능의 자율적인 팀이 같은 방향으로 움직이고 조직의 장기적인 목표에 부합하는 결정을 내릴 수 있도록 어떻게 보장할 수 있을까?

린 제품 개발을 실천하려면 기업은 명령 및 제어 프로세스에서 **미션 원칙**으로 전환해야 한다(humble J., Molesky J. & O'Reilly B. 2020). 이는 회사의 포트폴리오 관리에 영향을 미친다.

- **예산 책정**: 경영진은 다음 회계 연도에 대한 전통적인 예산 편성 대신 다양한 관점에서 높은 수준의 목표를 설정하고 이를 정기적으로 검토하다. 이러한 조정은 여러 수

준에서 이루어질 수 있으며 필요할 때 리소스를 동적으로 할당할 수 있다.

- **프로그램 관리**: 경영진은 상세한 사전 계획을 세우는 대신 프로그램 수준에서 향후 주기의 측정 가능한 목표를 지정한다. 그런 다음 팀은 이러한 목표를 달성할 수 있는 방법을 스스로 찾아낸다.

이는 OKR과 완벽하게 결합할 수 있다(1장 참고).

그러나 임무의 원칙은 모든 수준에서 제품 관리와 시장에 대한 지식이 필요하다는 것을 의미한다. 각 기능과 마찬가지로 각 제품에도 수명 주기가 있다는 점을 이해하는 것이 중요하다(10장 참고). 새로운 기술은 다양한 그룹의 사람들에 의해 채택된다. 모든 것을 시도해보는 **혁신가**들이 있고, 남들보다 앞서 나가려는 **얼리 어답터**early adopter 또는 선구자들이 있다. 그리고 전체적으로는 약 70%에 달하는 대다수가 있다. 이 다수를 **초기 대다수**(실용주의자)와 **후기 대다수**(보수주의자)로 나눌 수 있다. 결국 다른 선택의 여지가 없는 경우 트렌드를 따르는 후발주자 또는 회의론자들도 있다.

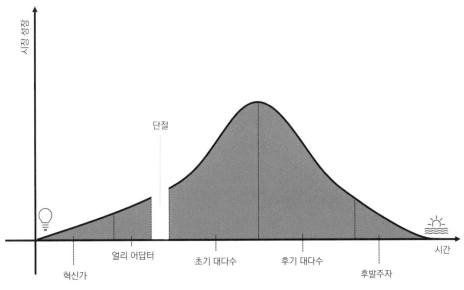

그림 18.4 기술 채택 수명 주기

여기서 흥미로운 점은 얼리 어답터와 초기 대다수 사이의 논리적 구분인 **단절**chasm이다. 이 단절은 많은 혁신이 혁신가들에게는 경쟁 우위의 근원이 되지 못하고 초기 대다수에게는 안전하다고 여겨질 만큼 충분히 확립되지 않아 어려움을 겪는다는 관찰에 근거한다. 많은 제품이 바로 이 지점에서 실패한다.

초기 다수가 새로운 기술을 채택하기 시작하면 일반적으로 다른 제품 및 서비스가 시장에 진입한다. 시장 전체는 여전히 성장하고 있지만, 경쟁자가 많아지고 품질과 가격에 대한 기대치가 달라지면서 시장은 변화한다.

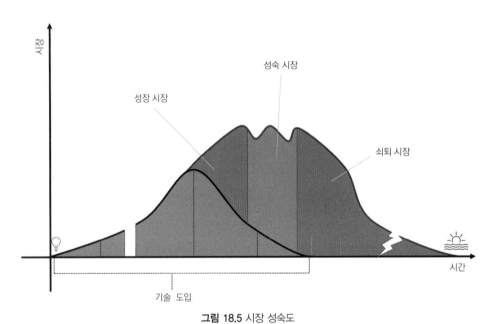

그림 18.5 시장 성숙도

성공을 위해서는 각 단계마다 다른 전략이 필요하므로 제품이 이 수명 주기의 어느 단계에 있는지 이해하는 것이 중요하다.

스타트업은 **탐색**exploration에서 시작한다. 창업자의 비전에 부합하고, 고객 가치를 제공하며, 수익성 있는 성장을 이끌 수 있는 새로운 비즈니스 모델을 찾는다. 이 탐색 단계에서 스타트업은 적합한 문제/솔루션을 찾으면 MVP를 사용해 제품/시장에도 적합한지 최대한 빨리 판단한다.

비즈니스 모델을 찾으면 전략은 **확장**^exploitation^으로 바뀐다. 스타트업은 규모를 확장하고 효율성을 개선해 비용을 절감함으로써 비즈니스 모델을 활용한다.

탐색과 확장은 완전히 다른 전략으로 서로 다른 역량, 프로세스, 리스크 관리, 사고방식이 필요하다. 스타트업은 일반적으로 탐색에 능숙하고 확장에는 서툴지만, 엔터프라이즈는 확장에 능숙하고 탐색에 서툴다.

모든 기업은 기존 제품을 활용하는 것과 새로운 비즈니스 모델을 탐색하는 것 사이에서 균형을 찾는 것이 중요하다. 장기적으로는 두 가지를 모두 관리할 수 있어야만 존재할 수 있기 때문이다. 현재 많은 엔터프라이즈에서 스타트업을 모방해 새로운 비즈니스 모델을 평가하는 **혁신** 또는 **인큐베이션 허브**^incubation hub^를 운영하는 이유다.

포트폴리오를 관리하기 위해 성장 매트릭스에 제품을 배치할 수 있다. 이 매트릭스는 4개의 사분면으로 구성되며 다른 투자 대비 제품의 성장과 중요도를 나타낸다.

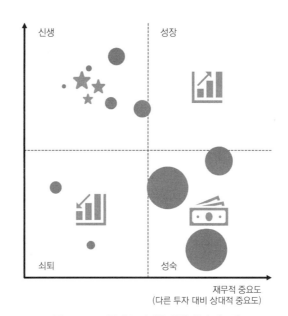

그림 18.6 포트폴리오 관리를 위한 성장 매트릭스

제품의 크기는 매출 또는 순이익이 될 수 있다. 일부 제품은 적절한 반응을 얻지 못하고 **쇠퇴**할 수 있으므로 항상 **신생** 사분면에 **성장** 또는 **성숙** 사분면으로 발전시킬 수 있는 충

분한 제품을 보유해야 한다. 왼쪽은 탐색해야 할 제품을, 오른쪽은 활용해야 할 제품을
보여 준다.

이 매트릭스는 **보스턴 컨설팅 그룹**BCG, Boston Consulting Group의 **성장 점유율 매트릭스**growth-share matrix와 매우 유사하다. 이 프레임워크는 1970년 나중에 BCG의 CEO가 된 앨런
자콘Alan Zakon이 만들었다. 성장 점유율 매트릭스는 X축에 재무적 중요도 대신 시장 점
유율을 사용한다.

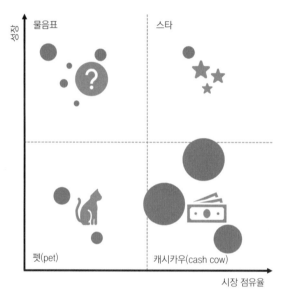

그림 18.7 성장 점유율 매트릭스

이 매트릭스는 시장을 명확하게 파악하고 있는 경우에 적합하며, 동일한 방식으로 작동
한다. **물음표**는 **스타**star 또는 **캐시카우**cash cow로 육성해야 하는 높은 성장률을 보이는 제
품이다. **펫**pet은 실패한 실험이거나 쇠퇴하는 캐시카우다. 어떤 경우든 조만간 중단해야
한다.

기업의 과제는 기업 인수 없이 스타(또는 성장) 사분면의 제품을 만드는 것이다. 그 이유는
시장 역학(그림 18.5)과 기업이 포트폴리오를 관리하는 방식 때문이다. **3대 지평선 모델**three-horizon model을 사용해 기업 포트폴리오를 관리할 수 있다.

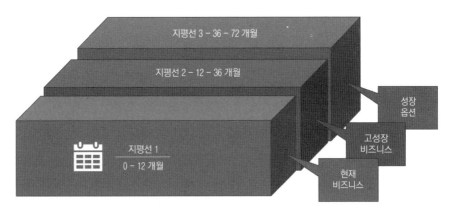

그림 18.8 3대 지평선 모델

3대 지평선은 다음과 같다.

- **지평선 1**: 현재의 현금 흐름 창출

- **지평선 2**: 오늘날의 매출 성장과 미래의 현금 흐름

- **지평선 3**: 미래 고성장 비즈니스를 위한 옵션

지평선 1은 성숙한 제품 또는 캐시카우다. 이에 대한 투자는 같은 해에 결과를 가져올 것이다. **지평선 2**는 새로운 캐시카우가 될 가능성이 있는 신흥 제품이다. 많은 투자가 필요하지만 지평선 1에 투자한 것과 같은 수준의 성과를 내지는 못한다. **지평선 3**은 미래의 스타가 될 가능성이 있지만 실패할 가능성이 큰 제품이다.

3대 지평선은 완전히 다르며 성공하기 위해서는 서로 다른 전략이 필요하다(humble J., Molesky J. & O'Reilly B. 2020). 그러나 다른 전략이 필요할 뿐만 아니라 신제품이 시장을 혼란에 빠뜨리고 기존 비즈니스의 점유율과 수익을 빼앗아가는 경우도 종종 있다. 코닥^{Kodak}은 1975년에 디지털 카메라를 발명했지만, 추억을 담는 것이 아니라 사진을 현상하는 사업을 기반으로 하고 있었기 때문에 경영진에 의해 이 발명은 거절당했다. 코닥은 거의 모든 사람이 주머니에 디지털 카메라를 2대 이상 갖고 다니던 2012년에 파산 신청을 했다. 전자책이 기존 비즈니스 모델인 실물 서적 판매에서 많은 부분을 빼앗아 간 아마존이나 온프레미스 제품의 라이선스 판매 감소로 이어진 마이크로소프트의 클라우드 비즈니스도 대표적인 사례다.

신제품이 기존 시장의 시장 점유율과 수익을 빼앗아 가는 상황에서 모든 사람이 장기적인 성공이라는 동일한 목표를 공유할 수 있도록 기업을 이끌어 가는 것이 중요하다. 그렇지 않으면 사람들은 기업 내에서 자신의 지배력을 유지하기 위해 신제품에 대항하는 음모를 꾸미기 시작할 것이다.

3대 지평선 사이에서 균형을 맞추려면 리소스를 할당하는 투명한 프로세스와 적용되는 다양한 전략이 있어야 한다. 일반적으로 지평선 3에 투자하는 금액은 10%이며, 검증된 학습을 기반으로 분기별로 투자하는 경우가 많다. 표 18.1은 3대 지평선에 대한 다양한 전략과 투자를 보여 준다.

표 18.1 3대 지평선에 대한 서로 다른 전략

	지평선 1	지평선2	지평선 3
목표	수익 극대화	단절을 넘어서기	시장에 적합한 제품 찾기
주요 지표	매출 점유율, 수익성, 순고객 추천	성장률, 신규 고객, 타깃 계정, 효율성 증대	브랜드 인지도, 인기도, 혁신 점수, 실제 제품 사용률
전략	경쟁, 활용	확장, 가속화	혁신, 탐색
투자	60% – 70%	20% – 30%	10%

하지만 이 3대 지평선을 서로 다른 사업부에 둬야 할까? 나는 그렇지 않다고 생각한다. 이는 더 많은 역량을 요구하고 사일로silo를 초래할 뿐이다. 성장 마인드와 단기 및 장기 목표가 균형을 이루는 좋은 기업 문화는 모든 차원에서 혁신하고 변화를 수용할 수 있게 해준다. 올바른 제품 관리는 다양한 전략이 적용되는 것을 모두가 이해할 수 있도록 수명 주기의 어떤 단계에 있는지 제품 및 기능을 시각화해야 한다.

⁝⁝⁞ 제품 관리 기술 향상

제품 관리는 린 제품 개발을 실천하고자 하는 성공적인 데브옵스 팀에게 매우 중요한 기술이다. 많은 애자일 프로젝트가 실패하는 이유는 프로덕트 오너가 종종 필요한 비전

을 제시하지 못하고 어려운 결정을 내리지 못하기 때문이다. 제품 관리는 세 가지 요소를 기반으로 한다.

- 고객에 대한 이해
- 비즈니스 이해
- 제품 이해

고객에 대한 이해

고객이 만족할 수 있는 제품을 만들기 위해서는 제품을 사용하는 사람에 대한 깊은 공감이 필요하다. 소프트웨어 개발에서는 1990년대부터 **페르소나**persona(가상의 캐릭터)를 사용해 제품을 사용하는 사용자 유형을 표현하고 있다(Goodwin, Kim 2009). 기능을 설계할 때 특정 캐릭터를 염두에 두면 고객을 다양한 특성이 있는 큰 집단으로만 생각할 때보다 고객의 요구와 한계에 더 공감할 수 있다.

하지만 오늘날에는 더 많은 것을 할 수 있다. 고객이 제품을 어떻게 사용하는지에 대한 데이터를 수집할 수 있다. 이 데이터에서 어떤 페르소나(사용성 클러스터)를 추출할 수 있을까? 가장 일반적인 사용 사례는 무엇인가? 어떤 기능이 사용되지 않나? 어떤 사용 사례가 끝까지 완료되기 전에 종료되는가? 이러한 질문은 데이터를 분석해 정기적으로 답해야 하는 질문이다.

비즈니스 이해

성공적인 제품을 구축하려면 팀도 비즈니스를 이해해야 한다. 우리가 속한 시장은 무엇이며 시장 점유율은 어느 정도인가? 경쟁업체는 누구이며 그들의 강점과 약점은 무엇인가?

비즈니스를 이해하는 것은 일반적으로 엔지니어에게 완전히 새로운 분야다. 전통적으로 이 작업은 다른 부서에서 수행됐으며 엔지니어에게 전달되는 정보는 거의 없었다.

비즈니스 모델 캔버스^{Business Model Canvas}(다음 절 참고)와 같은 연습을 통해 팀에서 이러한 기술을 키울 수 있다.

제품 이해

제품을 이해하는 것은 일반적으로 엔지니어링 팀의 강력한 역량이 된다. 제품을 이해한다는 것은 단순히 기능을 알고 있다는 의미뿐만 아니라 제품의 운영 방식, 부하 분산, 성능, 누적된 기술 부채의 양을 알고 있다는 의미이기도 하다.

물론 숙련된 제품 관리자나 사용자 경험^{UX, User eXperience} 디자이너를 팀에 추가할 수도 있다. 하지만 17장에서 논의했듯이 팀을 소규모로 유지해야 한다. 팀에는 만들고 출시하는 모든 기능, 수행하는 모든 실험, 모든 의사결정에 필요한 기술이 필요하다. 팀의 숙련도를 높이고 필요한 경우 팀을 도울 수 있는 UX 디자이너를 두는 것이 좋다.

⁞⁝ 비즈니스 모델 캔버스

엔지니어의 제품 관리 기술을 강화하기 위해 비즈니스 모델을 만들거나 기존 모델을 문서화하기 위한 템플릿인 **비즈니스 모델 캔버스**를 만드는 연습을 수행할 수 있다. 비즈니스 모델 캔버스는 알렉산더 오스터발더^{Alexander Osterwalder}가 2005년에 개발했다. 여기에서 템플릿의 무료 버전을 다운로드할 수 있다(https://www.strategyzer.com/canvas/business-model-canvas).

캔버스는 큰 종이에 인쇄해 팀이 브레인스토밍^{brainstorming}하고 공동으로 스케치하거나 포스트잇 메모를 추가할 수 있도록 고안됐다. 캔버스에는 비즈니스 모델에 필요한 9가지 필수 구성 요소가 포함돼 있다.

- **가치 제안**: 어떤 문제를 해결하고자 하는가? 어떤 니즈^{needs}를 충족시킬 것인가?

- **고객 세그먼트**^{customer segment}: 누구를 위해 가치를 창출하고 있는가? 가장 중요한 고객은 누구인가?

- **고객 관계**: 각 고객은 우리에게 어떤 유형의 관계를 기대하는가?

- **채널**: 고객이 어떤 채널을 통해 도달하기를 원하는가?

- **주요 파트너**: 누구와 파트너십을 맺어야 하는가? 우리의 주요 공급업체는 누구인가?

- **주요 활동**: 가치 제안을 이행하기 위해 어떤 활동이 필요한가?

- **주요 리소스**: 우리의 가치 제안에 필요한 인력, 기술, 프로세스 등의 자원은 무엇인가?

- **비용 구조**: 비즈니스 모델에 가장 중요한 비용 요인은 무엇인가? 고정 비용인가, 변동 비용인가?

- **수익 흐름**: 고객이 지불할 의사가 있는 가치는 무엇인가? 얼마를 얼마만큼 자주 지불할 것인가?

캔버스에는 그림 18.9에서 볼 수 있듯이 팀이 비즈니스 모델을 만드는 데 도움이 되는 몇 가지 힌트가 있다.

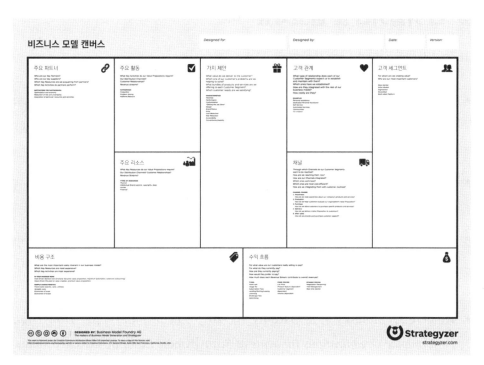

그림 18.9 비즈니스 모델 캔버스

캔버스의 모든 영역을 작성함으로써 전체 비즈니스 모델의 관점에서 잠재적인 아이디어를 고려하고, 모든 요소가 서로 어떻게 조화를 이루는지 전체적인 방식으로 생각하게 된다.

⠿ 정리

18장에서는 린 제품 관리의 중요성과 고객 피드백을 업무 흐름에 통합하는 방법에 대해 배웠다. MVP가 무엇이며 가설 중심 개발을 사용해 올바른 제품을 구축하는 방법을 배웠다.

19장에서는 실험을 수행하기 위해 A/B 테스트를 수행하는 방법에 대해 자세히 살펴보겠다.

⠿ 더 읽을거리 및 참고자료

18장의 자세한 사항은 다음 자료를 참고한다.

- Forsgren N., Humble, J., & Kim, G. (2018). *Accelerate: The Science of Lean Software and DevOps: Building and Scaling High Performing Technology Organizations* (1st ed.) [E-book]. IT Revolution Press

- Ward, Allen (2007). *Lean Product and Process Development. Lean Enterprise Institute*, US

- Ries, Eric (2011). *The Lean Startup: How Today's Entrepreneurs Use Continuous Innovation to Create Radically Successful Businesses* [Kindl Edition]. Currency

- Humble J., Molesky J. & O'Reilly B. (2015). *Lean Enterprise: How High Performance Organizations Innovate at Scale* [Kindle Edition]. O'Reilly Media

- Osterwalder, Alexander (2004). *The Business Model Ontology: A Proposition In A Design Science Approach*: https://www.academia.edu/2329736/The_Business_Model_Ontology_a_proposition_in_a_design_science_approach

- Goodwin, Kim (2009). *Designing for the Digital Age - How to Create Human-Centered Products and Services*. Wiley

19

실험과 A/B 테스트

19장에서는 **A/B 테스트**와 같은 증거 기반 데브옵스^{DevOps} 사례를 통해 가설을 검증하는 실험을 수행해 제품을 발전시키고 지속적으로 개선할 수 있는 방법에 대해 설명한다. 일반적으로 이것을 **가설 기반 개발**^{hypothesis-driven development} 또는 **실험**^{experimentation}이라고 한다.

19장에서는 다음과 같은 주제를 다룬다.

- 과학적 방법으로 실험 수행

- GrowthBook 및 Flagger를 사용한 효과적인 A/B 테스트

- 실험과 OKR

⁝⁝⁝ 과학적 방법으로 실험 수행

전통적으로 요구사항 관리는 과학이라기보다는 추측에 가깝다. 과학적 접근 방식에 가장 근접한 것은 일반적으로 인터뷰나 시장 조사였다. 이 접근 방식의 문제는 사람들에게 아직 모르는 것을 물어볼 수 없다는 점이다. 그들이 원하는 것이 무엇인지 물어볼 수 있지만 필요한 것이 무엇인지는 물어볼 수 없다. 특히 시장이 혼란스러운 상황에서는 더욱 그렇다.

가설 기반 개발의 아이디어는 증거 기반 지식을 습득하는 경험적인 **과학적 방법**을 제품 관리에 적용하는 것이다.

과학적 방법은 관찰을 탐색하고 인과 관계를 발견하는 것을 목표로 하는 질문에 답하는 데 사용되는 실험 과정이다. 이 방법은 특정 프로세스 단계를 따른다(그림 19.1 참고).

그림 19.1 과학적 방법

여러 단계를 자세히 살펴보자.

1. **관찰**: 냄새, 시각, 소리, 촉각, 미각 등 오감을 모두 사용해 현실을 관찰한다.

2. **질문**: 관찰 및 기존 연구 또는 이전 실험을 기반으로 질문을 공식화한다.

3. **가설**: 질문을 공식화하는 동안 얻은 지식을 기반으로 가설을 명시한다. 가설은 관찰과 연구를 기반으로 발생할 것이라고 생각하는 것을 예측하는 것이다. 가설은 보통 … 하면 … 한다 형식으로 작성된다. 예를 들어 다음과 같다. "이 변수를 수정하면 변경 사항이 관찰 가능할 것으로 기대한다."

4. **실험**: 실험은 가설을 증명하거나 반증한다. 실험에는 여러 변수가 있다. **독립 변수**는 결과를 트리거하기 위해 변경하는 변수다. 종속 변수는 사용자가 측정하고 변경할 것으로 예상하는 변수다. 실험에서는 관측치를 통해 **정성적 데이터**를 수집하고 메트릭을 측정하고 수집해 **정량적 데이터**를 수집한다.

또한 실험에서는 분산이 우연이 아니라는 것을 증명하기 위해 관리 그룹을 사용한다. 약물로 치료를 시험하기 위해서는 모집단의 일부(대조군)를 치료하지 않은 채 위약을 투여하고, **실험군**은 잠재적 약물로 치료하는 실험을 설계해야 한다(그림 19.2 참고).

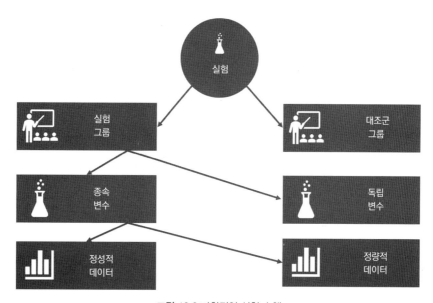

그림 19.2 과학적인 실험 수행

좋은 실험을 하려면 다른 모든 변수를 동일하게 유지하면서 한 번에 하나의 변수만 변경해야 한다. 편견도 피해야 한다. 아무리 노력해도 편견은 쉽게 관찰과 결론에 영향을 줄 수 있다.

5. **결론**: 실험 후 결과를 분석해 실제 결과와 예상 결과를 비교한다. 실험을 통해 무엇을 배웠는가? 당신의 가설을 검증하거나 반박할 수 있는가? 공식화할 새로운 가설이나 새로운 질문이 있는가? 아니면 확실히 하기 위해 더 많은 실험이 필요한가?

6. **결과**: 마지막 단계는 결과를 공유하는 것이다. 가설이 반박되더라도 여전히 가치 있는 배움이다.

과학적 방법은 반복적이고 경험적인 방법이지만, 그 순서로 단계들이 반드시 발생하는 것은 아니다. 어느 지점에서나 질문을 수정하고 가설을 변경할 수 있으며 항상 관찰이 진행된다. 프로세스 다이어그램은 명확한 주기 대신 그림 19.3과 같이 표시된다.

그림 19.3 프로세스의 단계에 대한 엄격한 순서가 없다.

과학적 접근 방식은 우리 산업에서 매우 중요하다. 올바른 것을 구축하는 것뿐만 아니라 버그나 생산 문제를 추적할 때 이 접근법을 사용해야 한다. 관찰된 사실에 근거해 가설을 세운다. 한 번에 한 가지, 일반적으로 구성 값만 변경해 실험을 수행한다. 교차 검사를 수행해 다른 시스템이나 변수가 실험을 방해하지 않는지 확인한다. 다음 가설을 시작하기 전에 결론을 내리고 결과를 문서화한다.

과학적 방법을 사용해 소프트웨어를 발전시키고 지속적으로 개선하는 방법을 살펴보자.

관찰 - 데이터 수집 및 분석

관찰을 위해 애플리케이션을 사용하는 사람들을 볼 수 있다. 12장에서 **복도 테스트**^{hallway} ^{test}나 **게릴라 사용성 테스트**와 같은 **사용성 테스트**에 대해 이야기했다. 그러나 일반적으로 사용자는 전 세계에 흩어져 있으며 인터뷰하는 것보다 생성하는 데이터를 보는 것이 더 쉽다.

데이터는 **가설 기반 개발**을 위한 가장 중요한 요소다. 실험을 많이 할수록 시간이 지남에 따라 더 많은 데이터를 수집할 수 있다.

데이터를 관찰할 때는 당면한 데이터 포인트에만 집중해서는 안 된다. 데이터가 알려 주지 않는 것이 무엇인지 스스로에게 물어보라. 매월 활성 사용자 수를 늘리는 것이 목 표라면 현재 사용자에 대한 데이터에만 집중해서는 안 된다. 실패한 로그인 시도 데이 터를 확인한다. 애플리케이션을 사용하고 싶지만 잠겨 있고 암호나 두 번째 인증 요소 를 복구할 수 없는 사용자가 얼마나 되는가? 메일이나 휴대전화 번호를 확인해야 하는 데 돌아오지 않는 사람이 몇 명이나 되는가? 얼마나 많은 사람이 등록 절차를 취소하고 그렇게 하기 전에 얼마나 오래 기다려야 하는가?

이러한 종류의 질문에 답하기 위해 단순히 사용 현황 데이터를 살펴볼 수는 없다. 사용 가능한 모든 소스의 데이터를 결합해야 한다(그림 19.4 참고).

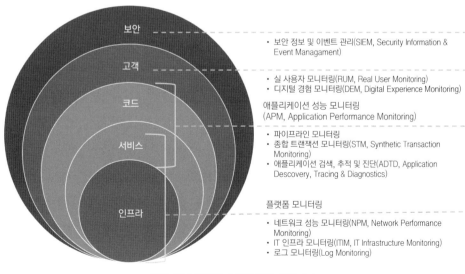

그림 19.4 데이터 수집을 위한 로깅 소스

이 정량적 데이터는 고객 설문 조사, 고객 서비스 센터의 데이터 또는 모든 종류의 분석 데이터와 같은 질적 데이터와 결합할 수 있다. 그림 19.5는 인사이트를 얻고 질문을 공식화하는 데 사용할 수 있는 다양한 데이터 소스를 보여 준다.

그림 19.5 관찰을 위한 데이터 소스

이러한 질문을 염두에 두고 가설을 세울 수 있다.

가설 수립(가설 공식화)

가설은 관찰과 연구를 기반으로 일어날 것이라고 생각하는 것을 예측하는 것이다. 가설은 다음과 같은 경우 간단하게 작성할 수 있다. ... 하면 ... 한다 형태: 〈이 변수를 수정〉 하면 〈이 변경 사항이 관찰 가능할 것으로 예상〉한다.

전화번호 및 우편 주소와 같은 필드를 삭제해 등록 양식을 단축하면 등록 절차를 취소하는 사람들의 수가 감소한다.

백로그에 많은 가설이 있기 때문에 고객 세그먼트와 기능 이름을 포함하는 사용자 스토리와 유사한 고정 형식을 갖는 것이 일반적이다. 이렇게 하면 백로그에서 가설을 더 쉽게 발견할 수 있다.

우리는 {고객 세그먼트}를 믿는다.

원하는 {기능}

왜냐하면 {가치 제안}

이 형태는 또한 당신의 가설에 세 가지 측면을 가져 오도록 강제한다.

- **누구**: 누구를 위해 애플리케이션을 변경하는가?

- **무엇**: 무엇을 바꾸고 있는가?

- **어떻게**: 이러한 변화가 사용자에게 어떤 영향을 미치는가?

이러한 측면들은 좋은 가설을 만들어 낸다.

우리는 새로운 사용자들을 믿는다.

입력 필드가 적은 더 짧은 등록 양식을 원한다.

이를 통해 개인 데이터를 공개하기 전에 애플리케이션을 테스트하고 자신감을 얻을 수 있기 때문이다.

가치 제안에 초점을 맞추면 그 **이유**에 더 초점을 맞춘 **방법**에 대한 보다 추상적인 설명으로 이어진다.

마케팅에서는 종종 다음과 같은 세부 사항을 가설에서 찾을 수 있다.

- 어떤 영향이 있는가?

- 얼마나 대단한가?

- 어느 정도 시간이 지나면?

이는 가설과 실험 사이의 일대일 관계를 초래한다. 특히 실험을 시작할 때 실험과 기초 가설을 분리하는 것이 도움이 된다고 생각한다. 가설이 참인지 거짓인지 확실하게 말하기 전에 여러 번의 실험이 필요할 것이다.

실험 구축

실험을 정의할 때는 가능한 한 많은 변수를 고정시켜야 한다. 가장 좋은 것은 기준 데이터를 보는 것이다. 주말과 휴가가 데이터에 어떤 영향을 미치는가? 정치적, 거시경제적 추세가 당신의 실험에 어떤 영향을 미치는가?

또한 관리 그룹과 실험 그룹이 충분히 커야 한다. 작은 그룹에서만 실험하는 경우 결과가 대표적인 결과가 아닐 수 있다. 관리 그룹이 너무 작으면 특히 예측하지 못한 다른 외부 요인이 있는 경우 결과를 비교하기에 충분한 데이터가 없을 수 있다. 좋은 실험에는 다음과 같은 정보가 포함해야 한다.

- 무엇이 달라졌는가?

- 예상되는 영향은 무엇인가?

- 청중 또는 고객 세그먼트는 누구인가?

- 얼마나 많은 변화를 기대하고 있는가?

- 실험을 얼마나 오래 하는가?

- 데이터를 대조군 또는 과거 데이터와 비교하는 기준은 무엇인가?

예를 들면 다음과 같다.

새롭고 더 짧은 등록 양식(변경 사항)은 신규 사용자(누구를 위해)의 50%에 대한 등록 양식의 포기율(영향)을 통제 그룹(기준선)에 비해 14일(얼마나 경과 후) 후 15%(얼마나) 감소시킬 것이다.

실험이 정의되면 실험을 구현하고 실행할 수 있다. 피처 플래그(10장 참고)를 사용해 개발하는 경우 새로운 기능을 작성하는 것만큼 간단하다. 유일한 차이점은 모든 사용자가 아닌 실험 그룹에 대해 기능을 설정한다는 것이다.

결과 검증

실험이 끝난 후 결과를 분석하고 실제 결과와 예상 결과를 비교한다. 실험을 통해 무엇을 배웠는가? 가설을 검증하거나 위조할 수 있는가 아니면 확실히 하기 위해 더 많은 실험이 필요한가? 공식화할 새로운 가설이나 새로운 질문이 있는가?

결과에 대한 후 회고적 연구는 중요한 부분이다. 이를 건너뛰지 말고 메트릭이 임곗값을 초과하기 때문에 가설이 참 또는 거짓이라고 가정해 데이터를 분석하고 예상치 못한 영향, 이탈 및 통계적 이상값을 확인한다.

가설과 실험을 통해 학습하면 새로운 아이디어가 도출되고 빌드 측정 학습 루프가 완성된다(그림 19.6 참고).

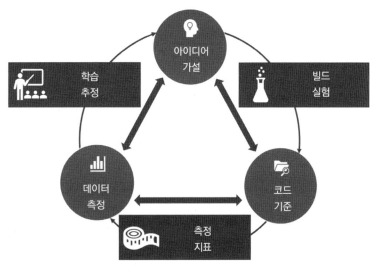

그림 19.6 빌드 측정 학습 루프를 사용한 가설 주도 실험

효과적인 A/B 테스트 및 실험에 도움이 될 수 있는 도구가 많다.

⠿ GrowthBook 및 Flagger를 사용한 효과적인 A/B 테스트

GitHub에는 A/B 테스트에 도움이 되는 도구가 없지만 마켓플레이스에는 많은 도구가 있다. 문제는 이러한 도구의 많은 부분이 완전히 다른 범위를 가진다는 것이다. **콘텐츠 관리 시스템**CMS, Content Management System을 사용해 웹 사이트를 구축하거나 변화를 만들고 테스트하기 위해 시각적 편집기를 사용해 A/B 테스트를 구축하는 웹 경험 도구와 비슷하다(예: Optimizely)(https://www.optimizely.com/). 일부는 **HubSpot**(https://www.hubspot.com/)과 같은 마케팅, 랜딩 페이지, 캠페인 관리에 더 초점을 맞추고 있다. 이러한 도구는 훌륭하지만 엔지니어링 팀에게는 적합하지 않을 수 있다.

LaunchDarkly, **VWO** 또는 **Unleash**와 같은 피처 플래그를 수행하기 위한 도구는 더 나은 솔루션을 제공한다. 10장에서 이러한 툴을 다뤘으므로 여기서는 다시 다루지 않겠다. 피처 플래그에 이러한 솔루션 중 하나를 사용하는 경우 A|B 테스트를 위한 솔루션을 가장 먼저 찾아야 한다.

19장에서는 **GrowthBook**과 **Flagger**에 초점을 맞출 것이다. 이 2개의 오픈소스 프로젝트는 실험에 중점을 두고 있지만 완전히 다른 접근 방식을 갖고 있다.

GrowthBook

GrowthBook(https://github.com/growthbook/growthbook)은 무료 및 오픈 코어 솔루션이다. SaaS 및 Enterprise 요금제로도 제공되며 **React**, **자바스크립트**, **PHP**, **루비**, **파이썬**, **고**Go, **코틀린**Kotlin 등의 SDK를 제공한다.

GrowthBook의 솔루션은 완전히 컨테이너화돼 있다. 사용해 보려면 리포지터리를 클론clone한 뒤 다음을 실행하면 된다.

```
docker-compose up -d
```

실행되면 http://localhost:3000에서 GrowthBook에 액세스할 수 있다.

연결되면 피처 플래그를 제공하거나 실험을 빌드하는 데 사용할 수 있다. 실험을 구축하려면 **BigQuery**, **Snowflake**, **Redshift** 또는 **Google Analytics**와 같은 데이터 소스를 GrowthBook에 연결해야 한다. 미리 정의된 데이터 스키마가 있으며 고유한 스키마를 만들 수도 있다. 그런 다음 데이터 원본을 기준으로 메트릭을 생성한다. 메트릭은 다음 중 하나일 수 있다.

- **이항**: 간단한 예 또는 아니오 대화(예: 계정 생성됨)

- **개수**: 사용자당 대화(예: 페이지 방문수)

- **기간**: 평균적으로 소요되는 시간(예: 사이트에 머문 시간)

- **수익**: 평균적으로 얻거나 잃은 수익(예: 사용자당 수익)

실험을 실행하려면 일반적으로 피처 플래그를 사용한다. SDK 중 하나를 사용해 인라인 실험을 직접 실행할 수도 있다. 자바스크립트에서 실험은 다음과 같다.

```
const { value } = growthbook.run({
  key: "my-experiment",
  variations: ["red", "blue", "green"],
});
```

실험은 정의된 메트릭을 기반으로 실행되며 결과는 그림 19.7과 같다.

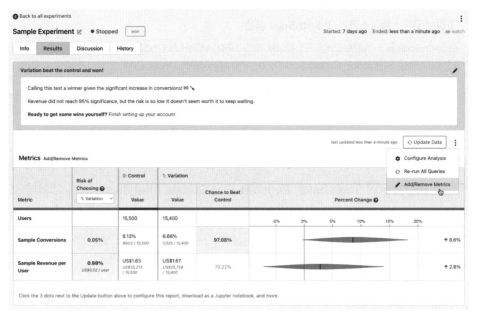

그림 19.7 GrowthBook의 실험 결과

실험에 메트릭을 추가 및 제거하고 주피터^{Jupyter} 노트북으로 내보낼 수도 있다.

GrowthBook에는 자바스크립트용 구글 크롬 확장 프로그램인 **GrowthBook Dev Tools**와 브라우저의 피처 플래그와 직접 상호 작용할 수 있는 React SDK가 함께 제공된다. 비주얼 에디터는 현재 베타 버전이다.

GrowthBook은 간단하며 10장에서 소개한 솔루션과 같은 피처 플래그를 기반으로 한다.

Flagger

완전히 다른 접근 방식으로 **Flagger**(https://flagger.app/)를 사용한다. 이는 **쿠버네티스**를 위한 딜리버리 오퍼레이터이며, 서비스 메시인 **Istio**와 함께 사용할 수 있다. Flagger는 쿠버네티스 클러스터에 대한 **카나리 릴리스**에 더 자주 사용되지만 HTTP 일치 조건에서 트래픽을 라우팅할 수도 있다.

다음과 같이 insider 쿠키를 사용해 모든 사용자를 위한 실험을 20분 동안 만들 수 있다.

```
analysis:
  # 스케줄 간격 (기본값 60초)
  interval: 1m
  # 총 반복 횟수
  iterations: 20
  # 최대 메트릭 검사 실패 횟수
  threshold: 2
  # 카나리 일치 조건
  match:
    - headers:
        cookie:
          regex: "**^(.*?;)?(type=insider)(;.*)?$**"
```

Flagger를 **Prometeus**, **Datadog**, **Dynatrace** 등의 메트릭과 결합할 수 있다. 자세한 내용은 Flagger 설명서(https://docs.flagger.app/)를 참고한다. 좋은 자습서로 스테판 프로단 Stefan Prodan의 Flux v2, Flagger, Istio를 사용한 프로그레시브 딜리버리를 위한 깃옵스 GitOps 레시피(https://github.com/stefanprodan/gitops-istio)도 있다.

Flagger와 Istio의 솔루션은 큰 유연성을 제공하지만 매우 복잡하고 초보자에게는 적합하지 않다. 이미 쿠버네티스 및 Istio에서 카나리 릴리스를 수행하는 경우 Flagger가 강력한 프레임 워크가 될 수 있다.

보다시피 실험과 A/B 테스트를 실행하는 데 도움이 될 수 있는 솔루션이 많이 있다. CMS 및 캠페인 중심 도구에서 쿠버네티스 오퍼레이터에 이르기까지 완전히 다른 접근 방식을 가진 광범위한 솔루션이 있다. 가장 적합한 솔루션은 대부분 기존의 도구 체인, 가격 책정, 지원에 달려 있다. 프로세스 및 데이터 분석에 중점을 두는 것이 더 중요하다고 생각한다. 두 가지 버전의 애플리케이션을 제공하는 것은 어려운 일이 아니다. 데이터를 이해하는 것이 중요하다.

⁛ 실험과 OKR

1장에서는 목표와 그 결과를 투명하게 정의하고 추적하기 위한 프레임워크로 **OKR**를 소개했다. OKR은 조직이 전략적 목표에 대한 높은 조정을 달성하는 동시에 개별 팀에 대한 최대 수준의 자율성을 유지할 수 있도록 지원한다.

엔지니어링 팀은 값비싼 리소스이며 테스터, 새로운 기능을 요청하는 고객, 경쟁사를 따라잡고 중요한 고객에게 약속을 잡기를 원하는 경영진 등 많은 이해 관계자가 그들에게 항상 요청하고 있다. 어떻게 하면 팀이 실험을 할 수 있는 자유를 찾을 수 있을까? 그리고 어떤 실험으로 시작하는 것이 가장 좋을까?

OKR은 무엇을 어떻게 만들 것인지를 결정하는 자율성을 동시에 유지함으로써 더 높은 수준의 목표와 강력하게 일치할 수 있는 능력을 제공할 수 있다.

회사가 75%의 시장 점유율을 가진 시장 선두 주자가 되기를 원한다고 가정하자. 이를 달성하려면 새로 등록된 사용자의 지속적인 성장률이 필요하다. 팀의 핵심 성과는 매달 20%씩 성장하는 것이다. 이렇게 하면 팀의 우선순위가 정해진다. 물론 다른 일도 있겠지만 우선순위는 OKR이 될 것이다. 그 팀은 아마도 처음에 얼마나 많은 사람이 등록 페이지에 왔는지 그리고 어떤 추천으로부터 왔는지를 조사할 것이다. 얼마나 많은 사람이 Register Now^{지금 등록} 버튼을 클릭하는가? 얼마나 많은 사람이 대화를 끝내는가? 어느 시점에서 그들은 돌아오지 않는가? 그리고 그 시점에서 그들은 자동적으로 가설을 공식화하기 시작하고 그것을 증명하기 위해 실험을 실행할 수 있다.

OKR은 팀 간 협업에도 좋다. 팀은 높은 수준의 목표에 맞춰 시너지 효과가 높은 OKR을 보유하고 있기 때문이다. 이 예제와 같이 팀은 유사한 OKR을 갖게 되므로 마케팅과 대화하려고 할 것이다. 등록 사이트로 연결되는 시작 페이지의 참여율을 높이는 데 도움이 되는 실험에 대한 아이디어가 있을 수 있다.

OKR는 다른 팀과의 높은 목표와 높은 수준의 목표를 보장함으로써 사람들에게 실험을 자유롭게 실험할 수 있는 훌륭한 도구다.

⠿ 정리

실험, A/B 테스트와 가설 기반 개발은 많은 영역에서 높은 수준의 성숙도를 요구하기 때문에 어려운 주제다.

- **관리**: 팀은 자체적으로 무엇 을 만들고 어떻게 만들 것인지를 결정할 자율성이 필요하다.

- **문화**: 사람들이 실패하는 것을 두려워하지 않는 신뢰의 문화가 필요하다.

- **팀 간 협업**: 팀은 여러 부서의 협업이 필요한 경우가 많으므로 관련 팀 간 협업이 가능해야 한다.

- **기술적 능력**: 개별 고객 세그먼트를 대상으로 단시간에 변경 사항을 배포할 수 있어야 한다.

- **인사이트** : 강력한 분석 기능을 갖추고 다양한 소스의 데이터와 메트릭을 결합해야 한다.

아직 성숙도가 미치지 못해도 걱정하지 마라. 내가 같이 일하는 많은 팀은 그렇지 않다. 기능을 계속 개선하고 메트릭이 결과를 나타내는지 확인한다. 데브옵스는 목표가 아닌 여정이며, 한 번에 한 걸음씩 나아가야 한다.

19장에서는 실험, A/B 테스트 및 가설 기반 개발의 기본 사항에 대해 알아봤으며, 이를 위한 솔루션을 구축하는 데 도움이 될 수 있는 몇 가지 도구를 소개했다.

20장에서는 깃허브의 기본 사항인 호스팅 옵션, 가격, 기존 툴체인과 엔터프라이즈에 통합하는 방법에 대해 설명한다.

⠿ 더 읽을거리

19장의 자세한 사항은 다음 자료를 참고한다.

- *The Scientific method*: https://en.wikipedia.org/wiki/Scientific_method

- *Ring-based deployments*: https://docs.microsoft.com/en-us/azure/devops/migrate/phase-rollout-with-rings

- *Optimizely*: https://www.optimizely.com/

- *Hubspot*: https://www.hubspot.com/

- *GrowthBook*: https://github.com/growthbook/growthbook

- *Flagger*: https://flagger.app/

- Stefan Prodan: *GitOps recipe for progressive delivery with Flux v2, Flagger, and Istio*: https://github.com/stefanprodan/gitops-istio

6부

엔터프라이즈를 위한 깃허브

6부에서는 깃허브의 다양한 호스팅 옵션 및 가격, 다른 플랫폼에서 깃허브로 마이그레이션하는 방법, 깃허브 엔터프라이즈 내에서 팀과 제품을 구성하는 모범 사례에 대해 알아본다.

6부는 다음과 같은 장으로 구성돼 있다.

- 20장, 깃허브 플랫폼 구성

- 21장, 깃허브로 이전

- 22장, 깃허브를 통한 협업 고도화

- 23장, 엔터프라이즈 혁신

20

깃허브 플랫폼 구성

20장에서는 깃허브 플랫폼의 몇 가지 기본 사항에 대해 설명한다. 다양한 호스팅 옵션, 가격, 기존 툴체인에 통합하는 방법에 대해 알아본다.

20장에서는 다음과 같은 주제를 다룬다.

- 호스팅 옵션 및 가격

- 깃허브 연결

- 실습 – GitHub.com에서 계정 만들기

- 엔터프라이즈 보안

- 깃허브 스킬즈

⁑ 호스팅 옵션 및 가격

깃허브에는 다양한 라이선스 및 호스팅 옵션이 있다. 기업에 적합한 선택을 하려면 이를 이해하는 것이 중요하다.

호스팅 옵션

깃허브(https://github.com)는 미국에 위치한 데이터 센터에서 서비스를 제공한다. 깃허브에 무료로 회원가입을 하면 개인 및 공개 저장소를 제한 없이 활용할 수 있다. 깃허브의 많은 기능은 오픈소스 프로젝트에 대해서는 무료이지만, 개인 저장소에 대해서는 비용이 발생한다.

기업 사용자들을 위해서는 다양한 호스팅 옵션을 깃허브에서 제공한다(그림 20.1 참고).

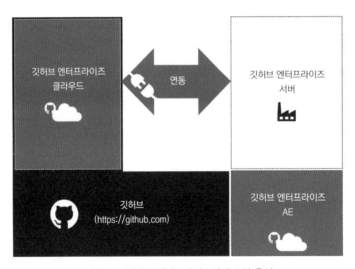

그림 20.1 깃허브 엔터프라이즈의 호스팅 옵션

깃허브 엔터프라이즈 클라우드

깃허브 엔터프라이즈 클라우드^{GHEC, GitHub Enterprise Cloud}는 깃허브에서 제공하는 SaaS 형태의 서비스로, 미국에 위치한 클라우드 인프라를 기반으로 호스팅된다. 이를 통해 사용자는 추가적인 보안 기능 및 싱글-사인-온^{SSO, Single Sign-On} 기능을 지원받을 수 있으며, GHEC를 통해 기업 차원에서의 오픈소스 프로젝트를 호스팅할 수 있다. 또한 개인 및 공개 저장소 호스팅 역시 가능하다.

GHEC은 월간 99.9%의 서비스 수준 협약^{SLA, Service Level Agreement}을 보장하며 월 최대 45분의 다운타임을 허용한다.

깃허브 엔터프라이즈 서버

깃허브 엔터프라이즈 서버^{GHES, GitHub Enterprise Server}는 원하는 곳에서 호스팅할 수 있는 서비스다. 자체 데이터 센터 또는 애저 또는 **AWS**와 같은 클라우드 환경에서 호스팅할 수 있다. 깃허브 커넥트^{GitHub Connect}를 사용해 GitHub.com에 연결할 수 있으며, 이를 통해 라이선스를 공유하고 서버의 오픈소스 자원을 활용할 수 있다.

GHES는 GHEC와 동일한 코드를 기반으로 구동되므로 일반적인 기능은 몇 개월 이내로 지원되지만, 클라우드에서 제공하는 일부 기능들은 GHES에서 직접 관리해야 한다. 예를 들어 깃허브 액션^{GitHub Actions}의 러너의 경우 클라우드에서는 깃허브에서 호스팅하는 러너를 사용할 수 있지만, GHES에서는 사용자가 직접 호스팅하는 러너를 활용해야 한다.

추가적으로, GHES를 호스팅해주는 관리 서비스도 존재한다. 예를 들어 원하는 지역의 애저 데이터 센터에서 GHES를 호스팅할 수 있다. 이렇게 하면 서버를 직접 관리하지 않으며, 원하는 지역에 데이터를 물리적으로 위치시킬 수 있다. 일부 서비스는 관리형 깃허브 액션 러너를 호스팅하기도 한다.

깃허브 엔터프라이즈 AE

깃허브는 **깃허브 엔터프라이즈 AE**^{GHAE, GitHub Enterprise AE}라는 서비스를 개발 중이다. 현재 500명 이상의 고객을 대상으로 비공개 베타 테스트 중이며, 정식 서비스 일정은 아직 정해지지 않았다.

GHAE는 선택한 마이크로소프트 애저 지역에서 완전히 독립적인 관리형 서비스를 제공한다. 이를 통해 데이터를 물리적인 위치를 완전하게 제어해 관련 법규를 준수할 수 있다.

데이터의 물리적 위치 및 이와 관련한 규정 준수가 필요한 고객에게 이 서비스는 좋은 선택이 될 수 있다. 그러나 현재로서는 서비스 이용 가능 시기, 비용, 최소 이용자 수 등 해당 서비스와 관련한 정보는 아직 공개되지 않았다.

깃허브 커넥트

깃허브의 강점은 그 커뮤니티와 그로 인한 여러 가치들로부터 출발한다. 자체적인 서버에서 깃허브를 구축한 경우에도 **깃허브 커넥트**GitHub Connect를 이용해 깃허브에 연결해 이를 활용할 수 있다. 그림 20.2에서 볼 수 있듯이 관련한 각 기능들은 개별적으로 활성화할 수 있다.

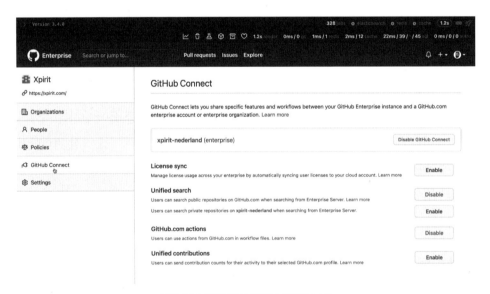

그림 20.2 GHES에서 깃허브 커넥트 구성

다음은 주요 기능들에 대한 설명이다.

- **라이선스 동기화**: 여러 서버나 조직에서 엔터프라이즈의 라이선스 사용을 관리할 수 있다. 사용자가 어디에서 로그인하든지 간에 한 사용자가 단 하나의 라이선스만 사용하도록 보장할 수 있다.

- **통합 검색**: 서버에서의 검색을 가능하게 하고, GitHub.com의 공개 저장소에서의 검색도 함께 수행할 수 있다. 또한 사용자가 기업 내부의 비공개 저장소에 접근이 가능한 경우 해당 저장소에서 검색을 하는 기능도 포함된다.

- **GitHub.com 액션**: 워크플로에서 공개 액션을 불러오기 위해 필요하며, 이 옵션이 없을 경우 모든 액션들을 서버에 복제해 활용해야 한다. 이 기능을 활용하면 특정 조직에서 액션을 허용하는 등의 설정 또한 가능하다.

- **통합 기여**: 이 옵션이 설정되지 않으면 사용자의 컨트리뷰션 정보는 공개 프로필에 표시되지 않는다. 이 옵션은 민감한 데이터를 노출하지 않으며, 커밋, 이슈, 토론 또는 풀 리퀘스트 같은 컨트리뷰션의 횟수만이 GitHub.com으로 전송된다.

가격

깃허브의 비용은 월별 사용자당 청구되며, **Free, Team, Enterprise** 등 총 세 가지의 옵션을 제공한다(그림 20.3 참고).

무료	팀	기업
$ 0 per user/month	**$ 4** per user/month	**$ 21** per user/month
✔ 무제한 공용 및 비공개 리포지터리	✔ 3,000분의 깃허브 액션 이용 시간	✔ 50,000분의 깃허브 액션 이용 시간
✔ 공개 리포지터리	✔ 2GB 저장 공간	✔ 50GB 저장 공간
✔ 액션 무료	✔ 코드스페이스에 대한 액세스	✔ 서버 및 클라우드
✔ 패키지 무료	✔ 보호 브랜치	✔ 깃허브 연결
✔ 비공개 리포지터리	✔ 코드 소유자	✔ 싱글 사인 온(SAML, LDAP)
✔ 2,000분의 깃허브 액션 이용 시간	✔ 고급 풀 리퀘스트 기능	✔ IP 허용 목록
✔ 500MB 저장 공간		✔ 엔터프라이즈 관리 사용자
✔ 종속성 그래프		✔ 도메인 간 ID 관리 시스템(SCIM, System for Cross-domain Identity Management)
✔ Dependabot		✔ 감사/정책
		사용 가능한 애드 온
		✔ 프리미엄 지원
		✔ 고급 보안

그림 20.3 깃허브 라이선스 가격 정보

공개 저장소, 즉 오픈소스는 무료로 제공되며, 깃허브 액션, 패키지, 다양한 보안 기능 등 많은 기능도 무료로 이용 가능하다. 개인 저장소는 제한적인 기능과 함께 2,000분의 깃허브 액션 이용 시간과 500MB의 저장 공간을 무료로 제공한다. 액션에 대한 가격 정보는 7장을 참고하라.

개인 저장소에서 협업하려면 **팀**Team 라이선스가 필요하다. 이 라이선스는 브랜치 보호, 코드 소유자, 고급 풀 리퀘스트 등의 기능을 포함하고 있다. 또한 코드스페이스에 접근이 가능하지만, 이는 별도로 요금이 부과된다(코드스페이스의 가격은 13장 참고). 팀 라이선스에는 패키지를 위한 3,000분의 깃허브 액션 이용 시간과 2GB의 저장 공간이 포함된다.

무료Free와 팀 계층은 GitHub.com에서만 이용이 가능하다. 만약 GHEC, GHES, GHAE를 이용하고자 한다면 **깃허브 엔터프라이즈** 라이선스를 구매해야 한다. 이 라이선스에는 단일 로그인, 사용자 관리, 감사 및 정책 같은 모든 엔터프라이즈 기능이 포함돼 있으며, 50,000분의 액션 이용 시간과 50GB의 패키지 저장 공간을 제공한다. 또한 **고급 보안**이나 **프리미엄 지원** 같은 추가적인 옵션을 구매할 수 있다.

라이선스는 10개의 블록으로 구매하며, 월별 또는 연간으로 결제할 수 있다. 깃허브 고급 보안이나 프리미엄 지원을 이용하고자 한다면 깃허브 세일즈^{GitHub Sales} 팀 또는 깃허브 파트너에게 문의해서 관련 서비스에 대한 견적을 제공받을 수 있다.

라이선스 계층 외에도 사용에 따른 비용이 청구되는 특정 항목들이 있다.

- 액션

- 패키지

- 코드스페이스

- 마켓플레이스의 사용량 기반 앱

조직 또는 엔터프라이즈 수준에서 소비 한도를 설정할 수도 있다.

⁂ 실습 – GitHub.com에서 계정 생성하기

지금까지는 깃허브 계정을 이미 갖고 있다는 가정하에 진행됐다. 7,000만 명 이상의 사용자가 깃허브를 사용 중이므로 사실 계정을 이미 보유하고 있을 가능성이 높다. 깃허브를 이미 보유한 경우 이 부분은 건너뛰고 **엔터프라이즈 보안** 부분을 진행하라.

깃허브에 가입하는 것은 간단하다. 위젯으로 구성된 콘솔이 제공되며, 제공되는 단계는 다음과 같다.

1. 다음 링크(https://github.com)를 방문하고 **Sign up**을 클릭한다.

2. 이메일 주소를 입력하고 **Continue** 또는 **Enter**를 클릭한다(그림 20.4 참고).

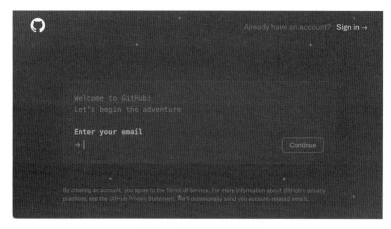

그림 20.4 이메일 주소 입력하기

3. 강력한 비밀번호를 입력하고 **Continue** 버튼을 클릭한다.

4. 사용자 이름을 입력한다. 사용자 이름은 고유해야 한다. 깃허브는 그림 20.5와 같이
   이름이 이미 사용 중인지 아닌지를 알려 준다.

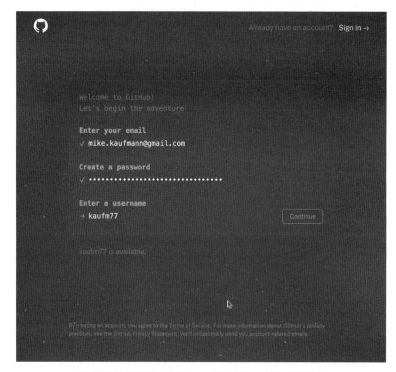

그림 20.5 비밀번호 설정하고 고유한 사용자 이름 선택하기

고유한 사용자 이름을 성공적으로 찾았다면 **Continue** 버튼을 클릭한다.

5. 이메일 알림에 대한 설정을 할 수 있다. 알림을 받고 싶다면 y를 입력하고, 받고 싶지 않다면 n을 입력한 뒤 **Continue** 버튼을 클릭하거나 **Enter** 키를 누른다.

6. 지정된 이미지의 지정된 부분을 클릭해 captcha를 해결해야 한다. captcha는 브라우저의 기본 언어로 표시된다(그림 20.6 참고).

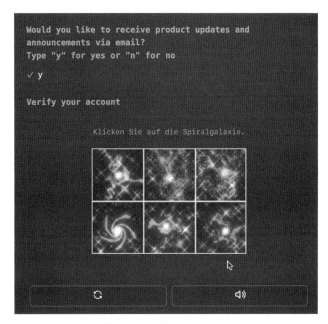

그림 20.6 이메일 통신 및 captcha

7. 이메일 인증을 위해 전송된 코드를 확인한다. 코드를 받아 다음 칸에 붙여넣을 수 있다(그림 20.7 참고).

그림 20.7 이메일 주소로 전송된 코드 입력

8. 다음 화면은 사용자 경험을 맞춤화하는 과정이다. 필요하지 않다면 이 단계를 건너뛸 수 있다.

9. 무료로 30일 동안 깃허브 엔터프라이즈를 체험할 수 있다. 이 체험 기간 동안 모든 기능을 자유롭게 사용해볼 수 있다.

계정을 성공적으로 생성한 후에는 다음 단계들을 진행하는 것이 좋다.

1. 다음 링크(https://github.com/settings/security)에 접속한 다음, **Enable two-factor authentication**을 클릭하고 이중 인증을 활성화해 계정 보안을 강화할 수 있다.

2. 다음 링크(https://github.com/settings/profile)에서 프로필 정보를 작성하고 알맞은 프로필 사진을 선택할 수 있다.

3. 다음 링크(https://github.com/settings/appearance)에서 선호하는 테마를 선택할 수 있다. 단일 라이트 테마, 다크 테마 중 선택하거나 시스템 테마 설정에 맞춰 동기화할 수 있다.

4. 다음 링크(https://github.com/settings/emails)에서 이메일 주소의 활용 방식을 선택할 수 있다. 이메일 주소를 비공개로 설정하면 깃허브는 웹 기반 깃 작업을 수행할 때 특별한 이메일 주소를 사용한다. 주소 형식은 다음과 같다. <user-id>+<user-name>@users.noreply.github.com. 이 주소를 로컬에서 사용하기 위해서는 다음의 명령어를 사용해 구성해야 한다.

```
$ git config --global user.email <email address>
```

이제 깃허브 계정이 완전히 준비됐다. 이제 새로운 저장소를 생성하거나 오픈소스 프로젝트에 기여하는 등의 활동을 시작할 수 있다.

⁙ 기업 보안

기업의 경우 IdP^{Idendity Provider} 정보와 함께 SAML 기반 **싱글 사인 온** 기능을 활용해 깃허브 엔터프라이즈 자원을 보호할 수 있다. SSO는 기업이나 조직 수준에서 GHEC에서 설정할 수 있으며, GHES에서는 전체 서버에 대해 설정할 수 있다.

SAML SSO는 SAML을 지원하는 모든 IdP에서 설정할 수 있지만, 모든 IdP가 SCIM^{System for Cross-domain Identity Management}을 지원하는 것은 아니다. SCIM과 호환되는 IdP에는 **AAD**, Okta, OneLogin이 있다.

SAML 인증

깃허브에서 SAML SSO 설정을 하는 것은 상당히 간단하다. 기업이나 조직 설정의 **Authentication security(/settings/security)** › **SAML single sign-on** 메뉴에서 해당 설정을 찾을 수 있다. 이곳에서 컨슈머 URL을 찾을 수 있고, 이 URL은 IdP 설정을 구성하는 데 필요하다(그림 20.8 참고).

SAML single sign-on

Manage your organization's membership while adding another level of security with SAML. Learn more

☑ **Enable SAML authentication**
Enable SAML authentication for your organization through an identity provider like Azure, Okta, OneLogin, Ping Identity or your custom SAML 2.0 provider.

Sign on URL

```
https://yourapp.example.com/apps/appId
```

Members will be forwarded here when signing in to your organization

Issuer

```
https://example.com
```

Typically a unique URL generated by your SAML identity provider

Public certificate

```
Paste your x509 certificate here
```

Your SAML provider is using the **RSA-SHA256** Signature Method and the **SHA256** Digest Method. ✏

The assertion consumer service URL is https://github.com/orgs/accelerate-devops/saml/consume.

Test SAML configuration Before enabling test your SAML SSO configuration

그림 20.8 깃허브에서 SAML SSO 설정하기

필드 값들은 사용자가 사용하고 있는 IdP에서 구성해야 한다. 구성에 대한 더 자세한 내용은 해당 문서를 참고하라. 예를 들어 AAD를 사용하는 경우 다음 링크(https://docs.microsoft.com/en-us/azure/active-directory/saas-apps/github-tutorial)에서 자세한 지침을 찾을 수 있다.

AAD에서 새로운 기업용 앱을 만들어야 한다. 깃허브 템플릿을 검색하고, 적합한 옵션(기업, 조직 또는 서버)을 선택해야 한다. 현재 사용 가능한 템플릿은 그림 20.9에서 확인할 수 있다.

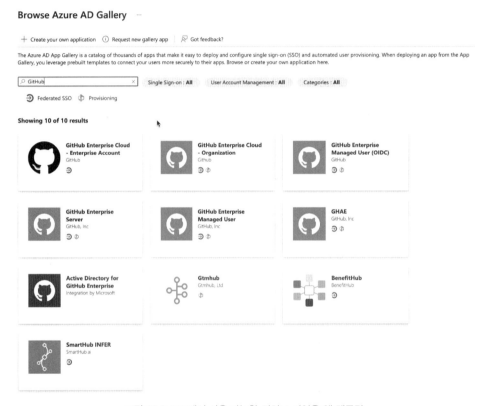

그림 20.9 AAD에서 사용 가능한 깃허브 기업용 앱 템플릿

깃허브에 액세스하기를 원하는 애플리케이션에 대해 사용자 또는 그룹을 지정하라. 중요한 설정들은 **Set up single sign on**에서 진행된다(그림 20.10 참고).

Properties

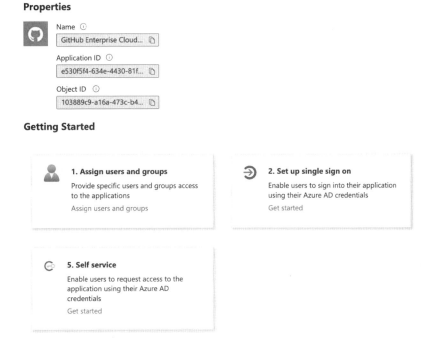

그림 20.10 기업용 애플리케이션 구성

조직 또는 기업의 URL을 식별자로 사용하라. 이 URL은 그림 20.8에서 본 URL의 첫 번째 부분을 사용하면 된다. **Entity ID**에는 /saml/consume 부분을 제외한 URL을 사용한다. **Reply URL**에는 /saml/consume을 추가한 URL을 사용하고, **Sign on URL**에는 /sso를 추가한 URL을 사용한다. 결과는 그림 20.11과 같아야 한다.

그림 20.11 AAD 기업용 애플리케이션의 기본 SAML 설정

속성과 클레임은 AAD에서 필드 매핑을 조정하는 데 사용할 수 있다. 만약 AAD가 사용자에 의해 특별히 설정되지 않은 경우 기본 설정에 기반해 동작한다(그림 20.12 참고).

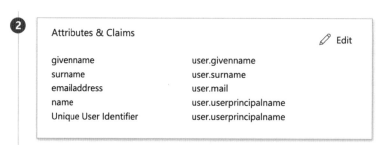

그림 20.12 SAML 토큰에 대한 속성 및 클레임 구성

SAML 토큰에 서명하는 데 사용되는 **Base64** 인증서를 다운로드한다(그림 20.13 참고).

그림 20.13 SAML 서명 인증서 다운로드

Login URL과 **Azure AD Identifier** URL을 복사한다(그림 20.14 참고).

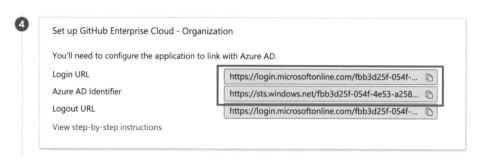

그림 20.14 로그인 URL 및 애저 AD 식별자 가져오기

이러한 정보들은 SAML SSO 설정에 필요한 중요한 정보이며, 이것들을 통해 AAD와 깃허브 사이의 보안 연결을 설정할 수 있다.

깃허브로 돌아와서 이전에 복사한 정보를 해당 필드에 붙여넣어야 한다. **Login URL** 정보는 **Sign on URL** 필드에 붙여넣고, **Azure AD Identifier** URL은 **Issuer** 필드에 붙여넣는다. 텍스트 편집기에서 열어 둔 인증서의 내용을 복사해 **Public certificate** 필드에 붙여넣는다. 이 과정을 완료하면 그림 20.15와 같은 화면을 볼 수 있다.

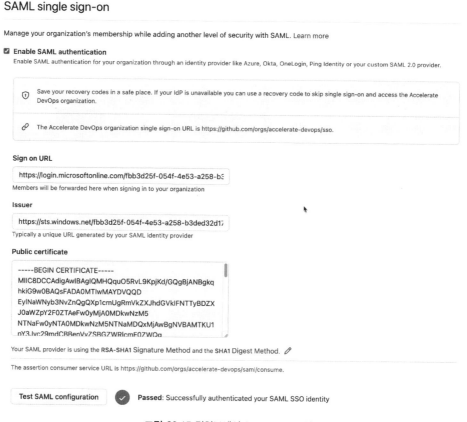

그림 20.15 깃허브에서 SAML SSO 구성

다음으로 **Test SAML Configuration**을 클릭하고 AAD 자격 증명을 사용해 로그인한다. 모든 것이 정상적으로 작동한다면 **Require SAML Authentication** 옵션을 체크해 SAML을 통한 액세스를 강제로 적용할 수 있다. 깃허브는 IdP를 통해 액세스 권한

이 부여되지 않은 사용자를 확인하고, 이러한 사용자를 제거한다.

SSO로 보호된 콘텐츠에 대한 액세스는 인증된 개인 액세스 토큰(PAT)과 SSH 키를 가진 사용자만이 접근할 수 있음을 주의해야 한다. 각 사용자는 각자의 PAT 토큰과 SSH 키를 권한 부여해야 한다. 이 과정은 그림 20.16에서 확인할 수 있다.

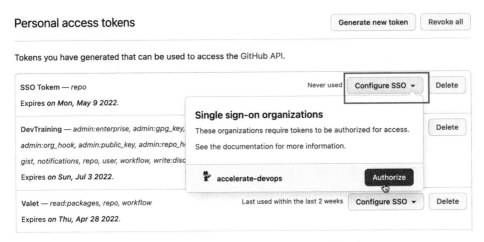

그림 20.16 SSO 보호된 조직을 위한 PAT 토큰 권한 부여

물론 각각의 IdP 설정은 다르며, 기업, 조직, 또는 서버를 어떻게 구성하느냐에 따라 값들이 약간 달라질 수 있지만, IdP의 공식 문서를 통해 각각의 설정을 문제 없이 진행할 수 있다.

SCIM

SAML SSO가 활성화돼 있을 때 IdP에서 사용자를 비활성화해도 자동으로 제거되지 않는다. GHEC에서는 **SCIM**을 구현해 IdP의 정보를 기반으로 사용자 액세스를 자동으로 추가, 관리, 제거하는 기능을 제공한다.

SCIM은 사용자의 IdP가 깃허브 사용자를 관리하는 데 사용하는 API 엔드포인트다(https://docs.github.com/en/enterprise-cloud@latest/rest/reference/scim). SCIM을 지원하는 IdP에는

Azure AD, Okta, OneLogin 등이 있다. SCIM을 설정하려면 호환 가능한 IdP의 공식 문서를 참고해야 한다. 예를 들어 애저 AD를 사용하는 경우에는 다음 튜토리얼을 참고할 수 있다(https://docs.microsoft.com/en-us/azure/active-directory/saas-apps/github-provisioning-tutorial).

> **제3자 액세스 제한 해제**
>
> IdP를 인증하기 전에 조직의 설정에서 제3자 액세스 제한을 해제해야 한다. 이를 수행하려면 **Settings › Third-party access › Disable access restrictions**에서 설정할 수 있다.

자동 팀 동기화

GHEC에서 SAML SSO를 사용하는 경우 **팀 동기화**Team synchronization를 설정해 IdP와 자동으로 팀 멤버십을 동기화할 수 있다. 현재 팀 동기화는 애저 **AAD**와 **Okta**만 지원한다.

조직의 **인증 보안**authentication security(/settings/security)에서 팀 동기화를 활성화할 수 있다. 이곳에서는 동기화된 팀의 수를 확인하고, 관련된 모든 이벤트를 볼 수 있는 필터링된 감사 로그로 이동할 수 있다(그림 20.17 참고).

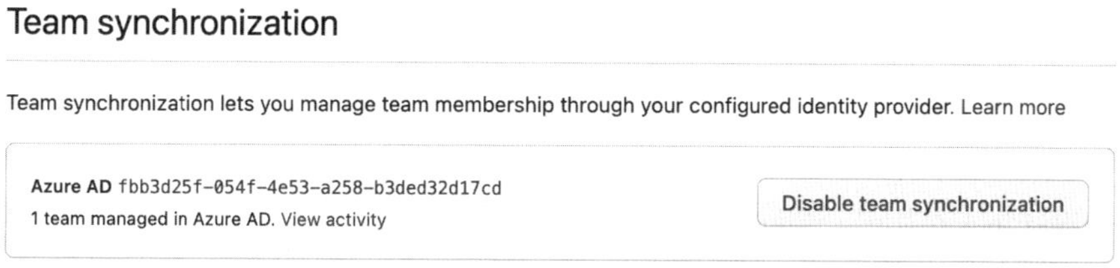

Team synchronization

Team synchronization lets you manage team membership through your configured identity provider. Learn more

Azure AD fbb3d25f-054f-4e53-a258-b3ded32d17cd
1 team managed in Azure AD. View activity

Disable team synchronization

그림 20.17 조직에서 팀 동기화 활성화하기

활성화한 후 새로운 팀을 생성하고 IdP에서 하나 이상의 그룹을 선택해 해당 팀과 동기화할 수 있다. 이 과정은 그림 20.18에서 확인할 수 있다.

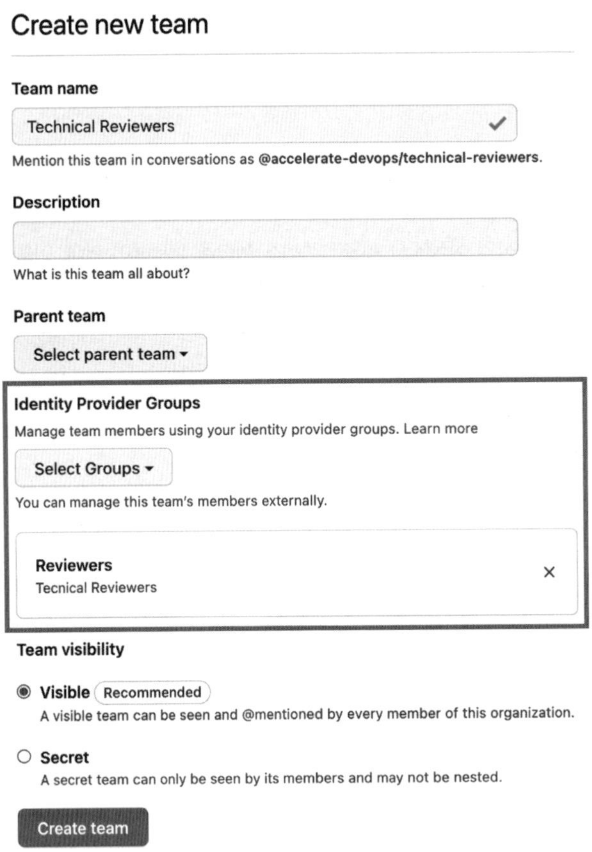

Create new team

Team name

Technical Reviewers ✓

Mention this team in conversations as **@accelerate-devops/technical-reviewers**.

Description

What is this team all about?

Parent team

Select parent team ▾

Identity Provider Groups

Manage team members using your identity provider groups. Learn more

Select Groups ▾

You can manage this team's members externally.

Reviewers
Tecnical Reviewers   ✕

Team visibility

◉ **Visible** (Recommended)
A visible team can be seen and @mentioned by every member of this organization.

○ **Secret**
A secret team can only be seen by its members and may not be nested.

Create team

그림 20.18 자동 동기화로 팀 생성하기

동기화된 이러한 팀은 다른 팀(상위 팀Parent team)에 추가할 수 있지만, 중첩된 그룹을 깃허브에 동기화하는 것은 불가능하다.

기업 관리 사용자

GHEC에서 SAML SSO를 설정해도 기업이나 조직의 모든 사용자는 여전히 GitHub.com에서 사용자 계정을 필요로 한다. 이 깃허브 사용자 계정은 기본적으로 사용자의 신원을 대표하며, SAML은 특정 엔터프라이즈 리소스에 대한 액세스 권한을 부여하는 역할을 한다. 이러한 시스템을 통해 사용자는 자신의 신원을 사용해 오픈소스 프로젝트나 기타 조직에 기여할 수 있고, 엔터프라이즈 리소스에 액세스하려면 SSO를 사용해 인증해야 한다. 그러나 많은 조직은 사용자의 신원을 완전히 제어하길 원하며, 이를 위해 **기업 관리 사용자**EMU, Enterprise Managed Users라는 기능을 제공한다. EMU를 사용하면 사용자의 신원은 IdP에서 완전히 관리된다. 새로운 사용자는 처음 로그인할 때 IdP에서의 신원을 사용해 생성되며, 이 사용자는 오픈소스에 기여하거나 다른 저장소에 외부 공동 작업자로 추가될 수 없다. 또한 이러한 사용자의 컨트리뷰션은 해당 사용자의 프로필에만 반영된다.

EMU는 기업이 사용자의 신원을 많이 제어할 수 있지만, 다음과 같은 제한 사항이 있다.

- 사용자는 엔터프라이즈 외부의 저장소에서 **협업**, **스타**star, **워치**watch 또는 **포크**fork를 할 수 없다. 이러한 저장소에 대한 이슈를 만들거나 풀 리퀘스트를 제출, 코드를 푸시, 댓글을 작성하거나 반응을 추가할 수 없다.
- 사용자는 동일한 기업의 다른 구성원에게만 표시되며 기업 외부의 다른 사용자를 팔로우할 수 없다.
- 사용자는 **깃허브 앱**GitHub Apps을 사용자 계정에만 설치할 수 있다.
- 사용자는 **비공개** 및 **내부 저장소**만 생성할 수 있다.

이런 제한 때문에 오픈소스 저장소의 통합 같은 깃허브의 주요 이점 중 일부를 누릴 수 없다. 그러나 EMU를 사용하면 서버 인스턴스 대신 클라우드를 사용할 수 있으므로 이런 제한에도 불구하고 시도해볼 가치가 있을 수 있다.

현재 EMU는 **AAD** 및 **Okta**와 같은 IdP를 지원한다. EMU를 사용하려면 깃허브의 영업팀에 연락해 새 기업을 생성해야 한다.

더 많은 정보를 얻으려면 다음 링크(https://docs.github.com/en/enterprise-cloud@latest/admin/identity-and-access-management/understanding-iam-for-enterprises/about-enterprise-managed-users)를 확인하라.

GHES를 사용한 인증

GHES에서는 작동 방식이 다소 다르며, 사용자는 **SAML**, **LDAP**, 또는 **CAS**를 통한 SSO을 구성할 수 있다. 이 설정은 GHEC와 크게 다르지 않으며, 중요한 차이점은 사용자에게 별도의 GitHub.com 계정이 필요하지 않다는 것이다. 사용자는 IdP를 사용해 직접 서버에 로그인할 수 있다. 이는 EMU의 작동 방식과 매우 유사하다. 만약 깃허브 커넥트 기능이 구성된 경우라면 추가적인 옵션을 제공한다. **User Setting › GitHub Connect** 설정에서 자신의 깃허브 계정을 연결해 공개적인 깃허브 프로필과 컨트리뷰션 횟수를 공유할 수 있다. 이 설정을 통해 사용자는 필요에 따라 여러 기업 ID를 자신의 깃허브 프로필에 연결할 수 있다. 이는 깃허브의 클라우드 기반 서비스와 자체 호스팅 서비스 간에 유연한 통합을 가능하게 한다.

감사 API

GHES와 GHEC는 모두 감사 로그audit log 기능을 제공한다. 이 기능은 모든 보안 관련 이벤트에 대한 로그를 보관하므로 조직의 보안 정책을 준수하고 사건을 조사하는 데 도움이 된다. 각 감사 로그 항목은 다음 정보를 포함한다.

- 작업이 수행된 기업 또는 조직

- 작업을 수행한 사용자(actor)

- 작업에 영향을 받은 사용자

- 작업이 수행된 저장소

- 수행된 작업

- 작업이 수행된 국가

- 작업이 발생한 날짜 및 시간

그림 20.19은 기업 수준에서 GHEC에서 샘플 감사 로그를 보여 준다. 이 로그는 검색 및 필터링이 가능해 특정 이벤트를 식별하고 분석하는 데 도움이 된다. 이를 통해 기업 또는 조직에서 발생하는 특정 유형의 이벤트를 쉽게 추적하고 분석할 수 있다.

로그의 필터 혹은 검색   클릭해 필터를 추가

그림 20.19 GHEC 인스턴스의 감사 로그

GHEC에서는 로그 스트리밍을 활성화하고 모든 이벤트의 자동 스트리밍을 다음 대상 중 하나로 구성할 수 있다.

- 아마존 S3

- 애저 블롭Azure Blob 저장소

- 애저 이벤트 허브Azure Event Hubs

- 구글 클라우드 스토리지

- Splunk

애저 이벤트 허브와 같은 도구를 통해 로그를 다른 분석 도구로 전송할 수 있다. 또한 깃허브의 감사 로그 API를 통해 GraphQL이나 REST API를 사용해 로그 정보를 쉽게 조회할 수 있다. 다음 예제는 REST API를 사용해 특정 날짜에 대한 모든 이벤트를 검색하는 방법을 보여 준다.

```
$ curl -H "Authorization: token TOKEN" \
--request GET \
"https://api.github.com/enterprises/ name/audit-
log?phrase=created:2022-01-01&page=1&per_page=100"
```

API를 사용해 감사 로그를 조회하는 자세한 정보는 다음 링크(https://docs.github.com/en/ enterprise-cloud@latest/admin/monitoring-activity-in-your-enterprise/reviewing-audit-logs-for-your-enterprise/using-the-audit-log-api-for-your-enterprise)를 참고하라.

⫶ 깃허브 스킬즈

깃허브의 강력한 장점 중 하나는 대다수의 개발자가 이미 이 도구를 어떻게 사용하는지 잘 알고 있다는 것이다. 이는 교육 및 온보딩 과정에서 소요되는 시간을 줄이는 데 크게 기여한다. 또한 깃허브를 처음 사용하는 개발자들을 위한 깃허브 스킬즈GitHub Skills라는 무료 교육 플랫폼을 제공한다. 깃허브 스킬즈(https://skills.github.com)는 깃허브 이슈 및 봇bot 을 활용해 깃허브를 학습하는 실습 경험을 제공하는 다양한 학습 경로를 포함하고 있다. 또한 마이크로소프트 런Microsoft Learn도 많은 무료 학습 경로를 제공한다. 깃허브에 관심이 있는 사용자들은 제품별로 필터링해 마이크로소프트 런(https://docs.microsoft.com/ en-us/learn/browse/?products=github)에 액세스하면 다양한 학습 자료를 이용할 수 있다.

⁘ 정리

20장에서는 깃허브의 다양한 가격, 호스팅 옵션, 기업의 보안을 위한 구성 및 깃허브를 어떻게 통합해 활용하는지에 대해 알아봤다.

21장에서는 기존의 소스 제어 시스템 또는 데브옵스 솔루션에서 깃허브로 이전하는 방법에 대해 알아볼 것이다. 이를 통해 깃허브를 효과적으로 활용하는 방법을 이해하는 데 도움을 받을 수 있을 것이다.

⁘ 더 읽을거리 및 참고 문헌

20장의 자세한 사항은 다음 자료를 참고한다.

- 가격: https://github.com/pricing

- *GitHub AE*: https://docs.github.com/en/github-ae@latest/admin/overview/about-github-ae

- *SCIM*: https://docs.github.com/en/enterprise-cloud@latest/rest/reference/scim

- 기업 관리 사용자: https://docs.github.com/en/enterprise-cloud@latest/admin/identity-and-access-management/understanding-iam-for-enterprises/about-enterprise-managed-users

- 감사 로그: https://docs.github.com/en/enterprise-cloud@latest/admin/monitoring-activity-in-your-enterprise/reviewing-audit-logs-for-your-enterprise/about-the-audit-log-for-your-enterprise

- *GitHub Skills*: https://skills.github.com

- *Microsoft Learn*: https://docs.microsoft.com/en-us/learn

21

깃허브로 이전

스타트업이 아니라면 새로운 플랫폼으로 이동할 때 고려해야 할 기존 도구와 프로세스가 항상 있다. 21장에서는 다른 플랫폼에서 깃허브로 마이그레이션^{migration}하는 것과 관련된 다양한 전략에 대해 설명한다.

21장에서는 다음과 같은 주제를 다룬다.

- 올바른 마이그레이션 전략 선택하기

- 최소한의 마이그레이션으로 규정 준수 달성하기

- 원활한 전환을 위한 요구 사항 동기화

- 깃허브 엔터프라이즈 임포터^{GitHub Enterprise Importer}를 사용해 애저 데브옵스^{Azure DevOps}에서 마이그레이션하기

- Valet를 사용해 파이프라인 마이그레이션

⁝ 올바른 마이그레이션 전략 선택하기

새 플랫폼으로 마이그레이션하는 방법은 크게 두 가지가 있다.

- **높은 충실도**^{high-fidelity} **마이그레이션**: 가능한 한 많은 데이터를 새 플랫폼으로 마이그레이션

- **클린 컷오버**^{clean cut-over} **마이그레이션**: 새 플랫폼에서 작업을 시작하는 데 필요한 최소한의 데이터만 마이그레이션

복잡한 플랫폼으로의 **높은 충실도 마이그레이션**에는 여러 가지 문제가 있다. 가장 큰 문제는 모든 엔티티를 일대일로 매핑할 수 없으며 플랫폼마다 다르게 작동한다는 것이다. 모든 것을 마이그레이션하면 사람들이 새 시스템을 사용하는 방식에 영향을 미치게된다. 데이터는 이전 프로세스를 사용하는 이전 시스템에 최적화돼 있기 때문이다. 또한 높은 충실도 마이그레이션에 소요되는 시간, 비용, 복잡성은 선형적이지 않다. 100% 충실도에 도달하려고 하면 할수록 더 복잡해지고 비용이 많이 들며, 일반적으로 100%는 달성하기 어렵다(그림 21.1 참고).

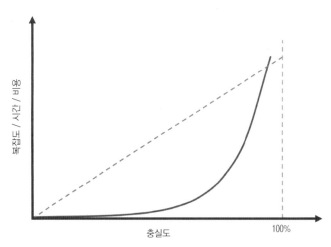

그림 21.1 다양한 수준의 충실도에 따른 복잡성, 시간, 비용

행동의 변화를 달성하고 새 플랫폼을 최적으로 사용하려면 **클린 컷오버 마이그레이션**이 최적이다. 이 책의 사례 연구에서는 팀이 새 플랫폼에서 시작해 꼭 필요한 부분만 이전하는 클린 컷오버 마이그레이션을 가정한다.

현실은 이 두 극단의 중간 정도에 있다. 소프트웨어 제공을 가속화하려면 클린 컷오버 마이그레이션으로 시작하지만, 새 시스템의 적용과 확장을 가속화하려면 팀이 빠르게 마이그레이션할 수 있도록 다른 옵션과 도구를 제공해야 한다. 나중에 다시 활성화하기 위해 보관해야 할 휴면 프로젝트/제품도 있을 수 있다. 어쨌든 이전 시스템은 계속 실행 중이거나 마이그레이션 상태로 둬야 한다.

⁝⁝ 낮은 충실도의 마이그레이션으로 규정 준수 달성하기

많은 기업이 우려하는 것 중 하나는 규정 준수를 위한 **종단간 추적성**end-to-end traceability 이다. 규제가 엄격한 많은 산업에서는 모든 요구 사항과 최종 기능 테스트에 대해 종단간 추적 기능을 제공해야 한다. 충실도가 낮은 마이그레이션의 문제점은 이러한 추적성 체인이 단절된다는 것이다.

하지만 그렇다고 해서 높은 충실도 마이그레이션만이 유일한 해결책이라는 의미는 아니다. 클린 컷오버 마이그레이션을 수행하고 이전 시스템을 읽기 전용 모드로 필요한 기간 동안 계속 실행할 수도 있다. 새 시스템에서는 어쨌든 종단간 추적성을 확보해야 한다. 규정을 준수하려면 두 시스템에 걸쳐 있는 요구 사항에 대해 이전 시스템 식별자를 새 시스템에 매핑해야 한다.

감사를 받는 경우 이전 시스템과 새 시스템 모두에서 보고서를 제공할 수 있다. 일부 요구 사항의 경우 두 보고서를 모두 살펴봐야 할 수도 있지만, 시스템 간 매핑을 허용하는 식별자가 있는 경우 여전히 유효한 추적성을 제공한다.

이전 시스템을 계속 실행하는 데 따른 불편함은 일반적으로 높은 충실도의 마이그레이션을 수행하는 것보다 훨씬 적지만, 이는 이전 시스템의 라이선스 등 여러 가지 요인에 따라 달라진다.

⁝⁚ 원활한 전환을 위한 요구 사항 동기화

이러한 맥락에서, 특히 다양한 도구를 사용하는 대기업의 경우 흥미로운 옵션 중 하나는 태스크톱Tasktop(https://www.tasktop.com/)과 같은 제품을 사용해 여러 플랫폼에 걸쳐 요구 사항을 동기화하는 것이다. 태스크톱은 지라Jira, 세일즈포스Salesforce, 서비스나우Service Now, IBM 래셔널IBM Rational, IBM 도어스IBM DOORS, 폴라리온 ALMPolarion ALM, 애저 데브옵스Azure DevOps 등과 같은 많은 제품에 대한 커넥터를 제공한다. 도구 간에 요구 사항과 작업 항목을 동기화하면 다양한 사용 사례가 가능하다.

* 마이그레이션 기간 동안 이전 도구와 새 도구 모두에서 동시에 작업하기 – 이를 통해 마이그레이션에 더 많은 시간을 할애할 수 있으며, 완전한 추적성을 유지하면서 팀을 차례로 옮길 수 있다.

* 다양한 역할과 팀이 각자가 선호하는 도구를 사용해 작업하기 – 프로젝트 관리자는 지라를, 아키텍트는 IBM 래셔널을, 운영은 서비스나우를 선호하고 개발자는 깃허브로 전환하고 싶어할 수도 있다. 이럴 경우 도구 간에 데이터를 동기화해 워크플로를 활성화할 수 있다.

특히 여러 팀이 동시에 작업하는 대규모 제품이 있는 복잡한 환경에서는 요구 사항과 작업 항목을 동기화하면 마이그레이션을 최적화하는 데 도움이 될 수 있다.

⁝⁚ 코드 마이그레이션

깃허브로 이전할 때 가장 쉬운 방법은 코드를 마이그레이션하는 것이다. 특히 코드가 이미 다른 깃 리포지터리에 저장돼 있는 경우 더욱 그렇다. 저장소가 깨끗한 상태인지 확인하려면 –bare 옵션을 사용해 저장소를 복제하기만 하면 된다.

```
$ git clone --bare <이전 리포지터리 URL>
```

그런 다음 코드를 리포지터리에 푸시하자.

```
$ git push --mirror <새 리포지터리 URL>
```

리포지터리에 이미 코드가 있는 경우 --force 매개변수를 추가해 재정의해야 한다. 기존 리포지터리를 푸시할 때 깃허브 CLI를 사용해 즉석에서 리포지터리를 만들 수도 있다.

```
$ gh repo create <이름> --private --source <로컬 경로>
```

깃에서는 이메일 주소와 작성자 정보가 일치하므로 모든 사용자에 대해 깃허브에서 사용자 계정을 생성하고 이전 깃 시스템에서 사용한 이메일 주소를 할당하기만 하면 된다. 그러면 작성자를 올바르게 확인할 수 있다.

깃허브 임포터 GitHub Importer를 사용해 코드를 가져올 수도 있다. 깃 외에도 다음과 같은 리포지터리 유형이 지원된다.

- Subversion
- Mercurial
- TFVCTeam Foundation Version Control

깃허브 임포터는 소스 시스템으로 URL을 가져와 새 리포지터리를 만든다. 100MB보다 큰 파일은 제외하거나 **Git 대용량 파일 저장소**LFS, Large File Storage에 추가할 수 있다.

깃허브 임포터 기능을 사용해 리포지터리를 가져오려면 프로필 옆의 더하기(+) 버튼을 클릭하고 **Import repository**(리포지터리 가져오기)를 선택하면 된다(그림 21.2 참고).

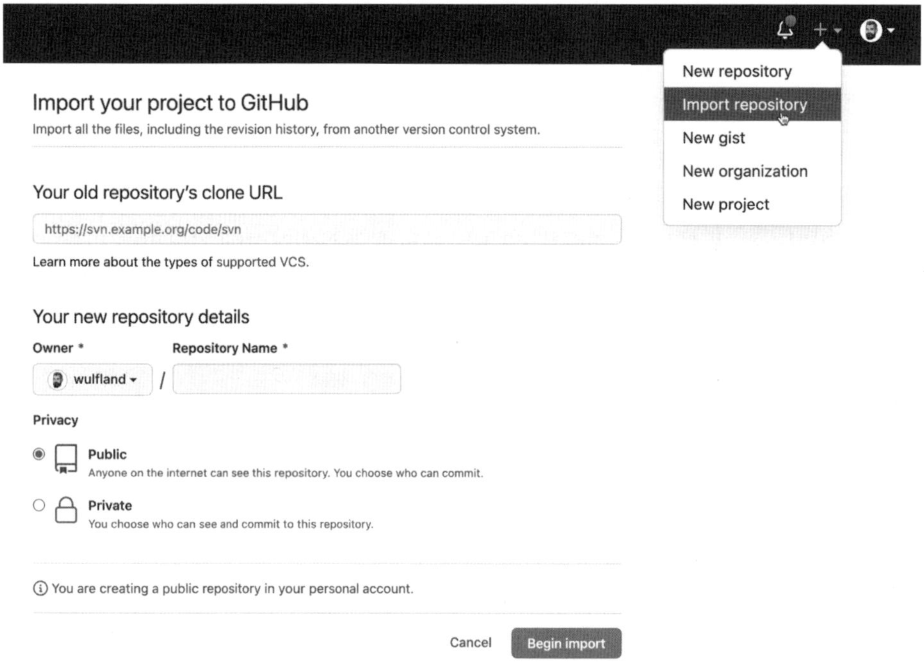

그림 21.2 리포지터리 가져오기

서브버전^{Subversion}에서 마이그레이션하는 경우 **git-svn**(https://git-scm.com/docs/git-svn)을 사용해 깃과 서브버전 리포지터리 간에 변경 사항을 동기화할 수 있다.

```
$ git svn <command>
```

Azure DevOps/Team Foundation Server에서 마이그레이션하는 경우 가장 좋은 방법은 먼저 **TFVC**에서 깃으로 마이그레이션한 다음 깃허브로 마이그레이션하는 것이다. git-svn과 유사한 도구인 **git-tfs**(https://github.com/git-tfs/git-tfs)도 있다. 이 도구를 사용하면 깃과 TFVC 간에 변경 사항을 동기화하거나 깃허브로 직접 마이그레이션할 수도 있다.

```
git tfs <명령어>
```

깃은 수명이 짧은 브랜치에 최적화돼 있지만 TFVC는 그렇지 않다. 코드와 모든 브랜치를 그냥 마이그레이션해서는 안 된다. 클린−컷오버 전환의 기회로 삼고 새로운 브랜치 모델로 시작하자. 코드를 깃으로 마이그레이션하는 것은 기록의 일부를 유지하기 위한 첫 번째 단계일 수 있지만, 마이그레이션 후에는 브랜치 모델을 조정해야 한다.

여러 가지 유용한 도구들이 있어서 코드를 깃허브로 마이그레이션하는 것은 어려운 일이 아니다. 문제는 이전 브랜칭 모델에서 새 플랫폼에 최적화되고 소프트웨어 배포 성능을 가속화하는 새로운 브랜칭 모델로 전환하는 것이다(11장 참고).

풀 리퀘스트, 연결된 작업 항목linked work item, 파이프라인 등 깃에 직접 저장되지 않는 것들에 대한 문제도 있다. 이러한 것들은 깃 리포지터리 자체보다 더 많은 주의가 필요하다.

⁑ 애저 데브옵스 또는 깃허브에서 마이그레이션하기

깃허브에서 깃허브로 마이그레이션하거나 애저 데브옵스에서 깃허브로 마이그레이션하는 경우 **깃허브 엔터프라이즈 임포터**GEI, GitHub Enterprise Importer를 사용할 수 있다(https://github.com/github/gh-gei). 이 도구는 깃허브 CLI의 확장이며 확장 설치를 사용해 설치할 수 있다.

```
$ gh extension install github/gh-gei
$ gh gei --help
```

다음처럼, **개인 액세스 토큰**PAT, Personal Access Token을 환경 변수로 설정해 소스 및 대상 시스템에 인증할 수 있다.

```
$ export ADO_PAT=<개인 액세스 토큰>
$ export GH_SOURCE_PAT=<개인 액세스 토큰>
$ export GH_PAT=<개인 액세스 토큰>
```

또한 `--github-source-pat` 및 `--ado-pat` 매개변수를 사용해 생성 스크립트에 전달할
수도 있다.

마이그레이션 스크립트를 만들려면 깃허브에서 마이그레이션할지 애저 데브옵스에서
마이그레이션할지에 따라 다음 명령 중 하나를 실행한다.

```
$ gh gei generate-script --ado-source-org <소스> --github-target-org
<대상>
$ gh gei generate-script --github-source-org <소스> --github-target-org
<대상>
```

그러면 실제 마이그레이션에 사용할 수 있는 파워셸 스크립트 `migrate.ps1`이 생성되며,
이 스크립트는 애저 데브옵스 또는 깃허브 조직에서 찾은 모든 팀 프로젝트에 대해 `gei
migrate-repo`를 호출한다. 이제 실제 마이그레이션이 대기열에 추가된다. 그런 다음 이
전 명령의 출력과 함께 `gei wait-for-migration --migration-id`를 실행해 상태를 가
져올 수 있다.

GEI는 현재 다음을 지원한다.

- **ADO**Azure DevOps

- **GHES**GitHub Enterprise Server 3.4.1+

- 깃허브 엔터프라이즈 클라우드GitHub Enterprise Cloud

애저 데브옵스의 경우 다음 항목이 마이그레이션된다.

- 깃 소스Git source

- 풀 리퀘스트

- 풀 리퀘스트에 대한 사용자 기록

- 풀 리퀘스트의 작업 항목 링크

- 풀 리퀘스트의 첨부 파일

- 리포지터리에 대한 브랜치 보호branch protection

깃허브 엔터프라이즈 서버GitHub Enterprise Server 및 클라우드의 경우 다음 항목이 추가로 마이그레이션된다.

- 이슈issue

- 마일스톤milestone

- 위키Wiki

- 리포지터리 수준의 프로젝트 보드

- 깃허브 액션 워크플로GitHub Actions workflow(시크릿 및 워크플로 실행 기록은 포함되지 않음)

- 커밋 코멘트commit comment

- 활성 웹훅active webhook

- 리포지터리 설정repository setting

- 브랜치 보호

- 깃허브 페이지GitHub Pages 설정

- 위 데이터에 대한 사용자 기록user history

자세한 내용은 다음 링크(https://docs.github.com/en/early-access/github/migrating-with-github-enterprise-importer)를 참고하자.[1] GEI는 아직 베타 버전이며 자주 변경될 수 있다.

깃허브 엔터프라이즈 서버를 사용하는 경우 다른 서버 인스턴스나 깃허브 엔터프라이즈 클라우드에서 ghe-migrator를 사용해 데이터를 가져올 수도 있다. 깃허브 엔터프라이즈 서버에서 데이터 내보내기 및 가져오기에 대한 자세한 내용은 다음 링크(https://docs.

---

1 2023년 3월 GA: https://github.blog/changelog/2023-03-01-github-actions-importer-general-availability/ – 옮긴이

github.com/en/enterprise-cloud@latest/migrations/using-ghe-migrator/migrating-data-to-github-enterprise-server)를 참고하자.

⫶⫶ 파이프라인 마이그레이션

파이프라인을 깃허브 액션^{GitHub Actions}으로 마이그레이션하려면 Valet이라는 도구를 사용할 수 있다. 이 도구는 다음 소스를 지원한다.

- 애저 데브옵스(클래식 파이프라인, YAML 파이프라인 및 릴리스)

- 젠킨스

- Travis CI

- CircleCI

- GitLabCI

Valet은 Docker.Note를 사용해 설치되는 루비 기반 명령줄 도구다.

> **NOTE**
>
> Valet은 이 글을 쓰는 시점에서 아직 비공개 베타 버전이며 계속 변경될 수 있다. Valet은 모든 것을 마이그레이션할 수 있는 100% 효과적인 솔루션이 아니다! 확장 가능하며 자체 트랜스포머를 작성해야 하며 마이그레이션 후에도 여전히 몇 가지 수동 단계를 수행해야 할 수도 있다.[2]

Valet의 배포는 컨테이너 이미지를 풀다운하고 2개의 스크립트 valet 및 valet-update를 사용해 상호 작용하는 방식으로 이뤄진다.

```
$ docker pull ghcr.io/valet-customers/valet-cli
```

---

2 현재 버전은 다음 링크(https://github.com/github/gh-valet)에서 사용할 수 있다. – 옮긴이

554

비공개 베타에 액세스한 후에는 다음을 사용해 ghcr.io에 인증해야 한다. 사용자 이름과 read:packages 액세스 권한이 있는 PAT 토큰을 사용해 인증하자.

```
$ docker login ghcr.io -u <사용자이름>
```

가장 좋은 방법은 Valet을 깃허브 CLI 확장으로 설치하는 것이지만, 여전히 도커가 실행 중이어야 하며 레지스트리에 인증돼야 한다. Valet을 깃허브 CLI 확장으로 설치하려면 다음 명령을 실행하자.

```
$ gh extension install github/gh-valet
```

gh valet update 명령어를 통해 쉽게 업데이트할 수 있다. Valet은 환경 변수를 사용해 구성된다. 가장 쉬운 방법은 Valet을 사용하는 폴더에 있는 .env.local이라는 파일에 설정하는 것이다. 예를 들어 애저에서 깃허브 엔터프라이즈 클라우드로 파이프라인을 마이그레이션하기 위한 구성은 다음과 같다.

```
GITHUB_ACCESS_TOKEN=<GitHub PAT>
GITHUB_INSTANCE_URL=https://github.com

AZURE_DEVOPS_PROJECT=<프로젝트 이름>
AZURE_DEVOPS_ORGANIZATION=<조직 이름>
AZURE_DEVOPS_INSTANCE_URL=https://dev.azure.com/<조직>
```

Valet에는 세 가지 모드가 있다.

- gh valet audit은 지원되는 모든 파이프라인에 대한 소스 다운로드 정보를 분석한다. 발견된 모든 파이프라인, 빌드 단계, 환경이 포함된 감사 요약 보고서(Markdown)를 생성한다. 감사를 사용해 마이그레이션을 계획할 수 있다.

- gh valet dry-run은 파이프라인을 깃허브 액션 워크플로 파일로 변환하고 YAML 파일을 출력한다.

- `gh valet migrate`는 파이프라인을 깃허브 액션 워크플로 파일로 변환하고 워크플로 파일에 대한 변경 사항이 포함된 풀 리퀘스트를 대상 깃허브 리포지터리에 생성한다.

- `gh valet`은 과거 파이프라인 사용량을 기반으로 깃허브 액션의 사용량을 예측한다.

이전 구성을 사용해 감사를 실행하고 보고서를 만들려면 다음 명령을 실행하기만 하면 된다.

```
$ gh valet audit azure-devops --output-dir .
```

그러면 지원되는 모든 파이프라인에 대해 `audit_summary.md` 보고서와 3개의 파일(구성이 포함된 `.config.json` 파일, YAML로 변환된 소스 파이프라인이 포함된 `.source.yml` 파일, 나중에 마이그레이션할 변환된 깃허브 액션 워크플로가 포함된 `.yml` 파일)이 생성된다. 하나의 파이프라인에 대한 마이그레이션을 실행하려면 `run valet migrate` 명령어를 실행한다.

```
$ valet migrate azure-devops pipeline \
  --target-url https://github.com/<org>/<repo-name> \
  --pipeline-id <definition-id>
```

이것은 모든 것을 보장하는 마이그레이션 방법은 아니다. 예를 들어 다음 요소는 마이그레이션할 수 없다.

- 시크릿secret

- 서비스 연결service connection

- 알 수 없는 작업unknown task

- 자체 호스팅 러너self-hosted runner

- Key Vault의 변수

알 수 없는 단계나, 파이프라인 단계에 대한 자체 트랜스포머transformer를 작성하거나 Valet의 기존 동작을 재정의할 수 있다. 다음처럼 새 루비 파일(.rb)을 만들고 다음 형식의 함수를 추가하자.

```
transform "taskname" do |item|
end
```

애저 데브옵스 작업의 경우 이름에 버전 번호가 포함된다. 항목 개체에 포함된 내용을 확인하려면 입력을 사용해 콘솔에 출력할 수 있다.

다음은 DotNetCoreCLI 작업 버전을 재정의하는 샘플 트랜스포머다. task version 2를 재정의하고 globstar 구문을 사용해 모든 .csproj 파일을 반복하고 소스 파이프라인의 인수를 사용해 명령을 실행하는 Bash의 실행 단계로 대체한다.

```
transform "DotNetCoreCLI@2" do |item|
  if(item["command"].nil?)
    item["command"] = "build"
  end

{
    run: "shopt -s globstar; for f in ./**/*.csproj; do dotnet
#{ item['command']} $f #{item['arguments'] } ; done"
  }
end
```

사용자 정의 트랜스포머를 사용하려면 –custom-transformers 매개변수를 사용하면 된다. 트랜스포머가 많은 경우 개별 트랜스포머 또는 전체 디렉터리를 지정할 수 있다.

```
$ valet migrate azure-devops pipeline \
  --target-url https://github.com/<org>/<repo-name> \
  --pipeline-id <definition-id> \
  --custom-transformers plugin/*
```

각 워크플로 시스템은 다르다. 무작정 모든 것을 마이그레이션하는 대신 새 플랫폼에 최적화하기 위해 파이프라인을 어떻게 변환할지 분석하는 데 시간을 할애하자. 이를 파악했다면 Valet은 팀을 깃허브로 더 빠르게 전환하는 데 도움이 되는 훌륭한 도구가 될 것이다.

⠿ 정리

깃허브는 복잡하고 빠르게 성장하는 에코시스템으로 어떤 종류의 마이그레이션도 간단하지는 않을 것이다. 마이그레이션할 때는 모든 것을 마이그레이션한 다음 팀에게 혼란을 맡기기보다는 새 플랫폼에서 생산성을 최적화하는 데 집중하자. 조직의 규모와 소스 플랫폼에 따라 마이그레이션 스토리는 완전히 다르게 보일 수 있다.

21장에서는 마이그레이션을 용이하게 하는 데 도움이 될 수 있는 깃허브 및 파트너의 다양한 도구에 대해 알아봤다.

22장에서는 최적의 협업을 위해 팀과 리포지터리를 구성하는 방법에 대해 이야기해 보자.

⠿ 더 읽을거리

21장의 자세한 사항은 다음 자료를 참고한다.

- *GitHub Importer*: https://docs.github.com/en/migrations/importing-source-code/using-github-importer/importing-a-repository-with-github-importer

- *GitHub Enterprise Importer* CLI: https://github.com/github/gh-gei and https://docs.github.com/en/enterprise-server@3.11/migrations/using-github-enterprise-importer/understanding-github-enterprise-importer/about-github-enterprise-importer

- *GitHub Enterprise Server Importer*: https://docs.github.com/en/enterprise-server@3.11/migrations/using-github-enterprise-importer/preparing-to-migrate-with-github-enterprise-importer/managing-access-for-github-enterprise-importer

- *ghe-migrator*: https://docs.github.com/en/enterprise-server@3.11/migrations/using-github-enterprise-importer/preparing-to-migrate-with-github-enterprise-importer/managing-access-for-github-enterprise-importer

- *Tasktop*: https://www.tasktop.com/

- *git-svn*: https://git-scm.com/docs/git-svn

- *git-tfs*: https://github.com/git-tfs/git-tfs

22

깃허브를 통한 협업 고도화

22장에서는 협업을 촉진하고 관리를 용이하게 하기 위해 리포지터리 및 팀을 조직하고 엔터프라이즈 단위로 구조화하는 모범 사례를 배운다.

22장에서는 다음과 같은 주제를 다룬다.

- 깃허브 범위 및 네임스페이스

- 깃허브 팀 구성

- 역할 기반 액세스

- 사용자 정의 역할

- 외부 공동 작업자

⠿ 깃허브 범위 및 네임스페이스

깃허브의 주요 구성 요소는 리포지터리이며 개인 또는 조직을 위해 생성 가능하다. 리포지터리의 URL은 다음과 같은 형식으로 표시된다.

```
https://github.com/<username>/<repository>
https://github.com/<organization>/<repository>
```

깃허브 엔터프라이즈 서버의 경우 다음 링크(https://github.com)를 서버의 URL로 바꿔야 한다. 또한 플랫폼의 사용자 및 조직 이름은 네임스페이스를 제공하기 때문에 유일해야 하며 해당 네임스페이스에서 리포지터리의 이름은 유일해야 한다.

깃허브 엔터프라이즈

깃허브에서 엔터프라이즈는 여러 조직을 위한 컨테이너다. 엔터프라이즈는 네임스페이스가 아니며, 조직 이름은 여전히 고유해야 한다. 엔터프라이즈에는 엔터프라이즈를 참조하는 URL 슬러그slug가 있다. 엔터프라이즈에 대한 URL은 다음과 같다.

```
https://github.com/enterprises/<enterprise-slug>
```

이미 조직 단위로 결제를 하고 있다면 **Setting › Billing and plans**에서 엔터프라이즈로 업그레이드할 수 있다. 그렇지 않은 경우 깃허브 영업팀에 문의하면 된다.

깃허브 엔터프라이즈에는 세 가지 역할이 있다.

- **소유자**owner: 엔터프라이즈에 대한 전체 관리 권한이 있지만 조직에 대한 권한은 없음

- **멤버**member: 적어도 하나의 조직에 액세스할 수 있는 멤버 또는 외부 공동 작업자

- **결제 관리자**billing manager: 결제 정보만 관리할 수 있음

SAML 인증, SSH 인증 기관 정보 또는 IP 허용 목록 등과 같이 모든 조직에 대해 엔터프라이즈 수준에서 구성할 수 있는 몇 가지 설정이 있다. 또한 일부 엔터프라이즈 수준의 웹훅도 있으며 전체 엔터프라이즈의 감사 로그에 액세스할 수 있다. 클라우드 스토리지, Splunk 또는 Azure Event Hubs로의 감사 로그 스트리밍은 엔터프라이즈 수준에서만 사용할 수 있지만 대부분의 설정은 **결제** 및 **라이선스**와 관련이 있다.

조직 수준에서 구성할 수 있는 다양한 설정에 대한 정책을 설정할 수도 있다. 정책이 설정돼 있으면 조직의 소유자는 설정을 변경할 수 없으며, 정책이 정의되지 않은 경우 조직의 소유자가 설정을 구성할 수 있다.

깃허브 조직

리포지터리와 팀을 관리하는 주된 방법은 조직을 사용하는 것이다. 조직은 엔터프라이즈 없이도 존재할 수 있으며, 다른 엔터프라이즈 간에 이동할 수도 있다. 조직은 팀이 스스로 정리할 수 있도록 셀프 서비스로 제공되는 것이 아니다. 일부 회사에서는 조직이 2,000개가 넘는 경우도 있는데, 이는 특히 통합 관리에 있어 어려움이 생긴다. 예를 들어 깃허브 앱은 엔터프라이즈 수준이 아닌 조직 수준에서만 구성할 수 있다. 지라^{Jira} 인스턴스와의 연동을 구성하려면 모든 조직에 대해 이 작업을 수행해야 한다. 엔터프라이즈 수준에서는 이를 구성할 수 없다.

대부분의 고객에게는 하나의 조직이면 충분하다. 회사에 분리돼야 하는 여러 법인이 있는 경우 여러 조직을 보유할 수 있는 이유가 된다. 또 다른 이유는 오픈 및 이너 소스^{inner source}를 분리하려는 경우다. 하지만 모든 부서 또는 부문에 대해 하나의 조직을 통해 관리하는 것은 좋지 않으며 대신 팀을 사용해 관리하는 것이 좋다.

조직에는 다음과 같은 역할이 있다.

- **소유자**: 팀, 설정, 리포지터리에 대한 모든 액세스 권한이 있음

- **멤버**: 팀원 및 공개된 팀을 볼 수 있으며 리포지터리를 생성할 수 있음

- **외부 공동 작업자**: 조직의 구성원은 아니지만 하나 이상의 저장소에 액세스 권한이 있음

조직에는 프로젝트, 패키지, 팀 및 리포지터리가 있으며 리포지터리에 대해 다양한 설정을 구성할 수 있다. 조직 수준에서 이러한 설정을 구성하지 않으면 리포지터리 수준에서 이러한 설정을 구성할 수 있다.

조직을 구성하는 주요 방법은 팀을 사용하는 것이며 다음으로 팀 구성에 대해 알아본다.

⋮⋮⋮ 깃허브 팀 구성

팀은 편리한 방법으로 권한을 부여해 리포지터리에 빠르게 온보딩 및 오프보딩할 수 있을 뿐만 아니라 지식을 공유하고 특정 그룹에 변경 사항을 알리는 데 사용할 수도 있다.

팀에는 토론이 있으며 리포지터리 및 프로젝트를 볼 수 있다. 팀은 다음 두 가지 가시성 중 하나를 가질 수 있다.

- **공개**visible: 공개 팀은 조직의 모든 구성원이 볼 수 있고 언급할 수 있음
- **비공개**secret: 비공개 팀은 구성원만 볼 수 있으며 중첩될 수 없음

팀은 조직의 네임스페이스에 존재한다. 이는 팀의 이름이 조직 내에서 고유해야 함을 의미하며 다음 구문을 사용해 팀을 언급하거나 코드 소유자로 추가할 수 있다.

```
@<organization>/<team-name>
```

팀을 사용해 액세스 권한과 멘션을 중첩하고 계단식 액세스 권한과 멘션으로 회사 또는 그룹의 구조를 반영할 수 있다. 새 팀을 생성할 때 상위 팀을 지정해 해당 작업을 수행할 수 있다. 이렇게 하면 새 팀이 하위 팀이 된다. 하위 팀은 또 다른 상위 팀이 될 수도 있

으므로 깊은 계층 구조를 만들 수 있다. 팀은 상위 팀에서 권한 및 알림을 상속하지만 그 반대는 아니다.

팀을 중첩해 회사의 구조를 만들 수 있다. 모든 직원, 부문, 부서, 제품 팀에 대한 팀(수직적 팀)을 만들 수 있다. 실무 커뮤니티와 같은 관심사 그룹과 같은 **수평적 팀**에도 팀을 사용할 수 있다(그림 22.1 참고).

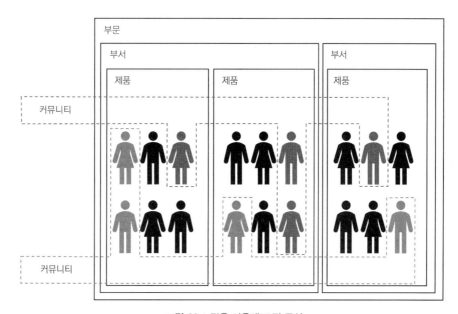

그림 22.1 팀을 사용해 조직 구성

이를 통해 밸류 스트림value stream 팀 간 지식 및 소유권을 공유할 수 있다. 또한 커뮤니티 구조에 적합한 경우 수평적 팀도 중첩할 수 있다.

조직의 **Teams** 탭에서 중첩 팀을 확장할 수 있다(그림 22.2 참고).

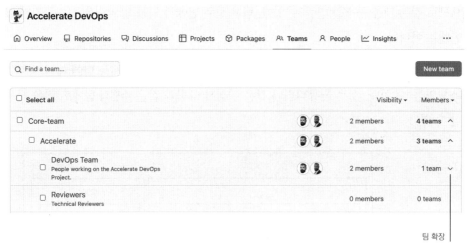

그림 22.2 조직의 Teams 탭에서 중첩된 팀

팀은 토론을 위한 페이지를 갖고 있다. 조직 구성원은 팀과 함께 토론을 만들고 참여할
수 있으며 팀은 다른 조직원에게 보이지 않는 비공개 토론도 가질 수도 있다(그림 22.3 참고).

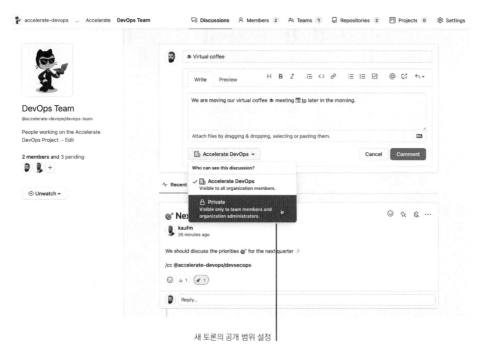

그림 22.3 토론을 포함한 팀 페이지

팀을 언급하고 리뷰어 및 코드 소유자로 지정할 수 있다. 팀은 조직을 단순하게 구성할 수 있는 매우 강력한 도구이며 단순하게 유지하고 사람들이 쉽게 이해할 수 있는 이름을 사용해야 한다. 복잡한 프로세스를 만들기보다는 단순하게 유지하는 것이 핵심이다.

⋙ 역할 기반 액세스

리포지터리 수준에서 팀 또는 개인에게 역할 기반 액세스를 부여할 수 있다. 다음 기본 역할 중 하나를 사용할 수 있다.

- **읽기**read: 리포지터리를 읽고 복제하며 이슈 및 풀 리퀘스트에 대해 생성하고 의견을 남길 수 있음

- **진단**triage: 읽기 권한, 이슈, 풀 리퀘스트 관리 권한을 가짐

- **쓰기**write: 진단 권한, 읽기, 복제, 리포지터리로 푸시할 수 있는 권한을 가짐

- **유지관리**maintain: 쓰기 권한, 이슈, 풀 리퀘스트 관리 권한 및 일부 리포지터리 설정 권한을 가짐

- **관리자**admin: 민감하고 파괴적인 작업을 포함한 리포지터리에 대한 전체 액세스 권한을 가짐

읽기 권한은 이슈 및 풀 리퀘스트에 코멘트를 남길 수 있는 읽기 이상의 작업을 수행할 수 있다. **진단** 및 **유지관리**는 오픈소스 프로젝트에서 일반적인 역할이며 엔터프라이즈의 경우에는 그렇게 자주 사용되지 않는다.

조직의 기본 권한을 읽기, 쓰기 또는 관리자로 설정할 수 있다. 이렇게 하면 모든 구성원에게 모든 리포지터리에 대한 해당 권한이 부여된다. 외부 공동 작업자는 기본 권한을 상속받지 않는다(https://docs.github.com/en/organizations/managing-user-access-to-your-organizations-repositories/setting-base-permissions-for-an-organization).

⠆⠆ 사용자 정의 역할

리포지터리 역할(/settings/roles) 아래의 조직 설정에서 사용자 지정 역할을 정의할 수 있다. **Create a role**을 클릭하고 새 역할의 이름과 설명을 지정한다. 그런 다음 권한을 상속할 기본 역할을 선택하고 권한을 추가한다(그림 22.4 참고).

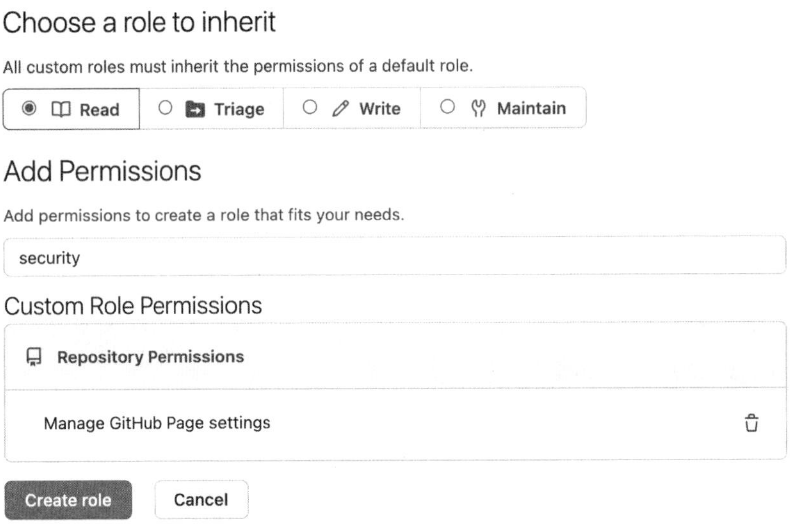

Choose a role to inherit

All custom roles must inherit the permissions of a default role.

● 📖 Read	○ ➡ Triage	○ ✏ Write	○ 🔧 Maintain

Add Permissions

Add permissions to create a role that fits your needs.

```
security
```

Custom Role Permissions

🖥 **Repository Permissions**
Manage GitHub Page settings   🗑

Create role   Cancel

그림 22.4 깃허브에서 사용자 정의 역할 생성

권한은 분류 돼 검색 상자에 'security'를 입력하면 목록에서 보안과 관련된 사용 가능한 모든 권한이 표시된다.

권한은 다음 카테고리에서 사용할 수 있다.

- 토론
- 이슈
- 풀 리퀘스트
- 리포지터리
- 보안

모든 카테고리에 대해 구성할 수 있는 것은 아니다. 예를 들어 이 글을 작성하는 시점에는 깃허브 패키지에 대한 특정 권한은 없다.

한 사람에게 서로 다른 수준의 액세스 권한이 부여된 경우 항상 더 높은 권한이 더 낮은 권한보다 우선한다. 한 사람에게 여러 역할이 부여된 경우 **혼합된 역할**^{mixed role}을 가진 사람에게 깃허브상에 경고가 표시된다.

그리고 다시 말하지만 사용자 정의 역할을 너무 많이 만들면 좋지 않고 가능한 한 간단하게 유지해야 한다.

⠿ 외부 공동 작업자

외부 공동 작업자^{outside collaborator}는 조직의 구성원은 아니지만 조직의 리포지터리 중 하나 이상에 액세스할 수 있다.

> **NOTE**
>
> 비공개 저장소에 외부 공동 작업자를 추가하면 유료 라이선스 중 하나를 사용하게 된다.

외부 공동 작업자는 조직의 **구성원**이 아니며 내부 리포지터리를 볼 수 없으며 기본 권한을 상속받지 않는다.

조직 수준에서는 외부 공동 작업자를 초대할 수 없으며, 구성원을 조직에 초대한 다음 외부 공동 작업자로 전환할 수만 있다(그림 22.5 참고).

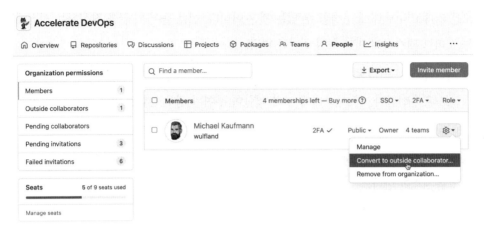

그림 22.5 멤버를 외부 공동 작업자로 변환

리포지터리 관리자가 **Setting › Collaborators and teams**에서 사람을 추가할 때 이미 조직에 속해 있으면 자동으로 멤버로 추가된다. 그렇지 않은 경우 외부 공동 작업자로 추가된다.

외부 공동 작업자는 파트너 및 고객이 조직에 속해 있지 않아도 쉽게 협업할 수 있는 좋은 방법이다. 그러나 **Enterprise Managed Users**를 사용하는 경우 해당 방법은 동작하지 않는다. 또한 **SAML Single Sign On**을 활성화한 경우 외부 공동 작업자는 이를 우회하고 조직 소유자는 리포지터리 관리자가 리포지터리에 외부 공동 작업자를 초대하지 못하도록 조직 설정에서 제한할 수 있다.

정리

22장에서는 기업에서 조직, 리포지터리, 팀을 구조화하는 모범 사례에 대해 알아봤다. 또한 팀 중첩, 관심사 그룹을 위한 팀 사용, 역할 기반 액세스, 외부 공동 작업자에 대해 살펴봤다.

23장에서는 책의 모든 내용을 종합해 깃허브를 이용해 기업을 혁신하고 조직에서 데브옵스를 가속화하는 프로세스를 안내한다.

⁑ 더 읽을거리

22장의 자세한 사항은 다음 자료를 참고한다.

- *About teams*: https://docs.github.com/en/organizations/organizing-members-into-teams/about-teams

- *Base permissions*: https://docs.github.com/en/organizations/managing-access-to-your-organizations-repositories/setting-base-permissions-for-an-organization

- *Custom roles*: https://docs.github.com/en/enterprise-cloud@ latest/organizations/managing-peoples-access-to-your- organization-with-roles/managing-custom-repository-roles- for-an-organization

- *Outside collaborators*: https://docs.github.com/en/organizations/ managing-access-to-your-organizations-repositories/adding- outside-collaborators-to-repositories-in-your-organization

- *Managing access to your repository*: https://docs.github.com/en/repositories/managing-your-repositorys-settings-and- features/managing-repository-settings/managing-teams-and- people-with-access-to-your-repository#inviting-a-team-or- person

23

엔터프라이즈 혁신

23장에서는 엔터프라이즈 혁신에 대해 이야기한다. 이 책에서 설명한 모든 내용을 활용해 엔지니어링 문화를 갖춘 기업으로 전환하는 방법을 설명한다.

23장에서는 다음과 같은 주제를 다룬다.

- 많은 혁신이 실패하는 이유

- 왜? 부터 시작하기

- 데이터 기반 혁신

많은 혁신이 실패하는 이유

소프트웨어는 고객 경험부터 공급망 관리까지 모든 산업의 제품과 서비스의 핵심이다 (1장 참고). 많은 기업이 높은 수준의 디지털 기업이 되기 위해 혁신해야 하지만 이러한 혁신 중 상당수가 실패한다. 역할 이름이 변경되거나, 관리 수준이 재구성되거나, 호스팅이 프라이빗 클라우드로 변경되지만 문화와 성과는 변화지 않는 경우가 많다. 혁신이 실패하는 이유는 여러 가지 있으며, 여기서 몇 가지 예를 들어본다.

회사나 업계가 특별하다고 가정

많은 기업은 자사가 특별하다고 생각하지만 그렇지 않다. 유감스럽게도 디지털 혁신에 관해서 어떤 기업이나 업계도 마찬가지일 가능성이 높다. 제품에 결함이 있을 경우 누군가 죽을 수 있는가? 자동차, 비행기, 트럭, 의료기기 등이 그렇다. 이런 제품을 생산하는 모든 부품도 마찬가지다. 하지만 이것들이 특별하다고는 할 수 없다. 특정 표준을 준수해야 하는가? 군용 제품을 만드는가? 상장 기업인가? 정부 기관을 위해 일하는가? 기업을 특별하게 만든 것이 무엇이든, 대부분의 기업은 비슷한 과제에 직면하고 있으며 데브옵스 전환과 관련해 동일한 규칙이 적용된다.

1장에서 언급한 연구를 살펴보면 소규모 스타트업부터 대기업, 첨단 인터넷 기업부터 금융, 의료, 정부 등 규제가 심한 산업에 이르기까지 모든 기업에 적용된다는 것을 알 수 있다(Forsgren, N., Humble, J., Kim, G., 2018).

하지만 이것은 사실 좋은 일이다. 당신이 현재 진행 중인 혁신 과정에서 직면할 많은 문제가 이미 다른 기업에서 해결됐다는 뜻이기 때문이다. 그들의 실패를 통해 배울 수 있고 직접 경험하지 않아도 된다.

긴박감 부재

혁신에 가장 큰 장애물은 안일함이다. 비즈니스에 종사하는 사람들이 현실에 안주하면 혁신에 저항하고 평소와 같은 방식으로 비즈니스를 계속 수행할 가능성이 높다.

사람들이 즉각 중요한 문제를 해결해야 한다는 진정한 긴박감을 조성해야 한다. 이 경우 긴박함은 불안을 유발하는 경영진의 압박이 아니다. 진정한 긴박감은 패배에 대한 불안보다 이기기 위한 깊은 결의로 변화를 이끌어야 한다(John P. Kotter 2008).

진정한 긴박감이 없으면 사람들은 변화에 저항하고 기존 행동을 유지할 가능성이 더 높다. 주의할 점은 이런 긴박감이 조직 내에서 완전히 다른 이유로 발생할 수 있다는 것이다. 경영진은 시장의 압박과 빈번한 릴리스에 대응할 수 있는 민첩성이 부족하다고 느낄 수 있다. 엔지니어는 기존 프로세스와 도구로 인해 기술 부채, 인재 유치, 유지 문제를 느낄 수 있다. 명확한 비전을 통해 이러한 이슈에서 공통의 합의 사항을 이끌어 내는 것이 중요하다. 서로 다른 긴박감을 같은 방향으로 이끌어야만 여기서 오는 힘들이 서로 상쇄하지 않도록 할 수 있다.

명확한 비전 부재

도구, 프로세스, 역할은 쉽게 바꿀수 있지만, 행동, 문화, 스토리를 바꾸는 것은 어렵다. 명확한 비전이 없다면 혁신을 통해 원하는 결과를 얻을 수 없다.

고객으로부터 "우리는 마이크로소프트나 구글이 아니고, 첨단 인터넷 기업도 아니다" 라는 말을 들으면 명확한 비전을 갖고 있지 않다는 뜻이다. 업계에서 디지털 리더가 되겠다거나 제품 기업에서 서비스 기업으로 변화하겠다는 명확하고 설득력 있는 비전이 있다면 이에 반하는 말을 하지 못할 것이다.

변화를 이끄는 좋은 비전은 모든 혁신이 어디로 향할지 명확하게 제시하는 것이다(John P. Kotter 2012).

데브옵스 혁신이 항상 고위 경영진에 의해 시작되는 것은 아니다. 몇몇 회사는 부서나 팀 내에서 데브옵스 혁신을 주도하고 있다. 그러나 여전히 명확한 비전이 필요하며, 혁신이 성공적으로 이뤄지도록 긴박감을 조성해야 한다.

혁신을 막는 장애물

혁신을 시작하면 많은 장애물이 발생한다. 자주 경험하는 좋은 예는 산업 규제다. ISO26262나 GxP와 같은 많은 규제는 소프트웨어 엔지니어링을 위한 V-모델을 제안

한다. **V-모델**은 **폭포수 모델**을 기반으로 하므로 데브옵스 연구를 통해 배운 모든 것과 모순된다. 폭포수 모델을 유지하려고 한다면 데브옵스 혁신은 실패할 가능성이 높지만, 이는 규제의 내부 해석 때문이다. 규제를 더 자세히 살펴보면 모범 사례만 고집하고 있다는 것을 알 수 있다. 여러분 회사의 실천 방법이 권장 방법보다 우수하다면 이 방법을 정당화해 감사를 통과할 수 있다.

대부분의 장애물은 조직 구조, 엄격한 직무 범주, 프로세스, 실무 위원회와 경영진 간의 다툼 등 조직 내에서 발생한다. 이러한 장애물이 혁신을 가로막는 것을 허용하지 않는다.

도움을 거절하는 것

많은 회사에서 컨설턴트에 대한 평판이 좋지 않은데, 이는 대부분 나쁜 경험 때문이다. 한 고객의 제품 디지털화를 도운 적이 있었다. 고객은 폭포수 방식에 따라 모든 일을 처리하는 데 익숙했다. 몇 가지 교육을 진행했고, 스크럼과 CI/CD를 소개했다. 이후 몇 년간 성공적으로 애자일 개발을 했다. 2년 후 경영진은 비싼 컨설팅 회사를 고용해 스크럼을 도입했다. 그 컨설팅 회사는 2년 전에 내가 전달했던 것과 동일한 슬라이드를 사용해 동일한 내용을 전달했다. 이런 종류의 컨설팅은 평판이 좋지 않다.

하지만 새로운 스포츠를 배우고 싶다면 장비를 구입하고, 유튜브에서 동영상을 보는 것으로 충분하지 않다. 클럽에 가입하거나 코치를 찾아야 한다. 스포츠는 단순한 지식과 도구가 아니라 기술을 쌓아가는 것이다. 숙련된 코치 없이는 특정 스포츠에서 성공하기 어렵거나 불가능하다.

비즈니스에서 새로운 기술과 역량을 쌓는 것도 마찬가지다. 혁신을 이끌어 갈 수 있는 경험 많은 사람의 도움을 받는 것은 부끄러운 일이 아니다. 도움을 받을수록 성공에 필요한 시간과 노력을 절약하고 실패 비용도 감소할 가능성이 높다.

왜?부터 시작하기

혁신이 성공하려면 명확한 비전과 긴박감이 필요하다. 비전은 구체적이고, 설득력 있고, 짧아야 하며 사람들이 따르도록 영감을 줘야 한다. 비전을 전달하기 위해 골든 서클 Golden Circle(Simon Sinek 2011)을 통해 내부에서 외부로 전달해야 한다(그림 23.1 참고).

그림 23.1 왜? 로 시작해 비전 전달

자세히 살펴보면 다음과 같다.

- **왜?**: 회사가 혁신을 추진하는 이유. 목적을 부여하고 긴박함을 조성한다. 왜 관심을 가져야 하는가?

- **어떻게?**: 혁신 프로세스에서 어떻게 성공할 것인가?

- **무엇을?**: 실제로 혁신을 원하는 대상. 무엇을 만들거나 하는 것인가?

목적에 기반한 미션

비전의 힘을 과소평가하지 말자! 내연기관 자동차 제조업체라면 전기 자동차로의 전환이 쉽지 않을 것이다. 저항이 있을 것이다. 사람들은 일자리를 잃을까봐 두려워할 것이다.

성공하려면 명확한 비전이 필요하다. 2019년 **폭스바겐 그룹**이 '기후변화, 자원, 대지질, 환경 규정 준수'라는 네 가지 주요 대응 분야에 집중한 'goTOzero' 미션 선언문을 발표한 것처럼 '왜?'를 전달해야 한다.

2050년까지 폭스바겐 그룹 전체가 재무상 CO_2 중립을 달성하고 2025년까지 수명 주기 전체에서 자사 차량의 탄소 발자국을 2015년 대비 30% 감축할 계획이다(Volkswagen 2019).

이는 완벽하게 '왜?'를 설명하고, 긴박성을 확보해 모든 시민이 접근, 지속 가능한 이동성 있는 세상을 만들기 위한 폭스바겐 그룹 전체의 새로운 비전과 부합한다.

마찬가지로 2019년에 **메르세데스-벤츠**는 Ambition 2039 선언문에서 향후 20년 동안 친환경 자동차 플릿 및 생산을 탄소 중립화를 목표로 한다고 밝혔다(Mercedes-Benz Group Media 2019).

제품 회사에서 소프트웨어 또는 서비스 회사로 전환하거나 폭포수 조직에서 데브옵스 조직으로 전환하는 경우에도 바람직한 미래의 모습을 그릴 수 없고 전환을 왜 해야 하는지 설명하지 못하면 저항이 있을 것이다.

엔지니어링 문화 구축

혁신 과정에서 목적 지향적 비전을 세우면 **엔지니어링 문화**, 즉 인재를 육성하고 공유와 평등을 기반으로 하는 포용적이고 안전한 조직 문화를 구축하는 데 도움이 된다(de Vries, M., van Osnarbrugge, R. 2022).

이는 사람들이 문제가 있다고 느낄 때 말할 수 있고 두려움 없이 실험하고 창의력을 발휘할 수 있는, 모든 사람이 문화, 성별 또는 종교에 관계 없이 환영받고 안전하다고 느끼는 문화다.

조직의 문화는 조직 내 행동을 안내하는 일련의 공유된 가정assumptions이다(Ravasi D., Schulz, M. 2006). 그래서 변경하는 것은 어렵다. 가치와 미션 선언문이 포함된 파워포인트 슬라이드를 만드는 것은 조직 문화에 영향을 줄 수는 있지만 경영진이 의도한 방식이 아닐 수도 있다.

엔지니어로서 조직 문화가 왜 중요한지 스스로에게 물어볼 수 있다. 그것은 경영진이 할 일 아닌가 하는 의문도 생길 수 있다. 하지만 문화는 시스템 내 모든 사람의 가정과 행동의 결과이며, 이는 모든 사람이 문화를 변경할 수 있다는 것을 의미한다. 엔지니어로서 당신은 조직 문화를 인식하고, 뭔가 잘못됐다고 생각되면 목소리를 내야 한다. 올바른 일을 하고 올바른 이야기를 전달해 나가야 한다.

문화는 더 깊은 의미를 가진 작은 명언과 원칙을 사용해 기업 행동에 가장 잘 자리잡힌다. 이것은 기억하기 쉽고 사람들이 올바른 일을 하도록 장려한다. 다음은 좋은 엔지니어링 문화를 가진 회사에서 자주 들을 수 있는 몇 가지 예다.

- **허락이 아닌 용서를 구하라**: 현재의 규칙이나 프로세스에 어긋나더라도 사람들이 올바른 일을 하도록 격려한다.

- **빌드한 것은 스스로 운영하라**: 만든 것의 전체에 대한 책임과 소유권을 확립한다.

- **일찍, 빨리, 자주 실패하라**(빠르게 실패하고, 앞으로 나아가라): 모든 것을 100% 완벽하게 만드는 대신 일찍 그리고 빠르게 실패하는 것을 시도한다.

- **실패를 받아들여라**: 사람들이 실험하고 위험을 감수하도록 장려하고 실패를 통해 비난받지 않고 배울 수 있도록 한다. 책임지고 다른 사람을 비난하지 않는다.

- **경쟁이 아닌 협력, 협업을 장려하라**: 조직 간의 경계를 넘어 고객 및 파트너와도 협업을 장려한다.

- **고쳐라**: 불평하는 대신 문제를 해결하도록 장려하고, 혁신이 억압되지 않도록 한다. 불평 사항을 실제로 고칠 수 있는 사람이 해결할 수 있도록 권한을 부여한다.

- **서버를 애완동물이 아닌 가축처럼 대하라**: 모든 것을 자동화하도록 장려한다.

- **아프면 더 자주 하라**: 기술적으로 어려운 것을 연습할 수 있도록 동기를 부여한다. 이 문구는 주로 애플리케이션 출시나 테스트에 관련해 사용된다.

이는 몇 가지 예에 불과하다. 문화를 혁신하고 데브옵스를 구축하면 더 많은 이야기와 명언이 생겨날 것이다.

좋은 엔지니어링 문화는 경영진만의 책임이 아니다. 경영진은 이를 실천하고 비전을 제시해야 하지만, 최고의 문화는 혁신 과정에서 엔지니어 스스로에 의해 만들어진다.

⠿ 데이터 기반 혁신

혁신이 성공하려면 올바른 메트릭을 측정하고 이전 시스템보다 더 나은 결과를 낼 수 있는지 증명하는 것이 중요하다. 그래서 1장에서 무엇을 먼저 최적화하고 작은 성공을 달성해 모든 사람이 데브옵스 전환을 계속하도록 동기를 부여하는 데 도움이 되는 데이터 포인트를 수집할 수 있는 방법을 소개했다. 항상 올바른 데이터를 측정하는 것이 시작점이어야 한다. 제약이 아닌 것을 최적화하는 것은 리소스 낭비이며 심지어 부정적인 영향을 미칠 수도 있다. 예를 들어 애초에 시스템 속도가 느려졌다는 증거나 특정 데이터를 캐싱할 때 얼마나 빨라질 수 있는지에 대한 증거 없이 애플리케이션에 캐싱을 추가하는 것이다. 캐싱은 복잡성을 유발하고 오류의 원인이 될 수 있다. 시스템을 최적화하지 않고 가정을 기반으로 작업해 문제를 악화시켰을 수도 있다. 데브옵스 실천도 마찬가지다.

제약 이론

제약 이론^{TOC, Theory of Constraint}은 시스템 이론을 기반으로 하며, 제한적인 제약 사항이 없으면 시스템의 처리량은 무한할 것이라고 가정한다. TOC는 현재 제약 조건을 감안해 시스템의 처리량을 최대화하거나 이러한 제약 조건을 감소시켜 시스템을 최적화하려고 시도한다.

이 이론을 설명하기 위한 대표적인 예는 고속 도로다(Small World 2015). 차선이 5개인 고속 도로에 2개의 공사 현장이 있어 차선의 용량을 2개로 제한한다고 가정해본다(그림 23.2 참고).

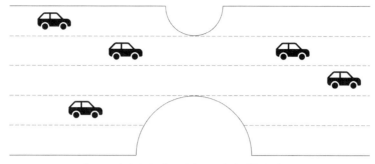

그림 23.2 차량 수가 적고 제약으로 인해 제한이 있는 도로

트래픽은 제약 조건을 통과하지만 이는 일정 처리량까지만 작동한다. 차량이 너무 많으면 서로 상호 작용해 서로를 늦추고 교통 체증이 발생한다(그림 23.3 참고).

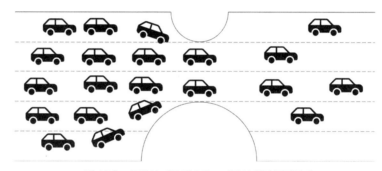

그림 23.3 교통량이 너무 많으면 트래픽이 완전 중단된다.

최대 교통량에 맞게 트래픽을 최적화하려면 트래픽을 가장 큰 제약 조건의 크기로 제한해야 한다(그림 23.4 참고).

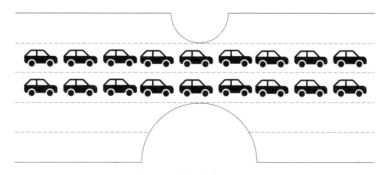

그림 23.4 최대 교통량은 제약 조건의 크기와 같다.

가장 큰 제약 조건이 아닌 다른 것을 최적화하면 개선이 일어나지 않는다. 많은 도시에서 터널 전후에 차선을 추가해 교통 흐름이나 교통 체증의 감소를 거의 경험하지 못했다. 마찬가지로 밸류 스트림에서도 가장 큰 제약 조건이 아닌 다른 것을 최적화한다고 해서 개선이 이뤄지지 않는다.

병목 제거

TOC는 제약 조건을 제거하기 위한 다섯 가지 중점 단계를 제공한다(그림 23.5 참고).

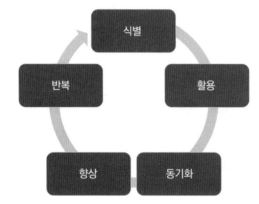

그림 23.5 제약 조건을 식별하고 제거하기 위한 다섯 가지 중점 단계

다섯 단계에 대한 자세한 내용은 다음과 같다.

- **식별**: 현재 처리량을 제한하는 제약 조건을 식별한다.

- **활용**: 제약 조건의 처리량을 개선한다.

- **동기화**: 시스템의 다른 활동을 검토해 최적의 방식으로 제약 조건을 지원하고 정렬을 확인한다.

- **향상**: 제약 조건을 제거하고 문제의 근본 원인을 해결한다.

- **반복**: 현재 처리량을 제한하는 다음 제약 조건을 파악해 지속적으로 시스템을 개선한다.

업무 흐름의 병목 현상을 체계적으로 제거하는 것이 성공적인 데브옵스 전환의 핵심이다.

데브옵스는 지속적인 개선의 여정

데브옵스는 병목 현상을 제거해 소프트웨어의 배포 성능의 한계를 지속적으로 끌어올리는 여정이다. 마이크로소프트는 자체 데브옵스 전환을 시작하면서 1950년 인디애나폴리스에서 67초, 2013년 멜버른에서 약 2.96초로 발전한 피트 스톱pit stop 동영상을 제공했다. 이는 자동화와 최적화된 프로세스를 통해 지속적으로 성능을 개선하는 데브옵스에 대한 훌륭한 예다.

> 데브옵스는 최종 사용자에게 지속적인 가치 제공을 가능하게 하는 사람, 프로세스, 제품의 결합이다(Donovan Brown 2015).

데브옵스는 연구, 개발, 협업, 학습, 소유권에 대한 엔지니어링 문화이며, 모든 부분을 함께 실행하지 않으면 제대로 작동하지 않는다. 데브옵스의 한 부분만 선택해 구현하는 것은 불가능하다.

가장 큰 병목 현상을 파악하고 이를 해결해야만 흐름에 관한 시스템을 개선할 수 있다. 다른 것을 최적화하려고 하면 아무런 결과를 얻지 못하고 시간과 리소스만 낭비하게 된다. 그래서 데이터 기반 혁신을 수행하고 올바른 지표를 측정해 개선 결과가 예상한 대로 나오는지 지속적으로 모니터링하는 것이 매우 중요하다. 병목 현상을 파악하고, 이를 활용하고, 개선하고 반복하는 것이 중요하다.

밸류 스트림에 맞춘 팀을 위한 최적화

이 책에서는 **데브옵스 팀 토폴로지**DevOps team topology(Matthew Skelton 2013)에 대해 이야기하지 않았다. 이러한 토폴로지는 더 많은 IT 주도적 혁신에서 자주 사용되며, 높은 데브옵스 성숙도를 달성한 후에는 다른 모델로 전환하는 것이 일반적이다(Martyn Coupland 2022). 대신 **밸류 스트림에 맞춘 팀**value stream-aligned team에 초점을 맞췄다(17장 참고).

데브옵스 여정은 팀과 함께 시작하고 팀이 가치를 제공할 수 있도록 모든 것을 최적화해야 한다. 이렇게 하면 자연스럽게 **개발 중심적인 사고 방식**(여기서 개발자는 가치를 제공하는 엔지니어다)으로 이어진다. 데이터 기반 혁신을 실천하고 병목 현상을 제거해 가치를 최적화하면 플랫폼 팀이나 인에이블링 팀enabling team과 같은 토폴로지가 나타난다. 미리 계획할 필요는 없다. 데브옵스 조직은 자체 개선 시스템이어야 하므로 일단 이 지점에 도달하면 나머지는 자연스럽게 해결될 것이다.

성공적인 데이터 기반 데브옵스 전환에는 세 가지 주요 단계가 있다(그림 23.6 참고).

그림 23.6 데이터 기반 데브옵스 전환의 단계

각 단계에 대한 자세한 내용은 다음과 같다.

- **메트릭**: 메트릭을 정의하고 데이터를 수집하는 것으로 시작한다(1장 참고).

- **도구 결정**: 기본적인 도구 결정을 내려야 한다. 이 책에서는 **깃허브**가 데브옵스 플랫폼이라고 가정하지만, 클라우드 사용 및 현재 거버넌스 프로세스에 맞추기 위해 추가적인 결정이 필요할 수 있다.

- **사람, 프로세스, 문화**: 파일럿 팀을 신중하게 선정해 새로운 플랫폼에 맞게 업무 방식을 **린 관리** 및 **협업 강화**로 전환해 새로운 플랫폼으로 전환한다. 자동화 및 트렁크 기반 개발과 같은 **엔지니어링 데브옵스 실천법**을 채택하도록 교육하고 지원해 자신감을 갖고 자주 **릴리스**할 수 있도록 한다. 메트릭이 빠르게 개선되고 이런 성과는 모든 사람에게 동기 부여를 유지할 수 있도록 도와 준다.

- **확장 및 최적화**: 파일럿 팀이 성공적으로 운영되면 새로운 프로세스와 도구로 작업하는 더 많은 팀을 만들어 확장할 수 있다. 이는 **소프트웨어 아키텍처** 및 **린 제품 관리** 기법과 같은 능력을 더욱 최적화하기 시작할 때다. 메트릭이 원하는 결과를 확인하는지 지속적인 관찰을 통해 병목 현상을 하나씩 처리해야 한다. 데브옵스는 목표가 아닌 여정이므로 이 단계는 기본적으로 끝나지 않는다. 시간이 지나면 메트릭을 조정하고 팀 규모와 자율성을 최적화할 수 있지만 최적화는 끝나지 않는다. 높은 수준으로 올라갈수록 결과는 점점 작아질 뿐이다.

- **데브옵스 비전**: 모든 단계에 걸칠 변화의 핵심은 '왜'를 설명하고 긴박감을 조성하는 강력한 비전이다. 커뮤니케이션 및 변화 관리 전략이 잘 수립돼 있는지 확인한다. 모든 변화에는 저항이 따르기 마련이므로 두려움을 해소하고 프로세스와 그 과정에서 수집한 많은 성공 사례를 통해 '왜', '어떻게', '무엇'을 변화시켜야 하는지를 전달해 모두가 앞으로 나아갈 수 있도록 동기 부여하는 것이 중요하다.

⠿ 정리

기업이 경쟁력을 유지하려면 단순히 고객의 문제만 해결하는 것만으로는 충분하지 않다. 고객을 만족시킬 수 있는 제품과 서비스를 제공해야 하며, 시장과 소통하고 변화하는 수요에 빠르게 대응할 수 있어야 한다. 이것이 오늘날 모든 기업이 소프트웨어 회사가 되는 이유다. 기업이 혁신하지 못하면 몇 년 안에 도태될 가능성이 높다.

많은 혁신이 실패하지만 많은 혁신이 성공하며, 이러한 기업들은 대기업이나 규제가 많은 환경에서도 데브옵스를 택하고 변화할 수 있다는 것을 증명한다.

전 세계 7,300만 개발자가 좋아하고, 모든 대형 오픈소스 커뮤니티, 포춘 500대 기업 중 84% 이상이 사랑하는 최고의 제품 중 하나인 깃허브로 혁신을 시작해보자. 이는 더 적은 교육, 빠른 온보딩, 높은 개발자 만족도를 의미하며, 더 나은 인재 유치 및 유지로 이어진다. 또한 오픈소스 커뮤니티는 애플리케이션, 도구, 파이프라인을 위한 빌딩 블록을 제공하며 프로세스를 위한 템플릿도 제공한다. 커뮤니티의 힘을 활용하면 가속화에 도움이 되며, 깃허브는 직접 기여하거나 사용하는 프로젝트를 후원해 커뮤니티에 보답할 수 있는 기회를 제공한다.

엔지니어들이 프로덕션에서 버그를 해결하거나 멍청한 요구 사항을 추정하는 대신 데브옵스 문화에서 실제 엔지니어링 문제를 해결하면서 즐겁게 일하는 모습을 보는 것보다 더 큰 보람은 없다. 이 책이 깃허브의 힘을 활용한 성공적인 데브옵스 전환의 실용적인 가이드로서 도움이 되길 바란다.

⁝⁝ 더 읽을거리 및 참고 자료

23장의 자세한 사항은 다음 자료를 참고한다.

- 사이먼 사이넥Simon Sinek, 『스타트 위드 와이Start With Why』(세계사, 2021)

- 사이먼 사이넥Simon Sinek, 『인피니트 게임The Infinite Game』(세계사, 2022)

- 사티아 나델라Nadella, S., 『히트 리프레시Hit Refresh』(흐름출판, 2018)

- Srivastava S., Trehan K., Wagle D. & Wang J. (April 2020). *Developer Velocity: How software excellence fuels business performance*. https://www.mckinsey.com/industries/technology-media-and-telecommunications/our-insights/developer-velocity-how-software-excellence-fuels-business-performance

- Forsgren N., Humble, J., & Kim, G. (2018). *Accelerate: The Science of Lean Software and DevOps: Building and Scaling High Performing Technology Organizations* (1st ed.) [E-book]. IT Revolution Press.

- John P. Kotter (2008), *A Sense of Urgency*, Harvard Business Review Press

- John P. Kotter (2012), *Leading Change*, Harvard Business Review Press

- Volkswagen (2019): *Volkswagen with New Corporate Mission Statement Environment "goTOzero"*: https://www.volkswagen-group.com/en/press-releases/volkswagen-with-new-corporate-mission-statement-environment-gotozero-16147?query=

- Mercedes-Benz Group Media (2019): *"Ambition2039": Our path to sustainable mobility*: https://group-media.mercedes-benz.com/marsMediaSite/ko/en/43348842

- *Theory of constraints*: https://www.leanproduction.com/theory-of-constraints

- Small World (2016): *Theory of constraints - Drum-Buffer-Rope*: https://www.smallworldsocial.com/theory-of-constraints-104-balance-flow-not-capacity/

- de Vries, M., & van Osnabrugge, R. (2022): *Together we build an Engineering Culture*. XPRT Magazine #12: https://xpirit.com/together-we-build-an-engineering-culture/

- Ravasi, D., & Schultz, M. (2006). *Responding to organizational identity threats: Exploring the role of organizational culture*. Academy of Management Journal.

- Donovan Brown (2015): *What is DevOps?* https://www.donovanbrown.com/post/what-is-devops

- Matthew Skelton (2013): *What Team Structure is Right for DevOps to Flourish?* https://web.devopstopologies.com/

- Martyn Coupland (2022): *DevOps Adoption Strategies: Principles, Processes, Tools, and Trends*, Packt

| 찾아보기 |

ㄱ

가설   487, 505

가설 기반 실험   488

감사 API   540

개념 증명   489

개발자의 개발 속도   049

개발자의 개발 속도 지수   055

개발 컨테이너   372

개발 팀   470

게릴라 사용성   349

게릴라 사용성 테스트   487, 507

게이트키퍼   141

게임 규칙   367

결함 주입   349

경계 콘텍스트   457

경험적인 프로세스 제어   471

고객에 대한 이해   497

공개 팀   564

과학적 방법으로 실험 수행   504

관찰   504

교육 팀   470

구글 리소스   281

국가 취약성 데이터베이스   384

권한   568

권한 플래그   302

그래들   263, 264

그렘린   349

기술 부채   298

기업   526

기업 관리 사용자   539

기업 보안   530

깃   118

깃랩   070

깃랩 플로   319

깃 서브모듈   476

깃옵스   284

깃플로   316

깃허브   190, 584

깃허브 디스커션   156

깃허브 마켓플레이스   224

깃허브 명령줄 인터페이스   323

깃허브 모바일   170

깃허브 범위   562

깃허브 스킬즈   542

깃허브 스폰서   188

깃허브 액션   197, 198

깃허브 액션으로 Dependabot 업데이트 자동화   392

깃허브 액션으로 컨테이너 배포   278

깃허브 어드바이저리 데이터베이스   384

깃허브에서의 테스트 관리   352

깃허브에서 코드 스캔   400

깃허브 엔터프라이즈 AE   523

깃허브 엔터프라이즈 서버   523

깃허브 엔터프라이즈 클라우드   522

깃허브 웹훅   244

깃허브 위키   167

깃허브의 마크다운   088

깃허브 이슈   085

깃허브 임포터   549

깃허브 조직   563

깃허브 커넥트　524
깃허브 코드스페이스　372
깃허브 코드스페이스 가격　377
깃허브 코드스페이스의 아키텍처　372
깃허브 팀　564
깃허브 패키지　252
깃허브 페이지　160
깃허브 프로젝트　096
깃허브 플레이버드 마크다운　164
깃허브 플로　317

ㄴ

낮은 충실도의 마이그레이션　547
내부 개발　187
내부 공격자　370
네임스페이스　562
높은 성과를 내는 조직　055
높은 충실도 마이그레이션　546
느슨하게 결합된 시스템　456

ㄷ

다단계 인증　363
단순 파이프　457
단위 테스트　342
대면 업무　150
대형 모노 레포　473
데브섹옵스　359
데브옵스　071, 195, 318, 485, 575, 584
데브옵스 비전　585
데브옵스 연구 평가　056
데비안 9　235
데이터를 사용한 기능 테스트　343
데이터베이스 관리자　366
도메인 중심 설계　457
도커　260
독립적으로 명령　329

동적 애플리케이션 보안 테스트　400, 437
드래프트 풀 리퀘스트　126, 140
디스커션 시작　158

ㄹ

라이선스 동기화　525
레드 팀-블루 팀 훈련　365
레이블　243
리눅스　246
리베이스 및 병합　138
린 소프트웨어 개발　081
린 스타트업 방법론　487
린 원칙　077
린 제조　081
린 제품 개발　486
릴리스 플로　319

ㅁ

마이그레이션 전략　546
마이크로서비스　456
마이크로소프트 Defender for Cloud　426
마이크로소프트 센티넬　427
마이크로소프트 시스템 센터　432
마이크로소프트 엔터프라이즈 계약　233
마이크로소프트 팀즈　153
마이플로　320
마일스톤　090
마크다운　087, 120, 167
막연한 계획　052
많은 혁신이 실패하는 이유　573
매트릭스 전략　206
머메이드　119
머지 리퀘스트　118
멀티 레포 전략　472
메모리 누수　369
메인 브랜치　321

메트릭   043
명령 및 쿼리 책임 분리   460
모노 레포   472
모놀리식   034
목   340
목적에 기반한 미션   577
몬테 카를로   054
무료   526
미니마 테마   164
밀러의 법칙   467

ㅂ

배치 크기   085
배포 브랜치   271
배포 빈도   329
배포 자동화   273
배포 주기   059
백로그   082
변경 실패율   058, 060
변경 자문 위원회   428
병합 지옥   315
병합 커밋 생성   138
보드 뷰 작업   100
보안 검토   362
보안 정보   362
보안 침해 방지   361
보안 테스트   362
복도 테스트   507
부하 테스트   346
분산된 팀   151
불확실성의 원뿔   050
뷰로 작업하기   102
브랜치 보호 규칙   129
블루/그린 배포   284
비결정적 테스트   344
비공개 팀   564
비무장지대   361

비전은 중기 목표   068
비즈니스 모델 캔버스   498
비즈니스 연속성 및 재해 복구   348
비즈니스 이해   497
빠른 실패   318

ㅅ

사고 대응   362
사용성 테스트   349
사용자 계정 제어   230
새로운 깃허브 이슈   097
서드파티 통합   105
서브시스템 팀   470
서비스 지향 아키텍처   457
성과 지표   068
성능 테스트   346
성장 점유율 매트릭스   494
셰프   035
소규모 팀   456
소요 시간   056
소프트웨어 식별   430
소프트웨어 재료 목록   429
소프트웨어 패키지 데이터 교환   430
수평적 팀   565
스마트 엔드포인트   457
스윔레인   082
스쿼시 및 병합   138
스폰서 등급   190
슬랙   153
시크릿   212
시프트-레프트 보안   360
시프트-레프트 테스트   336
신뢰 계층   361
실제 사이트 침투 테스트   363
실험   503, 505
실험군   505
실험 플래그   301

ㅇ

아웃소싱   187

아쿠아 플랫폼   425

아키텍트   113

아파치 메이븐   263

아파치 메이븐을 사용한 자바   263

아파치 카프카   459

애자일 코치   113

애저 구독 ID   233

애저 리소스 배포   274

애저 보드   109

애저 폴리시   426

액세스 관리   104

액세스 키   278

액션   199

액션과 npm 패키지 사용   256

액션 실습   220

언어학자   087

업스트림 우선   319

엔드 투 엔드 추적성   294

엔지니어링 문화   578

엔지니어링 속도   049

엔터프라이즈 포트폴리오 관리   490

역 콘웨이 전략   468

오리온   424

오픈소스   186

오픈소스 소프트웨어   180

오픈소스 전략   185

오픈시프트   245

완료   082

왜?부터 시작하기   577

외부 공동 작업자   569

요금   253

우선순위 지정   082

운영 테스트   343

운영 플래그   302

워크플로   103, 199

워크플로 명령   211

워크플로 문법   202

워크플로 스텝   207

워크플로 잡   206

워크플로 템플릿   287

워크플로 트리거   202

위험 분석   362

이너 소스   043, 185, 186

이벤트 관리   362

이벤트 소싱   460

이벤트 스트림 사건   429

이벤트 중심 아키텍처   459

이슈   567

이슈 고정   091

이슈 백로그   090

이슈에 대한 공동 작업   088

이슈 템플릿   092

인사이트   103

인프라 변경 프로세스   428

인프라 정책   426

일반 주제 브랜치   327

일반 취약성 및 노출   384

ㅈ

자동 병합   132

자동 생성 목차   167

자동 팀 동기화   537

자동화   197, 328

자바스크립트 액션   223

자유 소프트웨어 운동   179

자유 소프트웨어 재단   180

자체 호스팅 러너   234

작업에 메타데이터 추가   099

잡   199

재료 목록   429

재사용 가능한 워크플로   289

전달 소요 시간   058, 060

전달 주기　471

전략　286

정량적 데이터　505

정보 기술 인프라 라이브러리　428

정성적 데이터　505

정적 애플리케이션 보안 테스트　400

제약 이론　580

제품 관리　496

제품 이해　498

젠킨스　035, 248

종속성 관리　382

중첩 팀　565

지속 시간　147

지속적 반영　270

지속적 배포　270

지킬　160

진행 중　082

진행 중인 작업　080

진화적 설계　458

질문　504

ㅊ

체코브　427

최소 수준의 사용자 권한　371

출시　326

ㅋ

카나리 릴리스　348, 349

카오스 메시　349

칸반　081

컨테이너 스캔　424

코드 마이그레이션　548

코드 서명　436

코드 소유자　128

코드 커버리지　345

콘웨이의 법칙　463

쿠버네티스　245

쿼리 언어　366

크램다운　164

클레어　425

클린 컷오버 마이그레이션　546

ㅌ

타입스크립트 액션　223

탐색　492

탐색적 테스트　348

테라폼　285

테스트 자동화　336

테스트 주도 개발　339

테스트 주도 설계　339

테스트 포트폴리오　341

테이블 뷰 작업　099

토큰　444

통합 검색　525

통합 기여　525

통합 테스트　342

투-피자 팀　465

트렁크 기반 개발　313, 314

팀　526, 565

팀 구성　365

팀 추천 지수　063

ㅍ

파이프라인　199

파이프라인 마이그레이션　554

평균 복구 시간　058, 060

포드　281

폭포수 모델　576

표현식　209

풀 리퀘스트　118

풀 리퀘스트 리뷰　130, 132

풀 리퀘스트에 피드백 통합　136

프레임워크 및 제품　306

프로젝트에 작업 항목 추가　098

플랫폼 팀　470

피싱 공격　369

피어 리뷰　140

피처 스위치　298

피처의 수명 주기　299

피처 토글　298

피처 플래그　297, 298, 348, 349

피처 플래그 시작하기　303

피처 플래그와 기술 부채　304

피처 플래그의 이점　301

필수 리뷰　129

필수 리뷰어　271

필수 승인자　140

핑퐁 페어 프로그래밍　340

ㅎ

하이브리드 업무　150

할 일　082

핫픽스　326

해시 값　208

해커 문화　179

핸드오프　085

호스팅 러너　230

호스팅 옵션　522

홀웨이 테스트　349

확장　493

환경　200

환경 변수　236

환경 보호　443

환경 시크릿　271

후원 목표　191

흐름 효율성　085

A

AAD　371

A/B 테스트　284, 503, 512

AD　371

ADO　552

Anchore SBOM Action　430

Apache Kafka　459

Aqua Platform　425

Asciidoc　167

AWS CloudFormation　284

AWS EC2　245

AWS 리소스　278

Azure ARM　284

Azure Chaos Studio　350

Azure KeyVault　286

Azure Policy　426

Azure Subscription ID　233

B

BCDR　348

Bicep　284

BOM　429

bounded context　457

branch protection rule　129

Bridge to Kubernetes 플러그인　476

C

CCA　284

CDX　430, 431

change fail rate　058

Chaos Mesh　349

Checkov　427

Clair　425

CLI　323

code coverge　345

code owner　128

CodeQL CLI   416

CodeQL 쿼리 작성   415

CodeQL 팩   414

Continuous Configuration Automation   284

CQRS   460

Create a merge commit   138

Creole   167

CSS   160

CVSS   406

D

DAG   118

DAST   400, 437

DBA   366

Dependabot   382, 387

Dependency Track   432

devcontainer.json   376

developer velocity   049

DF   059

DLT   058, 060

Dockerfile   221

domain-driven design   457

DORA   056, 062

dumb pipe   457

DVI   055, 056

E

ECR   278

ECS   277

EDA   459

Elastic Container Registry   278

empirical process control   471

Environments   270

event sourcing   460

experimention flag   301

exploratory test   348

expression   209

E자형 전문가   117

F

Flagger   514

Flaky Tests   345

FOSSology   431

FOSS 운동   181

FSF   180

G

gatekeeper   141

GFM   164

GHAE   523

GHEC   522

GHES   523

GHES를 사용한 인증   540

Gitflow   316

GitHub Advisory Database   384

GitHub.com 액션   525

GitHub.com에서 계정 생성   527

GitHub Connect   524

GitHub flow   317

GitHub Importer   549

GitHub issue   085

GitHub Skills   542

GITHUB_TOKEN 시크릿   215

GitLab   070

GitLab flow   319

git-svn   550

git-tfs   550

GitTools 작업   258

GitVersion   258

Git 대용량 파일 저장소   549

git 별칭   328

GKE에 배포   280

GPG 434
GPL 180
GP Security Scan 425
GP 시큐리티 스캔 425
GrowthBook 512
grype 425
guerrilla usability 349
guerrilla usability test 487

H

hallway test 349
Hashicorp Vault 286
Helm 284
HTML 160
HTTPS 롱 폴링 235
HubSpot 512

I

IaC 284
iMBO 066
IP 허용 목록 563
ITIL 428
I자형 전문가 117

J

Jenkins 035, 248
Jira 106
JIRA 072
JSON 200

K

Kik 381
KPI 068
Kramdown 164
Kustomize 284

L

LaunchDarkly 307
Lean principle 077
LFS 549
load test 346

M

macOS 247
macOS 10.13 235
Major 버전 252
Maven 259
mean time to restore 058
Mediawiki 167
Mercurial 549
merge request 118
MFA 363
mfstart 328
Microsoft Azure 230
Microsoft Enterprise 233
Microsoft Sentinel 427
Microsoft Teams 153
Miller's law 467
mimikatz 371
Minor 버전 252
MOALS 068
mock 340
monolithic 034
Monte Carlo 054
MPL 180
MTTR 060
MVP 489

N

non-deterministic test 344
NPM-Version 258
NPS 063

NuGet   259, 263, 266

O

OCI   425
Octokit   205
OIDC   286, 444
OKR   066, 070, 071, 488, 516
Open Container Initiative   425
OpenShift   245
operation flag   302
Optimizely   512
Org-Mode   167
Orion   424
OSI   181
outsourcing   187
OWASP   432

P

performance test   346
permission flag   302
Personal Access Token   264
PERT 분포   054
Ping Pong Pair Programming   340
PoC   489
pod   281
Pre-버전   252

R

Rebase and merge   138
RubyGems   265
RubyGem 패키지   263

S

SaaS   330
SAML   535

SAML 인증   531
SARIF   400
SAST   400
SBOM   429
SCIM   536
self-hosted runner   234
SIEM   362
smart endpoint   457
SOA   457
SPACE 프레임워크   062, 064
SQL   366
Squash and merge   138
swimlane   082

T

TBD   313
TDD   339
technical debt   298
test-driven design   339
Testspace   352
TFS   330
ToC   167
TOC   580
TTL   147
Typescript   223
T자형 전문가   117

U

UAC   230
UI 테스트   230
Unleash   330
upstream-first   319
usability test   349
User Account Control   230

V

Valet   545
Visual Studio Code   372
V-Model   350
VS Code   372
V-모델   575, 576

W

WIP   080, 084
WIP 제한   084

Y

YAML   200

Z

ZAP   437

숫자

3대 지평선   495
4개의 핵심 대시보드   061

깃허브로 완성하는 데브옵스 가속화

깃허브를 이용한 효율적인 개발과 운영

발 행 | 2024년 1월 2일

옮긴이 | 최재웅 · 류한진 · 백준선 · 채민관 · 김대곤
지은이 | 마이클 카우프만

펴낸이 | 권 성 준
편집장 | 황 영 주
편 집 | 김 진 아
            임 지 원
            김 은 비
디자인 | 윤 서 빈

에이콘출판주식회사
서울특별시 양천구 국회대로 287 (목동)
전화 02-2653-7600, 팩스 02-2653-0433
www.acornpub.co.kr / editor@acornpub.co.kr

한국어판 ⓒ 에이콘출판주식회사, 2024, Printed in Korea.
ISBN 979-11-6175-805-3
http://www.acornpub.co.kr/book/devops-github

책값은 뒤표지에 있습니다.